陈明川 ○ 著

本因坊

四百年
——日本近代围棋崛起风云录

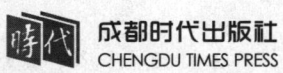
成都时代出版社
CHENGDU TIMES PRESS

图书在版编目（CIP）数据

本因坊四百年：日本近代围棋崛起风云录 / 陈明川著.
-- 成都：成都时代出版社，2018.9
ISBN 978-7-5464-2093-6

Ⅰ.①本… Ⅱ.①陈… Ⅲ.①围棋－体育运动史－日本 Ⅳ.①G891.393.13

中国版本图书馆CIP数据核字(2018)第102936号

本因坊四百年
——日本近代围棋崛起风云录

BENYINFANG SIBAI NIAN
—RIBEN JINDAI WEIQI JUEQI FENGYUN LU

陈明川 ○ 著

出 品 人	李文凯
责任编辑	李 林
责任校对	樊思岐
装帧设计	原创动力
责任印制	唐莹莹
出版发行	成都时代出版社
电 话	（028）86619530（编辑部）
	（028）86615250（发行部）
网 址	www.chengdusd.com
印 刷	四川翔川印务有限公司
规 格	165mm×230mm
印 张	26
字 数	460千
版 次	2018年9月第1版
印 次	2018年9月第1次印刷
印 数	1-5000册
书 号	ISBN 978-7-5464-2093-6
定 价	58.00元

著作权所有·违者必究。
本书若出现印装质量问题，请与工厂联系。电话:（028）82633929

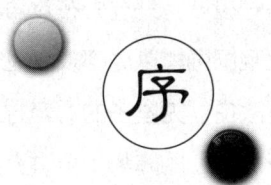

序

　　围棋诞生于我国，象征着中国古代先贤对天地宇宙的朴素认知。

　　《易》曰："太极生两仪。"两仪即是指事物的阴阳两种状态，代表色分别是黑白两色。一说起围棋，大家都知道是用黑白两色棋子在棋盘上进行博弈的智力游戏。

　　围棋"局方而静，棋圆而动"，完美体现了我国古代先哲天人合一思想。所以，有人说棋盘棋子最初由观测、计算天文的道具逐渐发展出雏形，经过后人的加工定义，"弈"这种棋戏诞生了。

　　早在春秋战国时期，"弈"在宫廷士大夫及民间开始广泛流行。

　　子曰："不有博弈者乎？为之，犹贤乎已！"孟子曰："今夫弈之为数，小数也。"

　　古代先圣在其论述中时常引用"弈"来做文章，说明围棋这种与数理相关的益智游戏已经在人们的社会生活中占有一席之地了。

东汉时期，中日两国逐渐开始有了交往。及至隋唐时期，交往日盛，日本不断派出使节团前来学习取经。古代日本向往华夏中国文明，围棋这项带有浓厚华夏古老文化色彩的益智游戏，传入日本后迅速在皇家武士阶层流行，深受当地人民的喜爱。这次海外传播是围棋发展史上的重大事件，对世界围棋格局的形成产生了深远的影响。

围棋传入日本后，走上了与中国迥异的发展道路。

自古以来，中国围棋恪守祖训，开局先在对角星位放四颗座子，自然容易形成战斗的格局，因之我国围棋以局部攻守见长；平安时代，日本棋界对中国的"座子制"进行改良，无座子的对弈方式逐渐占据主导地位。取消座子后，一方更容易形成连片的阵势，更讲究棋子之间的配合，棋局变得更加开阔，更富于变化了。

江户时代，德川家康敕封本因坊、安井、井上、林四大家，给予政府津贴，建立起围棋家元制度，事实上，日本围棋从此走上了职业化道路。

"名人棋所"的出现，加剧了围棋四大家之间的激烈竞争。棋所乃官赐职位，统领棋坛。夺取棋所宝座，争得话语权，将为本门派的发展带来莫大的益处。为了名誉和地位，四大家指派最强棋士进行"争棋"决战，演绎出许多历史名局，上演了几多人间悲喜剧。

中日两国历史社会背景的不同，造成了两国围棋在规则、棋艺理论研究、棋士团体生存方面的差异，直接导致了棋艺竞技水平的差距。

本书以日本棋坛领袖本因坊家的兴衰为主线，以争棋为看点，基本囊括了近代日本围棋经典名局。作者陈明川七段本身棋艺高强又在日本留学多年，对日本围棋发展史有深入研究，本书对了解日本棋史或有很高的参考价值。

前言

　　围棋，产生于中国古老的哲学文化思想，先天带有易学、数学、天文学、军事学遗传基因，是中国古代先贤们不断探索自然与人生实践的智慧结晶。

　　围棋由演绎天文、推算历法、排兵布阵的道具逐步发展出雏形，内涵博大精深，棋局变化万千神机莫测，象征着人类智力竞技的巅峰。

　　围棋传入日本的时间，最早可上溯至我国东汉时期。《后汉书》记载：

　　安帝即位之永初元年（107年），有帅升携带生口一百六十人从倭国来朝。

与上段记载相对应，日本浅田宗伯《皇国名医传》介绍藤原永全：

永全为天智天皇（625—671年）之御医，信誉高医术精，因赐姓藤原。其祖刘伯阳，为避王莽之乱而归化，其孙春平，出使西域，围棋传来。

因此推定围棋早在东汉时期或已传入日本。

围棋传入日本，是世界围棋发展史上的重大事件，对今天世界围棋格局的形成产生了深远的影响。围棋传入日本后，深受当地人民的喜爱，在皇室贵族和武士阶层中迅速传播开来。

从长期的视角来看，围棋在日本的发展大致可分为三个主要历史阶段，即以平安时代至战国时代结束（794－1590年）为古代，以织田信长、丰臣秀吉掌握中央政权的安土桃山时代至昭和时代前期（1573－1945年）为近代，二战后至平成时代为现代发展时期。

本书按照上述划分方法，由上篇"古代日本围棋"、中篇"近代日本围棋的崛起——四大家恩仇录"和下篇"后本因坊时代"三个部分组成，以棋坛领袖"本因坊"学派的荣枯兴衰为主线，着重讲述本因坊、安井、井上和林四大家之间的江湖恩怨。

一

我国隋唐时期，日本出现了许多围棋高手，其中不少人跟随遣唐使来到长安学习棋艺，与大唐国手纹枰较量，生出了许多趣谈轶事。

《旧唐书·宣宗纪》记载，大中二年（848年）三月，日本王子来朝。王子善围棋，称日本国手。唐宣宗敕令大唐第一国手棋待诏顾师言与其对局。唐·苏鹗《杜阳杂编》：

至三十三下，胜负未决。师言惧辱君命，而汗手凝思，方敢落指，则谓之镇神头，乃是解两征势也。王子瞪目缩臂，已伏不胜。

这便是著名的"一子解双征"传说，在棋界流传很广。这盘棋是我国棋手的首场国际比赛，也是中日两国围棋首次巅峰对决。

一

日本平安时代（794－1192年），第六十代醍醐天皇（885－930年）十分好弈，时有法名宽莲的和尚棋艺十分了得，独步天下数十载，日本棋界公推其为棋史第一位棋圣。醍醐天皇耳闻宽莲大名，时常召入宫中手谈，彼此相谈甚欢。

平安时代末期，社会陷入混乱，诸侯割据战事不断，围棋发展处于停滞甚至衰落的状态。镰仓幕府（1185－1333年）最终取代平安朝，日本进入幕府时代。这一时期，围棋再次兴盛起来。日本佛教主要宗派之一——日莲宗开山祖师日莲上人棋艺高强。日本现存最古的棋谱记录的就是日莲上人与其高足吉祥丸（又名日朗）的对局，弈于建长五年（1253年）。

二

日本战国时代末期，本因坊算砂诞生（1559年）于京都，标志着日本围棋进入了一个全新的历史发展时期。1578年，好弈的织田信长诏算砂手谈，局后赞之曰："君乃真名人也！"从此，围棋第一人被称为"名人"。1588年，丰臣秀吉召开御前棋会，算砂技压群雄夺得赛会首位，被授予"碁之法度可申付候"证书（碁音棋，日本专指围棋），赠与20石米10人扶持奖励，这便是"棋所"的发端。

1612年，德川家康敕封本因坊、安井、井上、林为专职棋家，每年领取一定的俸禄，日本围棋开始走上职业化道路。

1662年，德川幕府改革机构，把"碁所"纳入寺社奉行进行管理，每年拨付50石米20人扶持津贴。1668年10月18日，幕府任命安井算知担任棋所之职。

棋所，象征着棋坛盟主地位，实行终身制，统领棋界，他们享有制定"御城棋"、"争棋"等主要赛事游戏规则、授予棋士段位的特权，在棋界一言九鼎，其无形资产价值无法估量。成为棋所有官方任命、众人协商保荐和争棋获胜三条途径。一般来说，具有"名人"资格，是成为棋所的首要条件。名人不由官方任命,需要棋界同仁共同推荐方可,与棋所同样实行终身制。对此如有不赞成者,一言不合就会发展成争棋,最后用实力说话。

江户时代前期,以本因坊为首,安井、井上、林围棋四大家相继独立,形成诸侯割据状态。棋所宝座出现后,江湖从此不再太平。棋界各大家为了争夺棋所,彼此尔虞我诈,明争暗斗,演绎着各自精彩的人生。

围棋是实力的世界,诸多争端最后大多采用"争棋"解决问题,动辄几盘、几十盘的争棋时有发生,参赛棋士肩负着各自家门的荣辱兴衰,为了名誉,他们不惧流刑,甚至愿意付出生命的代价。

诚然,正是这种激烈的竞争,使日本的围棋竞技水平得到了极大的提升,为我们留下了许多脍炙人口的历史名局。回顾这些名局,至今仍令人激情澎湃,唏嘘嗟叹不已!

三

明治维新之后,日本社会发生了翻天覆地的变化,封建世袭观念受到严重挑战。昭和时代前期,世袭制末代(二十一世)本因坊秀哉名人君临天下。从自身经历出发,秀哉强烈地意识到本因坊名号应该由实力最强者薪火相传,遂决定废止世袭制度。1936年,秀哉将本因坊名号转让给日本棋院,由主办者出资赞助,创办全体棋士参加的"本因坊名跡争夺·全日本专门棋士选手权大手合"赛,后来改名"本因坊战",授予赛事冠军本因坊头衔,开启实力制本因坊时代。获得本因坊称号,对棋士来说是莫大的荣誉。本因坊战是日本围棋史上首个头衔大赛,成为后世各类新闻棋赛的标准运行模式。

1928年,吴清源到达日本,开始其辉煌的棋士生涯。

1933年,吴清源与木谷实共同发表《新布局法》,引爆现代围棋第一次技术革命。同年10月,吴清源在与本因坊秀哉的"名人胜负棋"特别对局中,弈出"三三·星·天元"名局,向世人展现新布局的魅力,引起巨大反响。

1938年，本因坊秀哉名人宣布引退。新闻界特别策划"引退纪念棋"赛，由当时棋界公推16名职业高手进行选拔赛，木谷实七段最终胜出，获得与秀哉名人进行最后正式决战的资格。这盘棋引起公众高度关注，诺贝尔文学奖得主川端康成作为特约观战记者，全程记录了比赛的经过，并据此写成小说《名人》。

1939年6月至1941年7月，第1届本因坊战历时两年，最终关山利一获得冠军，成为实力制第一位本因坊称号获得者。

1998年，日本棋院制定"名誉本因坊有资格者永世称号"办法，即连续5届冠军获得者授予永世称号，允许棋手在引退或现役满六十周岁后改称"○○世本因坊"。

截至2017年，共举办了72届本因坊战，高川格、坂田荣男、石田芳夫、赵治勋、井山裕太五人获得永世称号，成为世袭制后第22至第26世本因坊。

自本因坊家祖师算砂开山以来，特别是围棋四大家形成之后，棋坛英雄豪杰辈出，围绕名人棋所展开了旷日持久的争夺大战。以"争棋"为主要竞争手段，其严酷、激烈的程度远远超出今天我们的想象。

本书按照日本围棋史的年代顺序，着重叙述导致"争棋"的经过，通过介绍历史名局来展示古代名人精湛的技艺。编著时尽量把历史事件连贯起来，力图使读者阅读之后对日本围棋史有个大致的了解。

围棋是高雅的智力游戏，纹枰上的胜负玄机神鬼莫测，精妙之着层出不穷，观之让人欲罢不能。千百年来，博大玄妙的围棋深深吸引着我们去探寻其中隐藏的奥秘。作为旁观者，盘上的争斗越激烈，就会看得越有趣味。让我们来慢慢欣赏这些关乎四大家名誉地位、学派盛衰的悲壮战斗场面吧！

陈明川
2017年仲夏吉日

世袭制四大家掌门人一览表

本因坊家

世系	雅号	生卒年	名人	棋所	段位（备注）
一世	本因坊算砂	1559－1623	一世名人	初代棋所	九段
二世	本因坊算悦	1611－1658			七段（上手）
三世	本因坊道悦	1636－1727	准名人		八段
四世	本因坊道策	1645－1702	四世名人	第四代棋所	九段
四世跡目△	本因坊道的	1669－1690			七段【注①】
四世跡目△	本因坊策元	1675－1699			七段
五世	本因坊道知	1690－1727	六世名人	第六代棋所	九段
六世	本因坊知伯	1710－1733			六段
七世	本因坊秀伯	1716－1741			六段
八世	本因坊伯元	1726－1754			六段
九世	本因坊察元	1733－1788	七世名人	第七代棋所	九段
十世	本因坊烈元	1750－1808	准名人		八段
十一世	本因坊元丈	1775－1832	准名人		八段
十一世跡目△	本因坊智策	1786－1812			五段
十二世	本因坊丈和	1787－1847	八世名人	第八代棋所	九段
十三世	本因坊丈策	1803－1847			七段
十四世	本因坊秀和	1820－1873	准名人		八段
十四世跡目△	本因坊秀策	1829－1862			七段

十五世	本因坊秀悦	1850－1890			六段
十六世	本因坊秀元	1854－1917			六段
十七世	本因坊秀荣	1852－1907	九世名人		九段
十八世	本因坊秀甫	1838－1886	准名人		八段
十九世	本因坊秀荣				（再袭）
二十世	本因坊秀元				（再袭）
二十一世	本因坊秀哉	1874－1940	十世名人		九段

注①：△印为"跡目"，各棋家预定继承人或家督，即嗣子。

安井家

世系	雅号	生卒年	名人	棋所	段位（备注）
一世	安井算哲	1590－1652	准名人		八段
二世	安井算知	1617－1703	三世名人	第三代棋所	九段
三世	安井知哲	1644－1700			七段
四世	安井仙角	1673－1737	准名人		八段
四世跡目△	安井知仙	1682－1728			七段
五世	安井春哲仙角	1711－1789	准名人		八段
六世	安井仙哲	？－1780			七段
七世	安井仙角仙知	1764－1837	准名人		八段
八世	安井知得仙知	1776－1838	准名人		八段
九世	安井算知（俊哲）	1810－1858			七段
十世	安井算英	1847－1903			七段

井上家

世系	雅号	生卒年	名人	棋所	段位（备注）
一世	中村道硕	1582－1630	二世名人	第二代棋所	九段
二世	井上玄觉因硕	1605－1673			七段
三世	井上道砂因硕	？－1696			七段（本因坊道策之弟）
四世	井上道节因硕	1646－1719	五世名人	第五代棋所	九段
五世	井上策云因硕	1672－1735	准名人		八段
五世跡目△	井上友硕	1680－1726			七段
六世	井上春硕因硕	1707－1772	准名人		八段
七世	井上春达因硕	1728－1792			七段
八世	井上因达因硕	1747－1805			七段
九世	井上春策因硕	1774－1810			七段
十世	井上因砂因硕	1784－1829			六段
十一世	井上幻庵因硕	1798－1859	准名人		八段
十二世	井上节山因硕	1820－1856			六段（本因坊丈和长子）
十三世	井上松本因硕	1831－1891			七段
十四世	井上大塚因硕	1831－1904	准名人		八段
十五世	井上田渊因硕	1871－1917			七段
十六世	井上惠下田因硕	1890－1961			七段
十七世	井上津田因硕	？－1983			六段

林　家

世系	雅号	生卒年	名人	棋所	段位（备注）
一世	林门入斋	1583－1667	准名人		八段
二世	林门入	1640－1686			六段
三世	林玄悦门入	1675－1719			五段
四世	林朴入门入	1670－1740			七段
五世	林因长门入	1690－1745	准名人		八段
六世	林门利门入	1707－1746			七段
七世	林转入门入	1730－1757			七段
八世	林祐元门入	1732－1798			七段
九世	林门悦门入	1756－1813			七段
十世	林铁元门入	1785－1819			六段
十一世	林元美	1778－1861	准名人		八段
十二世	林柏荣门入	1805－1864			七段
十二世跡目△	林有美	1831－1862			六段
十三世	林秀荣	1852－1907	九世名人		（本因坊秀荣）

★段位与称号：名人＝九段；准名人＝八段；上手＝七段。

　　名人是成为棋所的先决必要条件，每个历史时期只能有一位名人（棋所）和一位准名人，上手经举荐产生，可以同时有若干名，都享有多少不一的政府津贴。

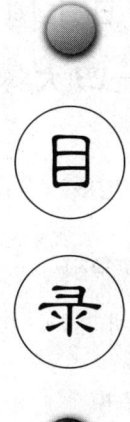

上篇　古代日本围棋

第一章　中国围棋传入日本相关记载／002

第二章　重要文献／003

第三章　轶事与棋局

第一节　遣唐使传奇／007

第二节　镇神头与一子解双征／008

第三节　棋圣宽莲的故事／011

第四节　最古的对局棋谱／014

中篇　近代日本围棋的崛起
　　　——四大家恩仇录

第一章　四大家的由来／018

第二章　史上初次争棋
本因坊算悦VS安井算知／024

第三章　悲壮的争棋
安井算知VS本因坊道悦／037

第四章　近代围棋之祖
本因坊道策VS安井知哲／054

★ 宇宙流鼻祖／063

第五章　道知的翻盘秘技
本因坊道知VS安井仙角／068

第六章　七段的份量
本因坊秀伯VS井上春硕因硕／089

第七章　实力悬殊的争棋
本因坊察元VS井上春硕因硕／106

第八章　乡下赌王的挑战
本因坊丈和VS四宫米藏／123

第九章　天宝内讧吐血之局
本因坊丈和VS赤星因徹／134

★ 丈和三妙手／145

第十章　不得时运的豪杰

井上幻庵因硕VS本因坊秀和（跡目）/ 155

第十一章　耳赤之局

本因坊秀策VS井上幻庵因硕 / 178

★ 秀策与动漫《棋魂》/ 190

第十二章　棋圣与江户帅哥

本因坊秀策VS太田雄藏 / 199

第十三章　幻庵附体棋局

十四世本因坊秀和VS十三世井上松本因硕 / 214

第十四章　明治时代的争棋

水谷缝治VS高桥杵三郎 / 224

★ 方圆社 / 230

第十五章　院社壮烈大决战

二十一世本因坊秀哉VS雁金准一 / 251

★ 日本棋院 / 251

第十六章　新布局革命

本因坊秀哉VS吴清源 / 272

★ 吴清源大师 / 272

第十七章　世袭制本因坊谢幕

本因坊秀哉VS木谷实 / 289

★ 《名人》川端康成 / 294

下篇　后本因坊时代

第一章　本因坊战
第一节　棋战史简述 / 330

第二节　比赛方式 / 330

第三节　历届本因坊战头衔获得者 / 331

第四节　永世称号 / 333

第二章　东西阵营大冲撞
本因坊昭宇VS坂田荣男 / 334

★ 关西棋院 / 334

外篇

附文一

日本围棋规则（1989年）/ 358

附文二

日本围棋大事纪简表 / 391

附文三

日本近代纪年简表（安土桃山时代以后）/ 394

后记 / 395

上篇

古代日本围棋

第一章　中国围棋传入日本相关记载

一、东汉

（一）《后汉书》：

安帝即位之永初元年（107年），有帅升携带生口一百六十人从倭国来朝。

（二）日本浅田宗伯《皇国名医传》：

永全为天智天皇（625—671年）之御医，信誉高医术精，因而赐姓藤原。其祖刘伯阳，为避王莽之乱而归化，其孙春平，出使西域，围棋传来。

与上段《后汉书》记载相对应，围棋传入日本的时间最早可上溯至我国东汉时期。

第二章　重要文献

一、南北朝

《北史·倭传》：

倭国（中略）敬佛法，于百济求得佛经，始有文字。好棋博、握槊之戏。

好棋博，说明围棋在当地经历了很长时期的发展之后爱好者众多，已经成为社会时尚。

二、隋朝

《隋书·倭国传》：

倭国敬佛法，好棋博、握槊之戏。

三、唐朝

（一）日本《李朝高僧传》：

僧弁正留学大唐，与李隆基对弈。

（二）《旧唐书·宣宗纪》：

大中二年（848年）三月，日本王子来朝。王子善弈，唐宣宗敕令棋待诏顾师言与其对局。

（三）苏鹗《杜阳杂编》：

至三十三下，胜负未决。师言惧辱君命，而汗手凝思，方敢落指，则谓之镇神头，乃是解两征势也。王子瞪目缩臂，已伏不胜。

大中年间，日本国王子觐见宣宗，献贵重乐器，宣宗以百戏、珍味为答礼。闻王子善弈，宣宗敕令棋待诏顾师言与其对局。王子拿出楸玉琢棋盘和冷暖玉棋子，开始对弈。

（四）日本《古事记》：

淤能碁吕嶋。

　　这是"碁"字首次在日本出现，音棋，日本专指围棋。

（五）《大日本史》：

吉备真备、入唐。〔作为遣唐使留学生（时24岁）从日本出发，翌养老元年（717年）入唐。阿倍仲麻吕同行，十九年后的天平七年（735年）回国〕

（六）日本《阿倍仲麻吕入唐记》：

吉备真备与玄东弈，其妻隆昌女旁观夫君棋局将败，遂口吞棋子助真备赢棋。

隆昌夫人可谓日本最早记载的女子围棋高手了。

（七）日本《养老律令·僧尼令》：

僧尼如有娱乐音乐、博戏者，罚百日苦役。碁琴不受此限。

（八）《日本文德天皇实录》：

纪夏井少年作为留学生随遣唐使出行。

（九）《源氏物语》注释书《花鸟余情》：

宇多院殿上法师称宽莲为"碁圣"。

因此有人认为，宽莲是日本围棋史上第一位棋圣。

（十）日本《今昔物语》：

佳人戏棋圣，宽莲败走麦城。

（十一）日本《群书类从》：

醍醐天皇敕令宽莲撰写《碁式》一部，对围棋礼式作出规定。

四、宋朝

（一）日本《群书类从》：

玄尊在其《围碁式》中规定围棋盘的尺寸，长一尺四寸八分，宽一尺四寸。

（二）日本《古棋》：

日莲上人与吉祥丸在松叶谷草庵对弈。

这是日本最古棋谱记载的对局。

五、元朝

日本《徒然草》：

观应元年（1350年），京都东寺发布禁止僧侣围棋、双陆游戏的禁令。

六、明朝

（一）中日合著《适情录》

明弘治年间，林应龙与从京都东山建仁寺来杭州修行的高僧虚中交往甚深，两人对虚中从《忘忧清乐集》、《玄玄棋经》等中国古代围棋经典中挑选出来的各类棋谱、定式、死活题共384图重新进行编辑，20年后林应龙在此基础上加入《易经》内容撰成《适情录》二十卷在镇江发行。

（二）日本《寂光寺记录》：

织田信长闻日海善弈，在上洛召见日海受五子对弈，局后赞之曰："君乃真名人也。"

从此，"名人"成为围棋第一人的称号。

（三）日本《坐隐谈丛》：

（1）1585年，秀吉召开御前围棋赛，日海夺魁后获四石朱印（公文书）。

（2）1588年，秀吉再开棋赛，日海夺冠后获20石米10人扶持奖励。

此乃"棋所"之发端。

（3）1593年，任命日海为权大僧都，允许上朝，将军前展示棋艺。"御城棋"发端。

（4）1597年，日海编纂《诘碁集》（围棋死活题）、《本因坊定式作物》。

(四)日本《言经卿记》：

1594年，"本因坊"成棋家名号。当时亦写为"本胤坊、本音坊"。

(五)日本《玄舆日记》：

"本因坊"乃京都寂光寺塔头（精舍）之一，方丈日海居所。

高僧日海专司围棋后，以"本因坊"为姓，改名"本因坊算砂"，成为本因坊家开山祖师。

第三章 轶事与棋局

第一节 遣唐使传奇

唐玄宗开元五年（717年）七月，日本第七次遣唐使从春滩波出发，三个月后抵达长安。吉备真备和阿倍仲麻吕以留学生的身分随行，时年吉备二十三岁，阿倍二十岁，两人情同手足。《续日本纪》卷三三载："我朝学生名播唐国者，唯吉备与晁衡耳。"传说吉备真备是日本片假名的发明者，功绩自不必说；阿倍仲麻吕入唐后学习成绩优异进士及第，唐玄宗赐名晁衡。两人在日本家喻户晓，青史留名。

日本大文学家、东宫学士大江匡房《江谈抄·吉备大臣入唐绘卷》记载了一则有关他们的离奇故事：

吉备大臣与大唐围棋名人对局图　　吉备对弈图　　阿倍仲麻吕

吉备大臣入唐，诸道艺能，博达聪慧。寒窗十载，转眼迎来大考。第一关考试《文选》，唐朝儒士30人出题，难题如虎，挡住去路。关键时刻一位神人出现，怀抱吉备隐身飞至《文选》讲所，暗记答案，得以顺利过关。唐人有意为难，声称第二关要考围棋，考官还是唐朝的国手，这可把从来不会下棋的吉备急得寝食难安。一连数日昼不思食，夜不成寐……恍惚之中，隐约听到有个声音嘱咐道:"对弈当天,晨起后一定要先吃防泻之药,务必!对局中只需闭目冥想,听从暗示,自然可免此难。吾去也!"这几日我已经被弄得精神恍惚疲惫不堪,为什么还要让我吃防泻的药啊? 吉备百思不得其解。也罢,或许神灵助我呢。想及此,晚间睡得很踏实。

是日,吉备听从神人指点,手执白棋从容落子。激战百余合,形势异常接近,可能要输半子!眼看就要终局,仿佛听到那神秘的声音又指示道:"你一定要寻机吞下一颗黑子!" 局终,国手诧异道:"真是奇哉怪也!数了几遍都胜半子,怎会输他半路? 其中定有蹊跷!"遂飞书请占卜大师掐指起得一卦,断定少掉的那颗黑子就在吉备身上。这还了得,想蒙混过关啊? 众人不由分说就把泻药灌了进去……结果吉备又安然渡过了难关。

第二节　镇神头与一子解双征【注①】

《旧唐书·宣宗纪》记载,大中二年(848年)三月,日本王子来朝。王子觐见宣宗,献上贵重乐器,宣宗以百戏、珍味作为答礼。闻王子善弈,宣宗敕令棋待诏顾师言与其对局。王子拿出楸玉雕琢的棋盘和冷暖玉棋子开始对弈,宣宗和许多朝臣都过来围观,气氛顿时紧张起来。

唐·苏鹗《杜阳杂编》描述道:

至三十三下,胜负未决。师言惧辱君命,而汗手凝思,方敢落指,则谓之镇神头,乃是解两征势也。王子瞪目缩臂,已伏不胜。

双方酣战,胜负不明。顾师言唯恐有辱君命,紧张得手心直冒冷汗。沉思片刻后弈出第33手"镇神头"之招,王子顿时瞠目结舌,执棋子的手伸出去又缩了回来,投子认输。

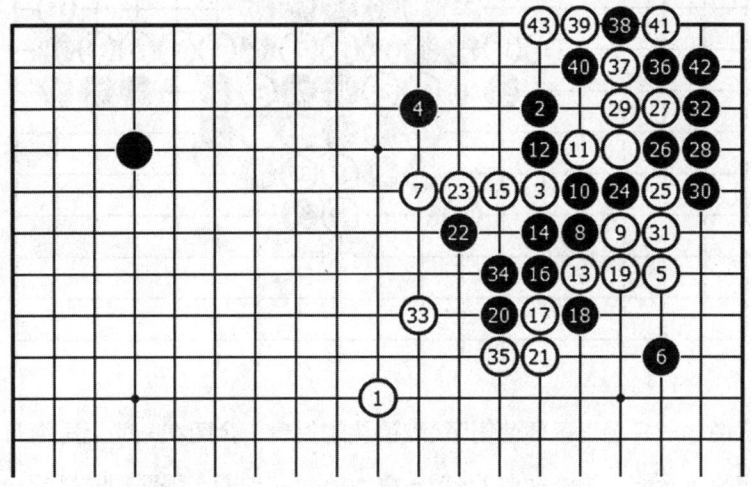

三十三着镇神头图

解说：白1占据天元，气势夺人。双方激战至黑32时，如果白方不能对中腹的一队黑棋实施有效攻击的话，白棋就会陷入困境。正在危急时刻，顾师言弈出了白33这步镇神头的好手，就像被掐住了七寸，黑棋大队棋子顿时失去了活力。黑36、38采用非常手段，白43一路冷静地一长，好手，黑棋差一气被吃，只好推枰认输了。（黑38可以改走40位夹形成打劫，由于没有适当的劫材，仍然失败）

王子随即请教顾师言在大唐排行第几？ 棋待诏，理应是第一高手。有人却戏称排老三，王子要求向第一高手挑战，却被告知："王子若是胜了第三，方得见第二；胜了第二，才得见第一。君贸然提出想见第一，怎么可能呢！"王子掩局叹道："小国之一不如大国之三，信矣！"

顾师言"一子解双征"神奇妙招：

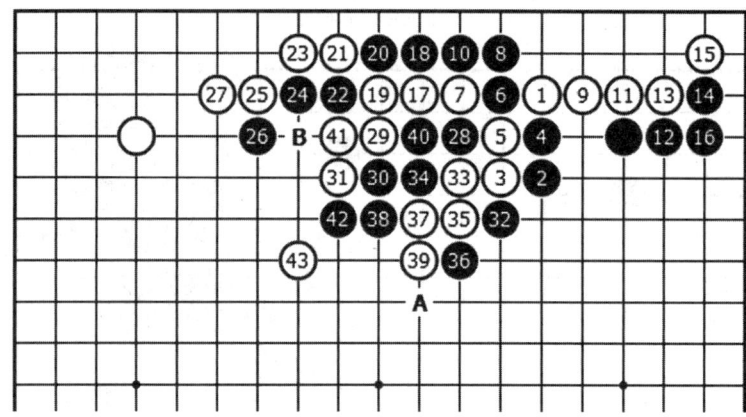

一子解双征图

解说：一开局王子便使出了黑2镇头的狠着，企图在气势上压倒对手。顾师言毫不示弱，果断地白3飞起一靠，黑4、6顶断，局面顿时风起云涌，杀声震天。白7、9成骑虎之势，黑12、14更是得理不饶人，妄想一举歼灭白角，逼迫对手签署城下之盟。皇上面前，岂能丢我大唐颜面！一定要击垮敌人，煞煞他的嚣张气焰！顾师言暗自下定了决心。白21挡，险招！（不如此则白角被吃）黑22要害处切断，紧接着黑28又断，由于"征子"不利，白棋危险！顾大师并没有把这里的变化全都计算清楚，情绪越发紧张，满脸胀得通红，额头的汗水直往外冒，连手心都湿透了……盘上刀光剑影，已成骑虎之势。双方最强交战至黑42拐头，A和B两处征子黑棋必得其一，若无化解之法，后果不堪设想啊！王子以为胜券在握了。

正在得意之时，只听"叭"的一声，白43重重地拍打在棋盘上。嗯？难道摆错了地方不成？这一招上不挨天，下不着地的，好笑得很呢……嗯？！好像有些不对头……王子回过神来，再仔细一看，这一惊非同小可！围观的小伙伴们都呆住了……白43妙手！有了这一招棋，黑棋怎么也征不掉任何一队白棋，全盘支离破碎，回天乏术，只得投子认输，甘拜下风了。（研究发现白43还有他法，黑棋仍然不行）

"一子解双征"传说在棋界流传很广。这是我国棋手首场国际比赛的记录，也是中日两国首次巅峰对决。

第三节 棋圣宽莲的故事

一、金枕迷踪

第六十代醍醐天皇（885-930年）时期，京都仁和寺有位法名宽莲的高僧。每日礼佛闲暇，独自钻研棋艺达高品，全国上下竟无一人能和他下对子棋，日本棋界人士公推其为棋史首位棋圣，实乃开天辟地之事。

京都仁和寺

醍醐天皇与宽莲对弈图

话说醍醐天皇嗜好弈棋，平素陪他下棋的人都想拍马屁，不敢造次自讨没趣，因之醍醐天皇自以为棋力高强，天下无人能敌。听闻宽莲大名，便要一试高下，即刻召宽莲进宫。进宫与天皇对弈，对普通人而言是多大的荣耀啊！天下高僧者，连人的生死都早已勘破，何况虚名乎。两人博弈数十回合，宽莲已心中有数。再弈时，宽莲竟然提出要让天皇两子。天皇大为不悦，又不好发作，只得道："你有必胜的把握吗？输了可是要砍头的！"宽莲答曰："在下窃以为尚可一战。"周围吃瓜群众莫不为他捏着一把汗。输了固然要被砍头，即便赢了，龙颜震怒，恐怕脑袋也会保不住，都在暗骂宽莲糊涂。

从棋力来看，宽莲实在高出许多，想赢多少就赢多少。无论局面如何惊险万分，宽莲最后都能妥善收场，不知不觉之中给了天皇面子。天皇心悦诚服，转嗔为喜，非要赐个御用的金枕头作为谢礼，并约期再弈。宽莲和尚兴高采烈地怀抱着金枕刚走到宫门就被侍卫拦下检查，将金枕没收，说宫中物什不准擅自带出宫去。大师辩说这是天皇御赐之物，侍卫哪里肯听，只得悻悻离去。

旬日之后，两人宫中又弈，相谈甚欢。别时，天皇如法炮制再赐金枕，这次宽莲把金枕藏于袖内深处，结果还是被搜出来充公了。

宽莲连吃两次哑巴亏，心有不甘，回到家里细细想来，洞察出其中奥妙，心里算计已定。数日后宫中再弈，天皇果然三赐金枕。宽莲快步走到宫门，这次也不待侍卫上来帮忙，随手就把"金枕"扔进了道旁的鱼池里。侍卫们惊慌失措，连忙跳入池中打捞，宽莲趁机溜了出来。

原来，宽莲大师成功上演了一出"狸猫换太子"的大戏。后来把金枕变卖，在仁和寺旁边另造了一座弥勒寺，普渡众生。

醍醐天皇倒也爱才，知晓事情原委后毫不怪罪，反而更加频繁地召宽莲进宫对弈。在大师的悉心指导下，天皇进步神速，很快便步入高手的行列。

公元913年，宽莲奉天皇敕令撰写《碁式》一部呈上，对围棋礼式作了规定，成为日本最早的一部围棋专著。

二、佳人戏棋圣

平安时代末期的《今昔物语》记载了宽莲的一件趣事：

春光明媚的一天，宽莲陪天皇下棋后，驱车返回弥勒寺。正行之间，看见道旁站着一位眉清目秀的女童，正微笑着招手呢。一问之下，女童说她家主人有要事相告，希望大师能顺便去一趟，家就住在附近。"那就去看看吧。"于是女童在前引路，宽莲驱车相随。

果然行不多久，便见绿树丛中显出一座庭院来。这庭院以竹篱为墙，房屋虽不甚讲究，却也宽敞整齐，院内满目的樱花蔚然成林，花儿争芳斗艳，娇丽无比，真是别有一番风情。女童道："这便是寒舍，请进屋吧。"

宽莲进得屋内，只觉香气袭人，屋内摆设甚是典雅。正对门口的墙上挂着一副竹帘，帘内似还有个房间，离竹帘不远处端端正正放着一张棋盘，盘上并列摆着两只棋罐，只是连个人影也没有。宽莲正自狐疑，忽听帘内有人说道："请法师坐于盘侧吧。"声音极是圆润甜美，显然是位妙龄女子。那女子接着又道："听说法师乃举世无双的围棋名手，非常希望能与法师弈上一局，请务必满足小女子的心愿。家父教我下棋，他老人家去世后，小女子就不曾玩过这种游戏。正巧，听说法师要从这附近路过，所以特意着人相请。"

宽莲闻言笑道："这倒很有意思。我们怎么个下法呢？让你几个子好啊？"说着，便在棋盘边的座垫上坐了下来，只觉一阵清香自帘内袭来。宽莲偷眼望去，隐约看见那帘内女子身形婀娜，容颜虽然朦胧，想必是位绝色佳人。和尚不敢再看，忙伸手拿起一只棋罐放于膝旁，正欲将另一只棋罐送过去，只听那女子道："请把两只棋罐都放在您那边。"

宽莲颇感疑惑，却也只好照她说的做，把另一只棋罐放于膝旁，揭开盖子，静候那女子出来对局。突然，帘中伸出一根白色木棒，正指在天元上。只听那女子道："请把我的棋子放在这儿。"

宽莲闻言一怔，心想："原来这女子全然不懂棋规，竟然要和我下对子棋！"但他毕竟是有道的高僧，肚量极大，转念道："也罢，姑且就陪她下一盘好了。"于是，宽莲摆上自己的棋子，又依她所指放一枚棋子，然后自己下子，二人就这样对弈起来。

一开始，宽莲只当是闹着玩，根本未曾将那女子放在眼里，哪知过不多久便觉得不大对劲。那女子的着法看似轻描淡写，却是着着罗网，步步陷阱，直把个宽莲杀得汗流浃背。宽莲号称棋圣，本领自然不凡，当即使出浑身解数，力求摆脱苦境。偏那女子又走出许多匪夷所思的怪招来，宽莲虽身经百战，从未见过这等阵势，再也抵挡不住。眼看盘上的棋子竟然没几个是活的，不由发起呆来。那女子却以调侃的口吻，一个劲地劝道："再来一盘吧，再……"

"人世间怎会有这等神妙的着法？这女子情状诡异，莫非……"宽莲越想越怕，连忙爬起身，连鞋都没敢穿，飞奔出屋，登上车一溜烟跑了。

第二天，醍醐天皇闻知此事，不禁大吃一惊，当即派使者去请。及至，早已人去楼空，只有一个老尼坐于院中。使者再问时，那尼姑道："那女子是从远方来的，在此借宿了五六日，昨晚已归去了。"

第四节　最古的对局棋谱

日本佛教主要宗派之一——日莲宗开山祖师日莲上人棋艺高强。据《古棋》记载，日本现存最古的棋谱记录的就是日莲上人与其高足吉祥丸（日朗）的对局，弈于建长五年（1253年）。

日莲上人与吉祥丸对局谱
总谱（1－50）

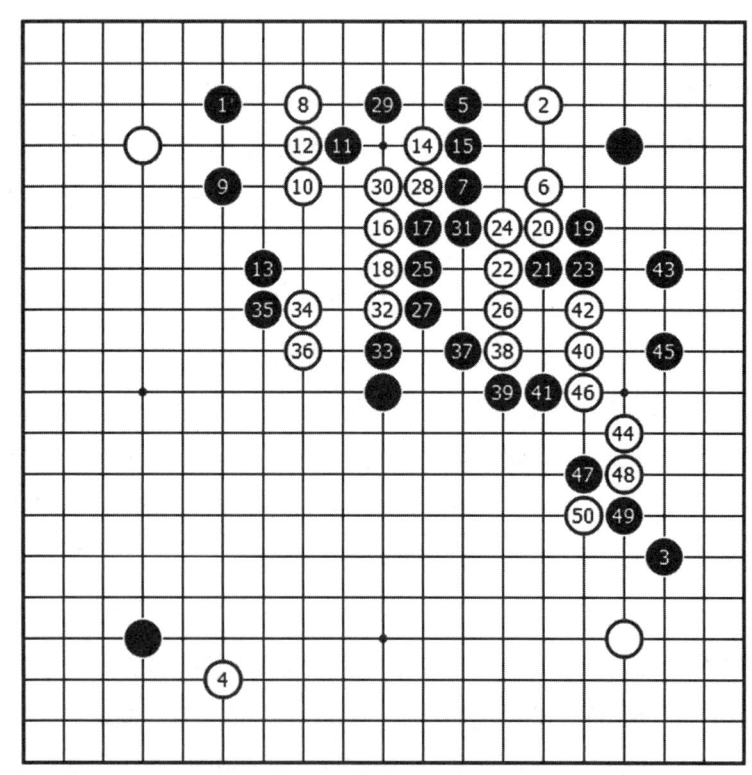

○ ——————————— 简 评 ——————————— ○

　　一开局，双方就在上边展开激烈的攻防，战火蔓延至右下角，总体来说白棋呈苦战态势。弈至白方第50手，封盘。

　　值得留意的是，这局棋是日本现存的唯一采用"座子制"的对局，而且是五个座子——中央天元处多了一子，这与中国古代四个座子是有很大区别的。大家不要小瞧了"天元"的这颗座子，"据其极，运四方"，作用大得很。所以，无论是谁多放上这颗棋子，将掌控全局主导权，这对另外一方来说显然是不公平的。就这盘棋而言，黑棋三个座子，白棋两个，并且还是黑棋先开局，不公平之处是显而易见的。

　　有鉴于此，这盘棋的真伪存有争议，许多史学家认为是伪托之作。

——————————— ———————————

【注①】根据日本围棋史学家渡部义通考证：日本王子可能是指高岳亲王（平城天皇的儿子），于835年随第十三次遣唐使入唐，前后在唐四十五年，大中年间（847—859年）应该还在长安。传说中的"一子解双征"和"33着镇神头"故事的主角都是顾师言和高岳亲王，两个故事的说法有些自相矛盾。解双征的那步棋是第43手，所以第33着"镇神头"解双征的说法不成立。因此，唐·苏鹗《杜阳杂编》的记载有矛盾之处。

中篇

近代日本围棋的崛起
——四大家恩仇录

第一章 四大家的由来

一、本因坊家

本因坊发祥地京都寂光寺开山祖师日渊上人，将其在京都妙满寺的坊名"本因坊"带到了寂光寺，作为塔头（精舍）的名称。

第一世本因坊算砂旧迹

本因坊算砂

1559年3月，加纳與三郎诞生于京都，八岁拜师叔父日渊上人修习佛法，取法号日海，后继承叔父衣钵成为寂光寺住持，居精舍本因坊。

织田信长、丰臣秀吉、德川家康号称日本战国时代三英杰，他们都十分爱好围棋，这对日本棋坛来说无疑是莫大的幸事。

日海上人以棋侍奉织田、丰臣、德川三朝，专司围棋后，以其精舍"本因坊"为姓，改名本因坊算砂，成为世袭制本因坊家开山祖师。

1578年，好弈的织田信长诏日海手谈，局后赞之曰："君乃真名人也！"从此，围棋第一人遂称为"名人"。1588年，丰臣秀吉召开御前棋会，日海技压群雄夺得赛会首位，被授予"碁之法度可申付候"证书，赠与20石米10人扶持奖励，这便是"棋所"的发端。

1603年，日海更名"本因坊算砂"，德川家康任命为"名人棋所"。

1612年，德川家康敕封本因坊、安井、井上、林为专职棋家，每年领取一定的俸禄，日本围棋开始走上职业化道路。

1662年，德川幕府改革机构，把"碁所"纳入寺社奉行进行管理，每年拨付50石米20人扶持经费，同时兼任"将棋所"。

本因坊家人才辈出，日本围棋史上著名大棋士道策、丈和、秀和、秀策、秀荣、秀甫等人皆出自坊门，棋界领袖地位贯穿整个江户时代。

纵观日本近代围棋发展史，本因坊一家独占十代名人中的七位，八代棋所中，本因坊家占了五位，足见其在棋坛的显赫地位。明治维新以后，本因坊家的权威依旧存在，直到1938年二十一世本因坊秀哉宣布引退，世袭制本因坊时代才告结束。

二、安井家

安井家是江户时代围棋四大家之一，祖上安井定正加入德川军团参加过石山会战，德川家康敕封专职棋家时，其孙安井六藏被指定为家督，是为安井家始祖，即一世安井算哲。

一世算哲高足二世算知继承家督，与二世本因坊算悦围绕棋所之位展开激烈的争棋较量，算悦去世后被公推为名人。1668年10月18日，幕府正式任命安井算知为棋所。

一世安井算哲的长子二世算哲，可以说是日本棋界独一无二的历史名人了。作为棋士，小算哲1659年至1684年的15年间，共参加17场御城棋【注①】赛，成绩平平；作为天文学家，1670年开始日夜观测天体，致力于新历的研究。1685年，二世算哲的研究成果得到幕府认可，取名《贞享历》，因任命为幕府初代"天文方"，享250石俸禄，改名涉川春海，从此告别棋坛。

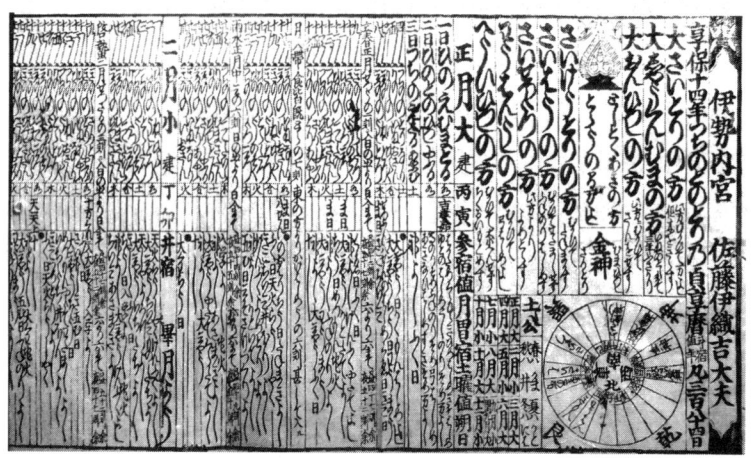

涉川春海《贞享历》

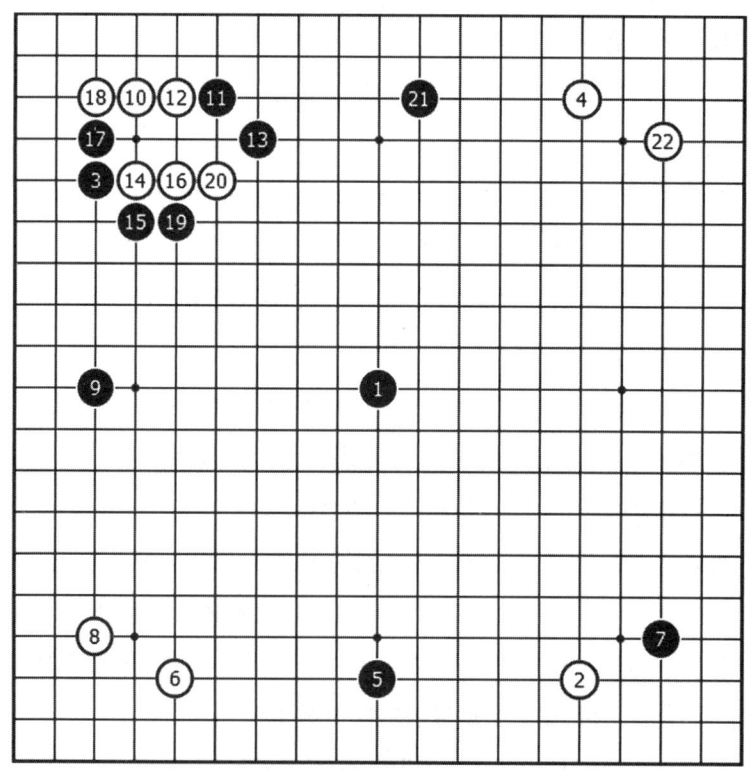

对本因坊道策天元局

涉川春海认为，围棋乃天文演绎计算之道具，其下法自然可以套用天文法则，第一步应该占据天元。在1670年11月17日的御城棋赛上，面对本因坊道策，涉川抢占天元，果敢地实践自己的理想。"这盘棋如果输了，这辈子从此不再下天元。"涉川信守了承诺。

明治时代晚期，十世安井算英之子昌三的棋力不足以担任家督，算英原打算把女儿嫁给一个棋力高强者来继承家业，却偏偏找了个不会下棋的女婿，在未决定嗣子的情况下便撒手人寰，安井家就此退出历史舞台。

三、井上家

井上家以初代名人本因坊算砂的高足中村道硕为其始祖，算砂去世后，中村被推举为第二代名人。初代掌门人中村道硕外，井上家历代家督都称为"因硕"。

井上家另一位名人、四世井上道节因硕受本因坊道策托孤，忠实地履行承诺培养天才少年本因坊道知，同时编纂了围棋经典诘碁名著《围棋发阳论》（又名《不断樱》，1713年正式出版），对棋界贡献很大。

《围棋发阳论》

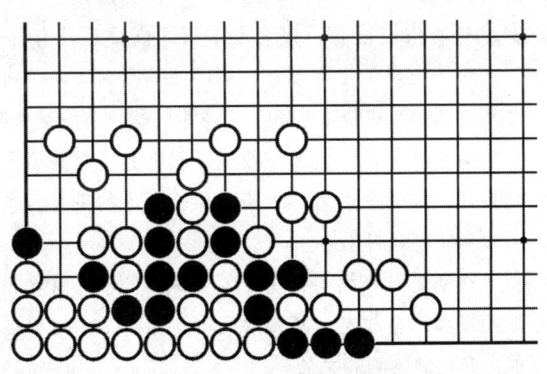

诘碁图例

十一世井上幻庵因硕与本因坊丈和、本因坊秀和围绕名人棋所展开盘内盘外全方位激烈冲突，演绎着悲壮惨烈的围棋故事，留下了几多历史名局。

末代掌门人第十七代传人井上津田因硕于1983年去世，井上家成为四大家中维系时间最长的围棋世家。

四、林家

林家的始祖林利玄，是一世本因坊算砂时代的一流棋士，其高足林门入斋振兴林家，因之后世家督大都称"门入"。

林家比其他三家立业较晚，历史上也没有出过名人，还不时因为无适当家督继承人，经常向本因坊家过继跡目来延续香火，整体势力较弱。1884年，从本因坊家过继来的十三世秀荣，回归本因坊家继承家业，林家也就此退出了江湖。

【注①】御城棋：德川时代（1608年）开始，围棋四大家的棋士每年一度聚会于江户城（东京），在天皇或将军面前对局，史称"御城棋"（或曰天览棋）。1626年，御城棋模式正式启动。1716年起每年11月6日报名，11月17日对弈成为惯例，直至幕末的1864年赛事终止。比赛期间禁止赛事相关人员外出。

御城棋门槛很高，四大家掌门人或跡目、名人棋所（九段）、准名人（八段）、上手（七段）才有参加比赛的资格。何人参加当年的赛事、谁和谁对弈、对局者之间采用什么棋份【注②】比赛等问题，一般都需要四大家共同协商决定。

特殊的比赛性质，使御城棋成了棋界最隆重的盛会，参赛棋士肩负着常人难以想象的重任。棋局的胜负不但事关棋士本人的荣誉，甚至关乎家门的荣辱兴衰，这是今天的我们难以想象的。

御城棋赛是与争棋同样重要的赛事，给平素缺乏相互交流的各家棋士提供了一个重要的平台切磋棋艺，拓宽自己的棋路。日本近代围棋竞技水平的大幅提升，是与这些比赛机制密切相关的。

【注②】棋份：棋手的棋艺水平存在着差别，一般用段位的高低来表示。史载棋圣道策（四世本因坊）制定了半子制对弈规则，江户时期至日本棋院成立（1924年9月）前，均采用该规则进行对局。

棋士对局棋份表

本人/对手	名人	准名人	上手	六段	五段
名人	互先（对子棋）				
准名人	先相先（半先）	互先			
上手	先	先相先	互先		
六段	先二	先	先相先	互先	
五段	二子	先二	先	先相先	互先

由上表可以看出，段位相差一段，棋份为让半先，差两段让一子，以下类推。

第二章　史上初次争棋

本因坊算悦VS安井算知

一、算砂与道硕

德川家康都江户（今东京），实施对包括围棋在内的文化事业保护奖励政策，任命本因坊算砂担任全面管理棋界的"名人棋所"之职。

如果说算砂是开荒植树的开拓者，那么施肥浇水、防风避雨、苦心育才的人就是其高足中村道硕。在奠基创业的关键时刻，天赐道硕这样难能可贵的人才，实为日本围棋界的幸事。

元和九年（1623年），算砂深知自己天年将尽，便将道硕叫到病榻前，嘱咐了许多话之后，亲手将"名人棋所"的任命书禅让给他，对此无一人表示反对，说明道硕的确是一位品艺出众的杰出人物。

道硕的棋艺究竟有多高呢？当时唯一能与其导师算砂相抗争的鹿盐利玄，后来被道硕击败了。二十二世本因坊秀格认真详细地研究了当时的棋谱后明确指出："与算砂相比，道硕的棋艺显然占上风；利玄与道硕的对局盘盘均有记录，而算砂与道硕的对局却一盘都没有，可能由于当时胜负多偏向一边，道硕碍于师道尊严，有意识地不把棋谱记录下来。"

道硕继承算砂衣钵执掌"名人棋所"，因其本人并非本因坊家继承人，就只好以另一师家身份独立支撑局面，而本因坊跡目此时还只是一个名叫杉村算悦的十二岁孩子。

算砂临终时嘱咐道硕："作为棋所，希望你在完成本职任务外，务必费心严格教导算悦，如果他能成器上进，可立为二世本因坊；如愚钝无能不堪造就，便可任君处置。"这让我们想起刘备白帝城托孤时的情景，令人无不为之动容。算砂仙逝，本因坊家一时衰落了。

幸运的是，算悦棋才出众，在道硕的悉心教导下，棋艺进步神速。算砂去世后的第七个年头——1630年，十九岁的算悦升到七段高位后得到幕府恩准，开始执掌本因坊家，逐渐走上复兴之路。道硕完成师命，了却一生心愿，于同年病逝，享年四十八岁。

二、棋所何归？

道硕仙逝后，棋所职位成了空位。大概是由于未发现适当的接班人，道硕没有指定由谁来继承。围绕着这个空职，棋界风波四起。宽永年间，正值第三代幕府将军德川家光的盛世年代，行政机构健全，唯一的缺憾是名人棋所空位。

有鉴于此，幕府主管召集一世安井算哲、二世本因坊算悦、二世井上因硕、二世林门入四大家掌门人聚会，简要说明情况后问道："由谁来担此重任合适呢？"

据《传言录》记载，安井算哲挺身而出道："我虽年事已高，棋艺也无大成，但长期以来还是对棋界作出过贡献，希望能把棋所职位赐给我。"

说起来算哲要比其他家督年长二十多岁，又是八段准名人，当然有资格提出这样的要求。

或许是因为算哲倚老卖老的傲慢态度触犯了这位官员的尊严，"棋所，依照旨意需要实力最强者方可担任。你刚才说自己年纪大了，棋艺也无望大成，我们不会把棋所授给那样的人。"

算哲落选，而门入又太年轻，棋所职位候选人只剩下算悦和因硕两人。主管对因硕道："你同算悦来一次'争棋'如何？"

因硕答道："算悦君是吾师道硕的弟子，他与我情同手足。我觉得和他竞争违反了做人之理。"他俩从小在道硕门下学艺，这种想法合情合理。于是，棋所问题暂且不了了之。

三、争棋

算哲是位永不服输的人，在短短几年中与道硕交战120回合，结果多输了40盘棋。算哲屡败屡战，持续的挑战使道硕哭笑不得："棋赢了，命却被算哲夺了去！"

如此倔强的算哲，幕府讨论棋所时当众受辱，叫他如何咽得下这口恶气。自己不能如愿以偿，便把希望寄托在高足二世安井算知身上。

算知1617年出生于京都，比棋所第一后补算悦小六岁。不知何故，算知深得德川家康之谋士南光坊天海的宠爱。十一岁时，算知通过南光坊的推荐，觐见了家光将军。得以参见将军的人，意味着承认了他的幕臣地位，所以算知小小年纪就已自成一家。大名【注①】松平肥后守也对算知青睐有加，不但常常邀他居住府上，还给他很多零花钱。可以想象，算知是一位惹人怜爱、聪明异常的神童。

算知倚仗身后强大的靠山，开始了夺取名人棋所的行动。要坐上棋所宝坐，就必须设法在与算悦的争棋比赛中获胜。做好前期准备之后，算知便以慈元大师"名流棋会"的名义，相约大家在太田备中守公馆聚会，乘机向算悦发起挑战。当时的备中守是管理围棋和将棋的负责人。这盘棋算知被让先，结果算悦获胜。算知虽然输了，却能让人感觉到他充分的自信。局后算知向备中守提出了请求："请允许我同算悦先生下正式的争棋。"

对于幕府来说这当然是件好事，因为棋所空缺总得有人来补。算悦和算知两人是当时棋界双璧，胜者来担任棋所，就不会有人再发牢骚了。于是，备中守答应他们进行争棋，比赛方式为"对子棋，六盘决胜负。"算悦闻言，脸上露出一丝轻蔑的神情。

"在下斗胆直言吧，我接受争棋挑战，但不能接受对子棋的棋份。"

"这却是为何？"

"记得上次对阵，我让先击败了算知君，应该把这盘棋计算在争棋中。"

此话半是理由，半是讥讽。算悦并非过着无所事事的清闲日子，每时每刻都在观察算知夺取棋所的动向，等待着决斗之日。他清楚对方有强硬的后台，不可能答应自己的要求。但作为本因坊家的掌门人，该说的话还是要说个痛快！

果然，算悦的申诉遭到驳回。备中守大声训斥道："算知的棋力今非昔比，遵照旨意应当对子棋争胜负，胜多者授予'棋所'称号，不得有误。"

总之，在当时只要搬出"旨意"这种武器，事情立刻就会得到解决。算悦、算知两位二世家督，为了棋所宝座终于展开了围棋史上第一次悲壮的殊死搏斗。

时值正保二年（1645年），算悦三十四岁，算知二十八岁。

四、平分秋色

这次争棋，把正保二年的御城棋作为第1局，此后每年的御城棋都作为比赛对局，因此进程非常缓慢。

本因坊算悦·安井算知六番棋争棋

局次	对弈时间·地点	黑方	比赛结果
第1局	正保二年（1645年）十月十六日于御城	安井算知	黑中盘胜
第2局	正保三年（1646年）十一月二日于御城	本因坊算悦	黑胜9目
第3局	正保四年（1647年）月日不详于御城	安井算知	黑胜6目
第4局	庆安元年（1648年）月日不详于御城	本因坊算悦	黑胜11目
第5局	庆安二年（1649年）二月十七日于御城	安井算知	黑胜11目
第6局	承应二年（1653年）十月十七日于御城	本因坊算悦	黑胜6目

双方各执黑棋获胜，三胜三败难分高下。

1651年，江户幕府第三代将军德川家光去世，诱发由井正雪之乱，社会动荡不安造成时隔四年之后才下第六局，整个争棋过程变成了一场历时八年的马拉松比赛。

五、棋局欣赏

这是围棋史上第一次争棋的决胜局，双方在纹枰上展开了竭尽全力的激烈竞争。

（一）争棋第6局

黑方：本因坊算悦 七段　　承应二年（1653年）十月十七日于御城

白方：安井　算知　名人

第一谱（1-50）现代布局

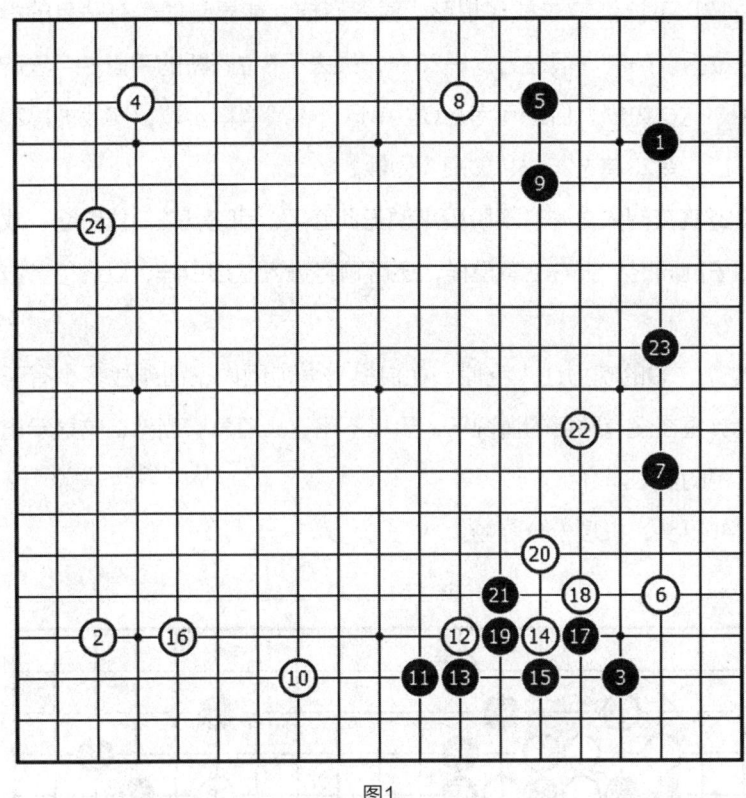

图1

简 评

早在本因坊算砂时代,日本围棋流行两种开局方式,即中国古典式座子和日式小目开局,座子式开局只有前述的日莲上人与日朗的棋谱流传了下来。

黑5大飞守角,大家不觉得熟悉吗?是的,在阿尔法围棋的带领下,古老的艺术之花,今天正重新绽放,绚丽夺目!三百六十多年前,本因坊算悦就下出了这步连"阿老师"都十分爱用的棋,真是令人佩服啊!

图1:这是他们四年前第5局的布局,至黑7完全相同;白8、10和黑11等走法不太符合现代布局常识。由此可以看出,在争棋暂停的四年当中两人都下了一番苦功,棋艺得到了很大的提高。

白12以下让黑17走成理想形，值得商榷。如果是现代有贴目的棋，白12在A位拆以静制动很有力。黑23靠，失去了B位跨断的手段，今天的棋手大都不愿这样先损。白24可考虑C位单退，不凑黑棋步调，实战被黑25顺势走成好形。黑23单走25位"象眼"为妙。

黑27直接闯入白阵，现阶段来说无此必要。可考虑在D位跳起，攻击右下白四子的同时扩张右上黑模样，还可顺势进入左边白阵，以逸待劳方才是上策。

黑37、39的魄力让人吃惊，在白棋势力范围内正面作战多少有无理之感。尤其是在没有贴目的情况下，黑棋不用这么着急。当然，这显示出算悦志在必得的信心。

白46挺头，棋形十分舒畅。

第二谱（51－100）激战

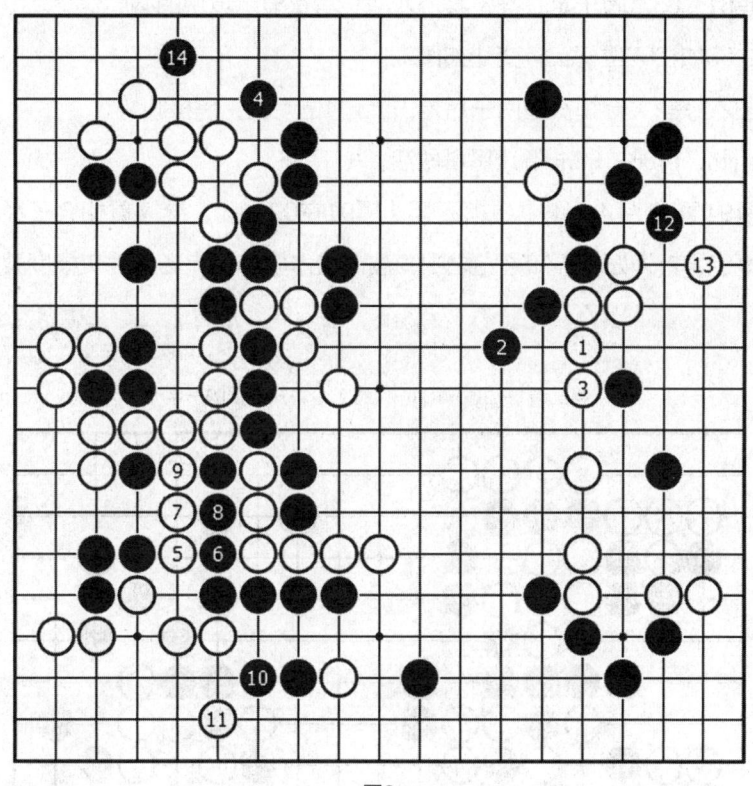

图2

白50、52冲断当然,此外还可以选择62位扳断。

面对破烂不堪的局面,算悦凭借自己超强的计算力,作了妥当的处理。

黑53、55然后借势61冲出。对白62、64扳断,黑65至69整形。

白70急所,控制了中原,黑则占据71、73两处大棋,可以满意。

算知白72自重,基于如此充分可下的大局观。白72后,留下A位扳断吃黑棋四子的大官子;胜负的道路依然漫长。左半盘的激战至黑73告一段落,在白棋势力圈内作战,总体来看黑棋是成功的。

白74立,太缓!应在B位扳,待黑C位拦交换之后,再D位打入。

黑75顶头,十分强烈!迫使白76委曲求全,再77控制中原,牵制白棋右边的打入。

黑81、83气魄十足，准备弃子作战，再次显示算悦的必胜信念。

白86如在87位弯头，变化如图2。

图2：黑2尖弃掉右边两子后抢占上边4位大场，黑棋胜势。

因此，白86、88准备让黑棋做活。

黑91寻求活路，正中白棋下怀。黑91在92位接，继续贯彻弃子经营中原的既定方针为好。不知不觉之中，被白棋占据98位大场，胜负极度微妙。

第三谱1－26（101－126）令算知悔恨的一手

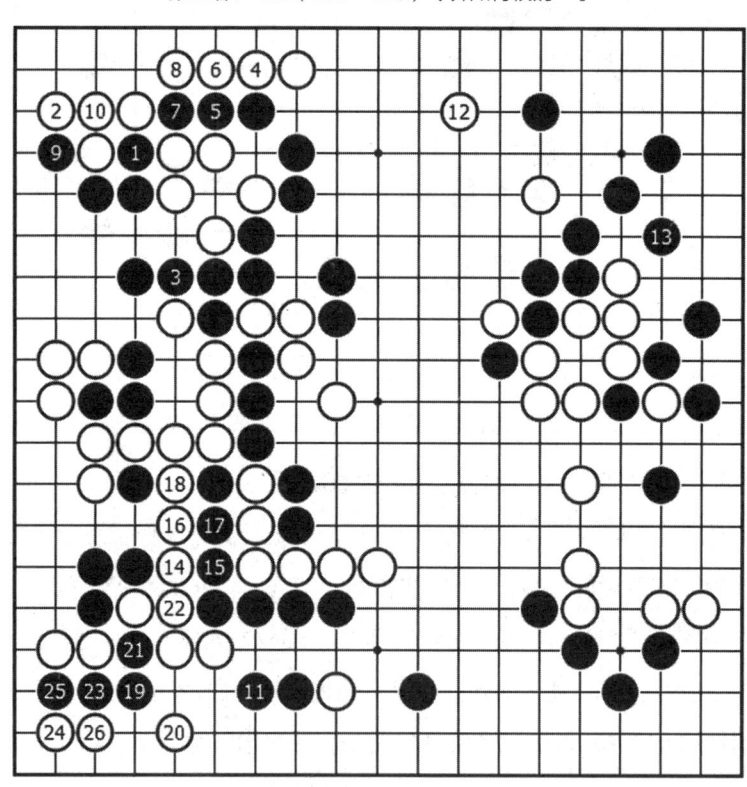

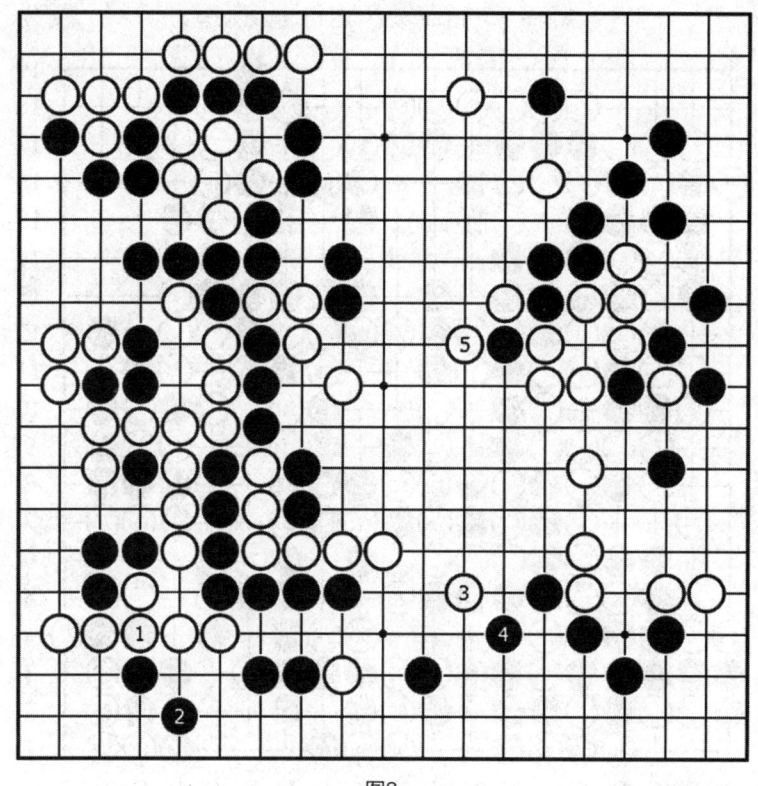

图3

黑1挤，以下至白10形成转换必然。

黑11很大，白14扳吃黑四子是目前最大的官子。

双方顺利地收着官子，不料黑19刺时，白20的反击出现计算漏洞，铸成大错。

白20应如图3所示。

图3白1接，黑2时白3先手便宜后，白5抱吃一子，全局形势不明。

此前，白18如改在22位接，虽可避免黑19位的刺，但在形势细微的情况下被黑18位先手便宜3目是不能容忍的。

白20切断黑棋联络，24、26是局部的好手，算知以为万事大吉了。

第四谱 27－131（127－231）冷静的妙手

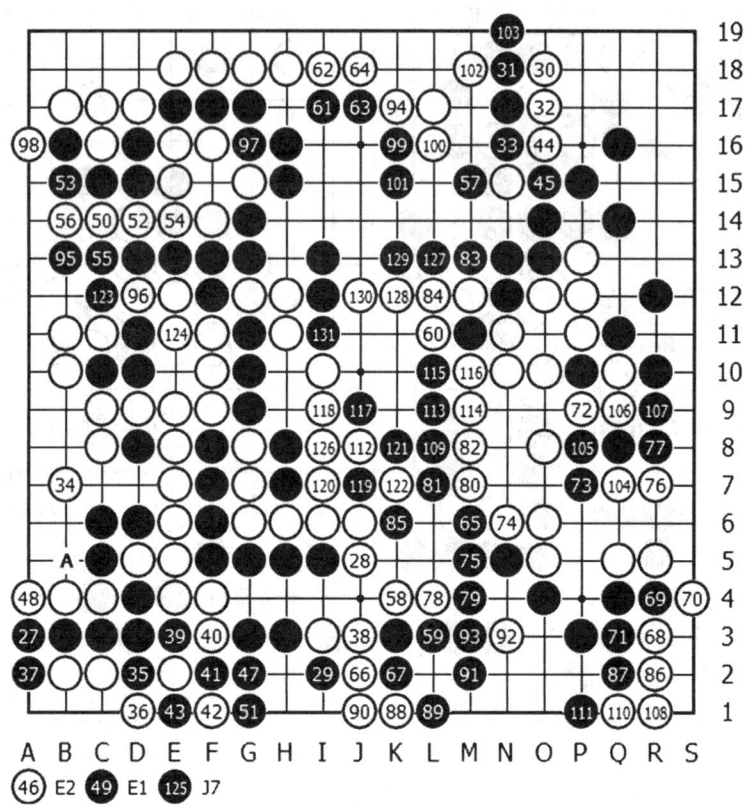

共231手（以下略）黑胜6目

黑27单立，妙手！算知忽略了这步冷静的好棋，总以为黑27在37位扳，以下白35、黑A、白34杀黑棋。

黑27立，对此白如在35位接，变化如图4。

图4：黑2扩大眼位，白3时黑4夹是好手，黑净活。

白棋一直下得很好，此正是"一着不慎，满盘皆输"的最好注脚。

这回轮到算悦出错了。从天而降的胜机，使他乱了方寸。黑37完全没有必要，应直接在39位冲打劫。实战反而生出白38的手段。对此，黑如66位渡过，则变化如图5。

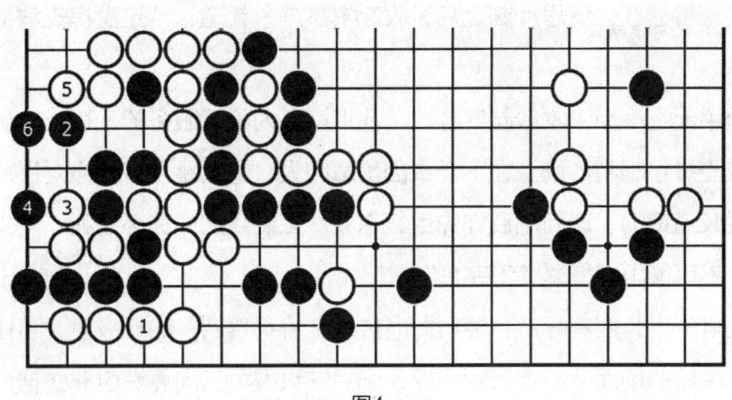

图4

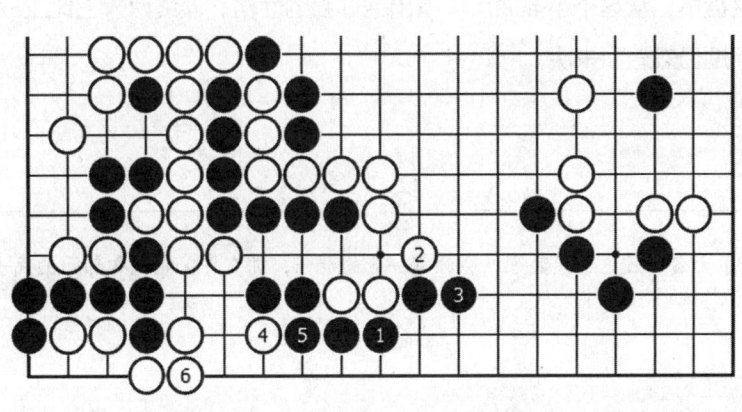

图5

图5：白2先手虎后再4位托靠一石二鸟，黑左右无法兼顾。

当然，算悦不可能再次出现这种低级错误。

白30、32制造大劫材，至42终于形成打劫。

黑51解消劫争，锁定了胜局。算知，悔之晚矣。

六、盘外花絮

不知是在这次争棋的什么时候，流传着这样的轶事。

比赛过程中，算知的支持者松平肥后守前来观战，这位热心主管在算知"叭"地落一子时叹道："嗯，真漂亮！就连本因坊也没招了吧。"算悦闻言满脸涨得通红，沉思片刻之后，收起棋具施一礼道："这盘棋无法继续走下去了。"

松平大吃一惊，收敛起笑容。"我下棋是为将军服务的，棋士对局比赛犹如武士披甲驰骋沙场。在下乃本因坊掌门人，旁人是没有资格对棋局评头论足说长道短的。请问肥后守先生，您凭什么说我的局势必败呢？发生这种事情，不可能再把棋继续下完！"

此言一出，四座哑然。恰巧此时传来"将军驾到"的通报声，若让将军看到这尴尬的场面，必定兴师问罪，肥后守只得再三向算悦谢罪。据说算悦赢了这盘棋，从这个小插曲可以看出他倔强的性格。最终两人三比三战平，棋所问题仍然悬而未决。

【注①】大名：日本古代武家社会独霸一方的豪强，拥有许多领地和部下的武士。

第三章　悲壮的争棋

安井算知VS本因坊道悦

一、算知终成"名人棋所"

八年时间才比赛了六场棋，这种极为缓慢的赛程以及后来没有再安排加赛，说明幕府对谁来担任"名人棋所"并不太在意。这次争棋之后，御城棋暂停了。棋手的人数很少，棋界势力微乎其微。

争棋五年后（1658年），算悦四十七岁仙逝，跡目道悦成为三世本因坊。

宽文四年（1664年），御城棋又重新作为传统活动开展起来，棋界呈现繁荣景象。宽文八年，幕府出人意料地任命安井算知为"名人棋所"。

《坐隐谈丛》叙述道：

算悦刚死，算知认为机不可失，向平素宠爱他的以松平为首的权贵们哭诉请求，终于在宽文八年（1668年）十月十八日得到名人棋所职位。

这是充满恶意的说法。算悦病故后，算知理所当然成为第一国手，即使马上推举他担任棋所也不过分。那么，为什么身后有松平肥后守等当权者的保举，算知还要等待漫长的十年岁月才如愿以偿呢？

令人略感蹊跷的是，仅在举行御城棋赛的前两天，即宽文八年十月十八日算知被任命为棋所，这个任命是由于幕府的某种关系。

①宽文二年，幕府机构改革，把"碁所"纳入寺社奉行进行管理；

②宽文四年之后，御城棋才成为正式的传统活动。

基于这两个原因，棋所的正式任命延迟了许多年。棋界的直属上级机关不稳定时，棋所是无关紧要的。确立寺社奉行的管理制度后，棋界日益活跃，棋所空缺会给某些活动带来不便之处。例如，举办御城棋赛时，如果单靠寺社奉行全部张罗就嫌过于费事了。有了棋所，只要一声令下就可万事俱备。

那么，由谁来任职呢？从威望和实力来说，无人能及算知。不向权贵们"哀求"，棋所地位也自然非他莫属。安井算知继初代本因坊算砂、井上家一世中村道硕之后，成为第三代名人棋所，这时他已经五十一岁了。

二、不惧流放异乡

三世本因坊道悦听说算知被封为棋所，大吃一惊。

道悦原名丹羽氏，传说他是伊势松阪或石见国人士，生于宽永十三年（1636年）。道悦当年三十二岁，正值棋艺炉火纯青之时，虽然从未与算知交过手，但与其对手的"棋份"和算知是相同的，所以自认为是棋所的当然候选人。道悦做梦也没想到，棋所之事不跟他商量就做出了决定。不仅如此，寺社奉行在任命通告中措词更气人：

即日起任命安井算知为名人棋所，将于后天的御城棋赛中会战本因坊道悦。鉴于算知成为名人，对局应授本因坊定先。

道悦有些措手不及，但他深知抗议无济于事。当时先应承下来，回去后找来跡目道策商议应对办法。道策比道悦年轻九岁，名义上两人是师徒关系，实际上却把道策视为手足，凡事通报商量，非常倚重。他们得出的结论是：争棋。

除此别无他途。首先必须争取下好御城棋，根据情况再提出争棋的请求。为达此目的，就需要在御城棋赛中击败对方。有件事却十分令人费解，有史料记载说："算知找到种种借口，硬要把这盘御城棋走成和棋。道悦内心虽极不情愿，但却答应了。"

结果这盘棋果然弈和了。

道悦被授定先走成和棋有损名声，这对提出争棋要求自然是不利的。那为何道悦"不情愿却又答应了"呢？

事实上，御城棋赛后算知很快应允了道悦的争棋要求。这大概是因为算知不想在自己刚成名人的第一次比赛中就留下失败的记录吧。算知早料到御城棋后道悦一定会提出争棋要求，而作为答应争棋的交换条件，要道悦同意把御城棋弈成和局。其中可能还有一个附加条件，即争棋的棋份由官府全权处理。

算知如想回避争棋是能够做到的，他有后台老板强有力的支持，可以请他们将道悦的争棋申请书撕碎，也可以推说自己"年老多病"。

而对道悦来说，总之要千方百计实现争棋赛。哪怕官府决定采用对自己不利的让先制，只要能如愿下棋，赢得比赛胜利便会前途光明。御城棋后刚几天，道悦便带着道策来到寺社奉行长官住所，提出了书面申请，其文曰：

自古以来，名人棋所就是神圣的，它是比赛的优胜者所任之职。现在，贵府委任安井算知先生为名人棋所，而我与他至今从未交过手，因而尚不能断定谁是强者。既然作出了决定，也不可能收回成命。那么，请允许我与算知先生较量几盘决一雌雄吧。至于比赛方式，因我和算知先生对保井算哲、安井知哲都是先相先，故采用这个棋份比赛比较妥当吧。

加贺长官答复道："委任算知为棋所是幕府的命令，将军亦有此意。对此不满是欠妥的。"

"我丝毫没有不服之意。作为弈棋者，只是希望能以理服人。"

"如果能获胜当然很好，假如你输了怎么办呢？说不定会被流放到很远的地方去！忍耐是为了你自己好。"

"作为享有很高声誉的本因坊家掌门人，如果碌碌无为地了此一生，实在愧对九泉之下的祖先。名不副实流放异乡，我甘受此罚。只是争棋之事请务必考虑。"

道悦斩钉截铁地回答着，两眼充满了泪花。加贺终于被感动了，与同僚商量后回复道："争棋事宜兹定为一年下二十盘，共弈六十局决胜负。关于比赛的棋份，因算知是名人，应授道悦定先。"

三、漫长的鏖战

与上次争棋（算悦与算知）不同的是，这回必须"一年下20盘棋"，进展很快。这期间不知什么原因，途中有半年多未赛一局，道悦连胜四盘后棋份上升了一级。此后每盘棋都作为一年一度的御城棋对弈，下满二十局真可谓是伟大的业绩！

后来的争棋，开始也规定要下20盘，但往往多的对弈8局，少的甚至只下了一盘而已。算知与道悦的争棋是围棋史上最漫长的角逐。

算知登上棋所宝座后的御城棋被算作争棋第1局，此后便形成了争棋第一局一律弈和的奇怪习惯，这次算是开了先例。

安井算知VS本因坊道悦二十番争棋

局 次	对弈时间·地点	黑 方	比赛结果
第1局	宽文八年（1668年）十月二十日于御城	本因坊道悦	和棋
第2局	宽文九年八月七日于加贺爪甲斐守宅	本因坊道悦	黑胜5目
第3局	宽文九年八月二十八日于加贺爪甲斐守宅	本因坊道悦	和棋
第4局	宽文九年九月十二日于町野壹歧守宅	本因坊道悦	和棋
第5局	宽文九年十月四日于石见七兵卫宅	本因坊道悦	黑胜5目
第6局	宽文九年十月九日于加贺爪甲斐守宅	本因坊道悦	白胜4目
第7局	宽文九年十月十四日于松平兵库守宅	本因坊道悦	黑胜2目
第8局	宽文九年十月二十四日于织田位浓守宅	本因坊道悦	黑胜5目
第9局	宽文九年闰十月八日于中山备中守宅	本因坊道悦	和棋
第10局	宽文九年闰十月十日于秋田淡路守宅	本因坊道悦	黑胜3目
第11局	宽文九年闰十月二十日于御城	本因坊道悦	白胜9目
第12局	宽文九年十一月十八日于大久保加贺守宅	本因坊道悦	白胜4目
第13局	宽文十年七月二十一日于松平丹后守宅	本因坊道悦	黑中盘胜
第14局	宽文十年七月二十二日于大久保加贺守宅	本因坊道悦	黑胜6目
第15局	宽文十年九月一日于大久保加贺守宅	本因坊道悦	黑胜12目

第16局	宽文十年九月二十二日于松平市正宅	本因坊道悦	黑胜1目
第17局	宽文十一年十月二十日于御城	本因坊道悦	黑胜9目
第18局	宽文十二年十月二十四日于御城	本因坊道悦	黑胜6目
第19局	延宝元年（1673年）十二月二日于御城	安井算知	黑胜3目
第20局	延宝三年十月二十日于御城	本因坊道悦	黑胜13目

★前16局道悦取得九胜三负四和的战绩，多胜出六局，棋份从定先上升一级到先相先。

……

道悦奋战将棋份升级到先相先后，又取得三胜一负的成绩。在头几场比赛中下得很艰苦，但后来居上，夺得令人注目的辉煌胜利，这可能与道策的帮助是分不开的。

道策是近代围棋理论创始人，他在前人一味追求以力斗取胜的棋艺风格中，倡导重视全局平衡的观念，棋艺水平已在师父之上。道悦在与道策的共同研究中深受启发，打开了眼界。

双方弈完20局已决出胜负，争棋告一段落。《坐隐谈丛》叙述道：

算知只得告老还乡。取而代之的道悦唯恐因对抗幕府已做出的决定而身遭不测，既然通过争棋维护棋所神圣地位的目的已经达到，就把高足道策立为棋所继承人，自己随即也激流勇退了。

另据不太可靠的说法，算知在延宝四年仅把棋所让出，继续当了二十年名人之后，于元禄九年引退。道悦作为道策的师父，以"名人格"身份出任棋所十年之后于贞享三年隐退，两人再也没有对弈过。

总而言之，两败俱伤之后都从棋界一线告退。公认实力最强的四世本因坊道策荣登名人棋所宝座。

四、综合评价

算知同道悦的争棋记录完整地保存了下来，这对研究道策前人的棋艺具有宝贵价值。他们之间到底谁更强些呢？

棋界人士一般持这样的看法：算知要稍微强一些，无论从棋力和经历来说，算知的棋所地位都无可非议。如果反过来道悦让算知先，肯定会被算知打得惨败；假设采用先相先棋份，算知执黑棋胜面很大；道悦执黑胜负可能各半，争棋前途未卜。况且从第十局开始，道悦身后的道策忽隐忽现，算知间接与棋圣道策交手，多输了几盘棋也是可以理解的。

下文介绍算知取得首胜的第6局和道悦实现升级夙愿的第16局。

五、棋局欣赏

（一）争棋第6局

黑方：本因坊道悦　八段　　　宽文九年十月九日于加贺爪甲斐守宅
白方：安井　算知　名人

第一谱（1-69）黑快速展开

简评

白4的二间夹在当时称为"安井流"，安井家的很多棋士都喜欢这样下。

黑5目外是道悦爱用的占角手法，在这20盘争棋中几乎每盘都能看到。

黑9、11旨在边上快速展开，今天也流行着这样的下法。

白12与黑9旨趣相同，黑13反击。

白14飞压后形成外势，这也是黑13抢占边上要点所应该付出的代价。

黑17意在争先手，也可考虑先在21位爬，待白A位退，再26位跳以静待动，是所谓"后中先"的思路，今天大多这样选择。实战白22后，26、28的先手打拔不但实利大而且十分厚实，黑失去了可能的攻击目标，即所谓"先中后"，是缺乏妙味的下法。

白30在48位尖顶是攻防要点。

黑31可考虑直接在33位守角，对此白如46位罩，黑再31位轻灵弃子转身。

白38镇头好棋，声援左下白两子的同时，保护了A位的断点。

黑39诱白40靠，然后黑43、45趁势抢占地盘。当白棋回头占48位好点时，黑49、51先手便宜后争到左上53位活角，布局速度相当快。左上角如能做活，黑棋全局实地明显领先。

其实黑43、45围空并不很大。黑43可改走44位尖，待白57位拆时，黑再53位飞进角夺白根据地，使白棋无暇顾及45位的断点，这样黑棋简明易下。

黑67做活左上角后，白棋除右下角以外几乎没有一块像样的地盘。

黑69跳出，局面优势。白方如何利用厚味挽回形势成为今后棋局的看点。

第二谱（70－126）问题手连发

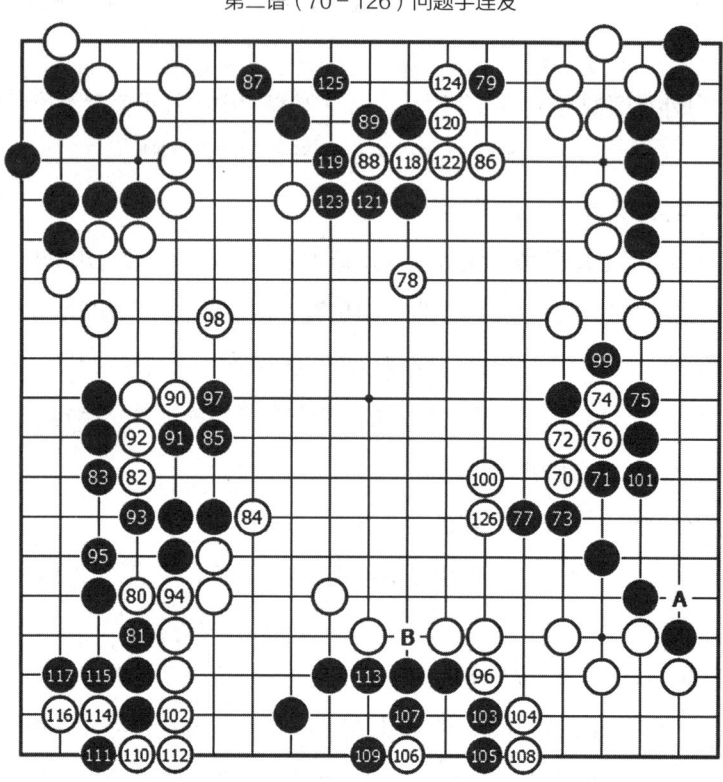

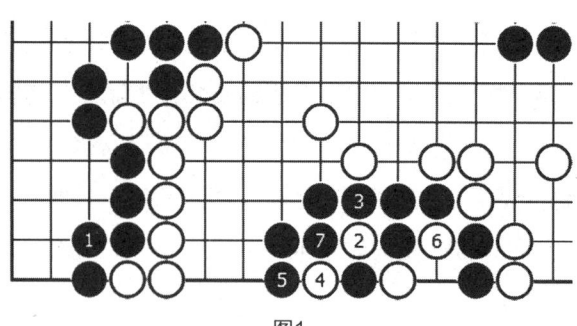

图1

白70急所一击，算知的力量渐渐显露出来。

黑75是导致失败的第一步，应该在A位接，不但实利大，还瞄着B位冲击白棋弱点。黑75、77的走法留下101位断点，棋形薄弱。白101位断时，黑可二路反打渡过，但这个欠账总是要还的。

白78镇，借威胁上边黑棋，发展中腹势力。全局来看，黑棋的各处地盘已受到限制再无扩张余地，胜负就看白棋中腹一带的厚势能够转化出多少实地了。

白86很厚实。厚势的潜力让人不可思议，每走一步棋就会觉得增加一点东西似的。

黑87是导致失败的第二步，应该在119位小尖护住88位的弱点，如此黑棋或可小胜。

白88至96从上边、左边再到下边，迈开迅猛追赶的步伐。诚然，这是由于上述黑棋的失着所致，但算知的追击确实有魄力。

黑103、105扳立是做活的基本手筋。白110、112扳接时，黑113也可考虑图1的选择。

图1：黑1接护角，白2至6先手扑吃黑两子，与实战得失相当。

白114断，先手破掉黑角空，又争到待望已久的118位大官子。白124先手冲出吃去黑一子收获巨大（都是黑87惹的祸），黑125不能省略，局势正朝着白方有利的方向发展。

白126挡，厚味即将变成实地。无论黑棋怎样侵消，白棋都能围到一些地盘。

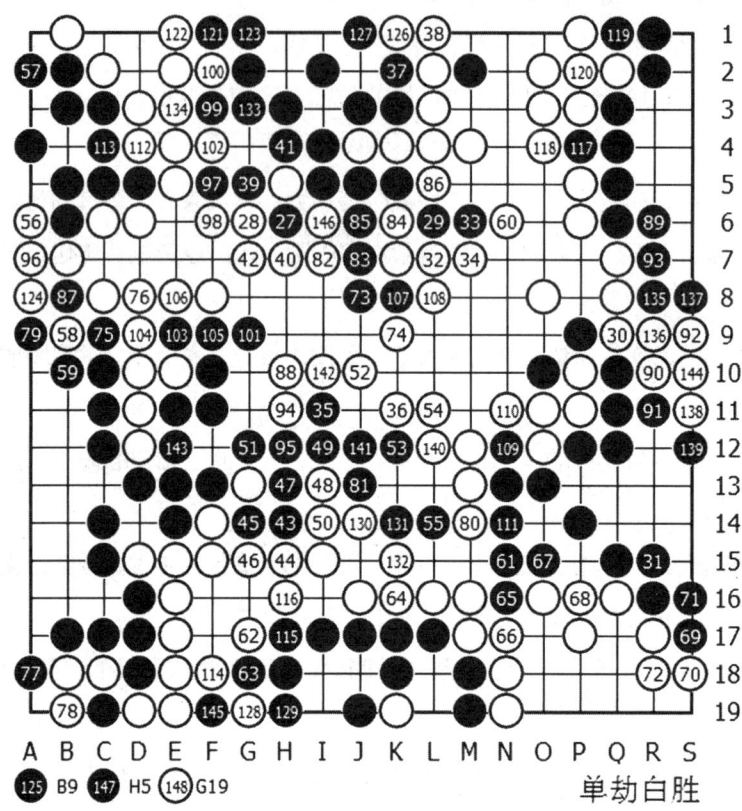

第三谱 27-148（127-248）算知获首胜

共248手 白胜4目

黑方面临严峻的局势，道悦却仍然有些乐观。黑35平稳地让白36围中空，形势判断可能有误，借助黑109位冲断的味道，能否再深入一点呢？

黑45以下吃白一子不好，成为本局决定性败着。如改在141位小尖，不轻易定形，白方要赢棋还得费一番周折。

白60扳是个10目左右的手止（盘面最后剩下的）大官子，白方占到后胜势不可动摇。

道悦在形势判断上的失误，导致本局失利。

总的说来，高段职业棋手在小官子阶段极难出现失误，只有在读秒时可能发生这种事情。古代对局没有时间限制，小官子应该是不会弄错的。

白62在不起眼的地方围得3目棋,这就是厚势的威力。前半盘道悦得势,而后半盘成了算知的天下,如此之大的起伏在他们的对局中极为罕见。

从前面的成绩表来看,到第5局时道悦两胜三和占了优势。第6局算知初尝胜果,成功阻止了道悦迅猛的进攻势头,大大延迟了从棋所下课的时间。

算知不仅棋艺高强,还是位社会活动家。在内培养众多门徒,在外广交朋友,安井家府邸门庭若市。本因坊家极少与外界来往,彼时的家族势力远不及安井家。

(二)争棋第16局

黑方:本因坊道悦　八段　　宽文十年九月二十二日于松平市正宅

白方:安井　算知　名人

第一谱(1—70)背水一战

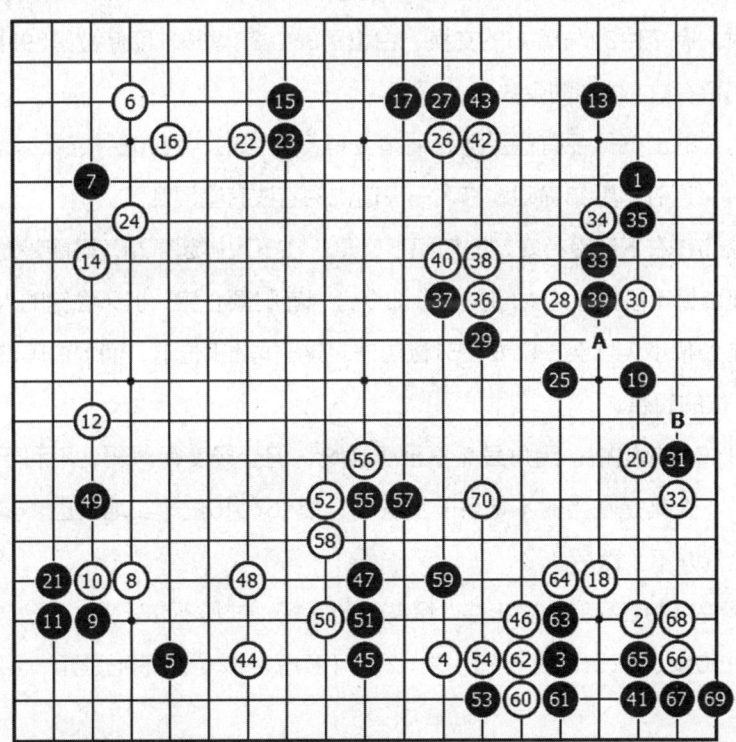

对于道悦来说，最大的打击是在第11、12回合连失两城的时候，比分被追成五胜三败四和。道悦本以为棋份为定先可以简单地击倒对手，这次连败对他震动很大。幸运的是，巨人道策使道悦摆脱了困境，其卓越的才华使道悦的棋艺得以突飞猛进，从第13局开始连拔三城，把算知逼到了险境。

在规定一日弈完的短时对局中，布局没有出现较大的变化。争棋对于双方来说都极为重要，当然要采用各自拿手的布阵。

黑3、7挂角后脱先，黑13守无优角并以此为基点向两翼展开模样。对于白28的侵消，黑29反击，白30跳下双方逞强斗气。

黑31托试应手，再33刺，对侵入之敌发起猛攻。对此，白34如39位接就显得十分滞重，将遭到黑棋严厉的攻击。黑33如直接在38位跳封，白可在35位靠轻松寻求腾挪。

黑33刺，企图使白棋走重（如39位接）；白34背后反靠轻妙，双方针锋相对。有了白34与黑35的交换，白棋再36、38靠长，即使被黑39冲断，今后仍留有白A位挡的余味。

道悦的士气似乎有些受挫，情绪变得不太稳定。白40拐头时，黑41转战；白44逼时，黑45强硬地打入……道悦的着法有些混乱了。

黑45在右下还没有安定的情况下又急于在下边挑起事端，可能是对自己的治孤腾挪手段抱有绝对的信心，却令旁观者胆颤心惊。棋风稳健的人会选择先在46位小尖出头，白如在51位防守，这时再在B位退，消弱白阵的同时解消A位的后患。

白46封锁出路，黑角虽然不至于被吃，但全局变得薄弱，不利于今后的战斗。尤其是在当时不贴目的情况下，黑45在46位厚实地尖出，步调虽慢，全局并不会落后。

黑47白48各自向中腹出头，黑49又抢大场，忙得不亦乐乎。

白50刺、52罩感觉不错。白52也可考虑在62位拦下吃黑角，实利巨大。

黑53机敏，与白54交换之后，白棋已无法再吃黑角了。

白70好形，攻守兼备。黑45以下到处抢占地盘的强硬战术未获成功，还失去了先着效率。

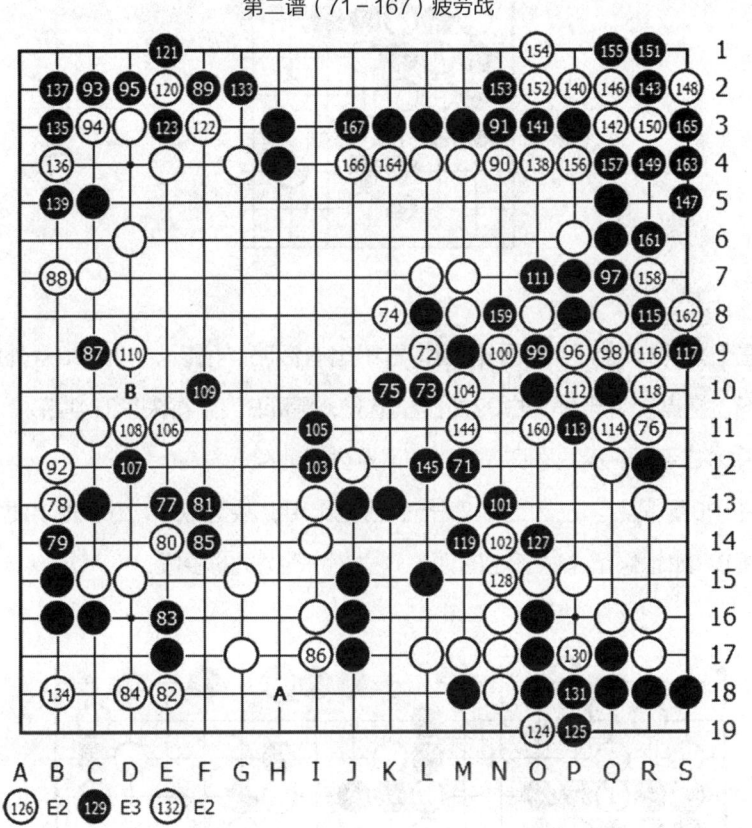

第二谱（71－167）疲劳战

白72、74中央拔一子安定下来，76抱吃非常大。白棋全盘没有弱棋，形势细微。

黑77之后，左下角出现很有趣的变化。

白78、80、82手筋连发。白82托时，黑83如按图1在1位挡，白2尖顶是先手，与黑3交换后，白4至8可切断黑棋联络。

因此黑83并、白84黑85势必形成转换。被白84挺进角实地损失严重，但黑85吃去白三子也很厚实。白86如省略，黑A位飞攻十分严厉。

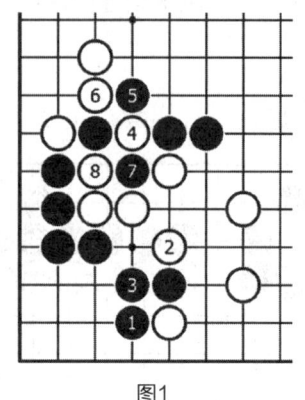

图1

左上角黑C5之子被重重包围，看不出有活路，所以黑87、89从外围利用一下，捞点便宜也好。白92如在左上应，黑即B尖，得失很难判断。

黑101以下补强大龙很有必要，不然会出危险。

白106跳很大。左边的黑87一子已无作用，故黑107、109先手便宜定形。黑107如想保留余味不走的话，则立刻产生图2的手段：

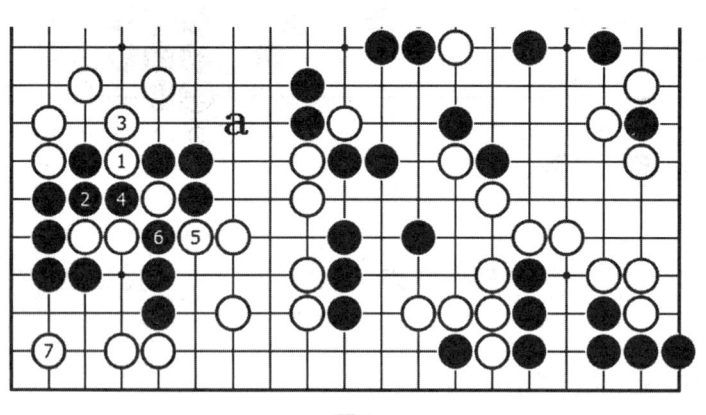

图2

图2：白1挖，强烈。黑2如在3位吃则白2位断形成打劫，白棋虽不是无忧劫，但黑棋的负担更重；黑如2位接避免劫争的话，被白3、5先手便宜后再7位跳进角收获大官子的同时夺去眼位，黑只得a位单官连回，不堪忍受。

黑111至白118是双方预计的结果。黑119补强大龙坚实无比，这步棋让人感到道悦必胜的气魄。单从官子角度看，左上角137位扳的价值更大。然而，黑119消除了一切不安定因素，道悦坚信，就算是细棋也能拿下来。自己提出的争棋要求，这盘棋势在必得！

白120、122做劫迫使黑棋让步，收获很大。

白134、黑135是各占其一的大官子。到底应该选择哪个呢？算知也颇感头痛。

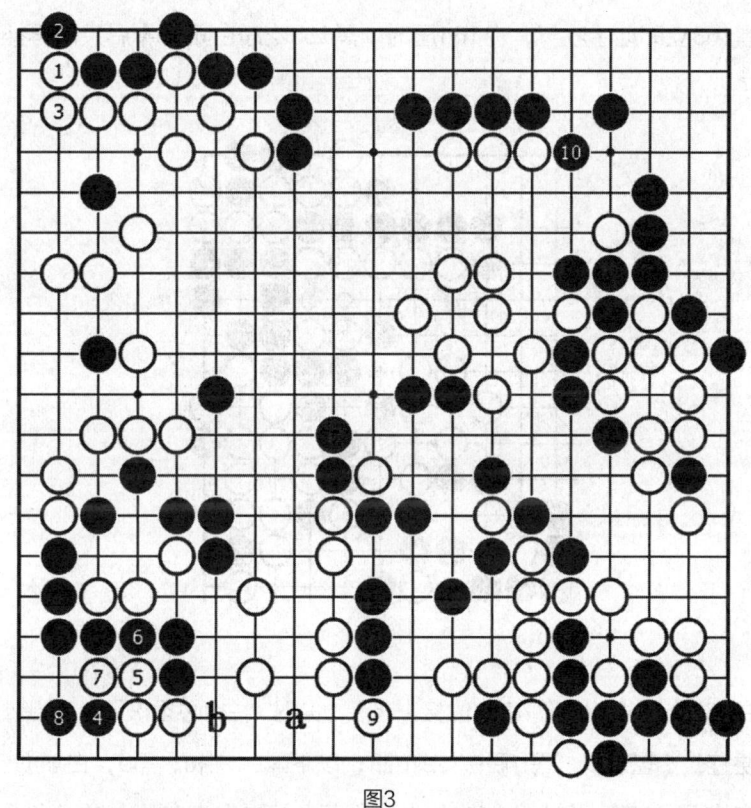

图3

白134如在137位扳，变化如图3。

图3：白1、3扳接，黑就4位靠。白5、7冲后却需要在9位扳补棋，结果让黑棋抢到10位虎的大棋，略有不满。图中白9如省略，则黑a、白9、黑b

扳出，白不行。

反正是后手，白选择了134位跳，待黑135、137扳接，白棋争到138位长的大官子。这是算知苦心的次序。

白140二路托靠，在角上挑起有趣的对杀。当然，白棋的本意并非是想做活，而是争取让黑棋来收气吃。黑143点、147跳是教科书上标准的杀棋招式。其实也不用这样故弄玄虚，黑147只要普通地在157位顶，以下白150、黑151即可简单吃白。

白158破眼、160断黑联络，大体形成对杀之形。

黑163立即动手收气，白164压时，黑165吃净白角，今后只需再补一手就行了。

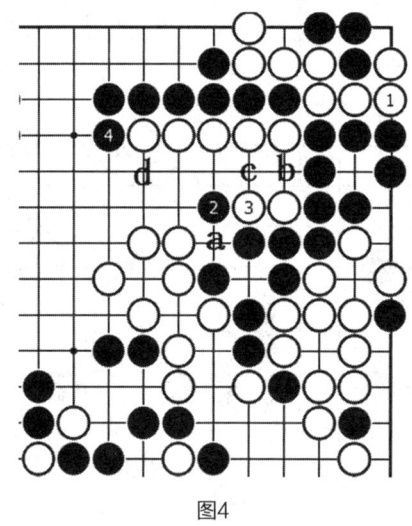

图4

白164当然很想在图4的1位接，但黑2尖时，白3必须破眼，被黑4先手拐头便宜，不堪忍受。黑4后白如a位断，以下黑b、白c、黑d，白崩溃。

实战至黑167，右上角的攻防告一段落。初看白棋在角上搅了半天结果还是被吃了，但白棋顺手得到158、162的打拔先手官子，同时164、166先手加强了中腹，所以一点儿都不吃亏。

全局形势双方咬得很紧，感觉黑棋保持着微弱的优势。

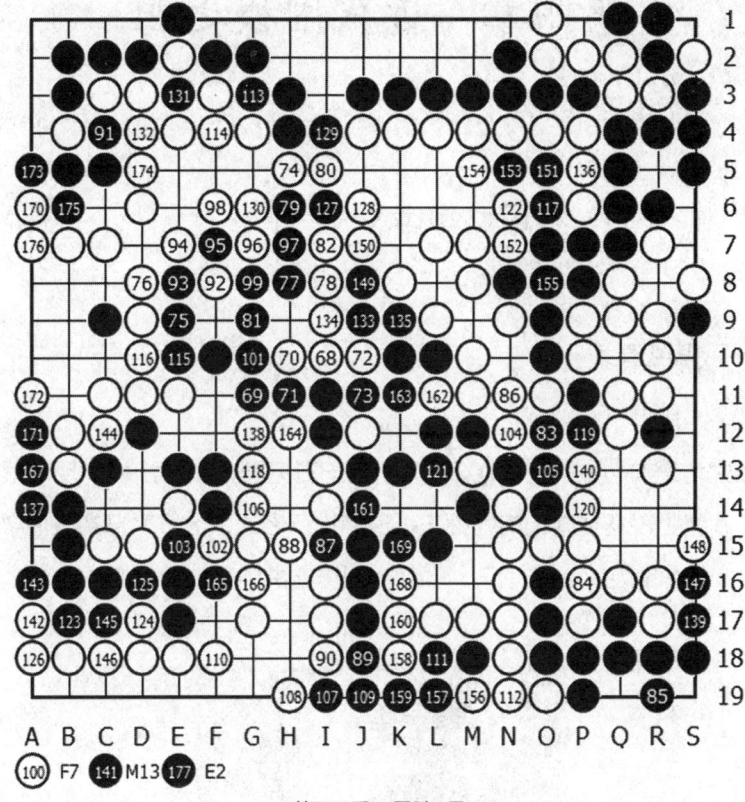

第三谱68-177（168-277）如愿以偿

共277手　黑胜1目

　　黑69稳健地躲避了白68的胜负手，这使我们又想起第二谱的黑119，显示出道悦必胜的信念。上一盘（争棋第6局）道悦由于乐观的形势判断而痛失好局，这回始终能正确估计局势，把微小的优势维持到了终局。

　　黑77很好地限制了白棋中腹可能围空的范围，终于看到胜利的曙光。每落一子就朝终点迈进了一步。

　　经过16回合决斗，道悦终于实现棋份升级的宿愿，局后提出了先相先的要求。"棋还未到那程度！"算知拒绝了。道悦只好又向寺社奉行提出申请，遂将棋份改成先相先，再对弈四场，双方鏖战20局结束了这次争棋。

　　二十四世本因坊石田秀芳仔细研究棋局后总结道："认真说起来，并不是很厉害。计算很准确，但作战方法不自然，行棋不够流畅。"

第四章　近代围棋之祖

本因坊道策VS安井知哲

一、棋圣道策

（一）出世

本因坊道策（1645－1702年）出生于石见国大田村山崎（现岛根县大田市），祖上以居住地山崎为姓氏。道策排行老二，七岁时母亲教他学会了围棋。十四岁到江户（东京），拜师本因坊道悦学艺。

本因坊道策

道策代表作：这是1683年的御城棋赛，道策让两子与安井春知的对弈谱。黑棋第38手如图在1位押，众人以为白棋当然会在3位长。道策的选择却是白2刺、6挂角在右上展开，这是基于上边价值更大的判断，显示出道策卓越的大局观和思维柔软性。此后，黑A、白B、黑C，春知对白棋发起猛攻，道策巧妙腾挪成功化解了黑方的攻势。

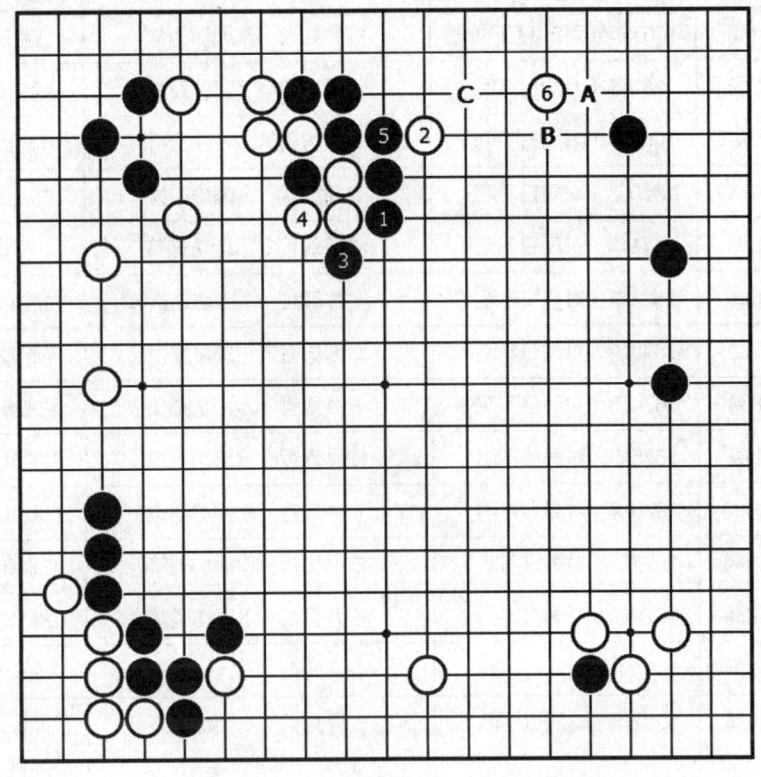

道策代表作

道策独步当时日本棋坛，把主要竞争对手甩出好几条大街。棋力伯仲之间的对手缺位，难以产生对子棋的名局。因此，这盘让子棋才会被后世评为"道策毕生的杰作"。

（二）战绩

本因坊道策为我们留下了总共153盘对弈棋谱，其中与安井知哲对局最多达48盘，从这些棋谱来看，道策执黑棋从未有过败绩。自1667年开始出战御城棋，前后16次出场只输过两盘棋，而这两盘棋都是让对手两子，最后都仅以1目落败。

本因坊道策御城棋战绩

局　次	对弈时间·地点	黑方　　　白方	比赛结果
第1局	1667年10月20日于御城	安井知哲　本因坊道策	白胜5目
第2局	1668年（对局日不明）	本因坊道策　安井算哲	黑胜10目
第3局	1669年（对局日不明）	本因坊道策　安井算哲	黑胜13目
第4局	1670年（对局日不明）	安井算哲　本因坊道策	白胜9目
第5局	1671年（对局日不明）	安井算哲　本因坊道策	和棋
第6局	1672年（对局日不明）	安井算哲　本因坊道策	白胜10目
第7局	1673年（对局日不明）	本因坊道策　安井算哲	黑胜12目
第8局	1674年（对局日不明）	安井算哲　本因坊道策	白胜6目
第9局	1675年（对局日不明）	安井算哲　本因坊道策	白胜16目
第10局	1676年（对局日不明）	安井算哲　本因坊道策	白胜10目
第11局	1677年（对局日不明）	安井算哲　本因坊道策	白胜5目
第12局	1679年（对局日不明）	安井算哲　本因坊道策	白胜3目
第13局	1681年（对局日不明）	安井知哲　本因坊道策	白胜19目
第14局	1682年（对局日不明）	安井算哲　本因坊道策	白胜15目
第15局	1683年（对局日不明）	安井春知（二子）本因坊道策	黑胜1目
第16局	1696年（对局日不明）	安井仙角（二子）本因坊道策	黑胜1目

（三）就任棋所

算知与道悦的二十番争棋于1675年结束之后，算知即把棋所宝座让出，两年后道悦也宣布引退，同时推举时年三十二岁的道策担任棋所。

当时，二世安井算哲（后来的天文学家涉川春海）、安井知哲、安井道知、井上因硕、林门入等各路高手均与道策棋份先相先不成胜负，都被让先或升到二子。有鉴于此，寺社奉行1678年5月正式发文任命道策为棋所。对于这项任命，任何人都没有一句怨言。

正因为这样，我们怎么也找不到有关道策的争棋记录。当时天下承平，围棋受到社会各阶层人士的喜爱，棋界迎来了黄金时代。大名们只要听说在自己的领地上有围棋神童，就会让他们投师名门，作为内弟子接受正规棋艺培训。道策膝下汇集了大批天才少年，鼎盛时期内弟子多达三十几人。

（四）功绩

（1）当时的棋坛，好战力斗型棋风占据着主流。道策另辟蹊径，重视全局调和、讲求棋子效率，发明手割分析法【注①】，开创现代围棋理论。

（2）道策依据从中国传来的棋艺水平九品制确立了段位制：名人为九段，名人与上手之间为"半名人"（后来改称"准名人"）八段，上手为七段。段位相差一段，棋份差半子。该段位制一直延用至1924年日本棋院成立。（请参阅中篇第一章【注②】）

由上述功绩，后世尊道策为日本近代围棋之祖。

（五）后世评价

（1）井上道节因硕（名人）：师父道策让定先的话，我的赢面会比较大；假设把棋盘扩大到38路会怎样呢？就像面对汪洋大海，我会茫然不知所措，师父仍然快速行棋，估计能让学生三个子吧。

（2）本因坊丈和回答棋友"如果你同道策先生下十番棋，情况会怎样"的问题时说："近一百多年来，围棋在布局、定式方面取得了进步，第一次十番棋可能会平分秋色。经此一战，先生必然掌握在下的棋路，再下十盘的话，恐怕我一盘都赢不到。"

（3）当代日本不少一流棋手甚至认为，道策的棋力达到了"十三段"水平。

2004年，棋圣道策成为日本棋院"围棋殿堂"【注②】首批入选者，彰显其为近代围棋所作出的杰出贡献。

本文介绍两盘道策的经典棋局。

二、棋局欣赏

（一）进攻、弃子之名局

黑方：安井　知哲　七段　　1667年10月20日弈于御城
白方：本因坊道策　名人

第一谱1-83弃子争先

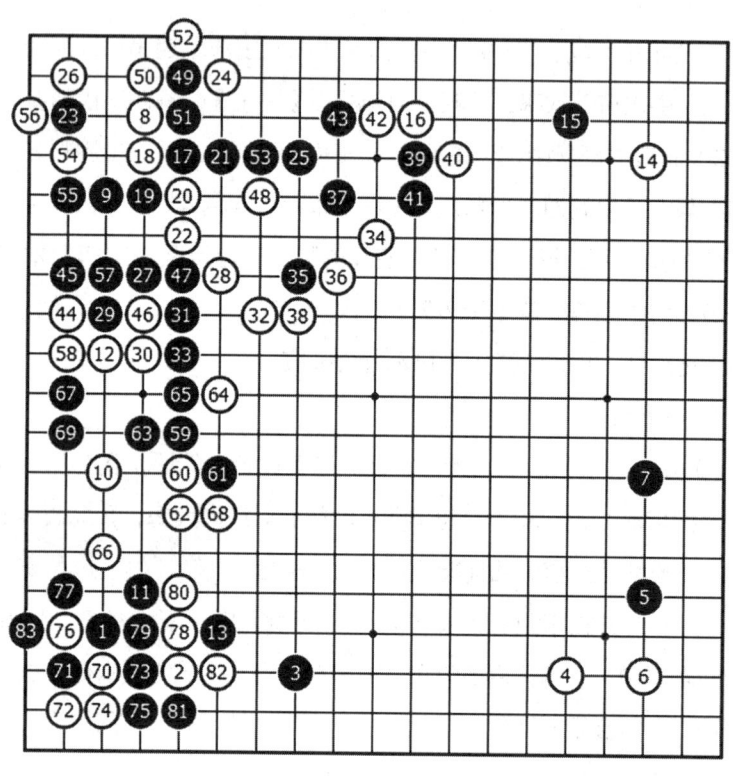

― 简评 ―

这是本因坊道策首次参加御城棋赛，对手是安井家掌门人知哲，时道策22岁，知哲23岁，两人血气方刚，才华横溢，在棋盘上展开了激烈的较量。

白10、12是当时流行的下法，一直沿用到今天。

白16三间夹击时，黑17飞压，在白棋子力占优的左上一带挑起战端，多少有无理的感觉。白18、20冲断必然，无论从气势上还是棋形上都必须这样。

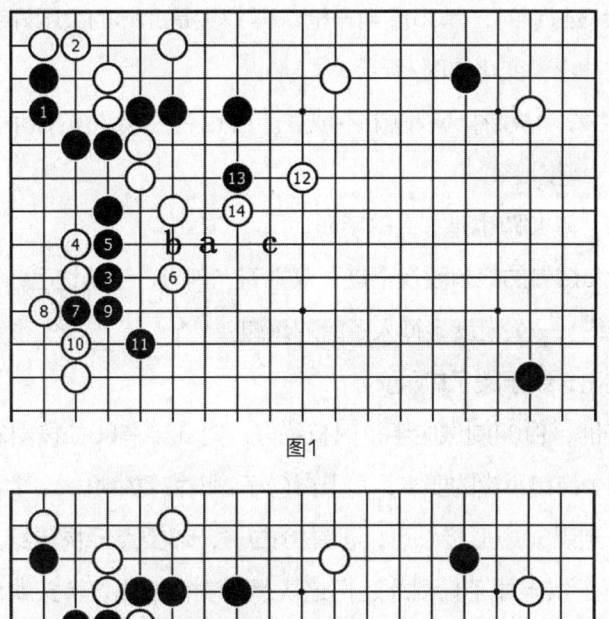

图1

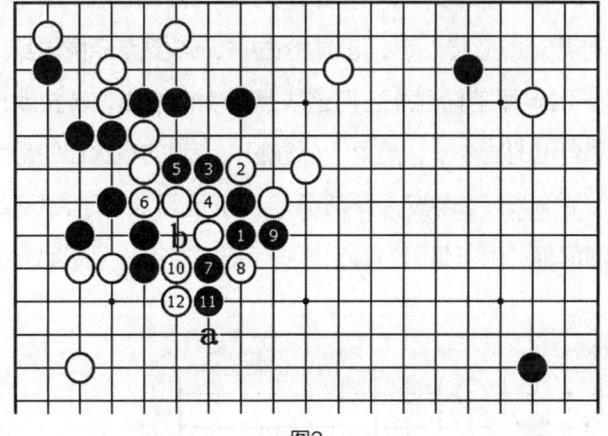

图2

黑21至27是定式的招式，白28小尖，乃左右兼顾的好手。

黑29如按定式在54位退，变化如图1所示。

图1：黑1先手交换后，再3位靠出是普通的着想，白6跳后，黑棋难办。黑7至11左边出头的话，白12飞罩，上边黑三子被封锁在内，虽然不会被吃，但在做活的时候，势必将白棋外势撞厚，不可取。白6跳时，黑7如先a位刺与白b位接交换后再出头，则白占据c位急所，黑棋仍然感到窒息。

实战黑29尖顶（比图1眼位多些）再31尖出，白32也跟着小尖，黑棋依然苦战。

白34大飞封锁时，黑35虚晃一枪，再37尖是此际的突围好手。黑37如直接在38位冲出，变化如图2所示。

图2：白2、4虎断，黑7以下不成立。白12后，因a位的征子不利，黑不能在b位断，黑棋溃败。

白48时，黑49跨也是漂亮的手筋。

自左上角爆发的战争波及全盘，双方刀光剑影，手筋迭出，一步都不能缓，更不能错！一失足就会掉入黑暗的深渊。

黑59跳出，终于缓了口气。

黑63长时，白64刺试应手，时机绝好。对此，黑65如按图3行棋，白4拆一正好刺中黑棋小尖的要害，角上白⊛子顿时恢复生机。

道策看到黑65愚形接忍耐，于是抢占66、68要点轻快转身，竟然把白12以下的五子棋弃掉了！刚才还把这块黑棋攻得很惨，转头就让它活了不说，还带走了自己的五个子，活得十分舒服，旁观的小伙伴们都惊呆了。

紧接着，白70靠72连扳，异常强烈！正是因为有了白66要害处的一子，这才特别厉害；也正是因为看到这些手段，道策才果断地弃子。

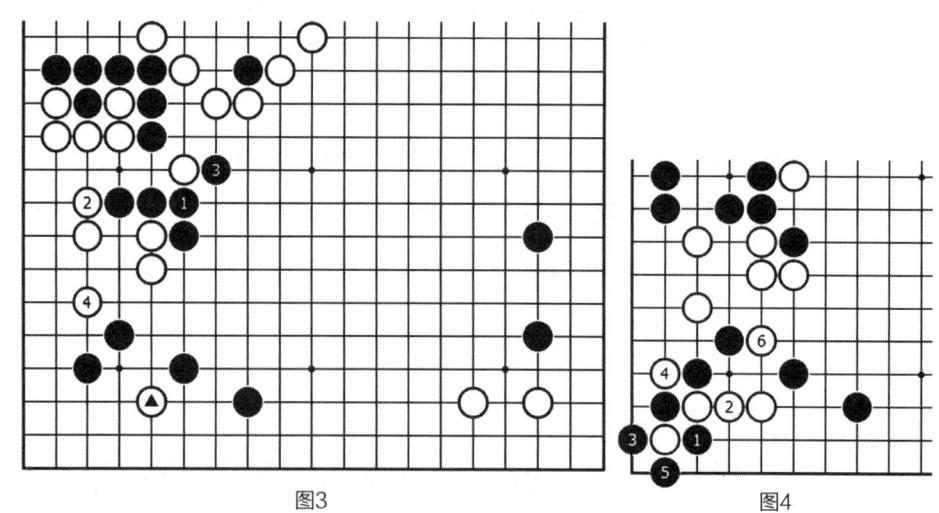

图3　　　　　　　　图4

黑73、75只好如此。黑73如在74位断打，变化如图4所示。

图4：黑1、3断吃时，白4、6轻松突破黑阵。

白76断吃，众人以为白棋要先手活角时，道策转身78、80又把白角弃掉，再次把吃瓜群众怔住了……这却又是为何？

为了先手！先手意味着主动，意味着全局主导权。棋圣道策正是以这样全局的战略眼光时刻审视着棋局，做出令常人难以想象的决策。

第二谱84－185收放自如

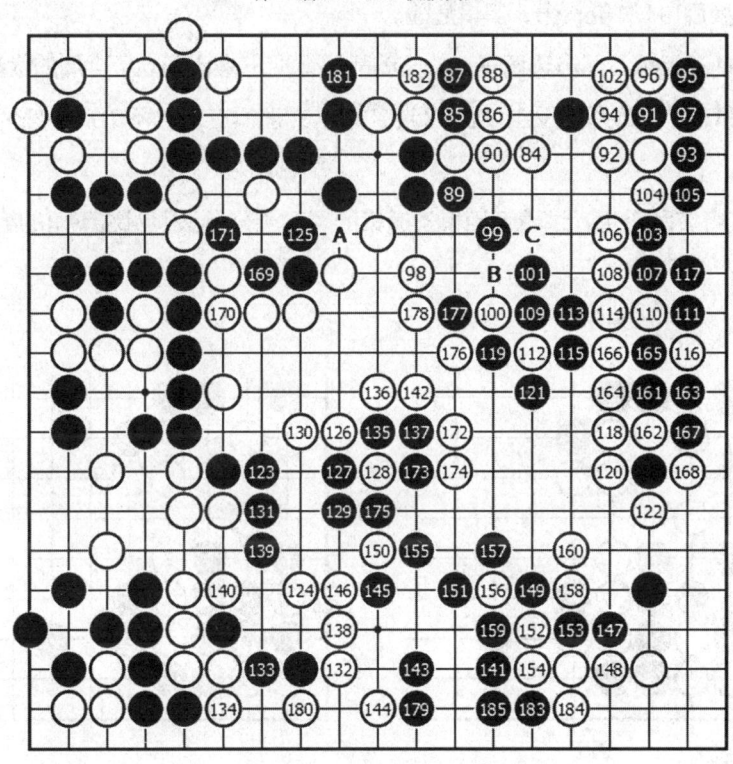

共185手（以下略）白胜5目

左下角抢得先手后，白84肩冲，把战火燃到上边，间接对黑棋大龙施压。

黑91靠寻求活角时，白92退简明，96再次争得先手。

白98虎，对上边黑大龙重新发起了攻势。白98预防黑A位挤后171位断吃白两子棋筋的手段。

白100、102上追下赶，准备对黑棋实施"缠绕"战术。

黑105可否在106位长，干脆弃掉右上四子呢？

白106扳108压，从两块棋的夹缝中冲杀出一条血路将敌军分断，展开典型的缠绕攻击。实战白116先手拦，收获已经很多了。

白118肩冲，借势对右下黑棋两子施压，知哲忙得首尾无法兼顾。

黑119、121打拔白一子，先安顿大龙要紧。黑121如在122位退，白B黑C交换后白121位长出，黑棋危险。

白122扳鲸吞黑右边两子，攻击的战果体现出来，确立了全局的优势。

黑123、125开始反击。白124、126以下谨慎应对，不给对手任何可乘之机。

笔者突发奇想，试着运用棋圣道策的"手割分析法"对左下角的结果进行分析。

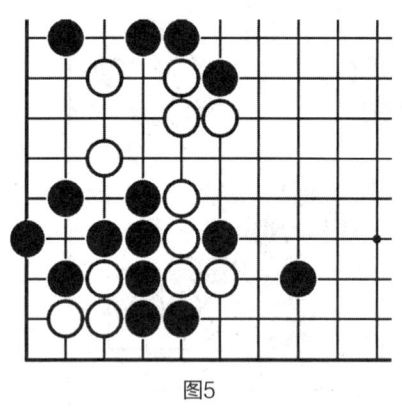

图5

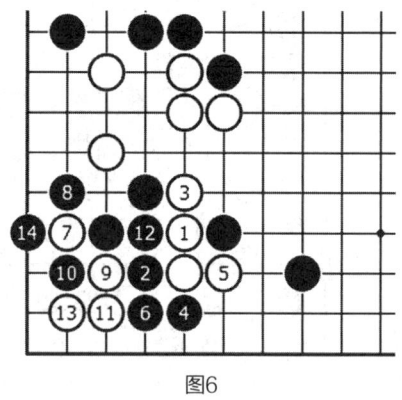

图6

图5是黑83时的结果图。

图6：设想第一谱白70在本图白1位冲，黑2当然应该在3位拦，如图黑2、4让白棋逃出是不可能的。白棋7、9以下只是损失了一些官子，比起黑棋的错误（2、4、6）来说是轻微的。因而总体来讲，白棋是有利的。

（二）宇宙流鼻祖

黑方：安井　知哲　七段　　　1669年7月7日弈于吉田意庵宅
白方：本因坊道策　名人

第一谱 1-70 宇宙流雏形

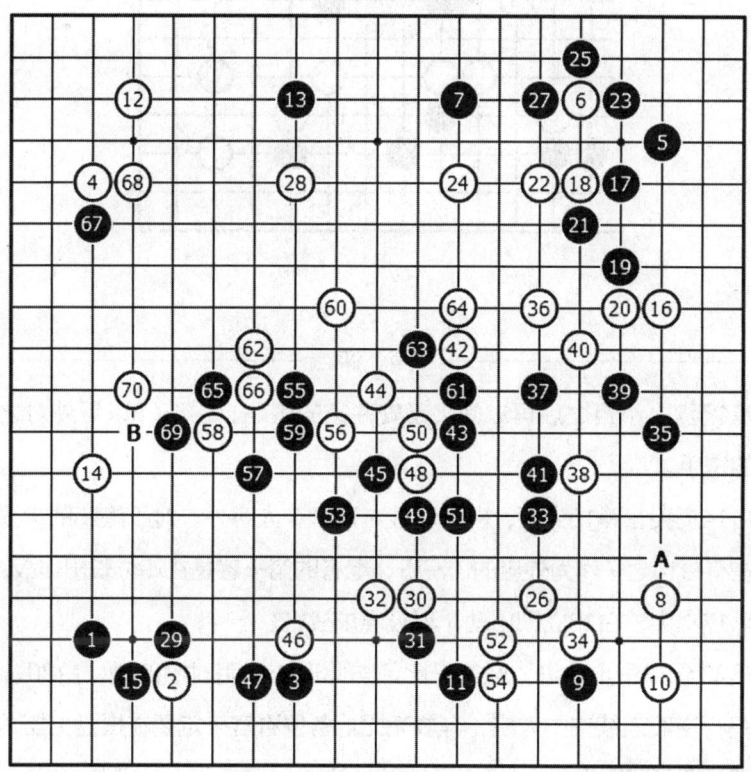

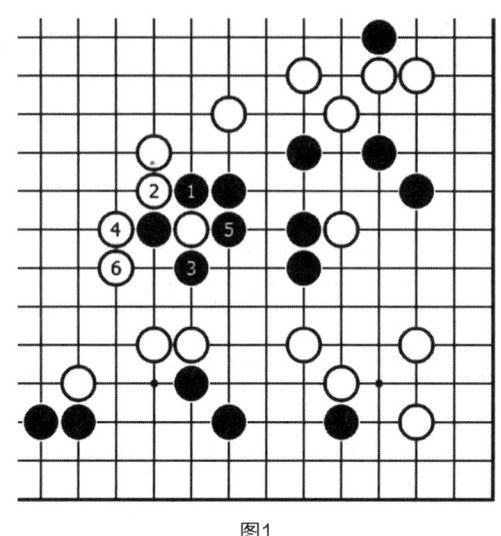

图1

简 评

黑1至7，小目之后再二间夹是安井家的套路；白4、8以目外对之，乃道策的密手。

白14反夹，黑15尖顶，白16转战右边颇令人意外。对于黑15的尖顶，尤其是在有白14之子作为外应的情况下，笔者的第一感是在29位长出作战。

黑17小尖，白18立即出动，积极寻求战机。

黑23至27龟步推进，坚实无比。与此形成鲜明对照的是，白26、28、30天马行空般连续空中大跳，奔放无比！各位看官一定要在棋盘上摆一摆，方能感受道策的魄力。

黑33虚晃一枪做个外应，再施放出黑35这颗深水鱼雷，构思巧妙。

白36出头，黑37紧逼，瞄着A位的腾挪手段。

白38飞身一刺，夺黑棋眼位，同时化解黑A位碰的威力。从结果看，黑37立即在A位碰是时机。

白42、44步调好，迫使黑棋从狭缝里出头。

黑45时，白46试应手时机绝好。黑棋右边大龙尚未安定，无法反击。

白48跨，黑49外边扳正确。

图1：黑49如本图黑1、3抱吃，正中白棋下怀。

白52、54顺手牵羊收下黑9一子，收获不小。

黑55可以考虑B位肩冲，侵消左边白势是当务之急。

白56虚晃一枪，58从背后包抄过来，知哲脊背顿感凉意。左边是白棋的大本营，道策的每着每式都紧扣着主题。

在此关键时刻，黑59、61悠然走厚大龙，坐失侵入白阵的最后机会。

白60、62合围，确立优势。

黑65、67做好准备之后，69反扳企图把水搅浑，白70冷静应对，黑无机可乘。

第二谱71—174变幻自在

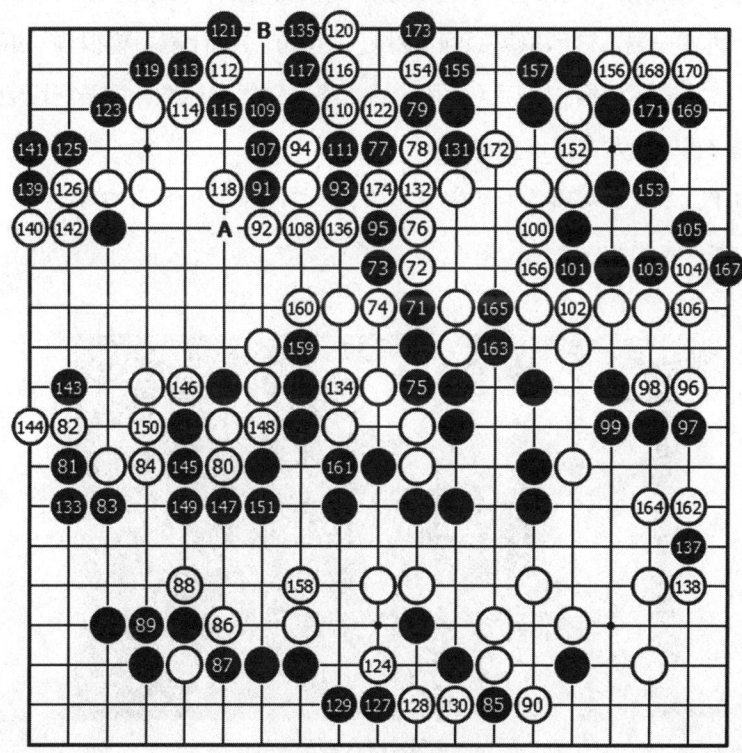

共174手（以下略）白胜10目

黑71冲击白棋中腹薄味，黑77瞄着95位连回73之子。

白78抢先手回到80位好点，巩固中腹，胜势。

白110先扳再112飞，次序巧妙。

黑113反靠，瞄着A位扳出破空的手段。黑119爬，也是豁出去了。

白120立，冷静的妙手！这样，122位的切断和B位的小尖见合（两者必得其一），黑棋左右已经无法兼顾了。

道策大局观卓越，行棋自然流畅，轻灵飘逸。攻守转换极快，变幻莫测。柔中带刚，克敌制胜，令人赞叹。

三、国际交流

1682年，琉球国派出使节团访问幕府，围棋第一人亲云上滨比嘉随行，听闻道策的名声，提出对局申请。道策定棋份为四子，结果胜14目。滨比嘉要求再弈一局，这回总算赢回了2目。归国前，滨比嘉希望得到一纸免状（证书），道策根据"上手（七段）让二子"的水平标准，授予三段免状。据载滨比嘉以十两白银作为谢礼。

四子：亲云上滨比嘉（琉球）　　天和二年（1682年）四月

白方：本因坊　道策　名人

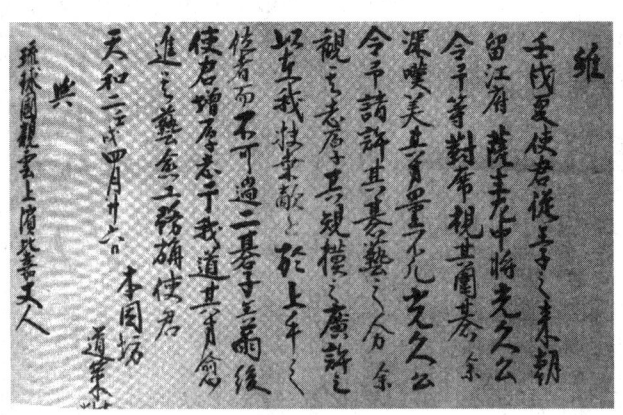

道策发行的免状

总谱1—187　白胜14目

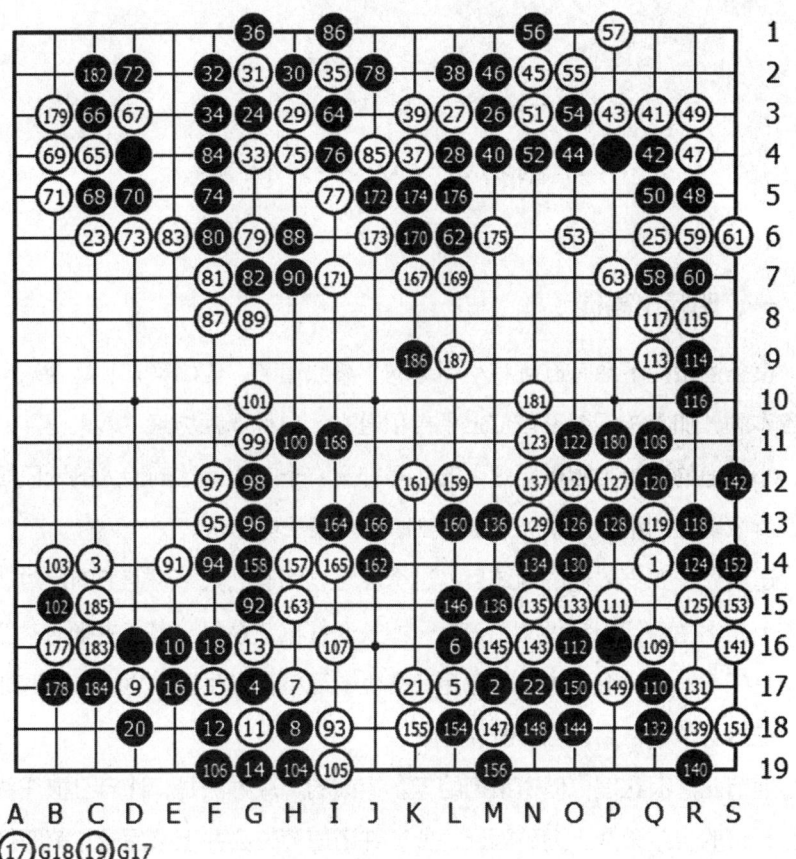

_____ 注　释 _____

【注①】手割分析法：对同一棋形以不同形成次序来分析其合理性。
【注②】围棋殿堂：2004年日本棋院成立八十周年，参照棒球殿堂形式设立，经社会有识者和棋士组成的"围棋殿堂表彰委员会"投票选出，彰显入选者对围棋事业所作出的重要贡献。首期入选的还有：德川家康、本因坊算砂、本因坊秀策。

第五章 道知的翻盘秘技

本因坊道知VS安井仙角

一、明师出高徒

棋圣道策门下原有五虎将小川道的、桑原道节、佐山策元、星合八硕、熊谷本硕,加上坊门外家首位上手吉和道玄,史称本因坊家"六天王"。其中,小川道的被誉为围棋历史上的头号神童,十二岁就达到惊人的六段高段位,就像现在的小学六年级儿童达到职业六段一样神奇。

道策立十五岁的道的为跡目,这个决定立即遭到大弟子道节的反对。虽说道节是学生,但年龄仅比道策小一岁,而且棋艺高强。道节主张道:"学生也是门下一员,继承先生大业是我终生的愿望。先生要册立跡目,请让我先与道的君争棋之后,您再做决定吧!"

道节此话很在理,但道策拒绝了。道策的解决办法是,让自己担任井上三世家督的亲弟弟井上道砂因硕退位,许诺道节转会井上家后成其第四代家督,跡目之争遂尘埃落定。

常言道:"天有不测风云,人有旦夕祸福。"如此这般折腾之后才立的跡目——道的却在二十一岁时不幸夭折了。两年后,道策又立策元为跡目,不料策元也在二十五岁那年逝去。他们身患何疾没有明确记载,大概是少年时代呕心沥血钻研棋艺,积劳成疾夺去了他们年轻的生命。八硕和本硕也同样在二十岁刚出头就逝去了。

嗟乎!道策门下五虎将,除改换门庭去到井上家的道节之外,四人都过早地撒手人寰。命运,有时真的很残酷。道策拥有了棋士所能奢望的荣誉和财富【注①】,但却偏偏没有运气得到一位称心弟子来继承家业。

正在悲伤之中，命运女神终于开始眷顾道策——九岁天才儿神谷道知叩响了坊门。道知于元禄四年（1690年）出生在江户，父亲是一位名叫十郎右卫门的武士。

道知出现在眼前，别提道策有多高兴啦！伯乐慧眼识英雄，道策手把手悉心教导道知，徒儿也特别争气，进步神速。这对连续遭受痛失爱弟子打击的道策来说是莫大的慰藉。

二、道策托孤

1702年孟春，大地回暖，生趣盎然。正当道策憧憬着光大坊门、重新开始充满意义的新生活时，意外地患上流感后竟一病不起。寻遍天下名医，病情始终不见好转，道策自知将不久于人世了。

道知无疑是名人之器，然而天公却不肯借点时间给道策去完成塑造任务。环顾本因坊家，已经没有人具有把道知培养成才的能力。道知、本因坊家的未来托付给谁好呢？

道策想到了一个人，也只有此人堪当重任。他曾经是自己的弟子，现在的井上家家督道节因硕。昔日的跡目风波仍然历历在目，两人的关系闹得有些尴尬。从感情上来讲，很难再开口说把徒儿托付给道节。道策苦恼了，但也终于想明白了：为了道知无量的前途和名门本因坊家的兴旺，就不该再拘泥于过去的恩恩怨怨。

庭院里的花儿吐出花蕊，渐渐地开了。道策躺在病榻上，命人把其他三家掌门人井上道节、安井仙角和林门入请来，同时还有公证人——将棋界的大桥宗桂，数十名弟子也静候在屋里。周围安静极了，安静得时间都凝固了……一代棋圣即将留下自己的遗嘱。

良久，道策转向众弟子道："我决定神谷道知为继承人，他现在十二岁，我让他两子。将年幼的孩子立为跡目，也许会有人不满意。但照我看来，道知足有支撑起本因坊家的卓越才能。"言毕，注视着身旁的道节。

"我想拜托道节先生，在我百年之后，请你作为导师严厉管教道知。将来某一天，一定要把他培养成名人棋所。同时，希望道节先生决不要自己成为棋所。这是有些专横武断，请你明确回答我这个问题。"

道节没能摇头表示拒绝："我一定铭记在心。"

道策对这个口头回答仍不相信，又让道节写下了誓言。手捧着道节的承诺书，道策脸上终于露出了满足的微笑，并在遗嘱的最后部分，添上了准许道节升为八段的条款。

棋圣道策的这个遗嘱，在自己清廉的一生中留下了瑕疵，后人众说纷纭。

让道知成为棋所，而不许道节有此愿望，真是独断专行的命令，这对道节太苛求了。名人棋所不是道策的私有物，也非本因坊家的财产。经过人品与棋艺的较量，优胜者谁都可以担任此职，这是理所当然的。况且道节已升为八段，是当时的头号强者。不准道节成为名人，等于说不让其再求上进。道策对道知的溺爱使他像中了邪似的，失去了理智。初代本因坊算砂把棋所宝座让给了异派的中村道硕，而对于自己的跡目却这样安排："如果真有才能，可让其继承本因坊家，否则怎么处理都行。"两者相比真是相形见绌。同样被尊为棋圣，算砂不是更伟大吗？

也有人持不同看法。"道策只是不希望道节去当棋所，并非说不让他做名人。"为什么道节就不能当棋所呢？这种说法显然没有说服力。

道策仙逝后，十二岁的道知成为五世本因坊。道节是位性格倔强的人，但却十分诚实。他谨守遗训，不遗余力地悉心教导道知。为了方便给道知讲课，道节干脆搬回本因坊家居住，有时甚至无暇顾及家小。作为长辈棋手，道节从培养优秀人才的事业中领悟到了生活的意义。

三、仙角不服、争棋决战

道知果然不负众望。1702年，他以四段的身份初次参加御城棋赛，棋份先相先执黑7目战胜林门入；翌年定先执黑以5目优势战胜安井仙角；宝永元年（1704年）执白再胜林门入2目，取得御城棋赛三连胜。

1705年，御城棋赛上道知将再度与仙角交手。仙角当时六段，道知四段棋份定先。监护人道节考虑到道知进步显著，估计仙角已不能再让道知定先，遂提出下对子棋的建议。

仙角断然拒绝，涨红着脸道："别开玩笑！我与道知君不是只下过一盘棋吗？前年那次如果棋份是先相先倒也罢了，如此跳过一级直接下对子棋，恕在下不能苟同。"话说得也在理，因为此前还没有越级的先例。道节再三劝说，最后就连迁出京都隐居的道悦也来游说，仙角只是拒不接受。

仙角的顽固态度激怒了道节。道节名义上不是棋所，但无论从年龄、经历或者棋力来讲，都是棋界首屈一指的代表人物，寺社奉行默认为准棋所，行使棋所的一切职权。"仙角这样蛮不讲理，竟然连我的话都不听了！那好，就给他点颜色看看。"道节心里计议已定。看来，争棋势在必行了。

道策的名声和功绩都很大，寺社奉行管理层对本因坊家本来就抱有好感，加上道节谨守师命，尽心尽力培养提携后进，博得社会各界好评。

道节随即向寺社奉行提出道知与仙角争棋的申请，不久便得到回复，批准进行十番争棋，还特别关照道节说："你提出的对子棋方案，鉴于从未有过越级的先例，故没有同意。道知的棋艺进步很快，与棋力不相符的棋份会给他带来不愉快。就把今年的御城棋作为第1局，棋份就从道知的先相先开始吧。你要经常鼓励道知，希望他弈出毫无遗憾的佳作。"

不知从什么时候开始，野史里把仙角演绎成了一个反派角色，没有人出来替他说话，显得孤立无援。

四、仙角惨败

仙角之所以如此强硬地拒绝道节，是源于算悦对算知、算知对道悦的两次争棋结下的恩怨。在安井家看来，本因坊家是把算知从名人棋所宝座上硬拽下来的仇敌。算知虽勇猛善战，和算悦打个平手，却输给了道悦。安井家在争棋较量中还从未战胜过本因坊家。

"我要让他们瞧瞧！"仙角暗下决心。自己正当三十二岁的全盛期，十五岁的道知作为对手还不够格，但他总还是本因坊家的掌门人。安井家被道策压抑至今，现在正是报仇扬名的绝好机会。可惜，仙角误判了大势。

本因坊道知VS安井仙角

局次	对弈时间·地点	黑方	比赛结果
第1局	宝永二年（1705年）十一月二十四日于御城	本因坊道知	黑胜1目
第2局	宝永三年四月十七日于本多弹正宅	本因坊道知	黑胜15目
第3局	宝永三年六月二日于鸟井伊贺守宅	安井仙角	白胜3目

仙角当初满满的自信，开赛执白连失两城之后大受打击，第3局执黑再遭败绩，干脆爽快地投降了。关键在第一盘棋。据记载这盘棋在御城对弈，而实际上四天前就在将棋所大桥宗桂家里下完，名之曰"兵阵预演"。御城的"对弈"时间有限制，事先就要把棋下完，届时只需复盘摆出来观赏即可，这种做法在当时已经成为惯例了。

临近比赛，道知患了严重的痢疾，然而对局的性质不容许延期。"大家不要担心。"道知强打起精神，手捂肚子紧锁眉梢，连拿棋子的姿势都显得那样的无力。棋所代理人兼赛事裁判长道节，观战的同门师兄友硕、因竹等人心里都不是滋味。果然，道知没有发挥出平日水准，形势不利。仙角无意间伸个懒腰，把小道知越发看得渺小了。

申时刚过，道节离开对局室，他不忍心看着道知输棋。师兄们也相继离去，宗桂家只剩下侍者和赛事联络人。

"不行了……遗憾，回天乏术矣！"大家回到本因坊家，研究了无数变化，都没有能够摆出道知能赢的局面。

夜幕降临，万籁俱寂。挨到子夜时分也没有传来终局的消息。

"那盘棋道知还在顽强拼搏！忍受着腹泻带来的阵痛，那孩子一定还在拼死相争！"想到这里，道节内心涌起一股暖流。数年来朝夕相处，道节与道知之间产生了父子般深厚的感情。

"归根到底还是要输吧",道节两手交叉放在胸前打起盹来了。正睡得懵懂之际,突然有个声音透过窗户传进了耳里,时针正指着六点的位置。

"比赛刚才结束,道知赢了1目棋!"道节简直不敢相信自己的耳朵,忙叫友硕跑去问问清楚,结果真实不虚。道知弈出了师父道节都没能发觉的官子妙手,打了个漂亮翻身仗。

坚信胜利的仙角,待数完棋方才明白自己竟然输了1目,这一惊非同小可!

终局后,仙角接二连三又把棋局重新摆了好几遍,确认比赛结果。野史的这种说法有点夸张,也许会再确认一下,不会重复多少遍。

安井家掌门人不可能做出那样丢脸的事,这就是反派角色所要遭受的苦难吧。

请欣赏道知妙手翻盘的第1局和执白名局第3局。

注 释

【注①】有位和道策关系亲密的大名叫细川,因不小心把将军赐予的什物弄丢了,惧怕随时可能会到来的严厉处罚,急得像热锅上的蚂蚁,食不甘味,夜不成寐。正是道策四处奔波出手拯救了细川,所用的三千几百两黄金也全都替他出了。三千两黄金相当于现在五亿日元以上。

五、棋局欣赏

(一)争棋第1局

黑方:本因坊道知 四段　　宝永二年十一月二十四日于御城

白方:安井 仙角 六段

第一谱（1-63）苦战的根源

简　评

这盘棋称为"天才萌芽之局"，是德川时代围棋史上屈指可数的名局之一。黑3高目不落常套，让人感到少年道知旺盛的斗志。

黑7托角时，仙角选择白8、10的趣向，意在破坏对手的作战意图。

黑11飞压，先手布下援兵之后，再15打入白阵十分严厉。

白18急所，以下的次序成为定式化的走法。

黑21刺，时机好。如果将来再走的话，白棋也许就32位接或A位冲下来了。

黑29也可考虑图1的变化。

图1：黑1位连扳，白2、4强硬切断，黑7双刺恰到好处。白2如在a位接，黑4位虎成好形，以下白b、黑c，黑棋好调。

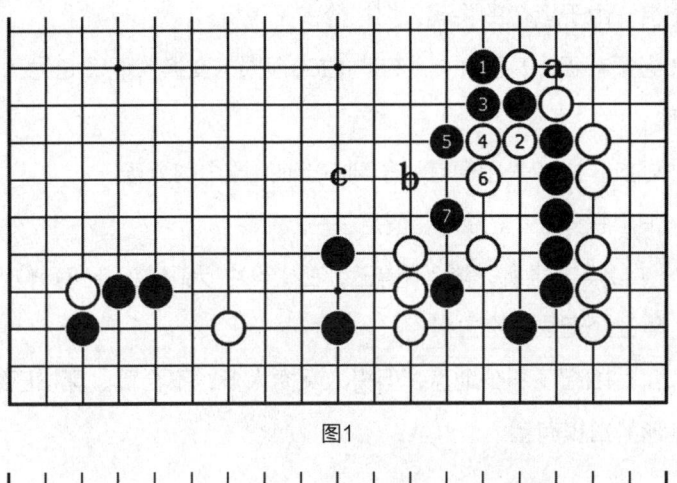

图1

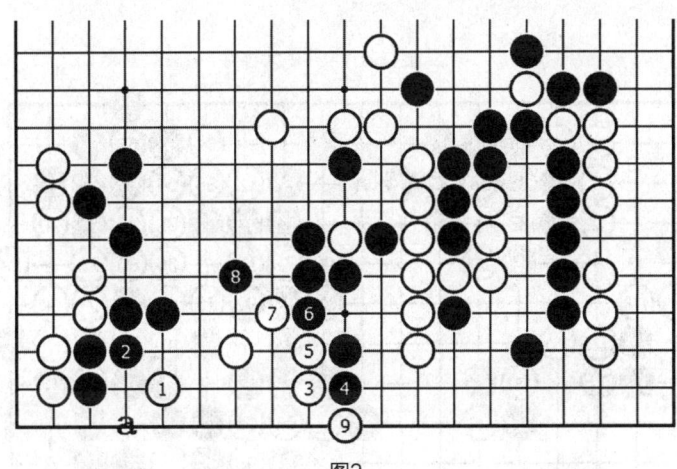

图2

黑29让白30点方，然后黑31至35诱白36靠，帮黑棋加强下边是道知的作战构想。

黑41、43征子相当大，黑棋布局顺利。

白44退，待机出动白8之子。黑45罩，准备鲸吞白8之子。道节此时定然轻松地观察着战局的进展。

白46扳时，黑47立，这步棋导致道知陷入了苦境。按棋形来讲黑47应该在B位虎，这样即可避免后来的麻烦。

白54进角后留下C位点方的急所，黑棋味道很坏。事实上，白C位点马上就会出棋。由于黑47的失误，白棋抢占了先机。

黑55必须补强，甚至还需作59与白60很损的交换。黑59是为了防止白D位的冲断。

黑61好点。白62先手便宜后争到右上E位挂角的大场。

黑63很想脱先在E位缔角，但是……

图2：白1点击急所，黑2不得已，白3至9扩大眼位，还有a位可以借用的先手，黑已经无法净吃白棋。

黑63虽然围起了不少地盘，但投入兵力太多，不合算。黑棋已经失去先着效率，形势白棋有望。

第二谱（64－157）大事件

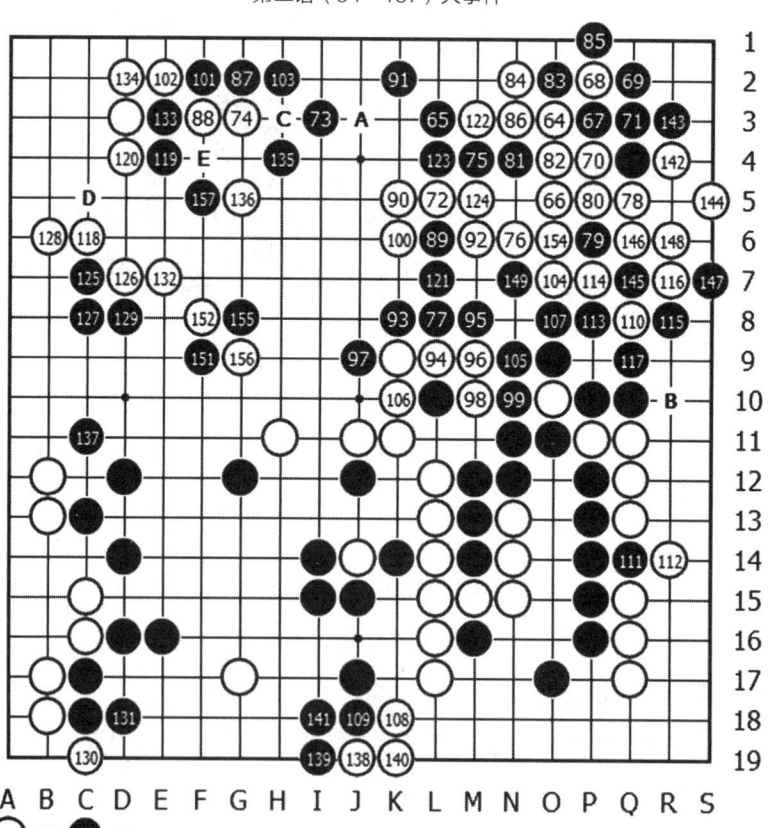

白64挂角，是盘面剩下的超级大场。道知心里很明白，形势已经不容乐观了。我们可以感受到道知寻求打开局面的气魄。

黑65夹，积极寻求战机。黑67如按常识在79位飞起围空，白势必抢占A位反夹的好点。将来白棋B位的扳接官子是先手，右边的黑空没有想象的那么大。

白68、70露骨地定形。白72镇，诱黑73拆，然后趁势白74迎头逼住。很明显，棋局进入了仙角的步调。

道知开始拼命了。黑77之后的每一步棋都可以说是"胜负手"，只有抓住每次机会，才有可能逆转不利的局势。

想要攻击敌人，就得先加强自己。黑101爬后，103退是此际的正着，已经基本做活了。黑103如照常形在C位顶，将来白棋外围变强后，黑棋还需再补活。

白118抢到左上的大飞缔角，局势乐观。不过，双方在实地上依然没有拉开距离。古代没有贴目的规则，拿黑棋要想输还真不容易呢。

道节看到白118守角，失望情绪油然而生，不忍心再看下去，黯然神伤地离开了现场。

黑119刺，好戏就此开场了。白120如在133位接，黑D位靠是破空的手筋。白136跳不够稳妥，应在E位吃净黑两子才是本手。这里埋下了翻盘的定时炸弹。

优势局面下，白142坚实地把大龙活干净。黑145提、147先手打吃，白棋好像损了官子，其实不然。图3：白142如在本图1位接，黑2、4扳粘时，白只得5、7提一子，黑8至12后，将来黑a位扑劫仍对白棋构成威胁。

黑151寻劫材，白152牵制上边黑两子的出动。然而，就在黑155扳准备顺手便宜一下的时候，一直谨慎的仙角却突然鬼使神差地把棋子落在156位断，开始了反击。其实白156没有必要冒险切断黑棋，只要按图4在白1位虎，老老实实地守住自己的空就行了。

道知抓住转瞬即逝的良机，黑157出动，局势再次纷乱起来。

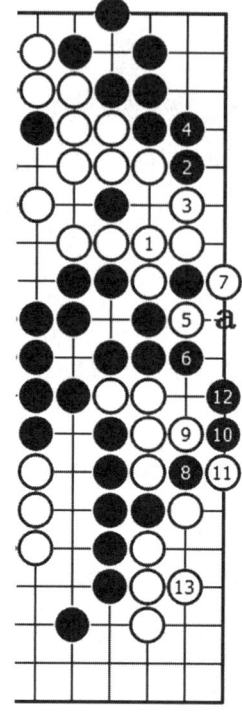

图3

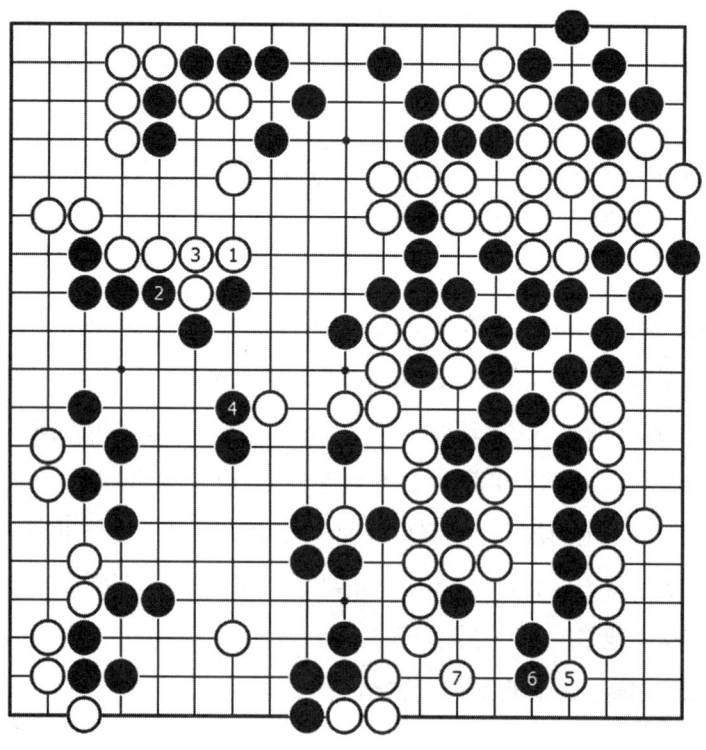

图4

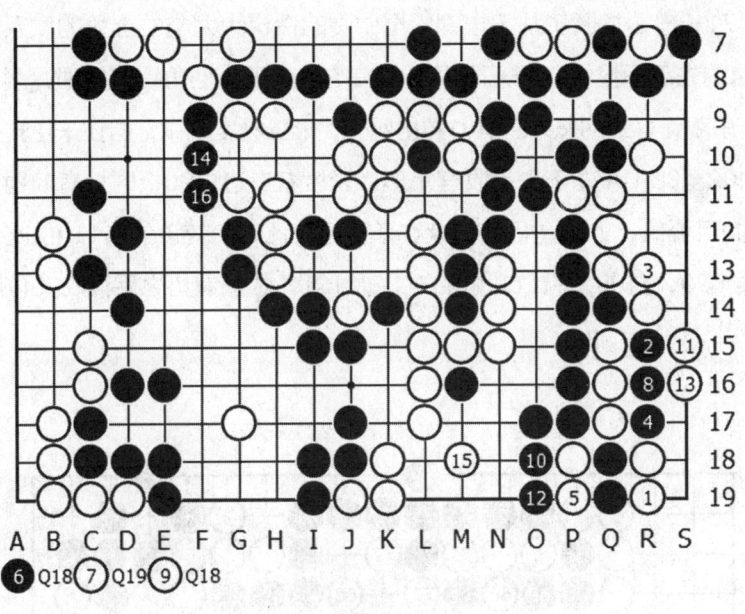

图5

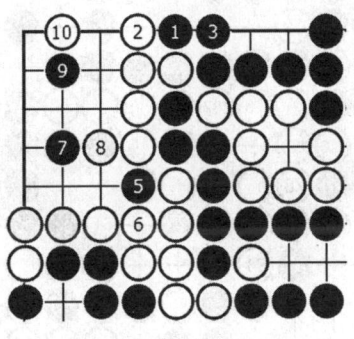

图6（白4脱先）

在复杂的战乱中，仙角放过了好几次机会。

黑57尖靠逃出两子。白58单在60位接，黑61位长出，白棋仍然捉不住。白58打吃寻求步调，至黑69做活为双方必然应对。

紧接着白70顺手打吃，大失着！此时只要简单地在71位"开花"，逼迫黑A位单官连回，白再110位打吃，破掉黑棋中腹成空的可能，胜势将难以动摇。

黑71长出，切断了从下边绵延至中腹的白棋大龙与左上角的联系。白72、74的先手很愉快，却无暇再81位去吃黑四子。仙角计算出现漏洞，正是由于乐观而导致的恶果。黑81救出四子，形势极度细微，但还未逆转。

白82至88中腹左下先手收官定形，紧接着右边白90扳时机有问题。此处大约9目价值，的确是目前的大官子，但在此之前应该先在110位吃，以下大致黑99、白98、黑111、白114、黑121，做好铺垫之后再收90位的官子。

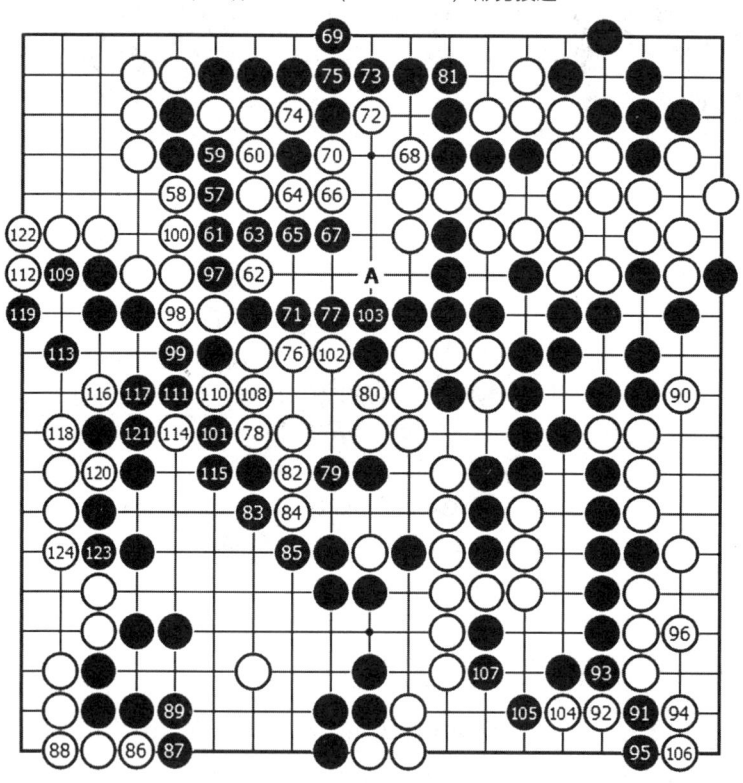

第三谱 57－124（157－224）形势接近

棋局进行到胜负关键处，道知开始发挥出真实的水平。

黑91靠，道知开始奋起直追。黑95立手筋，白96补棋没办法。

图5：白96如在本图白1位吃两子，以下黑2断至白13先手收气。接着黑14长时，白15只好补活，黑16可以将白棋完全封住。

实战黑97至101还是将白封住了。

白102打后，104、106无疑是最大的官子。黑107必然，白108补活绝对。以下的行棋次序无可非议。白方没有机会在123位打吃。

直接导致翻盘的官子妙手即将出现，假如走成那样的经过是必然的话，白90扳就是"败着"。

仙角真是眼不见心不烦也。

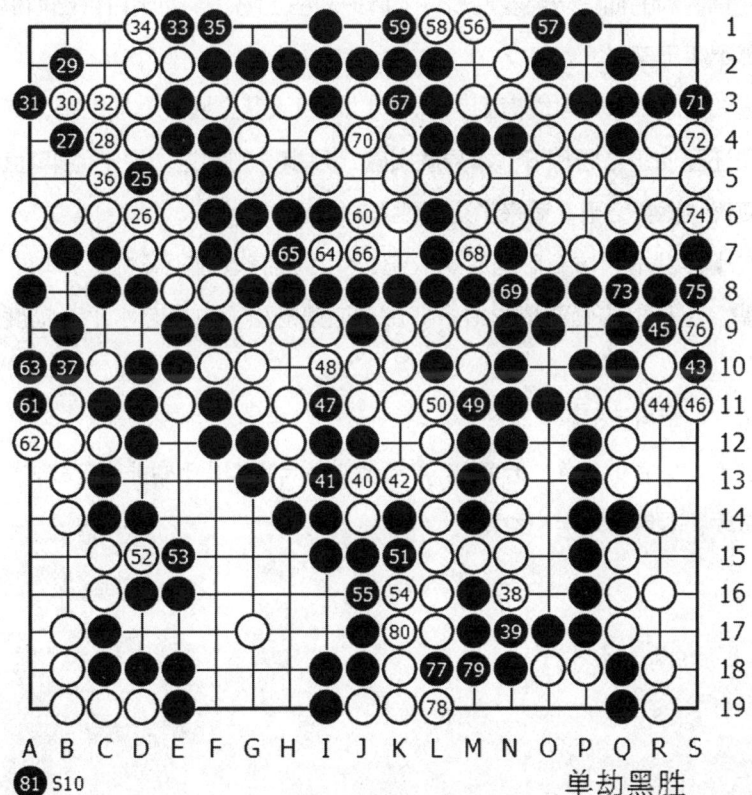

第四谱25-81（225-281）惊天大逆转

单劫黑胜

共281手　黑胜1目

黑25之后的次序绝妙！以下至白32双方必然。黑33、35扳接强迫白36补棋，先手便宜了2目。白36不能省略，否则黑C1尖靠成双活。

回过头来研究一下，黑25如不加思索地改为图6的黑1、3扳接，这只是单纯的后手2目，白4可以脱先不需再补一手棋。黑5以下策动，白10靠平安无事。

此处妙就妙在，经过黑25以下的一番加工之后，原来的后手2目变成了"先手3目"，不但便宜了1目棋，还是先手，直接影响了胜败。

黑37是后手7目强的手止（盘面剩下最后的）大官子，黑方胜势不可动摇。

最后剩下单劫，白76提劫，黑棋寻劫材反提回来，仅一个回合就告终局。坚信胜利的仙角微笑着说道："请把劫粘上吧。"当明白自己输棋的时候惊慌得手足无措。

道知在第2局恢复本来面目，执黑以15目大获全胜。有趣的是，寺社奉行官员还要仙角当场写下"本局确实输15目棋"的字据。由于他第1盘终局后反复确认比赛结果，遭来了这些烦人的事情。

二十四世本因坊石田秀芳感叹道："可能有些冒犯算悦、算知、道悦等前辈，这盘棋的确要精彩得多。由于道策的出现，棋艺水平大幅度提高了。"

（二）争棋第3局

黑方：安井　仙角　六段　　　宝永三年六月二日于鸟井依贺守宅
白方：本因坊道知　四段

第一谱 1-100 行云流水

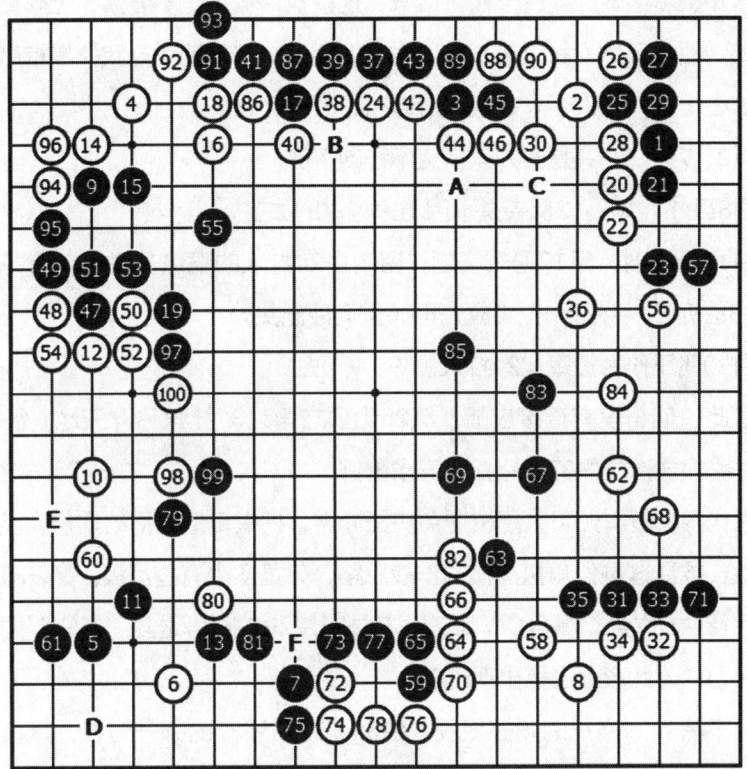

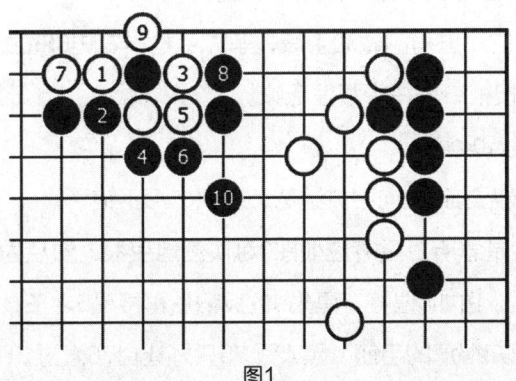

图1

简 评

　　道知执黑连胜二盘终于松了口气，这盘执白输了也不要紧，上阵显得轻松自如。仙角虽然领教过道知难以对付的手段，"这回可是我执黑棋哦！"显得信心十足，看来还未完全明白道知的厉害之处。

　　黑3、7的二间夹是安井家坚定不移的下法。

　　白8目外、10、12反夹是本因坊家应对的法宝。

　　白16飞起时，黑17逼有问题，留下白24打入的隐患。黑17可考虑退一路在38位拆二，待白86位尖应，再50位肩冲出头。

　　白20飞压作为援军，24打入黑阵，严厉。

　　对此，仙角没有直接应战。黑25尖顶守角，31挂角另辟天地。待白36飞起扩张模样时，黑37二路托，寻求腾挪。

　　古代围棋没有贴目，黑棋避免正面冲突，把棋尽量走得结实些，以求稳健取胜，或许这是仙角执黑棋的作战思路，只是多少有些消极。黑25在A位跳出，待白B位尖，黑再C位刺，以下白28黑29，顺势走到"三三"要点，亦很有力。（此形上盘棋出现过）

　　对于黑37二路托的腾挪手段，白38无论在黑37的哪一边扳，黑棋断后都可以趁势整形，此正是仙角的意图所在。

　　图1：白1扳，黑2断，4、6打后顺利整形。

　　白38以下是道知厚实的风格，筑成强大外势。

　　白60放弃D位飞进角的做活手段，争先手抢占右边62位好点。白60不走的话，被黑E位搜根，逃往中腹很乏味。

　　白62、64发起攻势。

　　黑67、69漫无边际地向中央游荡，貌似棋形不错。

　　白68的小尖是急所。黑67应如图2尽快落地生根，做活为妙。

　　图2：黑7后，白如a位打，黑先b位扳粘后再接黑5之子；反之亦然。

　　白72靠是道知得意的手筋。黑73、75只好让白76渡过。

　　黑73如74位下扳，变化如图3：白2反扳是手筋，此后的经过等于画蛇添足。白8抱吃黑大坏。

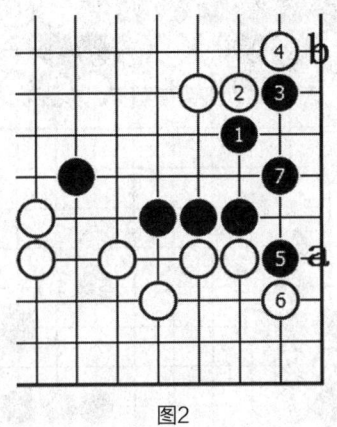
图2

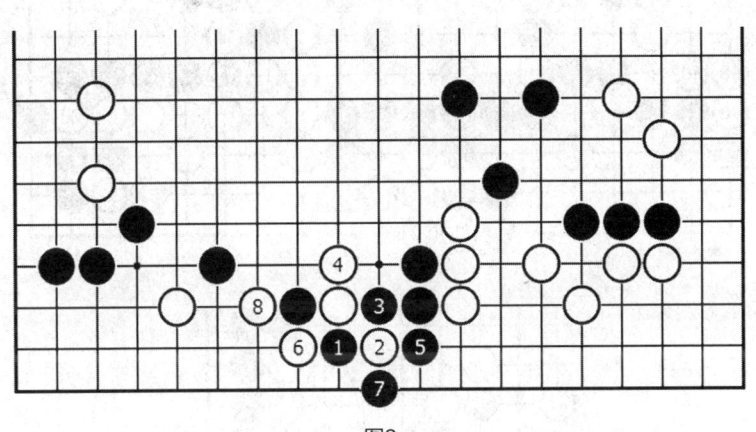
图3

就在黑79补F位断点的瞬间,白80靠,手段精巧。白80先手便宜,82以下的次序无懈可击。上边定形后,94、96边取实利边夺黑眼位,白棋顺风满帆。

第二谱1-56（101-156）决定性的一手

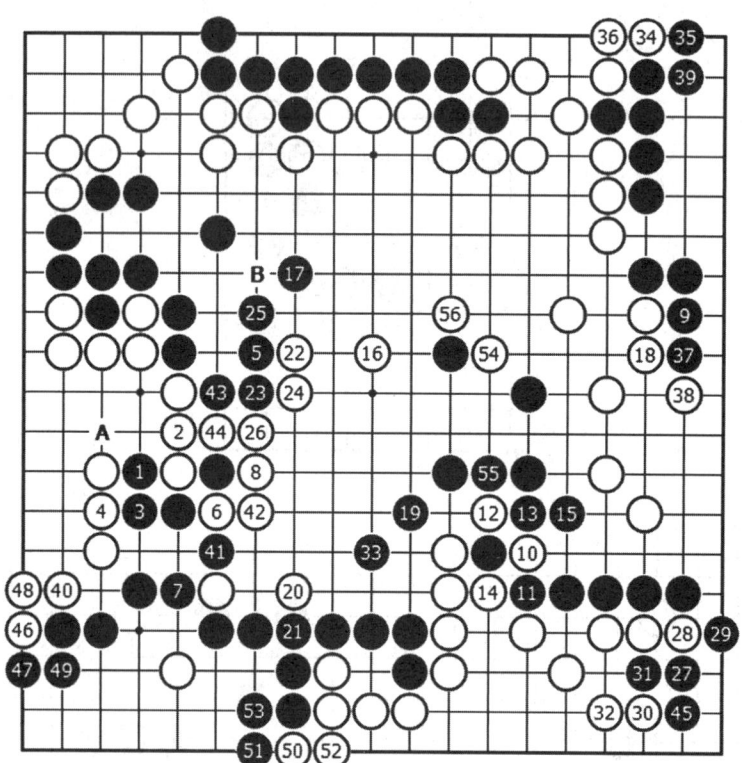

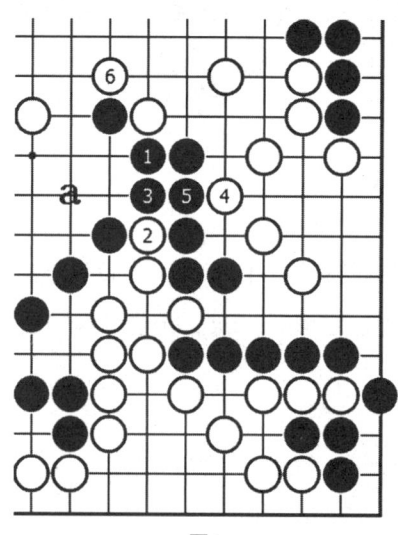

图4

黑1应该在2位这边打，以下白43、黑1、白A、黑5跳整形。

实战白6断时，黑7不能省略，前谱白80之子发挥了作用。

白10以下漂亮的追击手法，使人无法相信这是位十六岁少年下的棋，老辣得很。白16切断黑联系并瞄着B位的狙击，黑17补强不得已，白18加强自身迫使黑19单官连回。

白22横靠，显示出很大的中盘力量。黑25后退，白26顶，原本黑棋的中腹势力瞬间变成白棋厚壁了。

黑27跳进角先手便宜，结局还是只得33位单官连回家。黑棋被逼无奈，连走19、33两步单官实在很难受。

白40尖顶，道知对局势胸有成竹了吧。

"这不可能！"怎么会输呢？仙角回过神来的时候，为时晚矣。

白54靠是决定性的一步胜招。56扳，厚味转化成10目实地，局面明朗化。

黑55如图4在1位拦，白2冲、4刺后，6位扳还是围上了。白4兼补右边，同时产生白a位的便宜，黑1并不见得好。

实战黑55单接是正着，白56扳，胜负已定。

第三谱57-145（157-245）

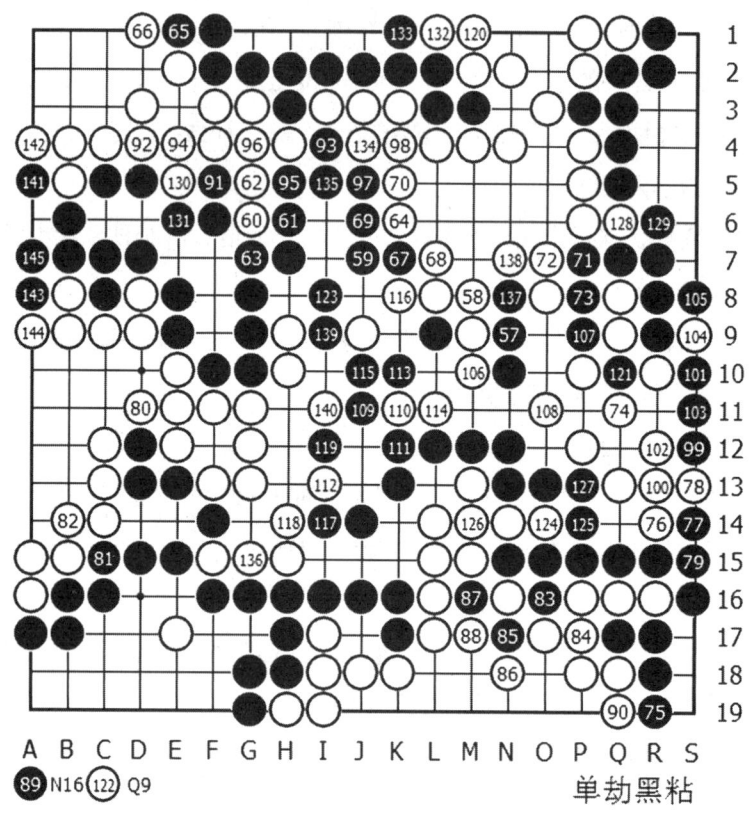

单劫黑粘

共245手 白胜3目

综观本局，黑棋右下孤棋处理不当（第一谱黑67以下），直到最后还被弄得很痛苦。只要有空子可钻，道知就会把对手彻底搞垮，厉害啊！

仙角万万没有想到黑棋还会输，完全丧失了斗志。事后向道节请求道："在下亲身体验了道知的战斗力，承认他与我能够对子较量，请您取消争棋吧。"道节道："那可不成，这不是开始时就商量好的吗？请您下满十盘棋。"

当初仙角与道节顶嘴才酿成争棋，所以故意为难他。仙角俯身低头，不管道节措辞多么激烈，仙角只是听着，不敢还一句嘴，道节也拿他没招，最后同意终止争棋。

第六章 七段的份量

本因坊秀伯VS井上春硕因硕

一、道知之后

道知留下的遗谱有60多局，然而没有几盘是用心弈完的。就连御城棋这样大显身手的舞台，道知也对胜负漠不关心。

元禄年间天下太平，祥和气氛笼罩着社会，拜金主义、浮夸之风到处漫延。棋界也不例外，棋手们堕落了。各大家结成利益同盟，相互间避免真正对抗，或赢或输，只要脸面上过得去就行。看一下这个时期的御城棋，不论谁和谁对局，全部都是黑棋获胜。道知执黑就赢5目，执白则输两三目，连目数都事先拟好了。道知利用在输赢目数上做文章的办法缓解了不认真对弈可能带来的风险。

宝永七年（1710年），琉球棋手屋良里之子来到日本要求同道知手谈一局，这盘授三子的棋才是道知全力以赴的佳作，神技般的招法，可谓"克化下手的典范。"

归国前夕，屋良请求一张段位证书。此前三十年，一位名叫亲云上滨比嘉的琉球棋手来到京城接受道策指导，并得到了免状。道策当时是名人棋所，开一张段位证书乃小菜一碟。不过，道策去世后棋所一直虚位以待，无人拥有发放段位证书的资格。向异国人士授与证书是发扬国威，也是棋界的光荣，拒之门外是很可惜的。

道节通过林门人传话给道知："我不会违背宗师的遗嘱，这你是清楚的。我想担任临时棋所，向琉球人授与免状，办完这件事就把棋所让给你。"结果，段位证书早已办妥，道节却并无卸任之意。连道节这样的人都不肯轻易让位，这宝座的确让人舒服。

面对恩师道节，道知始终说不出个"不"字，直到十年后道节去世。当初，道知与其他三家约定，道节发完段位证书后，大家"随即"推举自己出任棋所。结果小伙伴们爽约，道知出于对道节的尊敬，这次就忍了。如今道节已去，他们理应践行前约，事到临头这些人却都假装不知。

道知愤怒了，放出狠话来："你们违背约定，我也有办法对付。今后的御城棋赛一律不给面子。我将全力以赴，你们要明白这一点。"一闻此言，大伙儿都吓破了胆，火速推举道知当上了棋所。任命书拿到家，徒儿们争相祝福。"晚了十年！"道知苦笑道。

二、低潮时代

享保十二年（1727年）道知去世，自道策延续下来的黄金时代宣告结束。不过，道知时代后半期只不过是表面上的兴盛，实际也许应该称作黑暗年代。棋手们不能全力投入对局比赛，这种不幸超出了常人的想象。如果可能的话，真想让道知生在别的朝代。

四大家之间很少来往，棋界活动处于低潮时期。

继道知之后，知伯成为六世本因坊。知伯本姓井口氏，武藏人氏，据说是道知的侄儿，当时的《亲类书》尽写些乱七八糟的东西，真情不得而知。知伯十二岁二段时被立为跡目，二十三岁晋升到六段。享保十八年八月的某一天，知伯突然昏倒，不省人事。大伙儿带着医生闻讯赶到，可惜为时晚矣。

这下棋界出大乱子了！年轻的知伯尚未选定跡目，家督在这种情况下离世，家门有被取缔的危险。面对同行出现的危机，棋界同仁表现出了良好的合作精神。春硕、春哲以及因长三掌门合计后制定了行动计划——就当知伯还活着，并以知伯的名义向寺社奉行提出立跡目的请求，得到批准后再发讣告。当时本因坊家佐藤秀伯排行老大，跡目候选人除他之外别无选择，春硕火速写好申请后递交主管部门。

俗话说，祸不单行。秀伯此时正在回老家奥州的路上，人不在江户。寺社奉行长官收到申请后多次催促，要让秀伯亲自来一趟。这可把春硕等人吓坏了，没有秀伯的一丝音讯，急得像热锅上的蚂蚁，寝食难安。主管觉得事情颇为蹊跷，派人出去"探知原委。"

申请书于八月二十日交出，九月八日秀伯才回到江户。这期间，不知费了多少口舌才蒙混过关。不管怎样，秀伯总算是被认可为家督了，时秀伯十七岁，五段格。

三、七段不能认可

本因坊家在井上春硕为首的三方支援下避免了灭亡，然而棋界仍是一片令人沮丧的衰退景象。这场偷梁换柱的把戏万一被揭穿的话，四大家都将受到严厉的制裁。话又得说回来，同行之间相互帮衬的友谊与棋盘上的竞争完全是两码事——秀伯将与自己的恩人春硕展开争棋角逐。

享保持续二十年后宣告结束，改朝元文，林家的因长门人以长老的身份企望得到棋所职位，井上家春硕因硕七段位居其次。年轻的本因坊秀伯和安井春哲仙角当时都只是六段。本来，因道策托孤，道节去到井上家任家督，本因坊与井上两家关系亲密。随着时代的变迁和利害冲突的加剧，井上家和林家逐渐走近，而本因坊家则同安井家携手共事，四大家分为两派，彼此虎视眈眈。

秀伯希望晋升为七段成了争棋的导火线。本因坊家初代算砂是名人；二世算悦为七段；三世道悦位居名人格；而四世道策和五世道知都是名人。五人中有三人当上名人，本因坊家是棋界的最高门第。然而，知伯前辈却在六段时匆忙地过世了。

"连续两代人都只是六段，实乃坊门的耻辱。自己如果不尽快升为七段，将愧对列祖列宗。"秀伯这样想并非没有道理。元文四年（1739年）秀伯首先征得亲友春哲的承诺，然后通过他向因长和春硕转达了自己的想法。"不行，不能认可七段。"回答得简单，影响却很激烈。后来秀伯又反复请求，仍然没被他们接受。

　　这里，我们就"七段的份量"谈一下。不仅在这个时期，在整个德川围棋史上，七段似乎都被看作是特殊的地位。七段被称为"上手"，大家认为是人的智力所能达到的极限。其上虽有八段准名人和九段名人称号，一个时期也只能有一人获此殊荣。名人棋所是九段，八段准名人的名誉色彩浓厚。

　　六段以下棋士之间的对局规则，全部按照他们与七段的对局棋份而定。这也是由于把七段视为最高限度的原因吧。翻开古代棋手的记录，看到标有"此人授先"的记号，就是说他被七段授定先，意味着五段水平；如果标着"二子"记号，等于他被七段让二子，表示三段水平。此外，除家督和跡目外，别的棋手如要参加御城棋赛，七段以上是必须的条件。七段位是如此的重要，因长和春硕没有简单地同意，决不只是因为秀伯是自己的对立派。

　　"秀伯君才二十三岁，还太年轻了吧。"他们异口同声。不管怎样，秀伯既然说出口就不可能再收回去，遂请春哲作为共同发起人，向寺社奉行提出争棋请求。争棋的矛头指向对方阵营地位较高的因长，而因长却以体弱多病为由拒绝应战，让春硕为其代理人前线迎敌。

　　"今年的御城棋为第1局，一年下20盘棋。"寺社奉行批准了争棋请求。

四、秀伯吐血病倒

　　知伯突然去世的时候，春硕曾为了秀伯两肋插刀，跑断了腿。然而现在，春硕准备将秀伯彻底打垮，棋士都有这样的好强心理。棋所，是春硕梦寐以求的宝座，当然不会让秀伯在段位上赶上自己。血气方刚的秀伯则想突破春硕的防线，趁势再击倒因长，一鼓作气跃到顶点。时春硕三十二岁，秀伯二十三岁，棋份为秀伯先相先。

本因坊秀伯VS井上春硕因硕

局次	对弈时间·地点	黑方	比赛结果
第1局	元文四年（1739年）十一月十七日于御城	井上春硕因硕	黑胜2目
第2局	元文四年十一月十八、二十日于山名因幡守宅	本因坊秀伯	黑胜10目
第3局	元文四年十二月六日于牧野越中守宅	本因坊秀伯	黑胜2目
第4局	元文四年十二月十八日－翌年一月十八日于牧野宅	井上春硕因硕	黑胜13目
第5局	元文五年一月二十七－二十八日于大冈越前守宅	本因坊秀伯	黑胜4目
第6局	元文五年三月二十三日于山名因幡守宅	本因坊秀伯	和棋
第7局	元文五年四月十八日－五月六日于牧野宅	井上春硕因硕	白胜2目
第8局	元文五年五月十八日于大冈越前守宅	本因坊秀伯	白胜3目

第1局的御城棋除外，对局场都设在寺社奉行衙门里，主事官员有好几个人，每月轮流执事。自古以来，说书和落语【注①】包括围棋，这些都是他们管理的事物。不过，隶属寺社之后便一点趣味都没有了。因为他们工作保守，不接地气，与市民没有什么联系。

争棋第1局后，紧接着第二天就下第2盘，这是因为御城棋已事先下完，当天只需复盘观赏就行了。赛至第5盘，双方执黑都取得了胜利。不料从第6局起风云突变，暴风骤雨来临。赛完8回合，春硕三胜，秀伯四胜一和。当此关键时刻，秀伯一病不起，争棋不了了之。

请欣赏秀伯获胜的第5局和春硕得胜的第8局。

五、棋局欣赏

（一）争棋第5局

黑方：本因坊 秀伯 六段 元文五年元月二十七日—二十八日于大冈越前守宅

白方：井上春硕因硕 七段

第一谱 1-82 漏洞

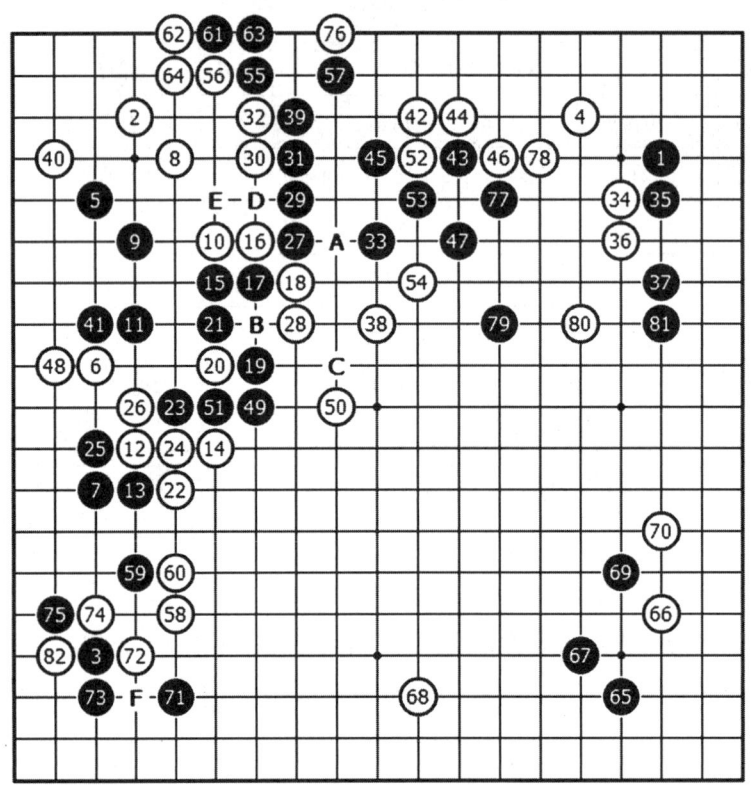

简　评

前四局双方两胜两败，这盘棋是争棋的最初转折点。

白6三间夹时，黑7拆边反夹是当时流行的下法。

白8尖起后立即10位镇头，显示出春硕的魄力，这与春硕这个温和的名字毫不相称，他可是一位很厉害的大力士。白20在A位虎，上边棋形固然很不错，但被黑22位挺出头，左边如何腾挪就有点伤脑筋了。

春硕故意暴露出弱点诱敌来战，试图力斗取胜。黑27如不敢应战就枉为男子汉。

白28长、34飞压、42逼。黑47整形时，白48、50紧追不舍。

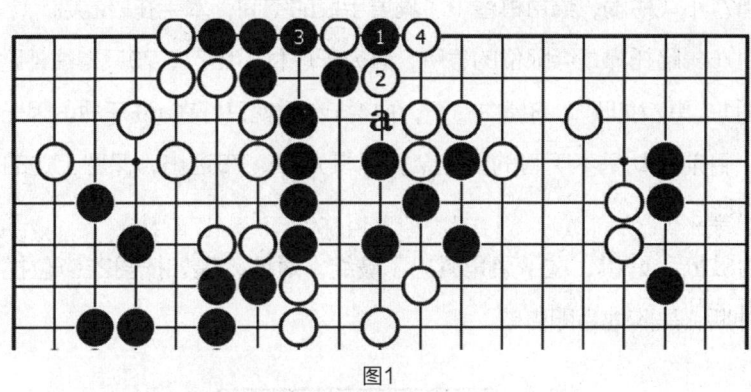

图1

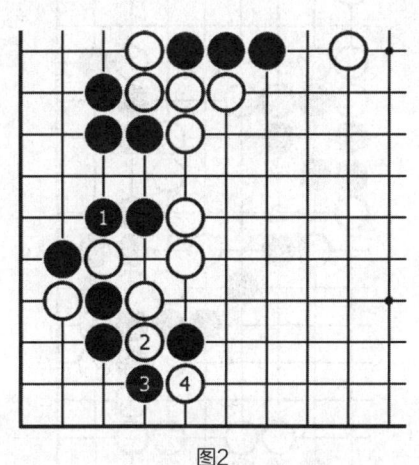

图2

白50很想在51位接迫使黑B位单官连回,可能担心黑C位刺的反击。

黑51以逸待劳,很有妙味。

春硕52、54转过头来欺负黑棋上边大龙。黑57虎时,白58另辟天地,天下之七段春硕不仅仅是只会斗力的棋。

黑61、63先手扳接,局部仍未活净。黑63的接有点痛苦,很想在D位冲,以下白63黑E位吃掉白两子"棋筋",但左边的黑棋已经是安定状态,所以并不很大。

黑65占空角,白66挂后再68抢占大场。黑69飞压取势,不计实地得失是古棋共通的现象。

黑71小飞薄弱，给白棋留下了施展手段的空间，本手在F位尖。

白76一路托靠是夺眼位的急所，黑穷于应付。黑77、79只得往外跑。

图1：黑77如图1、3提白一子，白4打吃时就只好在a位开劫。因无适当劫材，目前开劫是不明智的。无奈，黑棋先77、79逃出，保留上边的变化要好一些。

白82断，好棋，左下黑角露出了破绽。对此，黑如按图2在1位拦，白2、4冲断，黑阵地当即告破。

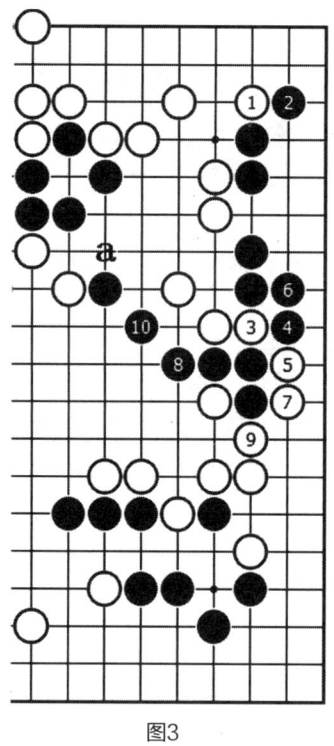

图3

黑85、87手法柔软灵活，留下黑93立的手段。

白88好点，中腹厚壮。

黑89攻击右下时，白90可以考虑脱先在左下197位拦，这里实在太大了。实战黑99、101自然向中腹出头，白棋左下的潜力烟消云散矣。

白104时，黑105以下做眼很有必要。

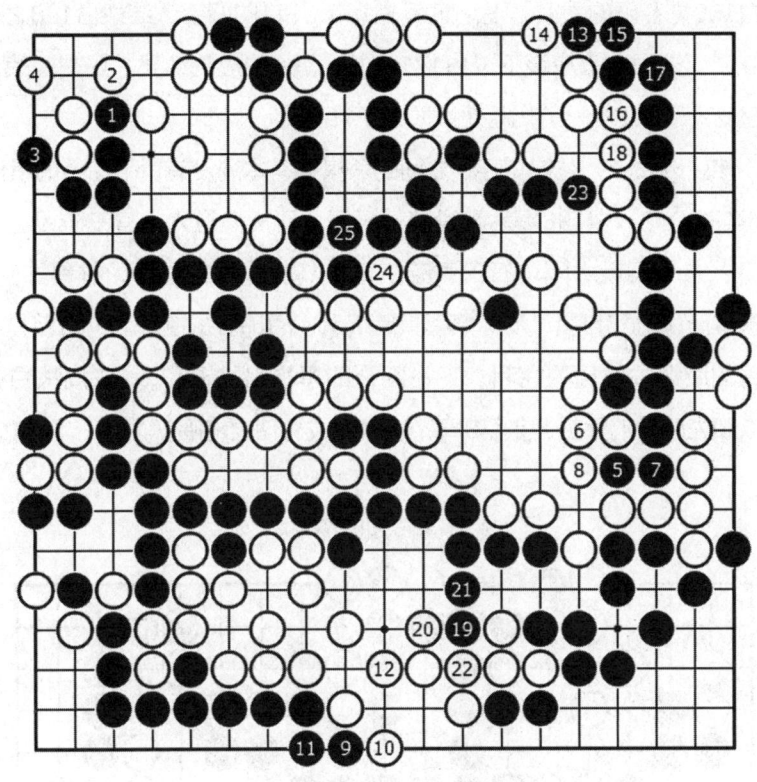

图4 白198之后的收官预想图

白112以下在右边定形。黑119三三立是急所,秀伯看到了胜利的曙光。

白118如按图3的下法虽然能切断黑棋,黑10尖出,因白棋自身气紧,无法在图中a位扳断黑棋,所得甚微。

黑127小尖,白棋左右围空成了所谓"兄弟打架"的形状。围右边则左边被消,围左边则右边化为乌有。黑棋的优势明显了。

白棋既然走了124扳,128、130当然应该围住这一面。黑131、白132各占其一。

黑149、151厚实,让白154吃去一子,黑161打后留着175位的联络手段,197位的打吃也是先手,心情舒畅。

白168是春硕的失误,没注意黑有169、171的好手,结果白168之子白白送吃了。这里本来应该下成白171位并、黑A位应的结果。好在实战白棋也完整吃掉了黑169一子,此处只损失了1目棋。

不知什么原因,秀伯与春硕之间的争棋唯有本局没有留下完整的棋谱。

黑197打吃,白198提后就没有记录了。局面已进入小官子阶段,为明确起见,二十四世本因坊石田秀芳演算了其后的收官过程,进程如图4所示,黑棋能赢5至6目棋。实际黑棋只胜4目,不知秀伯在哪里损了1目棋。

秀伯取得关键局的胜利,下一回合的黑棋虽被逼和,第7局执白棋获胜,以领先两分的优势迎来第8局,该局遂成秀伯之绝唱。

第二谱83－198波澜不惊

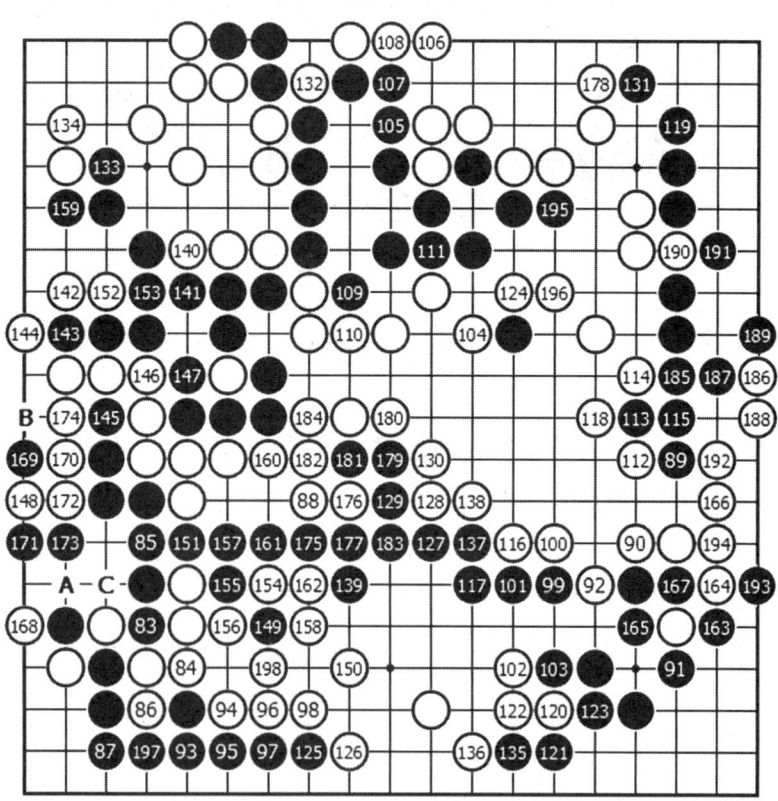

共198手（以下略）黑胜4目

（二）争棋第8局

黑方：本因坊 秀伯 六段　元文五年五月十八日于大冈越前守宅

白方：井上春硕因硕 七段

第一谱 1—76 储蓄力量

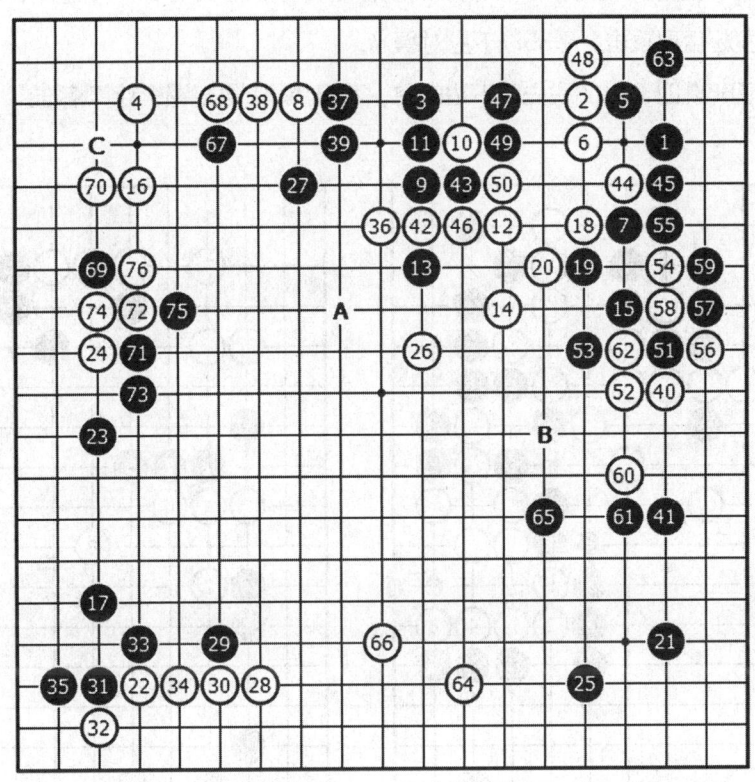

---简　评---

白8逼时，黑9跳是很正统的攻法，改在46位大飞罩也十分有魄力。

白14跳出头，黑15一间跳，预防白45位的跨断。

白16先行缔角，黑17占左下空角时，白18、20又花两手棋积蓄力量，准备后发制人，这大概是春硕的棋风吧。

黑21占到最后的空角，毫无不满。

白24拆逼，待黑25守角后，白26占据中腹要冲。

黑29至35是安定黑17之子的常用手法，现代棋仍然很常见。

白36刺，试探黑棋应手，普通是在68位一间跳应。其意图在于，黑如42位接则白A位飞罩；黑棋不干的话就会在37位靠，然后趁势白38补强。

白40的打入是白18、20加强时的狙击目标。白42、46冲接走厚，54点入，发起猛烈攻击。黑55以下应对得当。

黑65跳时，白66脱先围下边的空，不惧黑棋B位封锁，计算精准。

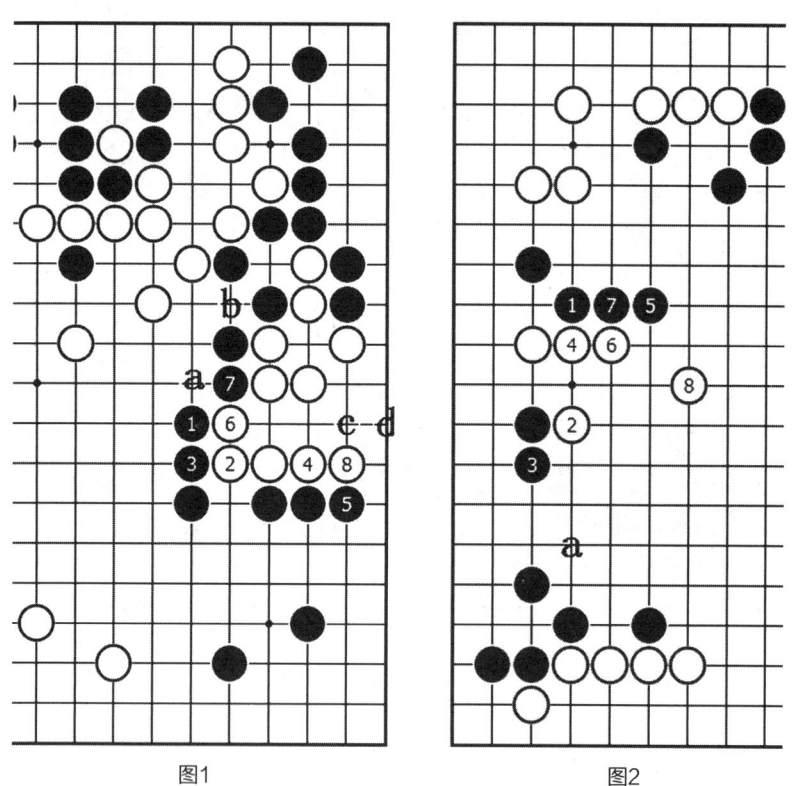

图1　　　　　　　　　图2

图1：黑67如在本图1位封锁，白2以下可以轻松做活。途中，黑7如改在8位拐，以下白a、黑7、白b扑，黑不行。白8后，黑c白d形成双活。

对于黑69的打入，白如76位盖或72位小尖的话，黑棋有C位刺等种种借用,很容易做活,白棋中央虽多少走厚一些,但并不合算。

黑71以下弃子作战,是此际适当的选择。

图2:黑71如本图1位动出,白2至8竞相出头,黑棋还得再花一手棋单官联络,而且图中白a位点的手段很讨厌,结果无趣。

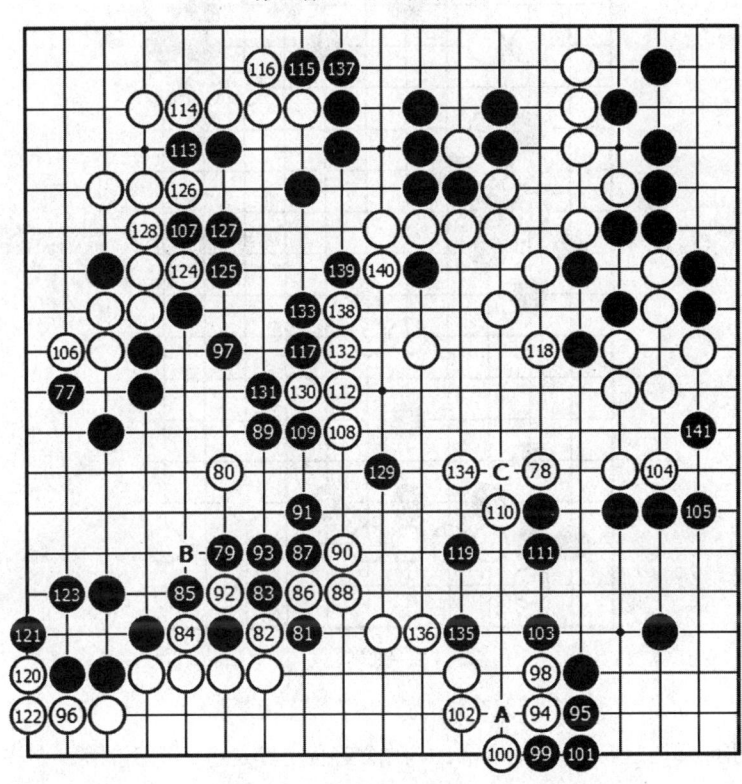

第二谱77-141 灾难之种

如此看来,实战至白76是必然的。双方的地域基本确定,我们来作一下形势判断:

黑棋右下角23目,右上11目,上边8目,左边一带15目左右,合计约57目;白棋左上角30目强,下边20目弱,中央5目,合计55目。现在轮到黑棋走,或许还保持着微弱的优势。

这时的选点有些困难。秀伯实战在左边77位小尖，不如A位飞更大些。黑79整形围空。白80的侵消有些过于深入，黑棋的机会来了。

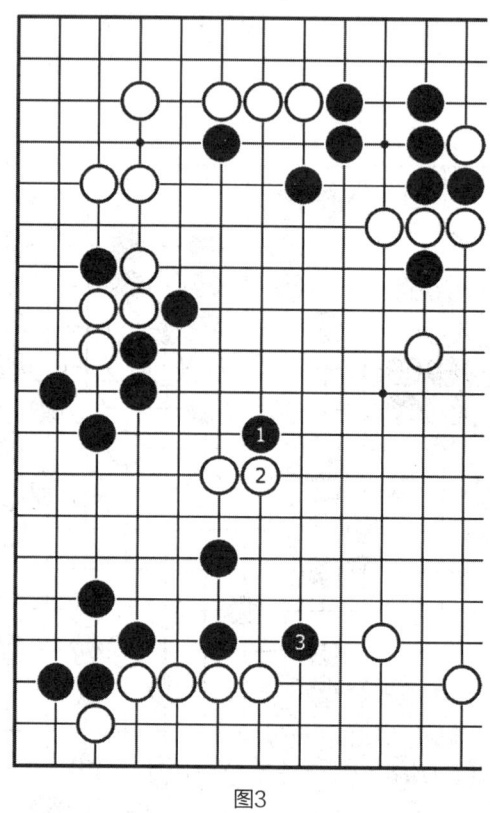

图3

图3：黑81可以先在1位罩，与白2交换使其走重，再3位跳，白棋难以应付。

实战白86断，黑棋损失在先，并且白92后留下B位断的瑕疵，味道很坏。秀伯在此种下了灾难的种子。

白96时，黑97补棋很无奈。白96爬进角约15目棋，白棋先手占到这个大官子，仅这一点就足以证明黑棋81之后的下法有问题。白98位贴起，下边的白地与刚才形势判断时相比增加了将近10目棋。

白106是很大的逆收官子。白108得以先手便宜，都是黑棋去吃白80之子招来的不幸结果。黑117既然再花一手棋，白120、122也就不必再保留。不过，白B位断的余味依然存在。

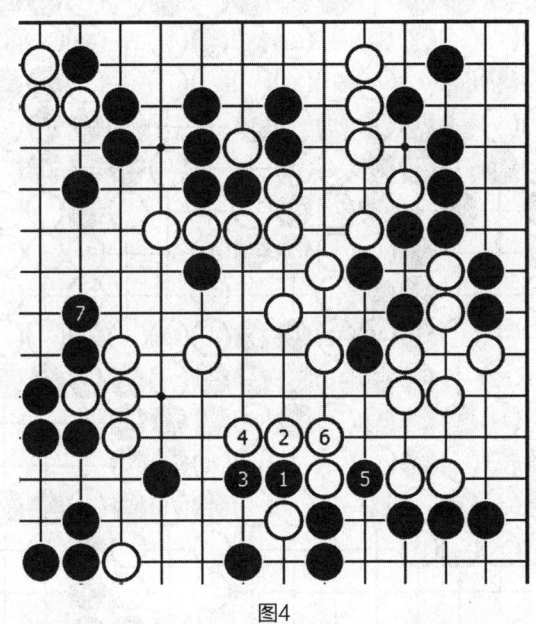
图4

白134虎，确定了胜势。黑133应该在C位断，如图4所示：黑1断寻求变化，白如2、4应对，黑5打吃后再走7位长，结果明显优于实战。

秀伯把左边实地的增加看得过重，从而导致了大局上的判断失误。

第三谱42－147（142－247）胜势不动

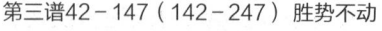

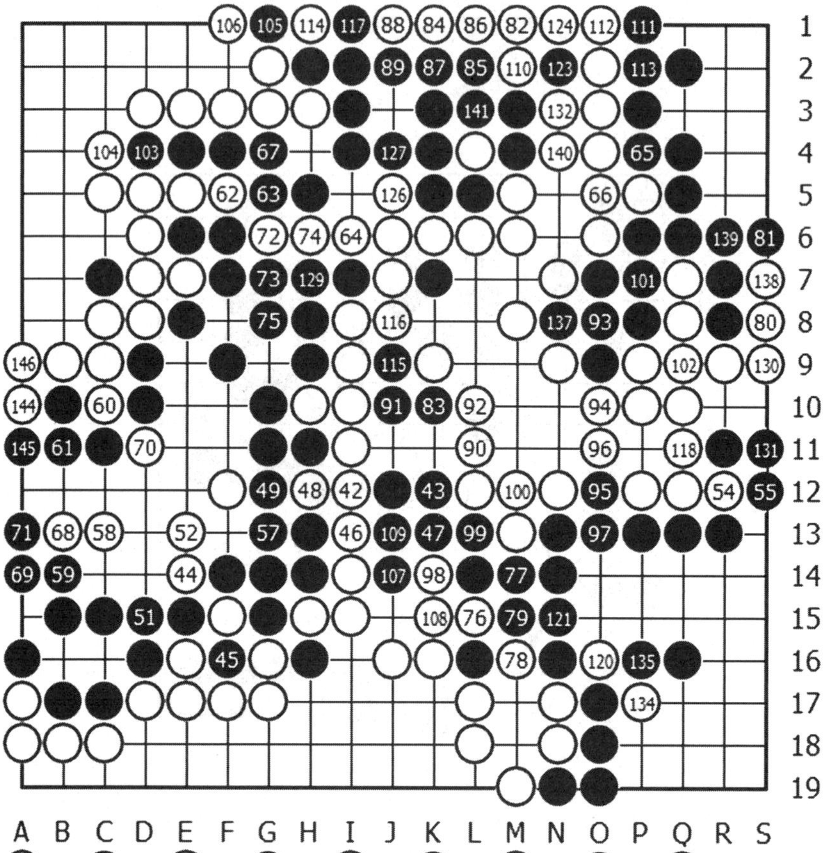

50 F15 53 F16 56 F15 119 G1 122 H1 125 G1 128 H1 133 G1 136 H1

142 G1 143 F16 147 F15

共247手　白胜3目

秀伯弈完8局，在第9局即将开战前夕突然吐血昏厥，一病卧床不起，不能再下棋了。当年11月的御城棋也没能参加，过着沉闷的日子。亲友安井春哲前来探望，只见秀伯苍白的脸上挂满泪珠，只是重复着一句话：“不能下争棋太遗憾了。”

病情在不断恶化，大家心里都明白，痊愈是没有指望了。“看到秀伯这样难受实在于心不忍，应该替他解除争棋的负担。”春哲想到这里，劝说因长和春硕，并向寺社奉行提出了"中途调停"的请求。主管随即宣布争棋无胜负，终止了赛事。秀伯遂册立小崎伯元为跡目，在亲友的温暖关怀中离开了人世。

---- 注 释 ----

【注①】落语：江户时代开始流行至今的一种传统语言艺术，与中国的传统单口相声相似。

第七章　实力悬殊的争棋

本因坊察元VS井上春硕因硕

一、命运转折点

　　棋圣道策门下的天才们相继夭折，从知伯起又连续三代家督过早地撒手人寰，本因坊家遭受着命运沉重的打击。从秀伯吐血来推断，肺结核的病根似乎已在本因坊家筑巢，夺去了他们年轻的生命。

　　《易》曰："否极泰来。"在暗无天日的本因坊家，终于出现了一位朝气蓬勃的活泼少年——1733年出生在武藏国（今崎玉县幸手市）的间宫察元。1754年春，伯元弥留之际，指定二十一岁的察元为其跡目，并在给其他三家的遗书中写道：

　　察元在棋份上与在下很早以前就是对子棋，请恩准他在同上手对弈时采用先相先制。

　　察元与老师下对子棋，证明他已具有六段实力。"本因坊家应该统治棋界，必将重整旗鼓。我决心成为名人棋所。" 察元身体强壮，性情很易激动，满怀雄心壮志。

　　当时的棋界，只有曾经同秀伯下过争棋的井上春硕一人位居七段，安井春哲和察元都是六段。林家的转入门入，正在春硕道场借居学习棋艺，虽说也是六段，但还不是对手。本因坊和安井两家关系亲密，井上携手林家，这种状态一直持续着。如何才能当上名人棋所呢？察元考虑再三，拟出了具体的行动计划。

　　"首先要晋升七段，与春硕并肩站在棋界第一线。然后静待春硕提出升八段的要求，自己也随之升八段。这样，准备工作就绪，将来只要在争棋赛中将春硕彻底打垮就行。"要想一下子就比别人高一段，这是办不到的。"首先升七段"是自然的想法，怎样才能得到其他人的认可呢?

二、纠纷

赢得比赛的胜利是最好的办法。如果能够把对手的棋份打降级，他们自然就得认可升段。问题是当时四大家之间还没有形成相互交流的风气，平时深居简出，只有在御城棋赛时才能交手对弈。况且每年一度的御城棋又经常临时换人，就算连续获胜，也需花十年时间才能实现既定的目标。

鉴于此种情形，察元发起"棋界互勉"行动，倡议共同举办棋艺研究会。这个提议，道出了棋界同仁的心声，谁也没有反对的理由。"行啊，我愿意。"大伙儿嘴上都这么答应着，具体行动的时候却不见任何动静。其实，早就有人觉察到察元想借机升七段，因畏惧他的棋力才只说不做的。果真举办研究会进行交流对局，就等于帮助他升段。

秀伯时期以来，安井家督春哲就与本因坊家保持着良好的关系。苦恼的察元请来春哲共商对策，却也无有妙计。春哲叹道："我知道你的棋力，要升段我没意见。但是，要让他们两家都不反对，这可不是件容易的事啊!"

察元改变了战术。宝历六年的某一天，察元去拜访井上家，林门入恰巧借居在此。察元径直来到春硕面前，抑制住强烈的自尊心恳请道：

"在下生来就体弱多病，看来也活不长久。就像您所知道的那样，我们本因坊家知伯、秀伯和伯元接连三代，三十年来都只是六段，至今还未出现过一位上手的棋士。在下的技艺虽还不成熟，您能否发发慈悲，看在我们祖辈以来的友谊上，恩准在下升为七段吧!"

说着便掉下眼泪来。面对如此谦卑的请求，春硕也不便冷言冷语当面拒绝，但丝毫没有同意的意思："真不凑巧，门入君出门去了。等他回来我们就商议此事，再给你答复吧。"

方才从大门走向春硕正室的途中，察元曾一晃眼看见了门入的身影。所谓"外出"只不过是一句托词而已。贸然行事只会把事情弄僵，先回家再说。这事就像石子掉进了无底洞，再无半点回音。这边等待着答复，那边期待着对手焦躁起来。半年之后，察元等得不耐烦，再次登门造访。"那件事情，请让我知道答案。"春硕没有回答，环顾左右而言他。

"你升了七段，门入君和我家跡目春达都还是六段，他们或许要说，希望跟你一起升段呢！"暗中提出了"三人一起"作为条件。察元闻言大怒，不由得露出本来面目，嗓门提高了八度："因为段位相同就得一起升段，没有这么愚蠢的言论！首先，我同门入先生至今共下六局，我就赢了五盘；至于春达先生，不知何故总是回避与我交手，他不是不想下棋吗？把我和这种人一视同仁，太令人迷惑不解了！"谈判破裂，察元拂袖而去。

数日后，察元第三次来到井上家，春硕没有露面。春达出来迎客，把察元引进自己的居室："实际上，察元先生，吾师春硕老早就是七段，很久以来一直希望晋升八段呢。您能否在升段时也承认吾师为八段呢？我想，那样就不会有麻烦了。"

"别开玩笑了！请不要再说这种和稀泥的话。"察元拒绝了。要求升段只是为了与春硕站在同一起跑线的手段，如让他同时升段，就会始终被对方领先一步，升七段将失去意义，计划就会落空。"倘若春硕老夫想升八段，在下任何时候都争棋奉陪到底。我升段也一样，请让他知道这一点。"察元态度强硬，谈判再次破裂了。

不知不觉之间，三年时光流逝了，问题仍然悬而未决。这段时间，察元刻苦钻研前辈高人棋谱，磨刀霍霍，等待着决战时刻的来临。

宝历七年（1757年）四月，察元第四次到井上家谈判，双方争论依旧十分激烈。"反对的话，争棋说话。"察元的最后通牒，足以让大家安静下来，实现了晋升七段的夙愿。

三、一定要争棋

《本因坊家旧记》记载着上述事情的经过，这本书当然是站在本因坊家的立场来写的，察元是好人，而把春硕一派写成恶人，这也自在情理之中，可以理解。说句公道话，真相到底如何不得而知。察元做得确实有些过分了，这种强势行为仍在继续。升到七段，与春硕并驾齐驱，察元完成了预期第一个目标。

七年后的明和元年（1764年），春硕提出晋升八段的要求，察元表示赞同，但要两人一起升。春硕摆出老资格，对同时升段表示异议，察元坚持己见寸步不让。这算是达成第二个目标，今后只需收场就行了。

明和三年（1766年），察元开始了夺取名人棋所的行动。这时，四大家的关系发生了微妙的变化。本因坊家和井上家的对立依然如故，老盟友安井春哲却暗中向井上家靠拢了。温厚的春哲大概对察元的强势作风感到厌恶了吧。说来也巧，这时林家却偏向了本因坊家。这是因为，井上家的干儿子——林家七世家督转入门入去世后，其跡目八世祐元门入是五世本因坊道知的学生井田道佑的大儿子。

祐元门入很敬畏察元的技量。察元找到祐元，要其作为共同申告人，向寺社奉行提出名人称号申请。祐元默许，并约定在察元提出名人棋所要求时予以配合。

"春硕必定是不会点头同意的。到那时，一定要跟他争棋决胜。"察元通过祐元转达了自己的想法，春硕答曰："时机尚早。刚升八段还没几天，等一阵子再说。"

察元事先料到会遭到拒绝，也就按既定方案提出了争棋要求。双方一言不合大打出手，最后还是得靠实力说话，春硕虽然极不情愿，也只得披甲应战。

寺社奉行长官久世大和守将两人唤至官舍，说明争棋的具体实施办法：以当年御城棋为第1局，比赛共下20盘。时春硕五十九岁，察元三十三岁。

本因坊察元VS井上春硕因硕

局次	对弈时间·地点	黑方	比赛结果
第1局	明和三年（1766年）十一月十七日于御城	井上春硕因硕	和棋
第2局	明和三年十一月二十七日于久世大和守宅	本因坊察元	黑胜8目
第3局	明和三年十二月六日－二十八日于土井大炊头宅	井上春硕因硕	白胜2目
第4局	明和四年一月十八日－二月七日于土岐美浓守宅	本因坊察元	黑胜13目
第5局	明和四年三月十一日于久世大和守宅	井上春硕因硕	白胜2目
第6局	明和四年三月二十七日于久世大和守宅	本因坊察元	黑胜11目

　　第1局按照御城棋比赛惯例，在协商的基础上弈成和棋。察元以全胜的战绩结束争棋，并在五连胜后提出棋份升级的要求。

　　"不，我只输了五盘棋。升级需要多赢六盘，这是从来的规矩。"

　　"没那回事！从前有一回当家的跡目小川道的连胜安井春知四盘就升了一级。如果连赢，只要四盘就够了。"

　　"那么，为什么你在四连胜的时候没有提出来呢？下了第五盘，是因为你知道要多赢六局才能升级的吧。"

　　"那好，咱就再下一盘！"

　　"这可不成！老夫身体欠佳，必须休养一段时间。"

　　察元看到春硕已无意再战，便向寺社奉行提出名人棋所的请求。棋力的差距已经很明显了，没有回绝的理由。幕府大臣与相关主管讨论了很久，顾及到棋坛长老春硕的颜面，加上察元的强势行为颇招人反感，结果只认可察元为名人，而棋所暂时不授。

　　围绕着这个决定，纷争仍持续了一段时间。胜负的世界就是力的较量。三年后的明和七年六月，寺社奉行最终发文任命察元为棋所。

四、棋局欣赏

（一）争棋第3局

黑方：井上春硕因硕　八段　明和三年十二月六日—二十八日于土井大炊头宅

白方：本因坊　察元　名人

第一谱1-73顺风满帆

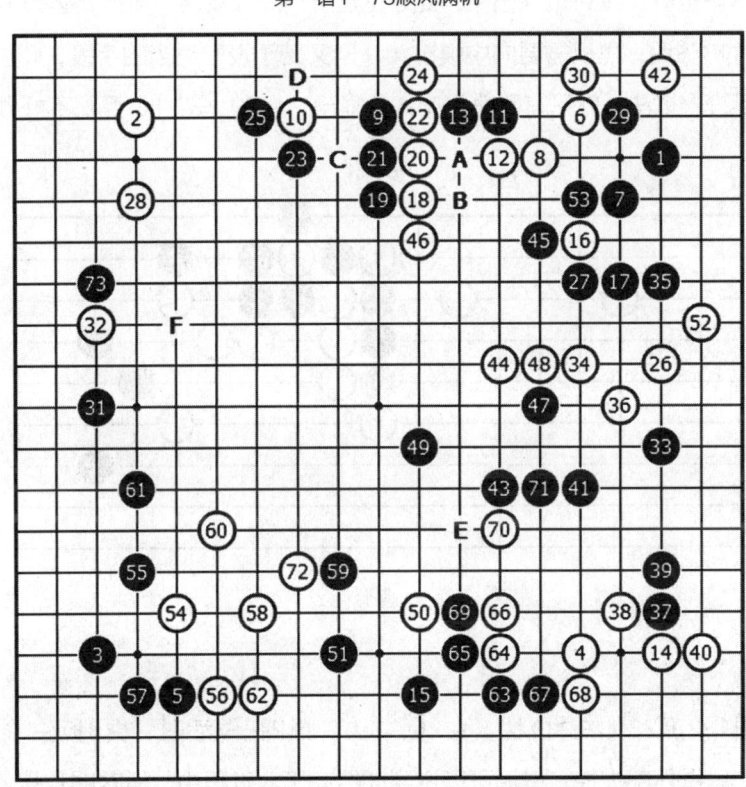

―――――――――― 简　评 ――――――――――

第1局是协议和棋，第2局察元执黑获胜。春硕本局执黑非常想赢，这个念头使他失去了平常心，布局伊始，行棋步调就有些混乱。

黑7尖时，白8的"互尖"有笨重之感，历史上曾长期广泛采用，最终发展成一种定式。现在这种下法已被摒弃了。

　　黑9、11夺白眼位，显示春硕好战的棋风。不过，白16的飞压基本上是先手，这块白棋并不是容易被攻击的对象。相反，黑棋被白10逼后显得更薄弱一些。

　　白18飞，平凡的妙手，黑棋的确有点不好应对了。刚才黑13的退，可能应该改在A位扳头，白B位扳、黑20位退，就不会陷入实战的窘境了。

　　黑15也应该在18位飞出头，此处正是所谓的"双飞"要点，必须争抢。

　　白18飞后，黑棋需要向中腹出头，但又苦于没有适当的手段，C位的尖出又不符合棋法，就只有硬着头皮19位靠出，白20、22冲，黑很不好办。

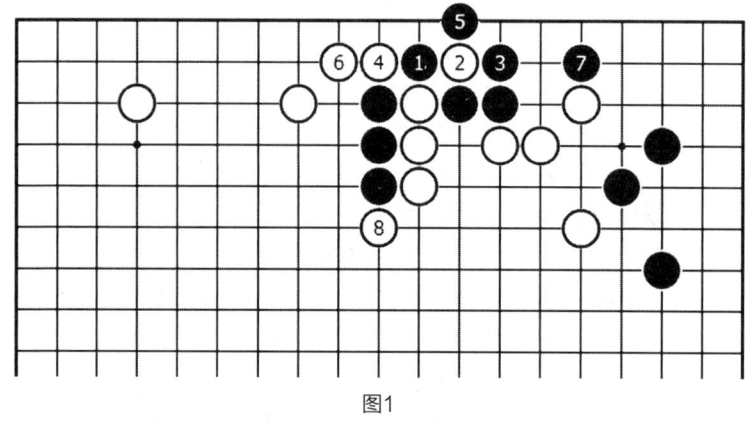

图1

　　图1：黑23如在1位挡，白2断右边。黑7托做活时，白8扳住"三子头"，黑棋外部失控，棋局可以说到此结束了。过程中，黑3如4位接，白3位吃去两子，黑不行。

　　黑23靠寻求转身实属无奈之举，让白24冲出，至黑25扳形成转换，白棋吃掉黑两子的形态完整，而黑阵却留下白D位立的余味，白棋便宜很多。

　　白26与黑27的交换实地又便宜不少，白上边很厚实，让黑27押出头也无关痛痒。白28一间高位缔角，强调D位立的狙击手段。

黑33打入右边白阵，上下忙得不亦乐乎。

白50镇、54占据"无忧角"侵消要点，一路顺风满帆。白56靠时，黑57单退，不想让白棋借劲。白58正形，62谨慎补强，察元感觉形势有利了。左下的模样是黑棋的希望所在，只要把这团白子处理好，胜利就在眼前了。

黑69冲时，白70靠是手筋。对此黑71接，实在是太难受了！理应在E位顽强地扳住对方的头，变化如图2所示。

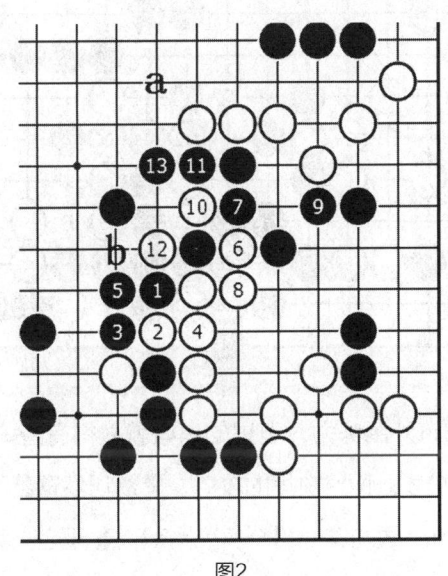

图2

图2：黑1扳挡住，白2、4挖接冲击黑棋薄味……白10断时，黑11、13冲出即可。白棋必须注意黑a位罩的反击，根本顾不上在b位收拾黑棋。

白72是察元罕见的多余之举，如改F位跳加强左上角阵营，全局优势明显。

黑73碰撞强烈，春硕抓住转瞬即逝的机会，施放出胜负手。

第二谱73-135胜负手成功

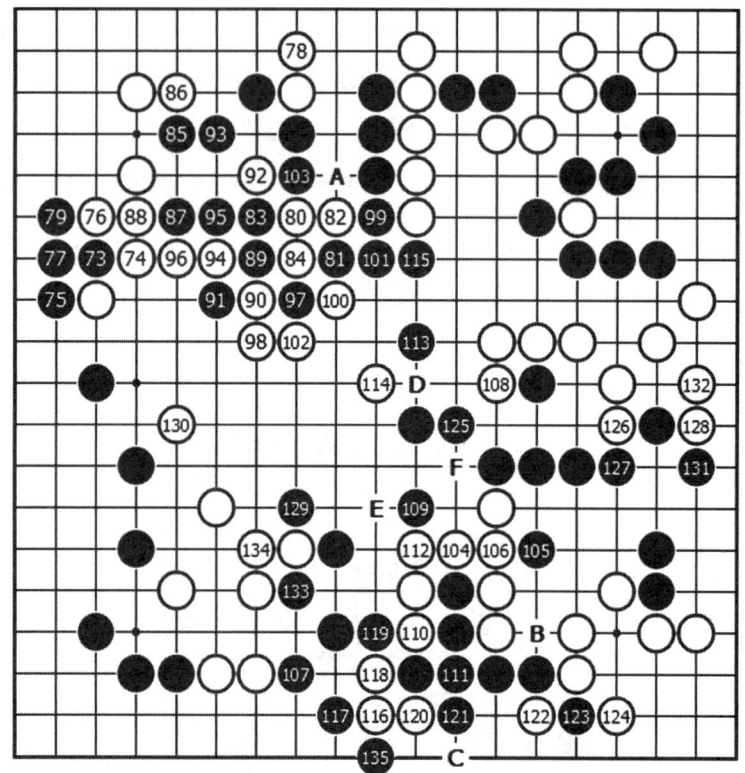

白74上扳，构筑外围势力，上边的黑棋就显得有些单薄了。白78立夺黑眼位，开始发起总攻。面对白棋的攻势，黑79居然置若罔闻，准备把左上角的白空先掏个精光，再与察元拼个鱼死网破，春硕这一手够狠的。

白80封锁出路时，黑81虚晃一枪，再83顶头，准备杀出一条血路。察元似乎被老英雄的气魄镇住了。白84退避，缓手！应在89位强硬扳头，变化如图3所示。

图3：白1扳，黑2至6断的话，白7以下吃掉上边，白角不用担心。

图4：白1扳时，黑如2位刺，白3抱吃，充分可战。

实战白84松了一口气，黑85、87连刺，找到了治孤的头绪。

白90扳，以下大致必然。白102虽提一子，黑101出头103断，因A位的打吃在做眼的时候是先手，大龙基本无虞，黑棋取得了局部战役的成功。

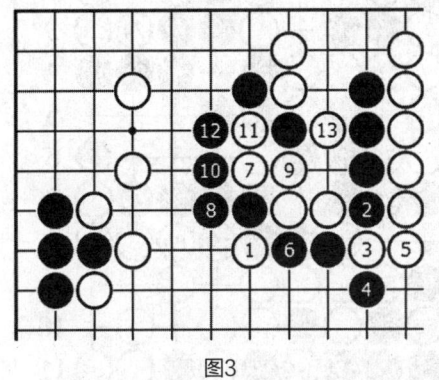

图3

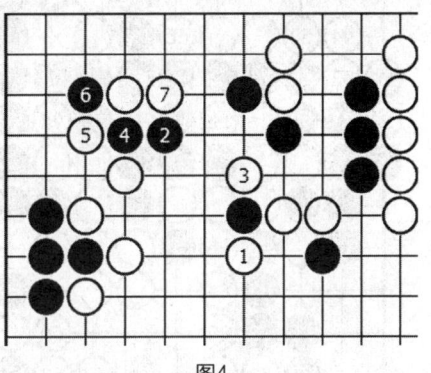

图4

综合来看，黑棋的序盘十分平淡乏味，白棋依然领先。

白104挡，重开中路战火，冲击黑棋薄弱环节。

白116透点定形巧妙。黑123断是教科书里常有的手法，与白124交换后脱先，将来白B位紧气时，黑C位立对杀取胜。不过——

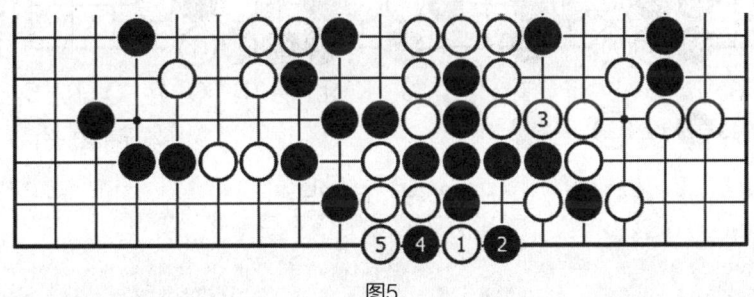

图5

图5：白棋有1位扳后做劫的手段，黑棋此处还欠着一手棋。

黑125如D位接，白E位扳出瞄着F位的切断成先手。

白126冲、128夹，轻松做活右边大龙。

黑135补棋，解消了图5白棋做劫的手段。不过，单吃白棋三子并未成活，这就是白116以下定形的巧妙之处。

第三谱36－159（136－259）微弱优势

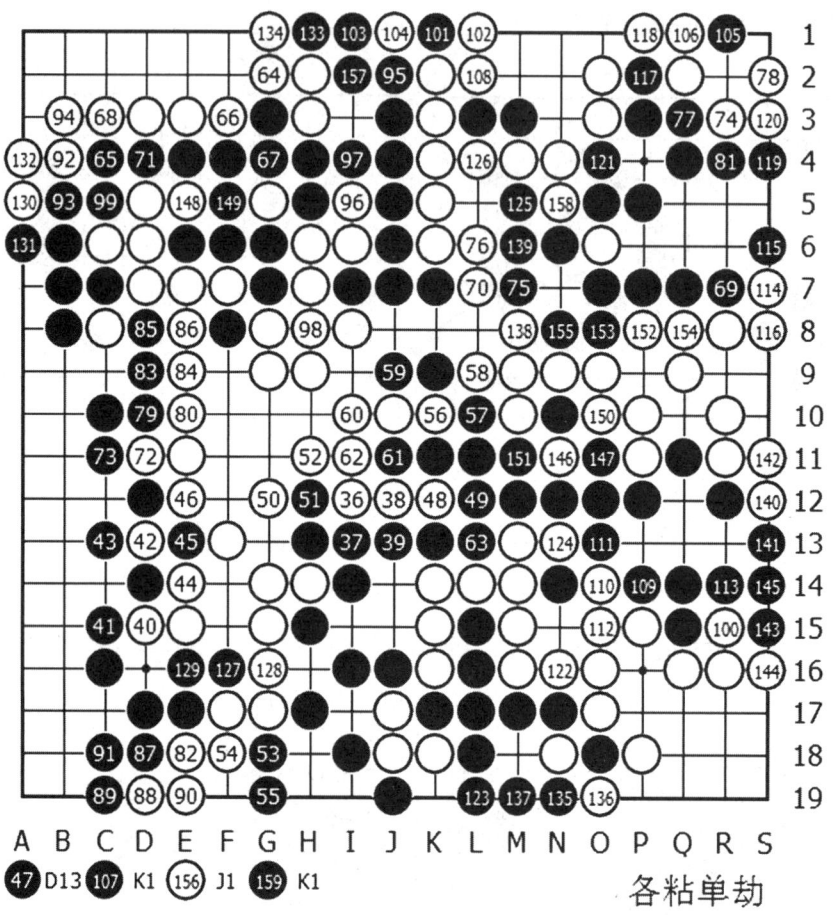

共259手　白胜2目

白棋凭借厚势的余威，50位虎后在中腹围得几目棋。

白64渡过，双方实地差距不大，但白棋的优势已无法动摇。

争棋开始前，察元曾书面向寺社奉行咨询对局的方式是按宽文还是元文模式。所谓宽文模式是指"算知同道悦的争棋"，那时要一直把棋下完才准许离场；元文是指"春硕同秀伯的争棋"，只要到预定休息时间就暂停，第二天再接着下。

考虑到春硕年纪比较大，身体状况不如年轻人，主管决定采用元文模式。

本局的对局记录写道：

明和三年十二月六日，在土井大炊头官舍拉开战幕，八、九日连续对局，由于因硕（春硕）患病中途暂停；十八、十九、二十、二十七、二十八日续弈，共耗时八天。

棋局进展缓慢，有时一天只下几步棋。

（二）争棋第4局

黑方：本因坊　察元　名人　明和四年一月十八日—二月七日于土岐美浓守宅

白方：井上春硕因硕　八段

第一谱1—75　一方空不赢棋

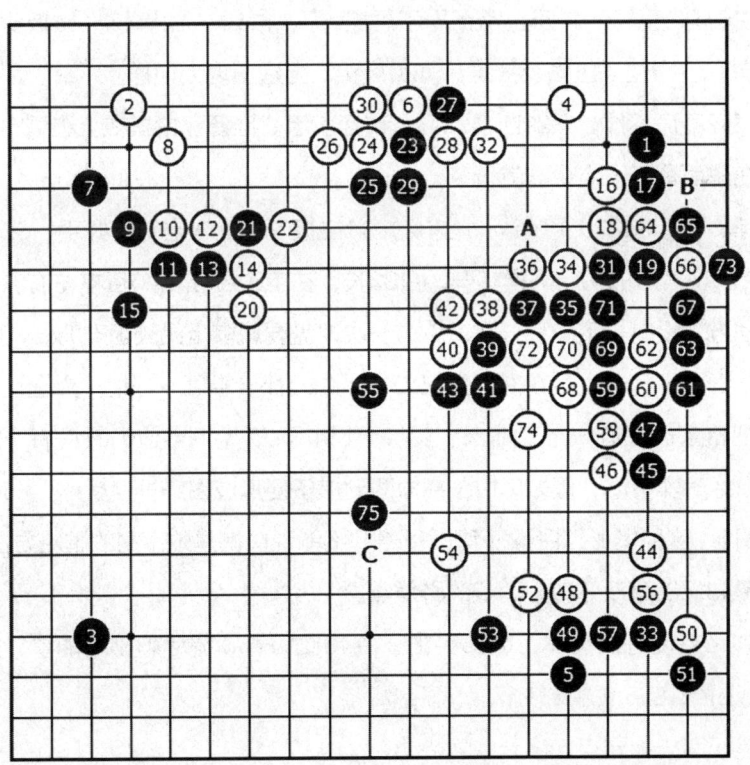

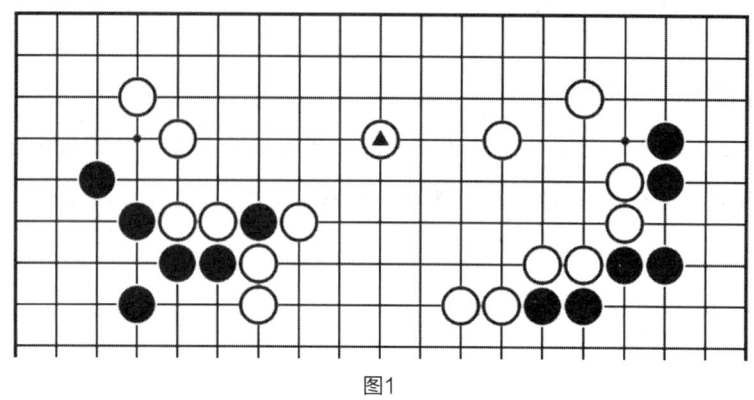

图1

简 评

前面春硕连败两盘，在布局作战上费尽心思，准备放手一搏。

白6开始已经不属于正常布局了。黑9尖，白10、12靠长，14扳头，继而转向右边16位飞压先手张势，再20挺头，上边出现大模样。

察元不慌不忙。黑21断、23靠，试探应手。准备让白棋在上边围空，只要能在里面留下一点余味就行。

黑31压，白32无可奈何。白32如34位扳，黑有A位刺的好手，32位的征吃和A位右边的切断必得其一。白32长，在上边围住了40目棋左右，棋盘别的地方却没有投下一兵一卒，单靠一块地盘要赢棋是比较困难的。

年纪大了脾气也会变得倔强起来吗？白34扳，春硕一味地扩大上边，固执地把希望放在这一方宝地上。实战至黑43，棋盘下半边仍然没有一颗白子。白地确实不小，假如黑白各拿掉四颗棋子便形成图1的形状。

图1：这种棋形，白▲子可以省略，不能说白棋是效率高的围空方法。

黑43拐头是双方势力消长的必争点。

白44空投进入黑阵，黑45夹击，白46靠，春硕竭尽腾挪之能事。如在今天，白44在56位靠比较多。

黑55跳先抢要点，察元以静待动。

春硕下得也很精彩。白60切断，64、66冲断都是手筋，一边占便宜一边整形。正在感觉不错的时候，白70、72的切断有点用力过猛了。黑73顺势提掉白66之子后，白棋失去了B位断的借用，实地受损不少，也把本身的气撞紧了。

白70应直接在C位跳，广阔天地才可能有所作为！春硕是位大力士，不把对方的棋子切断似乎找不到感觉。因之产生了气紧的问题，察元将严厉地加以问责。

第二谱76－119精彩纷呈

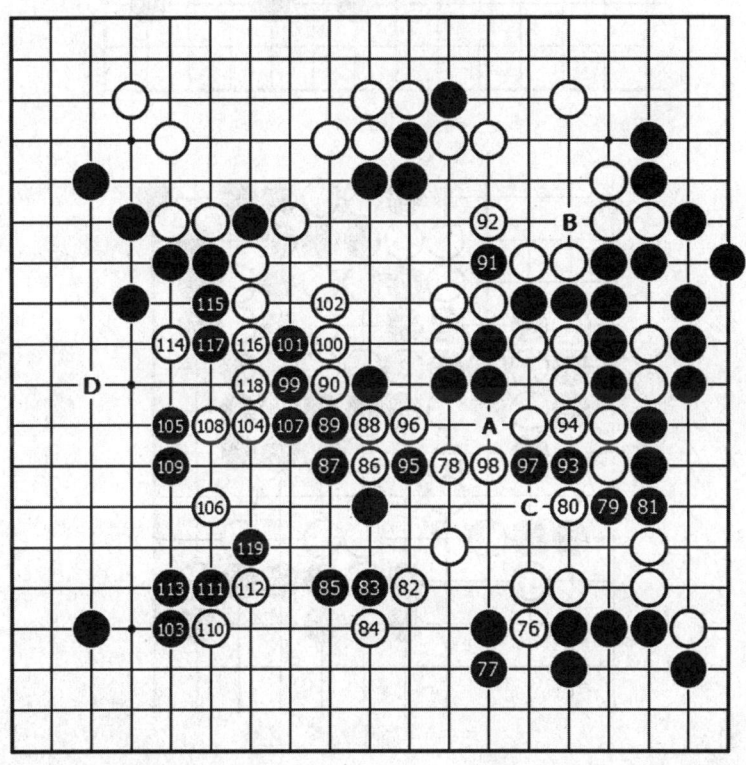

黑79扳出是冲击白棋气紧弱点的第一招。白80如81位断，黑A位冲，白形崩溃。黑81接后，全体白棋极其薄弱。不过——

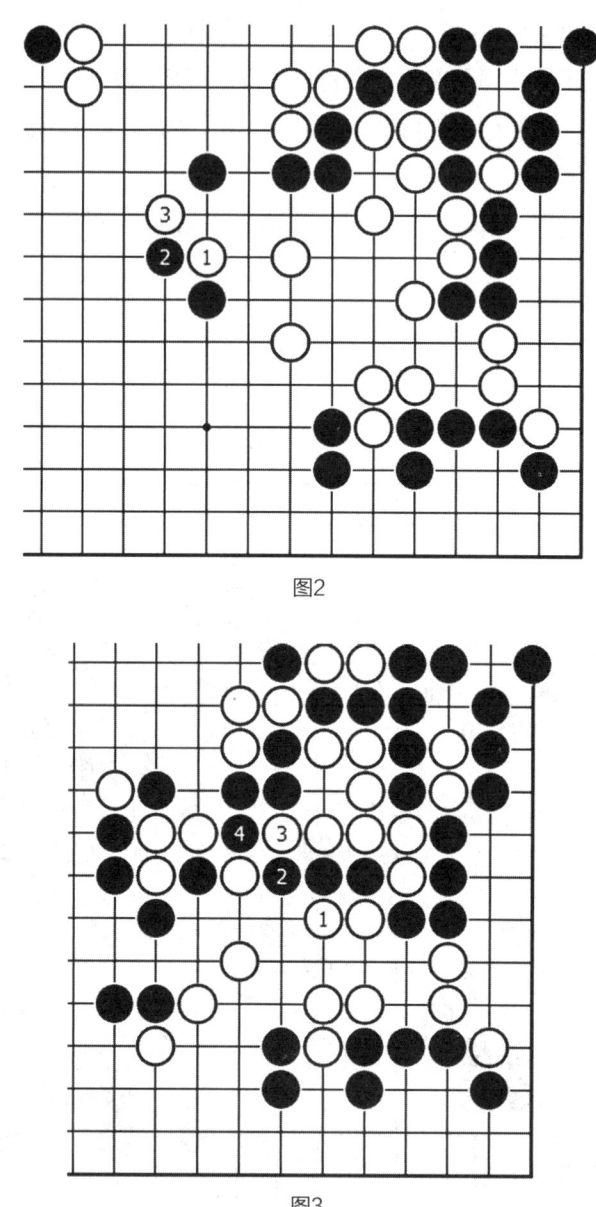

图2

图3

图2：白82有本图1位靠、3位连扳的强烈反击手段，前途尚难预料。

实战白88、90强硬地顶断黑棋，稍有俗手之感。白88还是应该在89位连扳求变吧。

黑91断时机好，迫使白92应，留下B位断的余味；黑93以下的次序非常精妙。黑95打、97长，犹如暗道机关一般设计巧妙。白98痛苦万分，很想在C位吃，变化如图3。

图3：白1打时，黑2长、4挤双叫吃，白崩溃。

黑103从容缔角，优势明显。

白104以下显得有些急躁，结果毫无所得。虽然处于劣势，白104还是应该在D位打入，耐心等待逆转的机会。

实战进行至黑119，大局已定。

第三谱 19-101（119-201）铁腕察元

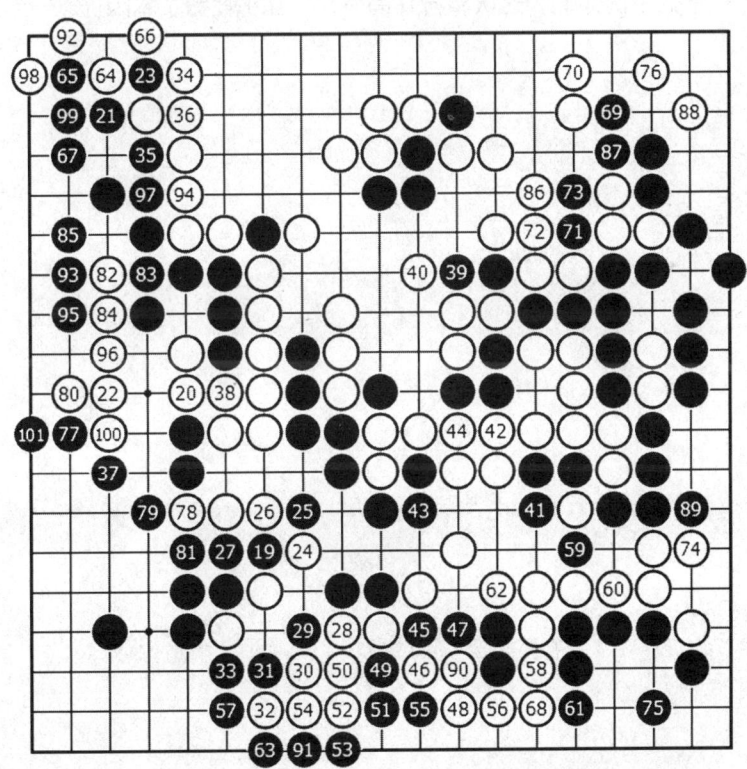

共201手（以下略）黑胜13目

这盘棋从1月18日起连弈三天，中途休息后又于2月6、7日连战两日，共耗时五天。如果不是争棋决斗，春硕大概早就想中盘认输了。不过，从前的对局很少中盘投降，即便是输很多，也要一本正经把棋下完。

虽然与胜负无关，下边的变化却很有意思。白48以下丢弃尾巴从下边绕一圈之后与中央大部队会师，弈得尽善尽美，显示出春硕强大的战力，总算保住了一点面子。

本因坊家从四世道策开始，立有新任掌门人必须去京都寂光寺参拜祖师算砂墓的家规。察元战胜宿敌春硕成为名人，三年后又被任命为棋所，光宗耀祖，京都参拜之旅声势浩大。察元乘着竹席轿子，打着家康赐给算砂代代相传的红伞，随行的弟子身着华丽服饰，整个队伍一点不比大名出游逊色，惊艳了过路的小伙伴们。这次旅行开销很大，几乎耗费了本因坊家一半的财产。

第八章 乡下赌王的挑战

本因坊丈和VS四宫米藏

一、化政棋坛三英

化政时期（1804—1831年）活跃在日本棋坛的棋士较前代有所增加，其中特别有名的是安井仙知、本因坊元丈和安井知得三人。井上家十一世幻庵因硕和林家十一世元美登台卷入名人棋所的纷争之前，棋界还算平静。

（一）安井仙知于明和元年（1764年）出生在武藏国，作为六世仙哲的养子寄居安井家。仙知以其强硬华丽的棋风为后人所知晓，木谷实九段最喜爱他的风格，其力量可想而知。仙知弈棋，把兵力集中在中腹，重势轻地，使人联想起昭和初期的"新布局"时代。本因坊秀和评论道："若言棋艺之华美，无人能出七世仙知其右。"这话的确不假。

（二）本因坊元丈于安永四年（1775年）降生在江户一位武士家庭。

（三）安井知得比元丈小一岁，是伊豆三岛渔夫的儿子。两人由跡目成长为掌门人，一生共对弈77盘，其中元丈胜33盘，知得胜38盘，另有4盘弈和2盘没有下完。知得虽然多赢了5盘，因棋份多数情况执黑棋，可以说两人完全在伯仲之间。本因坊丈和详细研究了其中的30盘棋之后叹曰："双方没有一步棋走得有问题，其中七盘完全是名人之佳作。"读者诸君应该知道，他们两人是化政棋坛水平最高、最主要的竞争对手。

元丈与知得纹枰上尽力相战，棋盘外却是惺惺相惜的挚友，因之他们所弈之棋不是"江湖恩怨"的素材。武士与渔夫——出身门第截然不同，反而使他俩很投缘。同样具有名人的资质，但谁也没有要当棋所的野心。

他们认为，名人棋所，应当由德艺双馨的高士来担任。为了个人利益引起争棋纠纷不符合士人之美德，只会玷污名人棋所的清誉。

　　名人不是虚构出来的，而是当某人具备这种资格，并通过大家的推荐而自然地产生。这是他们共同的理念。如果出生年代各异，他俩无疑都会得到名人地位。假如有人说，既生瑜何生亮，结果谁都没有成为名人，一定很遗憾。九泉之下的元丈和知得闻言，定然大笑作答曰："此言差矣！正是生在同一时代，我们才能弈出那么多高质量的棋！"

二、怪杰进京

　　文政三年（1820年）深秋，两个男人从远方来拜访本因坊家，要求与家督元丈见面。一位是衣襟褴褛的武士，另一人是身穿羽织正装的市民，看上去就像是从别人那里借来的，显得很不合体，其貌不扬。武士走进房间，郑重其事地自报家门，指着同伴介绍道："这位名叫米藏，家住四国的淡路岛上。别看他是外家【注①】，棋却很不错，藩主阿波守听说后，出巡时要带上他作个伴，想请本因坊先生鉴定一下他到底水平如何，未审可否？"

　　淡路的米藏之名，远在江户也有所耳闻。他和尾张的德藏一样，都是乡下棋界赌博的高手，江湖人称"吃臭棋日本第一"。米藏的棋完全靠自学，可以同职业五段拼个高下，如今对博彩棋感到厌倦，要来同真资格的棋士较量一番了。名义上是检验水平，实则是向职业高手下战书来了。

　　这件事情有点麻烦。赢了，也不会为本因坊家增添半点光彩，万一输掉的话，大家会说竟然输给乡下业余棋手，成为笑柄。元丈很想拒绝，转念一想这是一藩之主的要求，不便这样做。

　　"可以。对局的日期我会通知你们。"

　　两人回去之后，元丈脑海里浮现出众弟子面孔，让谁来啃这块骨头呢？

　　关山仙太夫【注②】认为米藏的棋算路非常出色，从来不按正统棋法出牌，自成一派，是一位难得的强五段弈者。坊门棋手外山算节则毫不留情地评论说，米藏的棋根本就不叫围棋！

　　元丈大概也听说过这些风言风语。米藏的棋被人说成是不懂棋道，闭门造车造出来的,居然还有五段实力。像他这种水平的人应该让两子,只不过,半瓶子醋的棋力是很难将其制服的。

"跡目丈和最稳妥呀!其他人很不令人放心。"元丈心里打定了主意。

本因坊丈和于天明七年(1787年)出生在伊豆,本姓户谷,后改姓葛野。当时元丈的跡目智策比丈和年长一岁,可惜在二十七岁时便早早逝去了。

1819年,元丈立三十二岁的丈和六段为跡目,大家都公认其实力已在八段之上,钢腕般的力量令人谈之色变。

果不出元丈所料,丈和极力将米藏制服了。如果米藏就此收场的话,结果仅只是一场测验棋而已。不料此时米藏提出想要得到三段免状,"从你同丈和下的这盘棋来看,现在还达不到三段水平。"元丈拒绝了这个要求。

就这样,彼此结下了江湖恩怨。米藏曾对阿波守夸下海口,说是此番去江户,一定漂亮地赢几个高手回来,结果竟然连三段都没被认可,颜面尽失。

米藏心有不甘,回家后恳请藩主,希望同丈和再多下几盘。本因坊家也毫不含糊,丈和爽快地接受挑战,与米藏又大战了十个回合。共弈11局,丈和六胜,米藏四胜一和。曾经傲气十足的赌王对丈和的棋艺心悦诚服,要求从师学艺,得到许可后授与三段免状。

知天命之年的米藏,面对巅峰状态的丈和,纹枰之上杀得难解难分。米藏自学能够达到如此的高度,的确十分了不起。

 注 释

【注①】这里的"外家",特指四大家之外的棋家,被视为非主流的业余棋手。

【注②】关山仙太夫1784年出生于信浓国松代(今长野市),本因坊烈元门下,棋力达五段格(一说七段格),江湖人称业余棋界第一人。身为藩士(武士),曾是信浓国松代第八代藩主真田幸贯的家臣。晚年与本因坊秀策的二十番棋十分有名。

三、棋局欣赏

二子：四宫 米藏　　　　　　　文政三年十一月二十八日弈于本因坊宅
白方：本因坊丈和（跡目）六段

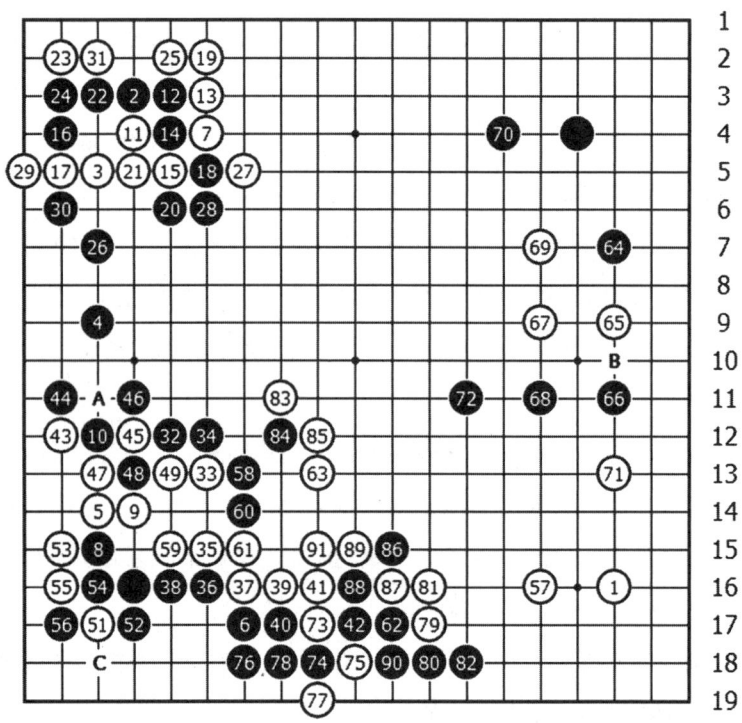

第一谱 1 – 91 不懂定式？

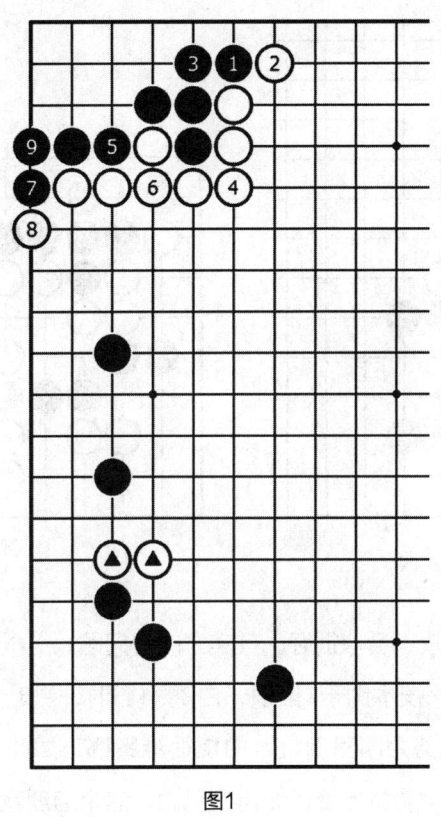

图1

简 评

白7的大斜在彼时已经出现了，后来非常流行。米藏脱先，黑8、10转战左下角，采取进攻的态度。白11至17时，按定式黑18当如图1所示。

图1：黑1、3扳接，结果白棋外势强大，白△两子不但不会被攻，其存在反而对黑棋的拆二构成了威胁。

实战黑18切断，慷慨地把角弃掉了。米藏是不懂定式，还是对杀误算抑或是预定的行动呢？角上白棋是收气吃，只要外面的紧气是先手，黑棋的作战设想还是成立的。

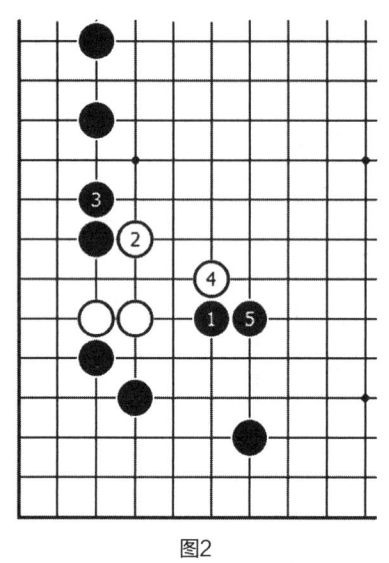
图2

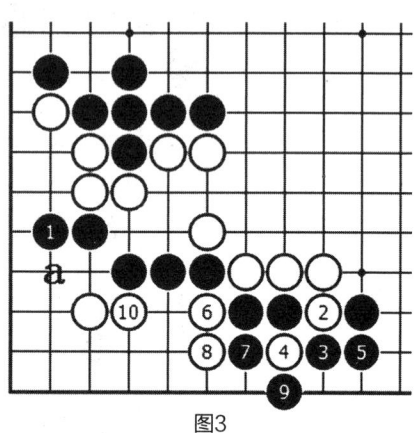
图3

黑32跳发起进攻，看似很好，其实方向有问题。

图2：黑32应该按本图于1位镇，白2、4靠时，黑3、5顺势退即可。把白棋往自己左上的势力圈里面赶，白棋很难腾挪，如此才能发挥厚势的作用。在攻击的过程中黑棋各处自然得到巩固。这个道理我们都知道，下起棋来就容易忘记，正所谓"当局者迷"。

白37挤，丈和的力量渐渐显露出来了。

黑42忙着跳出头，稍微急躁了些，应该在73位再多爬一手，白88位长的话黑再62位跳出，这样就没有后来白51位点三三的讨厌手段了。

白43托45挖是整形的常用手筋，白51点角冲击黑棋形弱点。黑52只得让步，否则如图3：黑1位立（或a位尖），白2冲至10黑棋危险。这都是黑42在边上少爬了一路惹的祸。

回想起来，白43托时，黑棋应该冷静地在A位退，不给白棋借劲比较好。

黑64大飞守角，也可考虑在B位拆。

白75断、79顶靠定形。途中，黑76如在90位抱吃，白C位长吃掉黑角。

黑82二路长的下法有点"业余",应该在90位实接(或脱先他投),否则今后的手段就没有迫力。

白83应90位断一手再放着,使黑棋在这里无法动弹。丈和忽略了这手交换,黑86位跳出后,白棋形出现了缺陷。米藏的确细心周到。

第二谱92－141业余棋手

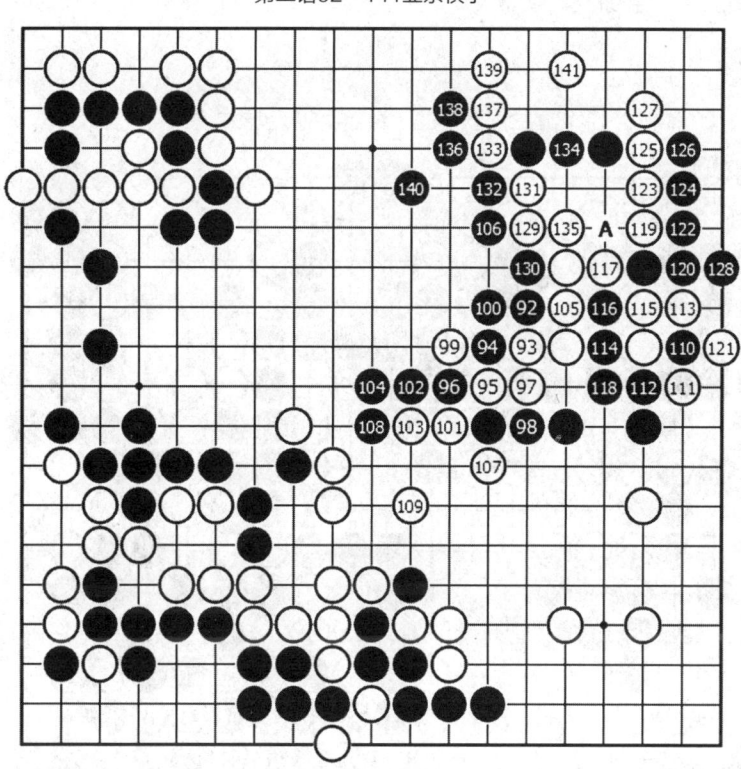

目前全局平稳,双方还没有发生大规模战役,只要右边大家相安无事,眼看就要进入大官子阶段。就在此时,局势发生了急剧变化。黑92刺,本想先手利用一下,结果遭到丈和猛烈的反击。黑92改在96位尖,走畅右边孤子才是明智的选择。白93冲抓住战机,两位纹枰大力士就此展开短兵相接的激烈较量。

白107扳,引诱黑110来二路托。尤其当敌军在五路线上有联排棋子作接应，这种托靠不大行得通，黑棋却也没有其他更好的腾挪办法了。黑128应该先在129位双，瞄着A位的断是先手，然后再128位立吃白棋三子。

白129尖顶是急所，米藏只好拼命地在130位顶住，棋形走坏了。白133切断后，黑只得放弃右上角。黑棋在右边虽有所得，失去的却更多，而且白99位之子留下各种余味，尤其是跟丈和下棋，让人看着就心里发怵。白141吃掉三子，几乎把局势扳平了。

第三谱42-166（142-266）丈和风格

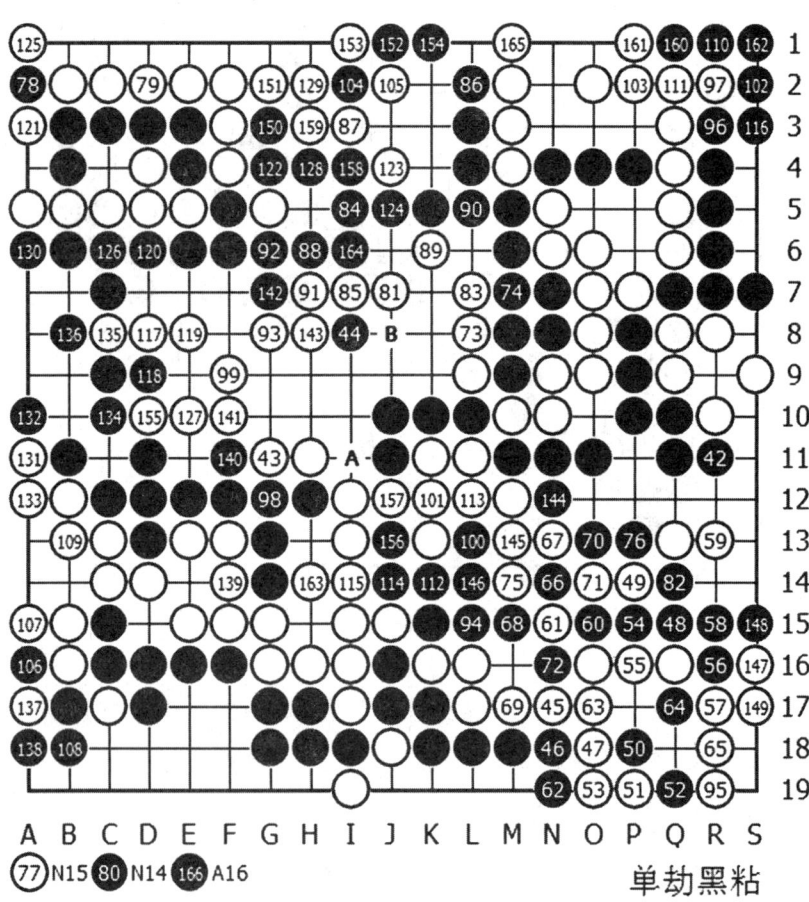

单劫黑粘

共266手　白胜9目

黑42拐头逆收实利很大，白43却是价值更大的好点。黑42应120位逼白收气，然后再A位切断中央白一子，白88位尖出时，黑91位靠，围住中空尚可一战。

　黑44斜飞味道不好，在B位跳才是正着。这个微小失误，最终导致了败局。

　黑48侵入右下白阵，进入本局第二个高潮。仙太夫誉为"算路出色"的米藏开动脑筋要做点事情，丈和也以最强手应对，毫不松懈。黑54如在64位尖顶，以下白55、黑56、白65可杀点黑棋。白67是关键的胜招，体现了丈和棋艺的真髓。如随手在71位断，变化如图4。

　图4：白1位断，可以吃掉黑五子。黑2打、4冲，先手吃去白三子，还能抢到8位连回三子，白要是a位连回中腹两子的话，整块大棋会遭到收刮。

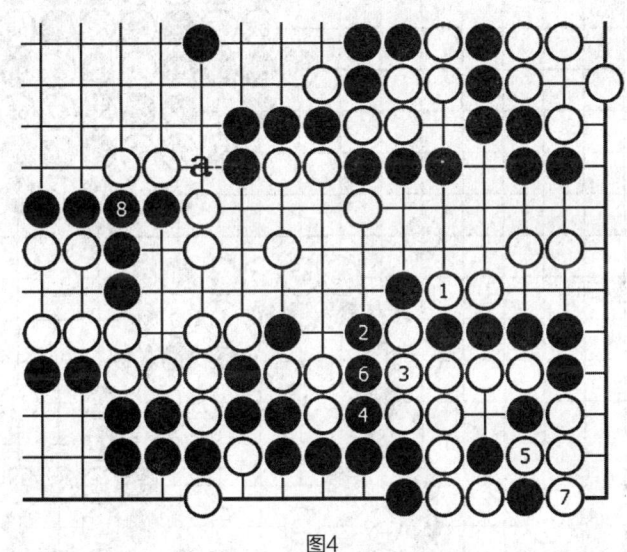

图4

　白69救回三子，75决心以劫争定胜败。白73先打一下把黑棋走重，增大劫材的价值。

　白81寻劫时，黑82解消劫争。黑棋在左上角还有几个劫材，但白81一带会产生更多的劫材,黑44的不当暴露出来了。黑88仓皇逃命,白棋顺势91、93鲸吞中腹黑五子,黑模样瞬间变成了白棋20目实地,白胜势确立,丈和终于松了一口气。

参考谱

二子:四宫 米藏

白方:本因坊丈和 六段

总谱(1-125)力挽狂澜的经典之战

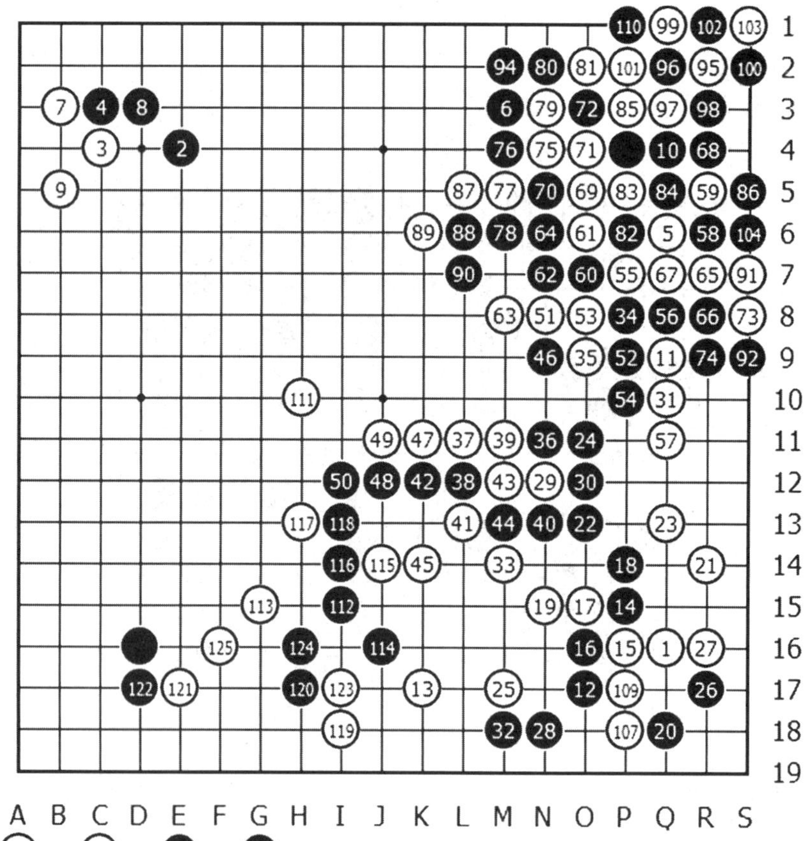

93 P6 105 O3 106 R1 108 Q2

米藏后来回忆道:"我曾自负地认为,天下无人能让我两子,丈和先生却大出我的意料。在这11盘棋中的第7局(上图参考谱所示),双方在右上角展开你死我活的对杀后出现劫争,第110手解消劫争吃掉21颗白子,我以为这盘棋必胜无疑了。当白棋投下第125这步棋,全局形势顿时混乱,最后弈和了。"

狂妄的米藏对丈和心悦诚服。

丈和也回忆说:"在我一生中,同米藏对弈的文政年间是我棋艺炉火纯青的时期。该赢的棋肯定赢,就连非常危险的形势,我也能再三反败为胜。"

丈和所说的"危险形势",大概就是指令米藏惊叹不已的第7局,这盘棋是丈和扭转败局的经典之战。棋谱只有一部分,还是希望各位看官在棋盘上摆一摆,亲身感受一下什么叫铁腕,怎样的功力才算纹枰大力士。

濑越宪作名誉九段曾说:"我建议各位围棋粉丝,学习棋艺就要多打秀策的棋谱,丈和虽然也是名人,但不便荐之。"的确,崇拜丈和的棋就去盲目模仿的话,会输得很惨。米藏同这么可怕的对手交战,赢得了四场胜利,真了不起!

第九章 天宝内讧吐血之局

本因坊丈和VS赤星因澈

一、天宝内讧

天宝内讧事件给围棋历史留下了不光彩的记录。叙述事件之前，先把有关的出场人物情况介绍一下。段位和年龄都是文政十年（1827年）时的状况。

丈和派：

本因坊丈和（八段·四十一岁）

林元美（七段·五十岁，本因坊烈元门下）

因硕派：

井上幻庵因硕（七段·三十岁）

服部因淑（七段·六十七岁，幻庵的养父）

中立派：

安井知得仙知（八段·五十二岁）

（一）主要人物

1. 本因坊丈和

丈和二十岁时，自我感觉棋力大有长进，加之入段以来也有四年光景，便向师父元丈提出晋升二段的请求。元丈戏之曰：你若是赢得了出羽国（今山形县）的长坂猪之助，我就给你三段免状。长坂乃安井门下高足，两人商定棋份为丈和的定先下二十番棋，结果丈和在第12局时8胜4负把棋份升为先相先，证明棋力大涨，令同门刮目相看。

彼时，师兄奥贯智策已是坊门迹目，年纪只比丈和大一岁，棋力却甚是高强。此人在世，丈和哪还会有出头之日。也合该丈和走运，智策突然病死,同门师兄弟中就再无一人能与其争锋,出头之日来了。丈和为人颇有野心,一当上坊门迹目,便开始动棋所的脑筋。

正当丈和描绘未来宏大蓝图之时,世间突然冒出了一个大对头——十一世井上幻庵因硕。

2. 井上幻庵因硕

幻庵因硕生于宽政十年(1798年),原名桥本因彻,比丈和小十一岁。六岁投在井上家的服部因淑门下,学棋用心进步神速,深得师父欢心。因淑常夸赞道:"此子前途无量,日后必成大名家。"幻庵十三岁时收为养子,改名服部立彻。

文政七年,井上因砂退隐,幻庵继任井上家掌门人,并在御城棋赛上执黑战胜了本因坊元丈,声名鹊起。幻庵天性豪迈,胸怀大志,不但棋下得好,还喜欢研究《孙子兵法》,颇懂一些韬略权谋。元丈、知得都是八段准名人,坊门迹目丈和也有七段实力,他却都不放在眼里。文政十年(1337年),幻庵刚与林元美同升七段,便对棋所宝座虎视眈眈,终于引发文政棋坛一场轩然大波。

幻庵自知要想称霸棋坛,就先要有八段准名人的资格,才好与丈和平起平坐,为下一步行动铺平道路。自己刚升七段,马上又想升八段,其他三家必有异议。便与养父因淑密谋对策,自己藏身幕后,由因淑出面与各方交涉,暗中行事。

3. 林元美

林元美1778年生于水户藩(今茨城县水户市),本名船桥源治。九岁跟随附近寺院的和尚学棋,不多时,方圆百十里竟无一人是其对手。十一岁随父亲转职来到江户,拜访本因坊烈元,烈元看过元美的棋后赞之为"棋园之凤雏",因拜师入坊门深造。十二岁入段,人称"水户小僧",聪明伶俐,着实令人喜爱。烈元去世后,元美自然就成了元丈的弟子。

(二)导火索

知得仙知年事已高,又没有当名人的想法,丈和便是第一候选人。故事就从名人二号候选人幻庵因硕想升八段讲起。

文政十年十一月，因淑拜访本因坊家，向丈和进言道："吾年老矣，不中用了。丈和先生正当壮年又是八段，将来名人棋所非君莫属。不过，您的名人问题一旦提出来，就算林家的元美先生出师贵门当然赞成，但安井家仙知先生一贯坚持理想主义原则，肯定是反对的。不知足下可有妥善对策否？"

丈和忙道："未见及此，愿闻其详。"因淑道："本门自六世春达以来，家督鲜有过七段者，今义子因硕艺尚不劣，本不该再有奢望。但为足下计，斗胆请足下承诺因硕升八段，以因硕制仙知，让其无法提出反对意见，足下则可兵不刃血，坐取荆州也！不知意下如何？"

丈和怎会轻易落入圈套，含糊其辞道："是吗？可以吧。"丈和想先静观因硕派的动向，了解仙知的打算。

文政十一年二月，因淑又去拜访仙知，请求同意因硕升段。

"那可不行！因硕君刚升到七段，这之后还没有下过一盘棋。他还年轻，我想看他下个十来盘棋，根据表现再考虑。"

因淑早就等着这句话，随即从怀里掏出一张状纸。

"那么，就请在这里签字吧。我想您总是会反对的，所以准备了您与因硕争棋的申请书，择日呈交寺社奉行。"仙知闻言变色道："谁叫你们写的申请！如要争棋理应由我提出来，请拿回去吧。"会面不欢而散，因淑径直来到本因坊家。

"仙知先生不同意，现在要他与因硕进行争棋比赛。那么，丈和先生对因硕的升段没有异议吧。虽曾得到过一次许诺，但我还想进一步确认一下。"

这回轮到丈和作戏了。现在已弄清仙知与因硕有矛盾，对因硕来讲，仙知成为对头是极为不妙的。元丈、仙知德高望重，两位前辈无意棋所，应避免与其发生正面冲突，袖手旁观仙知与因硕两虎相斗方才是上策。

"您说要确认一下，可别这么着急啊。我想这应该是几年以后的事情吧……"丈和先把因淑搪塞回去，随即请林元美来商议。元美建议道："首先要搞清楚因硕的真实意图。我有一个好友在井上家做事，把这家伙收买过来，让他去试探一下因硕真实的想法。"

不久探子回报称，因硕与仙知争棋，首先是为了锻炼棋艺，考虑到高龄的仙知也许会在紧张的比赛中驾鹤西游，那时再把矛头指向丈和，一鼓作气夺取名人棋所。

因硕的意图在于名人棋所，事不宜迟！丈和要赶在他们争棋之前，向仙知正式提出应允自己升格为名人的请求。元美表示全力协助丈和，两人遂达成了密约："事成之后，承诺元美晋升为八段。"

井上家因硕这边提出要赛争棋，本因坊丈和那边又要他认可名人……善良的仙知心里很不是滋味。他把弈道至上作为自己的信条，认为名人不是虚构出来的，而是人品和棋艺均出类拔萃，经过推荐自然产生。《坐隐谈丛》记述道："迅雷不及掩耳，事情发生得太快，仙知真想把自己变成聋子。"

因硕知道仙知左右为难，便找机会游说仙知道："丈和担任名人棋所还为时尚早。这一点，在下与先生持同样的看法。目前的状况是，谁要是反对他的话，他必定要求争棋解决问题。目前没有第二位八段棋士，先生必然要与丈和兵戎相见。您年事已高，如再下争棋会吃不消的。先生，就按以前的意思，推荐在下升段怎么样？本人将接受任何争棋挑战，一定击败丈和。"

因硕平时熟读《孙子兵法》，自命为军事家，曾夸口说自己是走错了路才来下棋的。温厚的仙知被因硕一番花言巧语所蒙蔽，一下子便上了圈套。因硕草拟议案，仙知作为共同申述人，向寺社奉行保举因硕为八段，得到了批准。

不久，四大家掌门人云集安井家，议论丈和的棋所问题。长老仙知首先开口道："各位都知道，丈和君提出希望大家推举他为名人棋所，我认为此事时机尚未成熟，丈和君大概不会同意这种说法吧。老夫倒是有个提议，让新近晋升八段的因硕君与丈和君争棋角逐定乾坤，不知大家意下如何？"

"好，就这么办！"——本来应该有人答应的。然而此时，因硕却佯装不知，不作半点声色。因淑站出来冷冷地道："不不，因硕是八段的新兵。如要争棋，还得请元老仙知先生您出山呢。"因硕面无表情，镇定自若。

"老夫总算是看明白了！也罢，我来下争棋！"仙知大声吼道。没想到就这么遭人算计，顿感眼前一片漆黑。这些卑鄙的家伙！老夫绝不会让尔等轻易登上神圣的棋所宝座，就是搭上性命也在所不惜！仙知暗自下定了决心，遂以"激励同行"的名义提出争棋，寺社奉行长官堀大和守批准了申请。

（三）丈和成为名人棋所

因硕在这次尔虞我诈的争斗中取得了第一场胜利。起初应由仙知与因硕对阵，不知不觉中争棋主角变成了仙知与丈和，自己转身变成观众席上的吃瓜群众了。就像三人淘汰赛，因硕幸运地首先抽到轮空签，坐山观虎斗，最后只需将胜者打垮就行了。

因硕策略的成功也就到此为止。经此变故，仙知神情恍惚，竟一病卧床不起了。争棋迟迟无法开战，加之堀大和守转任他处，松平伊豆守、土屋相模守先后走马灯似的主持寺社奉行管理工作，混乱局面持续不断，最后甚至连争棋的具体日期都没有定下来。

文政十二年四月，事情依然毫无进展，因硕着急了，丈和也同样着急。巧妙利用焦躁情绪，正是丈和老谋深算的地方，他神不知鬼不觉地私下与因硕会面，游说道："照此耗下去问题是得不到解决的。就算现在开始争棋，也要再过很久才能有结果。与其一直这样烦恼下去，还不如我们组成共同战线，足下以为如何？"丈和提出了双方和解的条件：

1. 抛弃成见，幻庵因硕赞成并协助丈和就位名人；

2. 丈和担任棋所六年后让因硕继承其职。届时，井上家拿出二百两给本因坊家，作为丈和的退休费。

上述两项是不能留下书面证明的。名人棋所乃是幕府才有决定权的公职，私人擅自处理是违法行为，如果被人发现证据后果不堪设想。因此——

3. 为防止单方面撕毁上述两条约定，互把亲子交给对方作为人质。

我才三十刚出头，等他六年不算回事，况且，二百两换来名人棋所是很便宜的。因硕心中一合计，便答应了丈和。"承蒙应允，万分感激。就请足下根据第一条，给寺社奉行写一份举荐在下出任棋所的承诺书吧。"事情到了这一步，因硕再无拒绝的理由，其文曰：

  据家书记载，井上与本因坊两家从来关系亲密，在下与现本因坊（丈和）幼时起就常在一起下棋研讨棋艺。本因坊为人正派，在棋界同行中成绩突出。因之，望贵社充分考量之后，允其晋级。

丈和的目的就是要让因硕写这份承诺书，只要拿到这张纸，因硕对他而言已成无用之人。数日后，因硕按约前来交换人质，丈和佯装不知，不予理会。这一下把个因硕气得一佛出世二佛升天，算是欺骗仙知得到的报应。因硕当即提出与丈和争棋的要求。

这场阴谋战达到高潮，即将落下剧终的帷幕。寺社奉行主管询问丈和是否要和因硕争棋，丈和取出那份因硕亲笔书，答道："写出这种书面承诺的人，马上翻脸提出要争棋，于情于理都是讲不通的。若长官批准，就等于默许因硕撒谎。"

因硕心里堵着一口气，哪里肯善罢甘休，成天嚷着喊着要争棋，那张可怕的面孔令人毛骨悚然。事情闹到这一步，寺社主管也有些害怕，忙把元老知得仙知请来征求意见。

"这几年，我一直都想看看因硕的棋。如果他真有这个实力，就让他与丈和在对等的条件下决一雌雄吧。"

主事官员采纳了仙知的意见，并委托他全权处理此事。丈和、因硕两人写下服从决定的保证书，这场棋界极其稀奇古怪的闹剧终于要收场了。

短暂平静之后，天保二年（1831年）三月，寺社奉行长官土屋相模守突然、并且单方面地发表了任命丈和为名人棋所的决定。仙知、因硕等人闻讯大惊，急忙提出异议。

"此乃将军的旨意。"

抗议遭到驳回，不予理睬。知得仙知自己年纪大了，眼看门徒又不给力，凭本门的实力无望扳倒丈和，也就有点灰心了。唯有幻庵因硕，被丈和愚弄吃了一个大大的哑巴亏，实在无法接受现实，横下一条心要在棋盘上打败丈和，怎么也得出了这口恶气方才舒坦。谁料幻庵此念一出，竟送掉了心爱弟子赤星因彻的性命。

二、松平家棋会

丈和的名人棋所完全是林元美努力的结果。元美出身水户藩，正巧与寺社长官相模守是同乡，其中的奥妙不言自明。元美从小聪明伶俐，深得隐居大名翠翁公的宠爱。一日，翠翁公对元美道："丈和只要当上棋所，你就能升八段，对吧？这样很好，你去告诉相模好了。"借助水户家的影响力，丈和才得以坐上宝座。

君子报仇，十年不晚。幻庵因硕周密筹划，把手伸到了丈和摸不着的地方。不知从何时开始，棋所作为棋界管理者，平时就有诸多事务需要处理，因之免除了包括御城棋赛在内的一切正式对局。要想打败不参战的对手是不可能的，除非是……因硕想到了"嗜好棋"，丈和不得不下的嗜好棋！【注①】因硕耐心地等待着机会的来临。

天无绝人之路。幕府元老松平周防守德高望重，颇爱好弈棋，升任幕府大臣之前的七年时间一直担任寺社奉行长官，就是到江户任职后，仍然关心着棋界动态，是棋界的大恩人。松平家务总管冈田赖母更是酷爱围棋，曾拜师仙知学棋，达到二段水平，与因硕也有些交往。赖母经常出入安井家，当然知道丈和与因硕之间的纠葛，内心很不欣赏丈和。赖母同情因硕，想助他一臂之力。

天保六年，松平周防守向幕府将军辞去朝中职务，回家颐养天年。

"天赐良机，不可坐失啊！"赖母兴奋地对因硕道。"我已建议周防守把一流棋士都请来举办一次棋会，纪念他老人家从政坛退休，此事基本搞定了。碍于周防守面子，没有不来的道理。无论丈和愿不愿意，都要将其请出来，与井上家的代表过过招。"

因硕闻言，高兴得欢呼雀跃。因硕本来想亲自上阵与丈和杀个痛快一雪前耻，又怕没有太大的把握，转瞬间想到了一个人——门生中有一位得意弟子赤星因徹，青出于蓝而胜于蓝。为保险起见，因硕让赤星定先测试了四盘棋，结果因徹获得全胜。一直以来，因硕都自负地认为自己的棋艺绝不在丈和之下，测试结果大大鼓舞了士气，便安心地把野心寄托在因徹身上。虽说是嗜好棋，如果因徹七段击败丈和名人的话，必将引起棋界骚动。

"丈和如果顶不住七段的定先挑战，他就没有名人资格。"

只要向寺社奉行声明这一点，弄得好的话可以让丈和退位，退一步讲也能导致争棋。赖母、因硕两人周密策划，做好了一切准备工作。

天保六年七月十九日，棋坛各路豪杰云集松平府，个个摩拳擦掌，准备华山论剑。松平府家宴后，嗜好棋雅集隆重开场。十位棋坛俊英一字排开，捉对厮杀，景象蔚为壮观。除丈和与因徹的对局外，另外还有因硕与安井俊哲、仙知与林柏荣、元美与服部雄节、宫重丈策与阪口虎次郎四盘棋。大家都只关注着因徹挑战丈和的这一盘，别的棋只不过是陪衬而已。

赛前数日，因徹斋戒沐浴，焚香礼佛，静心观想，迎接来日大战。丈和也闭门谢客，养精蓄锐，不敢有丝毫怠慢。大家心里十分清楚，丈和与因徹的棋局事关重大。某种意义上讲这盘棋是日本近代围棋史上最重要的"世纪决战"，实际对弈了四天。

第一日（7月19日）弈至59手，封盘。因徹英勇善战，形势略占上风。两人都利用修整时间拼命研究棋局。《坐隐谈丛》："封盘，因徹孤灯烛影到天明。"

丈和也把自己关在屋里，只是到时间让家人送来一点稀饭。凝思入神，竟忘记出恭，恍惚间醒来，顿感潮寒湿气自下袭来，打了几个冷颤。

第二日（7月21日）弈至99手。丈和走出有名"三妙手"。详情请看实战谱，白68、70、80三步棋。这几手使形势得以挽回，丈和的愁眉舒展了。因徹的招法开始变得混乱起来，可能他的肺结核病情在进一步加剧。

第三日（7月21日）弈到第172手。各位看官注意，这次封盘的手数是个偶数。白棋落子后，轮到黑走封盘是没有先例的。在封手【注②】制度出现之前，轮到白棋下时上手封盘是流传下来的习惯，这是上位者的特权。现在该因彻下棋，丈和大方地暂停了比赛，只因大局乾坤已定。

第四日（7月27日）弈到第246手终局。丈和势不可挡的铁腕毫不留情地击打着因彻。因硕实在目不忍睹，正要催促中盘认输，只见因彻头朝下倾斜，突然一大口鲜血喷在棋盘边，就再也没有康复回来。

三、吐血之局

定先：赤星因彻　七段　　天保六年七月十九日—二十七日于松平周防守宅

白方：本因坊丈和　名人

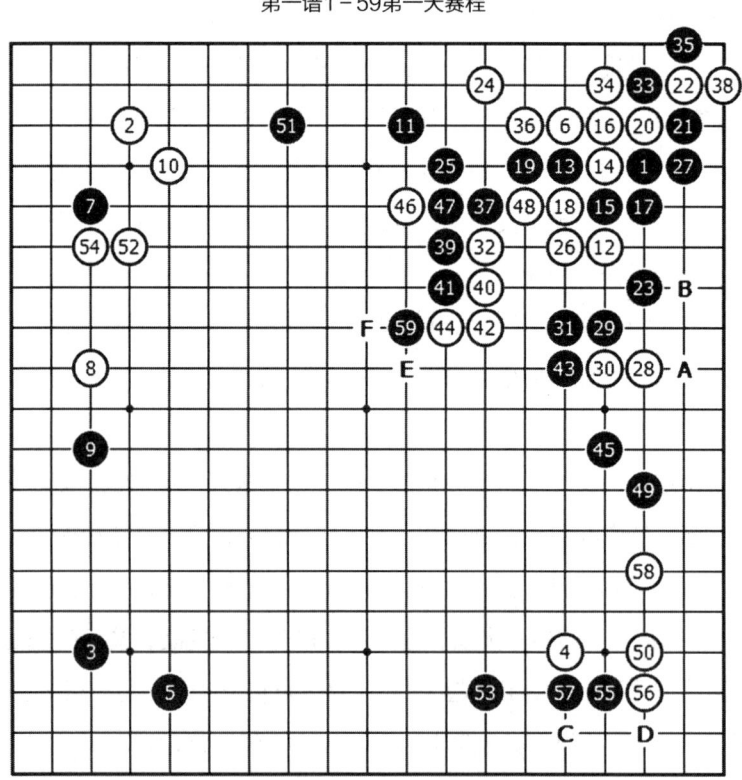

第一谱1–59第一天赛程

本因坊丈和

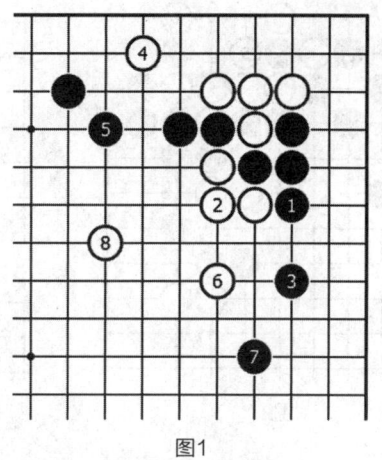

图1

简 评

黑11三间夹，白12大斜飞罩。大斜是当时有名的难解定式，各大家自然都要研究一番，弄出一些独门杀手锏，都秘而不宣。

黑13靠出至白20必然。

图1：黑21在1位爬，至白8是大家熟知的代表性定式。因彻不满意此型，黑21、23求变，至黑27也是定式之一型。

白28逼，立刻挑起战端。白28改在31位跳，黑28时，白41控制中腹是平稳的下法。白28使局势陡然变得急迫起来，体现丈和的力战型棋风。

黑33断是井上家的秘着。

图2：白34如本图1位抱吃，黑2跨手筋，4、6断打整形，痛快！

白34时，黑35是后续手段。白36如提一子，黑就在38位打劫；白如图3在1位立，黑2、4把劫做得更大。

故白36不得已。黑37尖顶是33断时的预定下法，同时瞄着39位扳和38位提。白棋当然在38位立，黑39扳获得了好形。结果黑棋不错，可以说33的断是成立的。

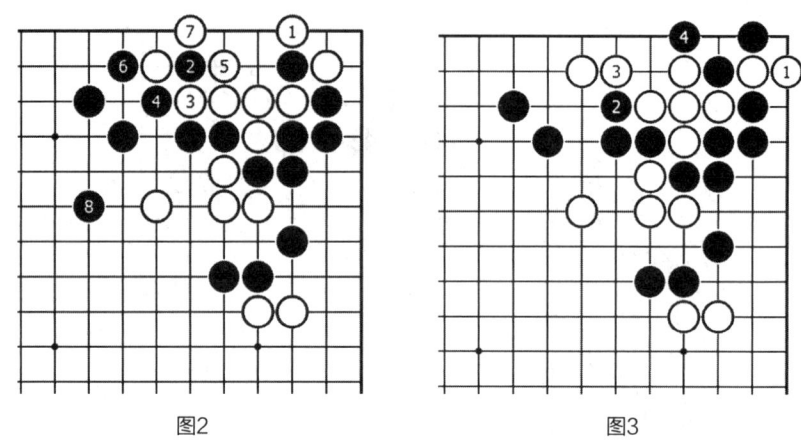

图2　　　　　　　　　　　图3

有位坊门人士得到消息，说井上家演绎大斜定式有进行至黑39的秘密手段，回来摆给丈和看，请求判断优劣，丈和微笑不答，而且还在如此关键的比赛中采用，肯定是觉得白棋不坏。白38立得现实4目利益，而黑39扳，效果还是个未知数，先捞了再说。

白44拐头，力拔千钧。比赛首日封盘后回到家里，丈和复盘给大家看，弟子秀和提出了反对意见，认为白44应该先A位立，与黑B做一手交换，很有道理。

事实上，黑45飞罩，白棋已经来不及在A位立了。

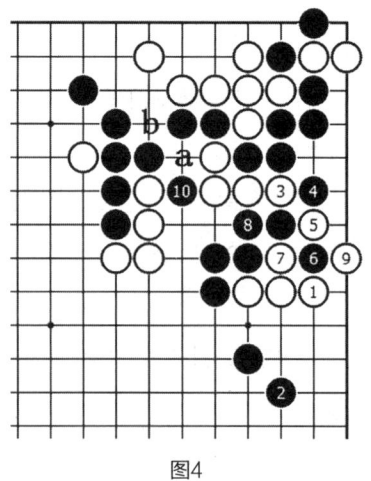

图4

图4：实战白48打，相当于本图白a位打吃，对此黑如b位接，则白1成立，黑2如强硬封锁，白3、5冲断，黑溃败。如果没有白a与黑b的交换，黑10挖吃白三子棋筋的手段成立，白不行。

因此白48打吃时，黑49脱先，小尖吃掉右边白两子，实利巨大。

黑51拆，53逼，步调很好。

黑57在C位小尖更好，角上D位扳和58位逼见合，白棋难下。

黑59扳头，期待着白E与黑F的交换。正在此时……丈和决定封盘了。首日赛事结束，黑棋简明易下。

第二谱59－99　丈和三妙手

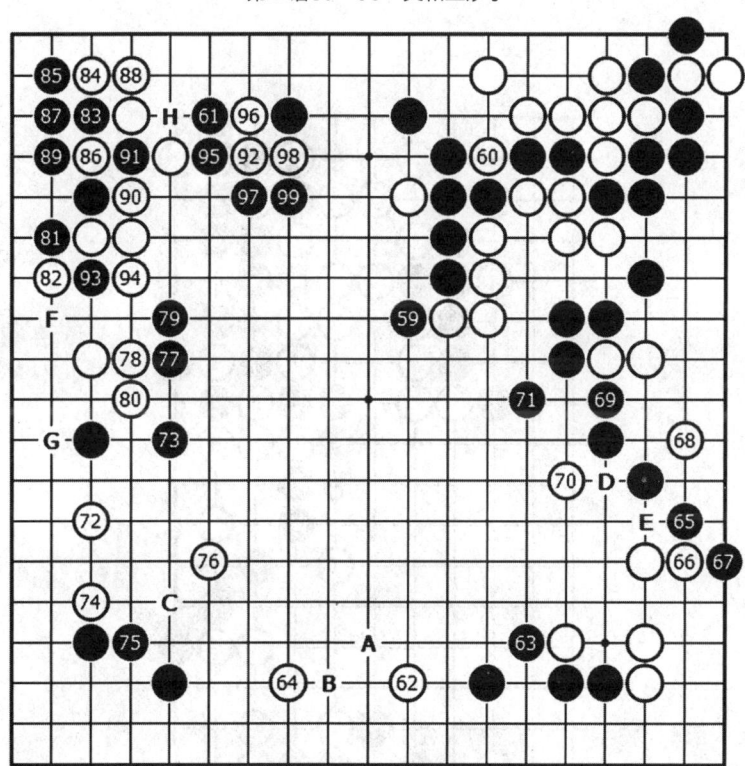

第二个比赛日刚开盘，丈和就在60位提去黑两子棋筋。希望落空，因彻的气势有点受挫，心态的细微波动，对局势产生了微妙的影响。

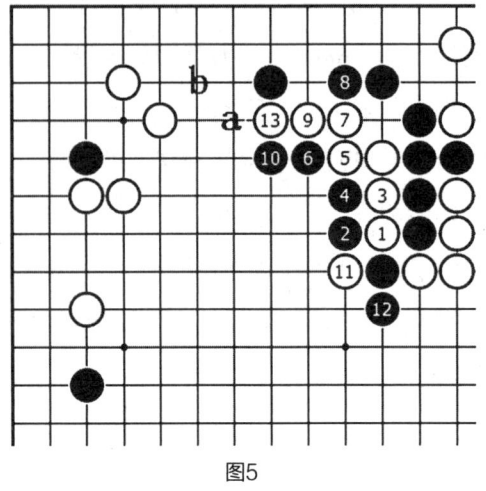

图5

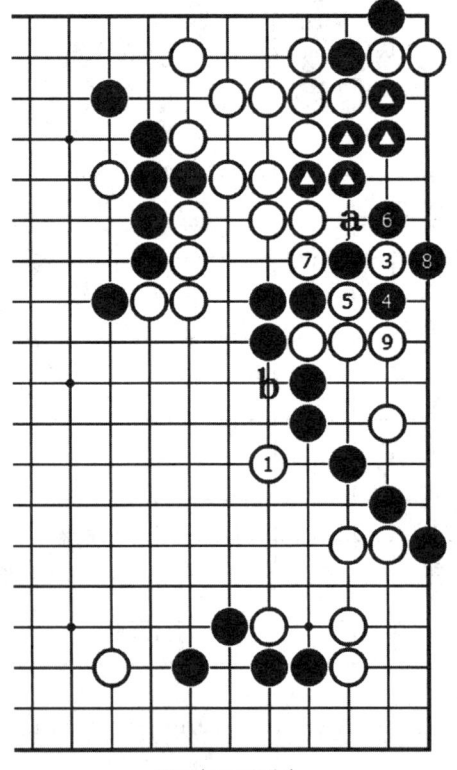

图6(黑2脱先)

紧接着的黑61不妥，有点着魔了。局部来讲61瞄着白棋角里的种种手段，的确是个好点。不过，目前下边A位开拆才是最大的大场。

黑61拆一，可能是担心图5白1位的断。

图5：白1切断，黑2、4紧气想吃白棋，进行至13白棋可以逃脱。黑棋在a位拦不成立，如果b位有黑子便可在a位吃掉白棋。当然，黑棋没有必要非要去吃白1切断之子，只需黑3、白2、黑4顺着打出来即可，白如再长，黑再走b位就行了。

白62时，黑63在B位逼更积极一些。白62、64安营扎寨，一瞬间局面就变得微细了。

黑65尖、67扳时，丈和的妙手出现了。

白68为"三妙手"的第一步，就像一根小指头，轻轻戳到了对方腋下痒处，黑69刚一提防，白70转身抢占攻防要点，是为第二步妙手。对此，棋家历来认为黑71的补强不能省略，否则白棋有图6白3托的强烈伏击手段。

图6：白1（实战白70）时黑棋如脱先，白3托是预定的伏击手段，进行到白9，a位挤吃打劫和b位断白必得其一，黑棋崩溃。当然，此图成立的条件是，黑❶五子棋不能舍弃。然而，本局的情况并非如此。

图7：笔者仔细研究后发现，白1时黑棋脱先抢占左边2位绝好点（或图中a位跳），白3托5断时，黑6以下弃掉右上五子，这个选择可能优于实战。因此，实战黑71虎补是缓手，成全了丈和"三妙手"。本图与实战黑71补棋后比较，实地出入约25目，也就是说黑71只相当于一个25目棋的大官子而已。

对于黑67扳，白棋普通应对将落后手，黑抢占C位或73位防守要点，白将失去在72位打入黑阵的战机。

白68、70之所以被誉为妙手，是因为此后留下D、E位任意先手整形的手段，化解了黑方对右下角的攻势，争到了左边白72位的打入，使全局实地保持均势。

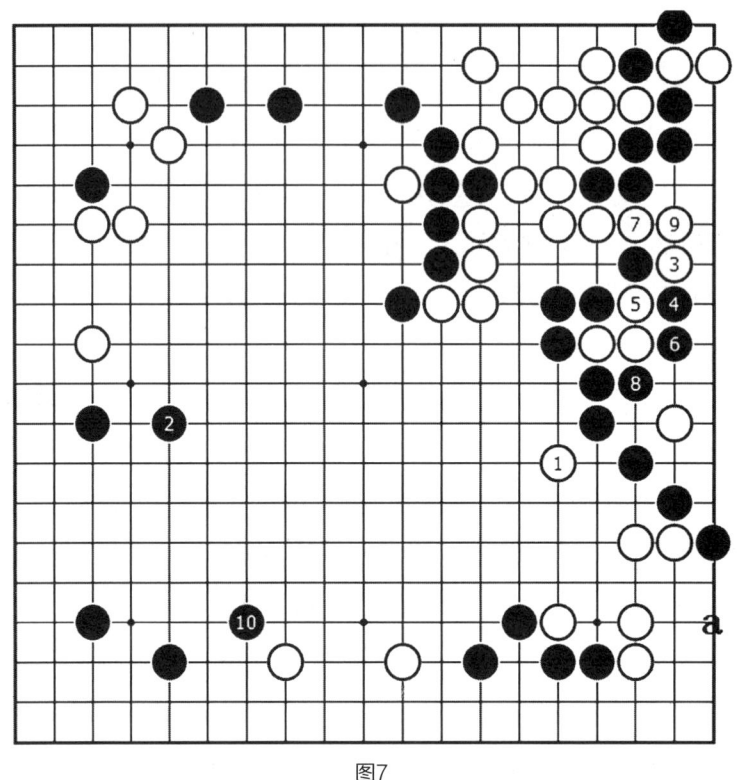

图7

　　白78顶，预防黑F位透点，同时产生G位的托渡，声援左下孤军。

　　黑79在80位虎是本手，可能担心白79位扳后，失去左上角的味道。这是年轻的因彻不能容忍的，黑79长反击，准备在左上角闹事。对此——

　　白80"愚形"三角是第三步妙手。不顾棋形，只管实用，双方展开激烈对攻，体现出丈和彪悍的棋风。

　　因彻也毫不退缩，黑81扳，对白角施展手段。

　　黑83、85是早就准备好了的狙击着法。上边黑61刺在白棋小尖的咽喉处，又有79之子作为接应，现在不动手，更待何时。

　　白86如按图8在1、3位吃角，黑4至14通过弃子战术完封白角，围得中央腹地，黑棋当然满意。

　　面临复杂的攻杀，双方都陷入长考。黑89如何呢？白90挡，形状走好了。

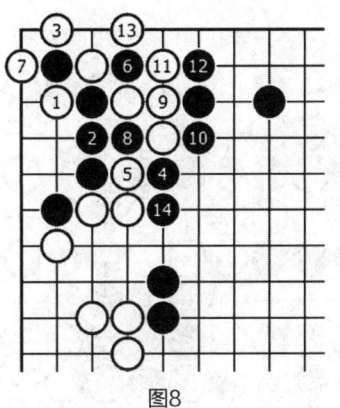

图8

图9：黑89应该选择本图1位冲的变化，白棋只好2、4提一子，黑5、7封住白棋。白8断虽能打出头，但白14不得不回补，黑15、17又将白封住。

黑91提时，白92刺是好手。白棋在右边有很多劫材，黑难以在H位断挑起劫争。

黑95如接着在图10的1位跑出可以做活，白6先手提非常厚实，再于8位展开总攻，左边、中腹一带的黑棋支离破碎，难以收拾。弈至黑99，第二次封盘。

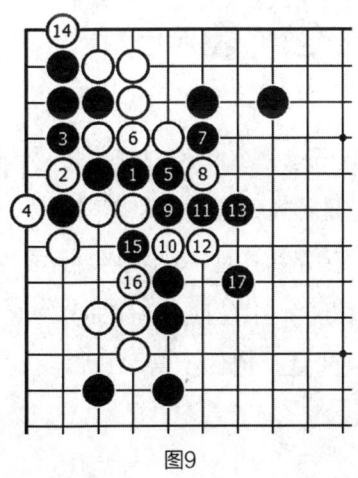

图9

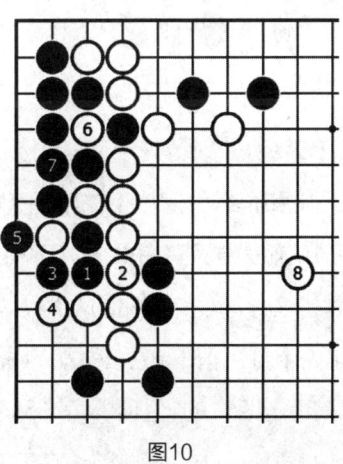

图10

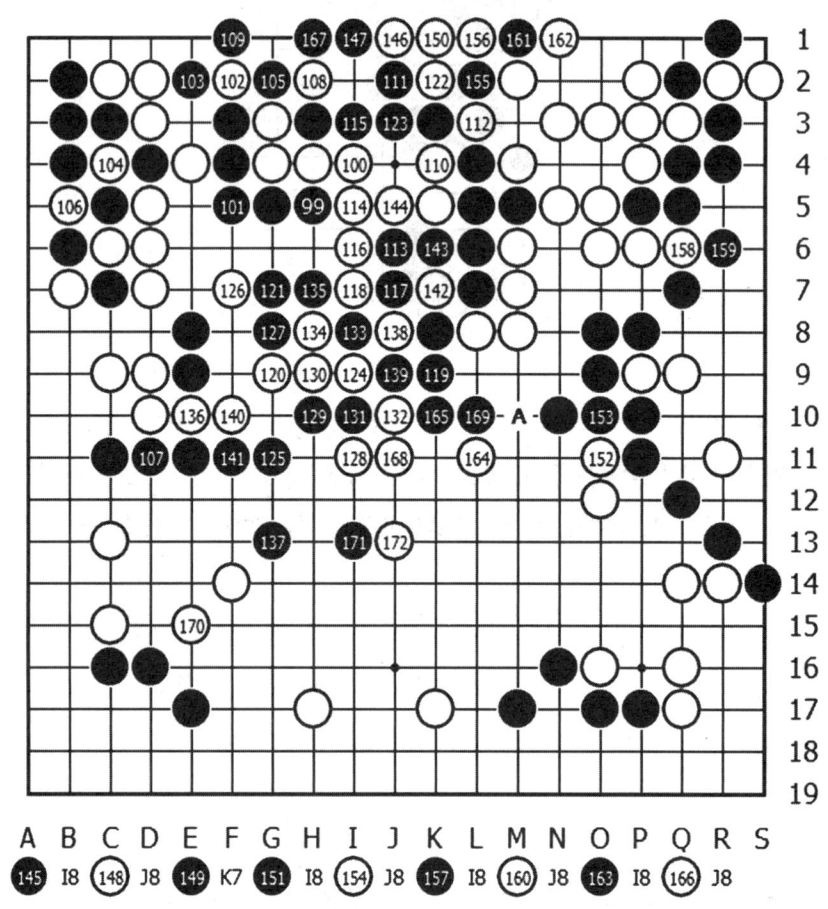

第三谱 99-172 绝望的封盘

　　黑105妥协，取得先手后107接回左边一子。黑105不在106位接，因彻是觉得与丈和再继续周旋下去不明智呢，还是感到局势已经不错了呢？

　　白110挤强硬，只有丈和才下得出来，因彻拼命地在111小尖抵抗。白112断后，双方都没有变化的余地。白114如图11在1位顶，黑6粘时白7必须提，黑8先手打后留下a位扳做劫的味道。因此白114拐头，黑115如在116位挡，白棋再走图11的1位顶，净吃黑棋。

　　白120急所一击，黑棋前途乌云密布。

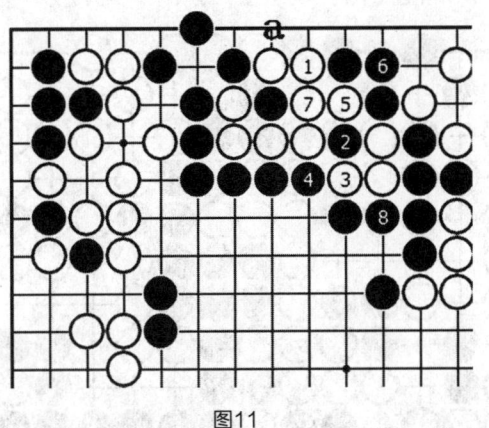

图11

史载丈和生得短躯肥胖,肤色黝黑,双眼放着不寻常的光芒。因彻身材瘦小,加上日趋严重的肺结核,面目苍白。因彻祭出的手段都遭到丈和的反击,每下一步棋便增加一分忧虑。中央出现劫争,可惜黑棋劫材不够。

丈和越下越顺手,只要让黑167屈服,劫争就已失去意义。白170转战,黑171跳时白172靠,瞄着A位挖滚包的手段,黑棋无法动弹。

因彻形势既非,又无打开局面之良策。此时,丈和行使上手特权,宣布第三次封盘。就算让因彻回家研究,料对方也无计可施了。丈和的做法有点使人难堪。

比赛迎来了最后一天。为避免白棋89位挖的手段,黑73只好忍耐。白74左下靠,远远对左边黑棋大龙施压。黑75如76位扳,则白114位挤成先手,再75位挺头,黑大龙危险。

白方一边防守一边收空,同时还构成攻势,黑方对此竟毫无还手之力。

黑83应干脆在90位断,以治孤来一争胜负。或许为时晚矣,惜哉。

因彻的意识开始变得朦胧起来。睁着眼,手执着棋子走棋,灵魂已飞向了远方……

白146粘劫,因彻倒下了。

第四谱73-146（173-246）菩萨的法力

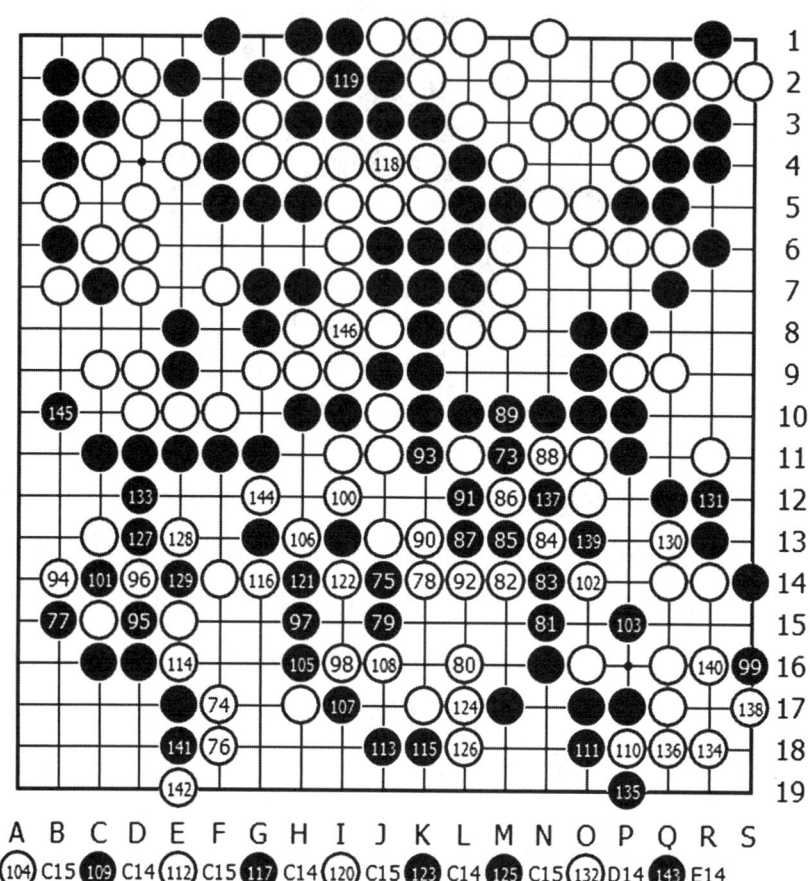

共246手　白中盘胜

林元美去寺院参拜，在与和尚的交谈中无意间聊起这次争棋，把当时的情况详细地叙述了一遍，和尚听后长长叹了口气道："老衲早知道会出这种事情。丈和的技量，即便是神佛也奈何不得他啊！其实，在对局之前，因硕先生曾秘密委托老衲向不动明王祈祷因彻君走运，诚心实意焚香拜佛。唉，天命难违，结果招致了因彻君死去的悲惨结局。请不要把这事泄漏出去。"

元美无视和尚的叮嘱，还是告诉了丈和。"是吗？怪不得在快要终局的时候，我感觉头晕得很厉害，连忙默诵经文，好不容易才平安无事。原来对方有不动明王的保佑啊！现在想起来都令人不寒而栗啊。"丈和夫人也在观世音菩萨前祈祷过，保佑夫君获胜。

四、棋所退位

丈和赢得了这场"世纪之战"的胜利，以当时的状态，就算做一辈子棋所应该是没有问题的。遗憾的是，丈和的为人有些冷酷无情，办事不留后路，导致联合阵线很快就出现了大分裂。

当初，为了丈和当上棋所，林元美是出主意想办法，打通各路要害关节，真是费尽了心机，跑断了腿。如此周折为那般？为的就是一张八段免状。不料事成之后，丈和竟然过河拆桥，不肯认账。林元美几次三番旧事重提，丈和始终含糊其辞，语焉不详。此事乃私下交易，林元美虽怀恨在心，也不敢公然发作。

天保八年（1837年），安井知得病重，请求丈和将其迹目安井俊哲（即九世算知）升为七段，以便执掌门户。或许丈和心中愧对知得，竟然同意了。林元美闻讯，趁机又向丈和要求升为八段准名人，不料却被丈和一口回绝。林元美气得一佛出世二佛升天，冲动之下再也顾不得许多，把当年丈和如何运动棋所的隐私一古脑地抖将出来，引起棋界一片哗然。不仅如此，林元美还在幻庵因硕的支持下公然向丈和挑战，声称舍命也要争棋到底。丈和做梦也没想到，林元美竟如此"有种"，不禁顿足长叹，懊悔不已。

事情发展到这步田地，丈和自己羞愧难当，无地自容，就连幕府的元老们也暗示他赶紧隐退。眼看事态无可挽回，遂于天保九年（1838年）宣告棋所退位。

丈和退位的时候，立师父元丈之子丈策为迹目，算是报答师恩。他深知幻庵因硕的厉害，唯恐丈策敌不过幻庵，又未雨绸缪安排棋力远胜丈策的土屋恒太郎为丈策的迹目，改名秀和。事实证明丈和的这一番布置，确实具有远见卓识。

话说林家，自六世门入以来一直冷冷清清不见兴盛，十世铁元门入英年早逝，眼看就要断了香火。为此，隐居的九世门悦苦求元丈，希望坊门施以援手。元丈为人宽厚，亦有心扶持。当时元丈颇看好林元美，想立为本因坊跡目。元美为人处世八面玲珑，琴棋书画样样皆能，风流倜傥才华横溢。一次外出游历，元美不遵师命擅自娶妻而回，伤透了元丈的心，立跡目之事也就再也不提了。

文政二年（1819年），元丈立丈和为迹目，把元美过继给了林家，成为林家十一世掌门人。时丈和三十三岁，元美四十二岁。林家得到元美，着实捡了个大便宜，从此林家便又兴盛起来。林元美执掌林家后，苦研棋艺，专心著述，编纂了许多有价值的棋书，其中《棋经众妙》和《烂柯堂棋话》两部著作最为知名，时至今日仍被棋界人士奉为不可多得的棋艺经典。

注 释

【注①】嗜好棋：幕府将军、元老或大名家宴后进行的即兴对弈。
【注②】封手：一日不能终局时，封盘者把自己的下一步棋写在记录纸上封存起来，待下次开盘时启封继续对弈。

第十章　不得时运的豪杰

井上幻庵因硕VS本因坊秀和（跡目）

一、纷争再起

天保十年（1839年），丈和把家督传位给学生丈策，又立秀和为丈策的跡目，安排好这一切之后，便告老退居二线，乐得逍遥自在。丈策是位书呆子，技量不值一提。秀和却是一位刚满十九岁就高居七段上手的杰出青年。

幻庵因硕似乎早就等着丈和的退位，马上提出名人棋所要求。丈和事前料到这一招，并准备好了对策——让秀才丈策去与外界交涉，秀和统帅兵马迎敌。围绕名人棋所，本因坊、井上两家再次展开角逐。

《围棋见闻志》详细记载了事情的经过。为阅读方便整理如下：

丈和隐退移居到本所相生町的住所后不久，十一世井上因硕便提出了棋所的要求。原则上天下只能有一位名人，即便是隐居的名人。丈和预见到因硕势必提出名人要求，准备再让跡目秀和出马向其争棋挑战加以阻止。跟寺社奉行官员交涉这类事情，一概交给丈策去做。丈策雄辩善书，在棋界算得上是出类拔萃的饱学之士，必定万无一失。丈和正是基于这种考虑才退居二线的。

秀和时年二十一岁（天保十一年），执黑棋极少落后于对手，正等待着比赛的机会。因硕清楚秀和的棋力，明白争棋难以取胜，就想方设法不战而胜达到自己的目的。幕府统治日久，规章松驰，腐败开始蔓延，正是贿赂奏效的时候。老谋深算的因硕在这方面轻车熟路，从棋界同行到幕府官员，屡试不爽。

世态如此，就算丈策这样的人，在交涉中也难于取得预期效果。寺社主管奉劝丈策说，不需要再争什么棋，要和平解决，先让因硕当会名人棋所又怎样？相互协助谦让是同行应有的道义吧。几番交涉，事情都毫无进展，这对本因坊家来讲可是生命攸关的大事，绝不能就此作罢。衙门软磨硬泡，就是不肯答应争棋的要求。丈策实在无法，便一屁股坐到地上，说不答应就不起身。弄得主管只好投降，依据古例批准了"争棋十局"。关于这件事，《坐隐谈丛》也作了大致相同的叙述，《谈丛》说是"依据古例，命令要弈20盘争棋"，具体局数有出入。其实他们都搞错了。当事人丈策在手记中叙述道：

　　天保十年末，因硕提出棋所要求，本因坊家以及其他各家都想申请与因硕较量技艺。但是到了十一年六月，各家又要我推选一人去和因硕对弈，我就和林元美、林伯荣商量后，指名秀和为代表。然而，因硕想不战而获名人棋所。我时常被叫到寺社奉行稻叶丹后守官舍，对我又是询问又是劝说。我认为，承认因硕晋级违反了先例，即便从服务于国家的角度出发，也要恳请他们让秀和下一下棋。另一方面，与因硕结盟的安井算知（俊哲）却说，应该让掌门人丈策而不是秀和来比赛；因硕则主张要下的话棋份就应该授秀和定先。

　　难于回答的问题接踵而来，我陷入极度苦恼之中，引起了疝气，十一月八日开始病情益发严重，甚至连家门都出不了了。本月十六日上午十点许，因硕与秀和两人突然被传唤到小川町的寺社衙门，告知他们说，争棋事宜已请示水野越前守阁下，决定让他们进行比赛。局数为4盘，限两个月内弈完；应及早在官舍开始比赛。

　　这就是说，不是10局也并非20局，而是4盘决胜负。不过，几盘决胜并不重要，因硕只下了第一盘就中止争棋，收回了棋所要求。

二、秀和挫败幻庵

　　对局场设在稻叶丹后守宅，从天保十一年十一月二十九日开始鏖战，规定每天上午十点开始，下午六点封盘。这场马拉松比赛经过如下：

比赛日次	对弈日期	封盘手数	备注
第一日	十一月二十九日	第31手	
第二日	十一月三十日	第45手	
第三日	十二月一日	第71手	
第四日	十二月二日	第91手	
第五日	十二月三日	第99手	因硕患病暂停
第六日	十二月九日	第105手	
第七日	十二月十日	第117手	因硕患病暂停
第八日	十二月十二日	第264手	终局

最后一天中途未停彻夜交战，直到翌日上午10点才下完，共耗费九天零一夜！第五日下八步棋；第六日仅下六步棋；双方都极为慎重，其苦心亦如斯。

幻庵因硕殚精竭虑，赛中两度病发宣布暂停。秀和的黑棋无懈可击，终以4目优势获胜，因硕感到再继续下这种损伤元气的比赛，身体将会吃不消，仅赛一盘就撤回了棋所要求。

有记载说，比赛中因硕曾两次吐血，还好身体健壮，安然无恙。虽说收回了争棋申请，并不代表完全放下了棋所，只要身体条件允许，将来还是要寻机与秀和决斗的。

《围棋见闻志》载，天保十三年，因硕的一些崇拜者聚会，商议如何才能让先生当上名人……最后得出的结论是，必须让秀和出来应战，还要打败他的黑棋才行。在此前提下，再次提出棋所申请。……大家把计划一说，因硕果然很感兴趣，急切地向秀和请求道："许多棋迷朋友想要我们俩下一盘表演棋，请君给大家一个面子！"

秀和没有识破因硕的意图。别人挑战，高挂免战牌当然是畏缩的表现。秀和准备竭尽全力与之再次较量一番。这盘棋于5月16至18日在旗本（将军侍卫）矶田助一郎宅进行，本来幻庵只输一目，因意识到无法再与秀和竞争棋所，心情沮丧，导致收官无端损失五目棋，结果秀和以6目获胜。面对现实，崇拜者们哀叹不已。

名局片段欣赏

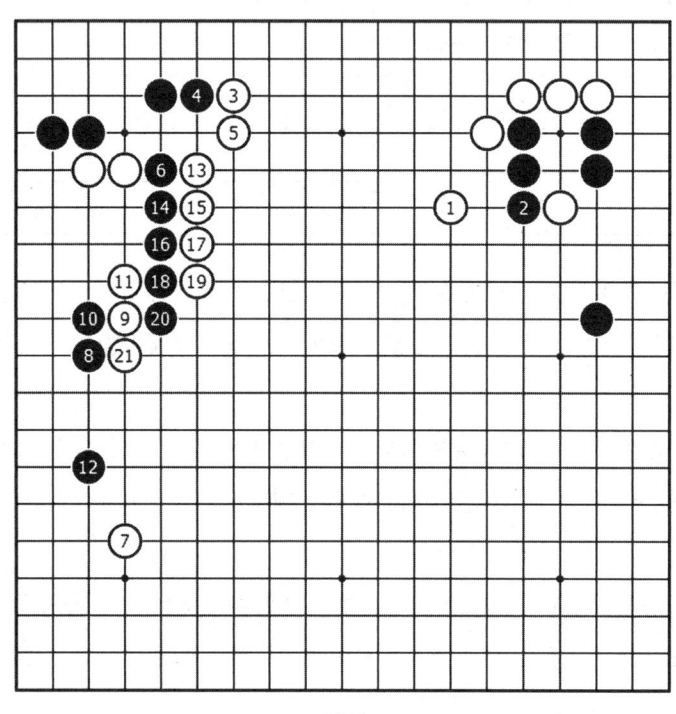

谱1

白棋序盘作战成功，幻庵的名局之一。

谱1：空着两个角，幻庵白1（第16手）3、13激情奔放，扩大上边大模样。

谱2：白1（第66手）构筑上边大空，取得优势。遗憾的是，白7、9过分，黑12拔花后，黑14趁势往上边空里钻，制造大劫材，瞄着A位开劫的手段，白棋陷入苦战。

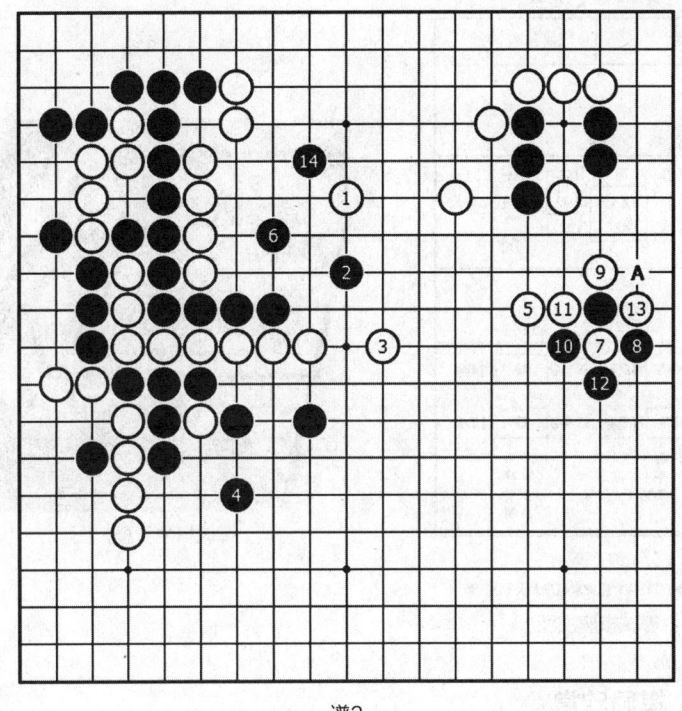

谱2

连失两城，因硕仍没有绝望。又据《见闻志》载，秋季，传统御城棋赛即将举行，围棋和将棋都预先弈毕。十一月十七日棋赛当天，清晨6点打鼓城门开，棋手们结伴登上城楼，来到御黑书院，当值人宣布对局开始。这是自宽永年代以来的惯例。

御城棋的记录里虽有"御城君前"的记载，事实上将军是极少出席观看的，现场只摆设了他的褥垫、刀鞘和火盘。所谓"对局"，只是重新摆一遍早已下完的棋局，不一会儿就结束了。

因硕是八段，秀和七段，棋份先相先。秀和执黑已下完两盘，第三盘轮到因硕执黑对弈，却偏要执白棋，有人说他收买了当值官员。结果，因硕连续输给秀和三盘，棋所梦想完全破灭了。

御城棋情景模拟图

御城棋座次图

三、棋局欣赏

（一）争棋第1局

黑方：本因坊秀和（跡目）七段　　天保十一年十一月二十九日—十二月十二日于稻叶丹后守宅

白方：井上幻庵因硕　八段

本因坊秀和

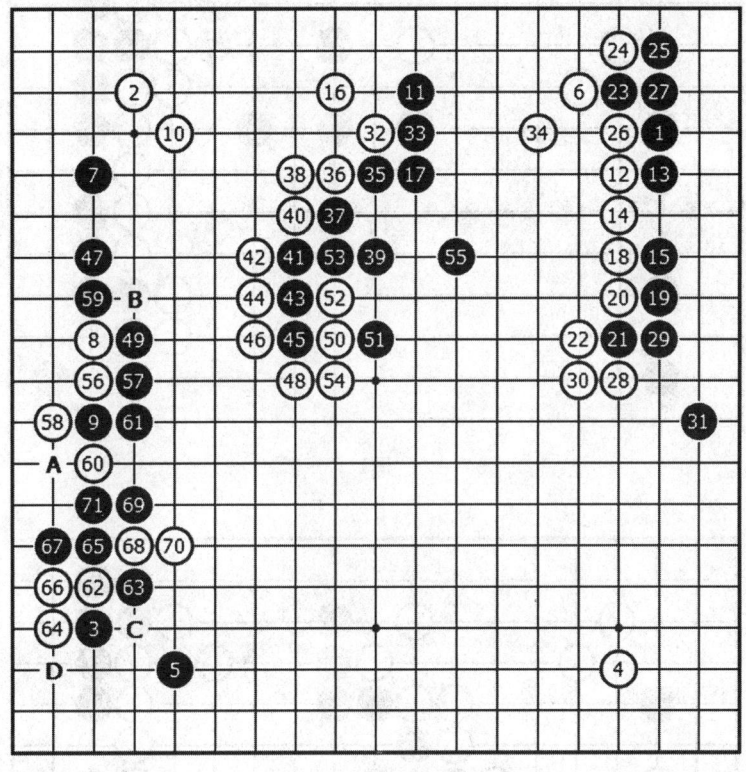

第一谱 1-71 双方慎重

简　评

　　丈和、因硕两人因棋所问题结下宿怨，这次争棋在社会上引起广泛关注，林元美、安井算知、太田雄藏等许多棋界知名人士都前来观战。

　　白10的棋形在丈和、因彻战中出现过。对于黑11夹，白12以下定形后于16反夹，是当时流行的布局。黑23尖顶一边捞实地，同时声援上边黑11、17两子。

　　实战进行至黑31，第一天封盘了。观战者们预想白32会在36位跳，因硕却32刺、34虎整形。图1：白32如走本图1位跳，黑2夹靠是急所，至黑6简单地获得了安定。这是黑23尖顶时的预定方案；因此白32、34的趣向是成立的。

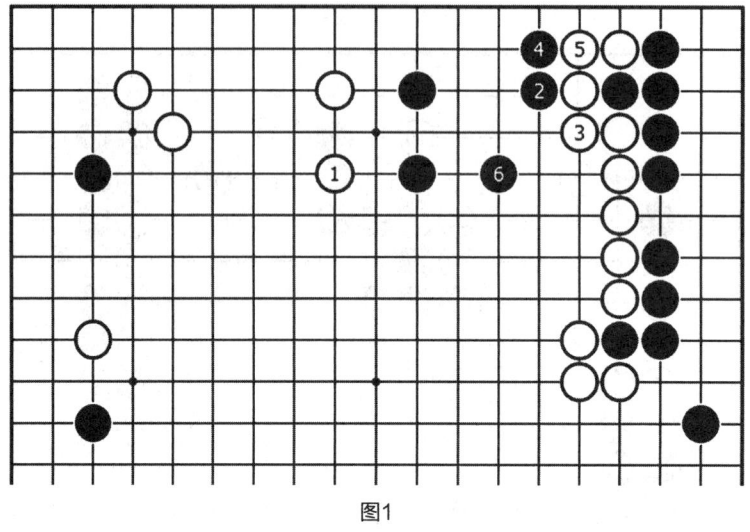

图1

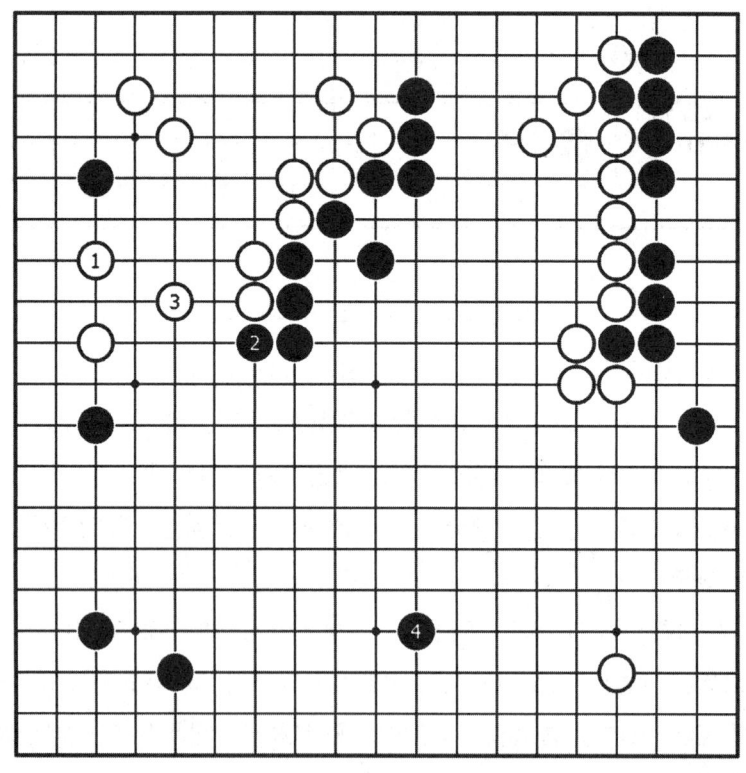

图2

黑35以下别无他择，弈到第45手第二天赛程又结束了。众人评道："白棋大概会47位逼吧。第三日开盘，因硕选择白46位压，大家的预想再次落空了。到底应走46还是47呢？这的确是很难选择的地方。

白46如改在图2的1位逼可以吃掉黑一子，黑2拐头先手便宜后占据下边4位大场好点。这样，左上边的白空大约50目；黑方右上20目，左下一带约30目，地域基本维持均势。

实战白选择46位压，黑当然在47位逼。白48、黑49双方"气合"（互不让步的气势），但49的确是此际的好手，无论白棋从哪边扳出，黑棋都二路一夹，安全摆渡回家。

白58时黑如在A位连扳的话，白61位打后有B位扳出的手段。

白62靠寻求腾挪。

黑65打67拦断白棋，显示出秀和顽强的斗志。黑65按常识应在C位接，以下白66黑D白71，白棋就地做活，黑无趣。

实战至白72双方必然。黑73拆、白74时，黑75扳一手脱先再占77位拆二好点，黑棋充分。左下激战告一段落，看到自己实空已经领先，秀和73、77连续拆二，缩小棋盘不确定空间，真乃深明棋理也。

白78以下转而威胁中腹黑棋大龙，秀和谨慎对待，特别是黑85、87谨小慎微，生怕大龙出事，简直就是胜利宣言了。

黑91时，第四天赛程结束；第五天仅弈了白92到黑99的八步棋，因硕殚精竭虑，苦思打开局面之良策。

白92如平凡地在A位应，以下顺次黑B、白C、黑D、白E、黑F立趁势生根，白明显败势。白92、94托退制造断点，竭力寻求变化。白96断时黑97逃跑一步构思巧妙，与白98交换后再99抱吃，白棋不敢出逃，变化如图3。

图3：白1时黑2打一手再4位长出恰好引征，黑6先手封锁白角，白不堪忍受。过程中，白5如6位冲出，黑5位即可征吃三子，白棋溃败。

第二谱 72－99 精妙的次序

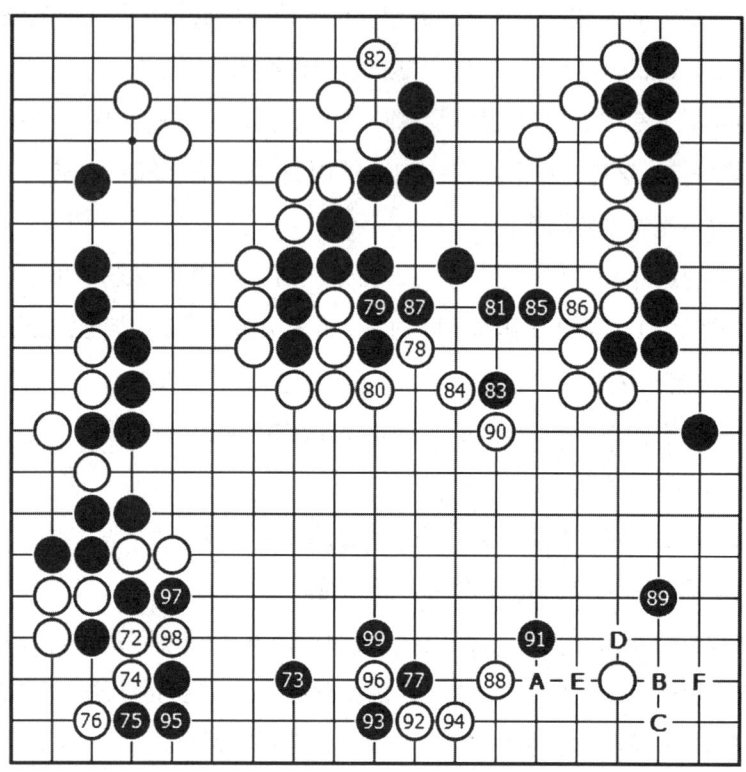

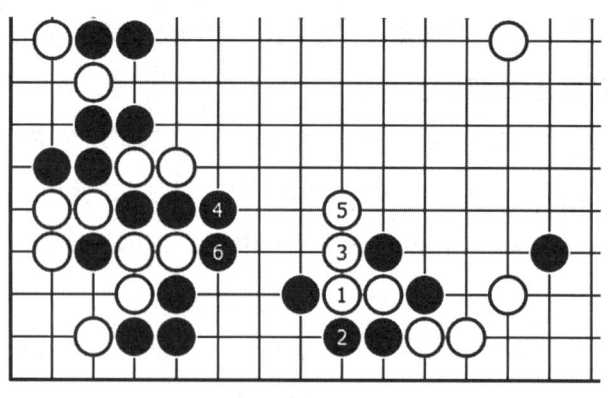

图3

第三谱100－148因硕无机可乘

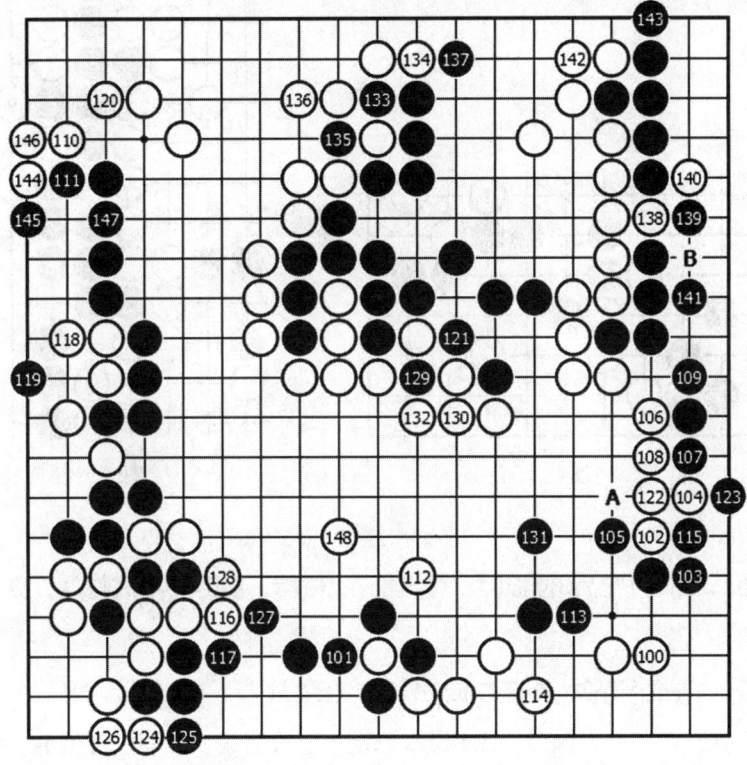

　　白102横靠是因硕唯一能找到的胜负手，对此黑103二路立继续彻底捞空。黑105扳，107、109留着115位的盘渡非常安心。白106如在A位扳，则如图4黑2顺势长头，白棋没有继续攻击的有效后续手段。

　　白120开始收大官子，以下双方平稳收官。

　　黑131确定了胜利。在很多可供选择的方案中，131跳方是最稳妥的。

　　正当小伙伴们以为无戏可看的时候，秀和弈出141虎的失着，本想要上下兼顾，结果被白142位先手接，局面差距缩小了一点。白142时黑143不能省，变化如图5所示。

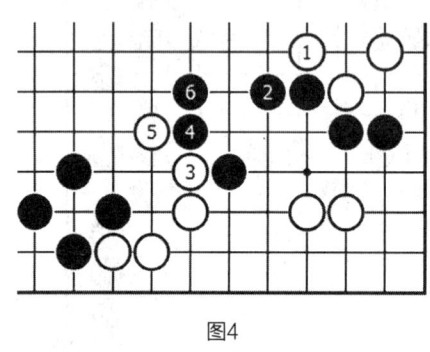
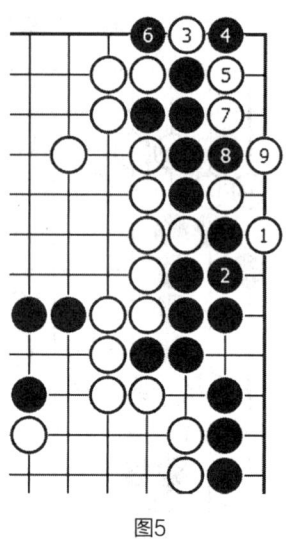

图4　　　　　　　　　　　图5

图5：白1打吃后3位扳时，黑不能在4位挡，白5至9形成打劫，立刻翻盘。

黑141是秀和在本局中的唯一失误，正着应该下在B位接。名局中留下一点瑕疵，实在令人惋惜。黑143本身是个逆收官子，具有一定价值，胜败仍很明显。

据记载，前谱白118之后进入第八日深夜，胜败已经明确，又没有复杂的官子，所以就干脆把棋下完了事。

结果只差4目棋，然而胜势不可动摇，可以说本局是秀和的完胜。

二十四世本因坊石田秀芳认为，第一谱白46虽然有点问题，真正的败因恐怕是让黑棋走到49位盖帽。白48应该按图6在1位顶，黑2飞角求活时，白再走3位扳，将来a位的打入很有力，棋局更富有变化。

第四谱 49－164（149－264）坚实取胜

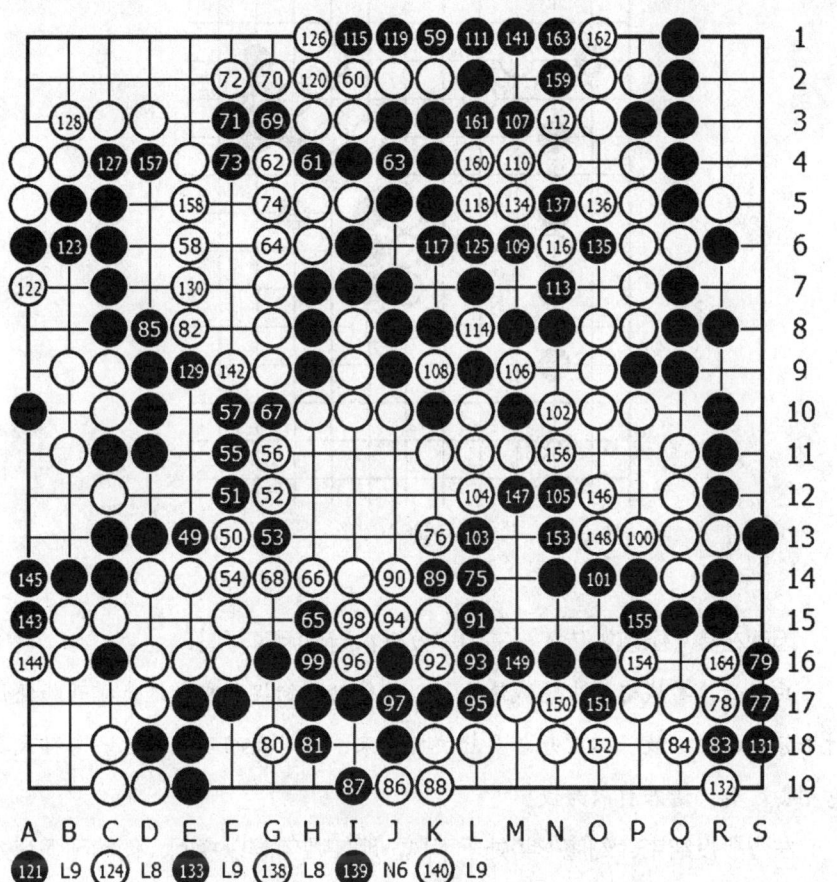

共264手　黑胜4目

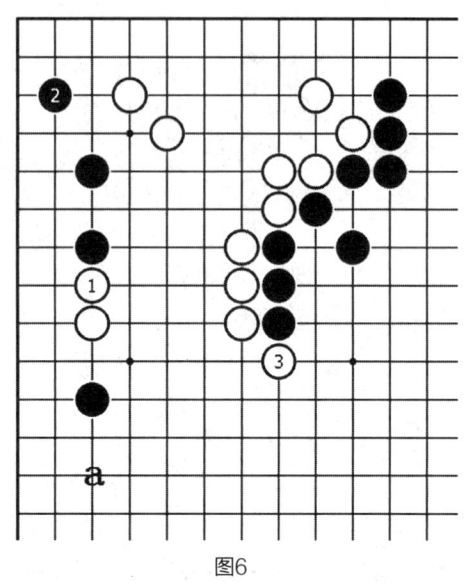

图6

因硕在其《围棋妙传》一书中，分析本局败因时写道：

兵书云，善战者不求速战速决，以静待动，捕捉胜机。这盘棋开局便让对手领先一步，故一心就想着要赶快捞回来，结果反而不能得胜。与孙氏真意相去远矣！诸君引以为戒！

左边战役结束，幻庵形势处于下风。明知败势难以挽回，仍然顽强奋力拼杀，导致局中两次吐血，稍事修整后重又披挂上阵……这种永不言败、明知不可为而为之的精神，令观者无不为之动容，敬佩之情油然而生。这盘争棋留名棋史，日本棋界谓之"献身的争棋"。

（二）御城棋

黑方：本因坊秀和（跡目）七段　　天保十三年十一月十七日于御城

白方：井上幻庵因硕　八段

第一谱 1—66 因硕善战

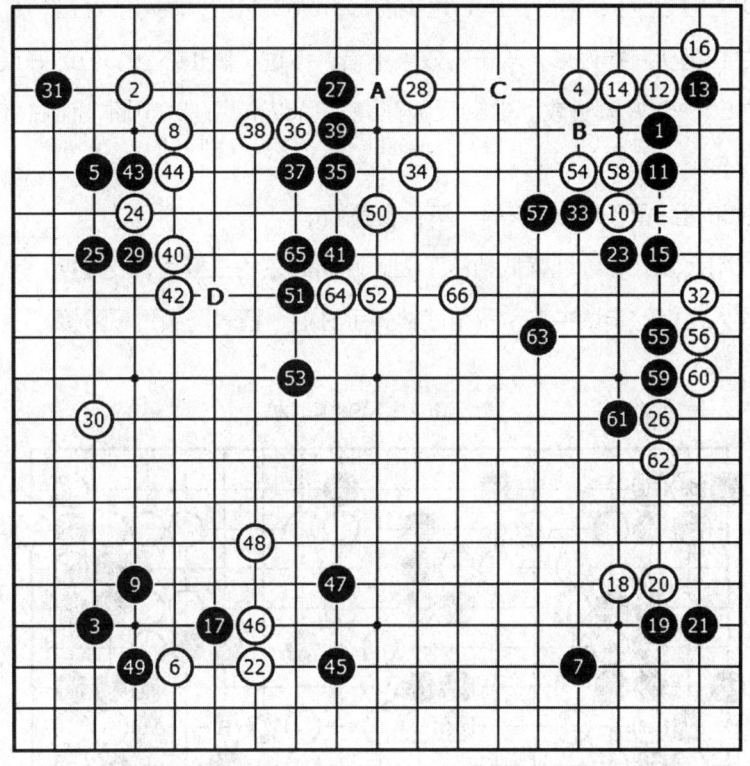

简 评

因硕左上白8尖、右上白10大斜挑战。秀和担心走入白方预设的圈套，黑11并，避免正面交锋，真是久经沙场老道的下法。

白12普通是在54位尖，以下黑15跳、白A位开拆。因硕觉得单靠普通的下法是不能打败秀和黑棋的，于是频繁试探其他新下法。

黑13也可考虑在B位靠出，以下形成白14、黑54、白C、黑55的变化，双方可战。

黑27与白28交换，从广义上讲已占便宜。白28逼时，黑即使脱先，27之子也不会被一下子吃掉。

白32搜黑根据，远远盯着上边黑27一子。

白34、36将黑棋赶出，准备施展缠绕战术。白40时，黑41如42位扳，凑白D位连扳借势，不好。黑41龟步前行，51或64位大跳可能好些。

白42挺头获得好形，攻击的效果不错。不过，黑也占到45位的好点。

白50、52好调进攻。白54反扳漂亮，黑57不愿在58位断，让白棋先手在57位打一下。

白58接后留下E位冲吃黑三子，收获颇丰。

秀和很强大，才勉强抵挡住了因硕迎面劈来的三板斧，要是换一个人，定会陷入白棋的步调中去。两个武林高手过招，精彩场面目不暇接。

第二谱67－149化解危机

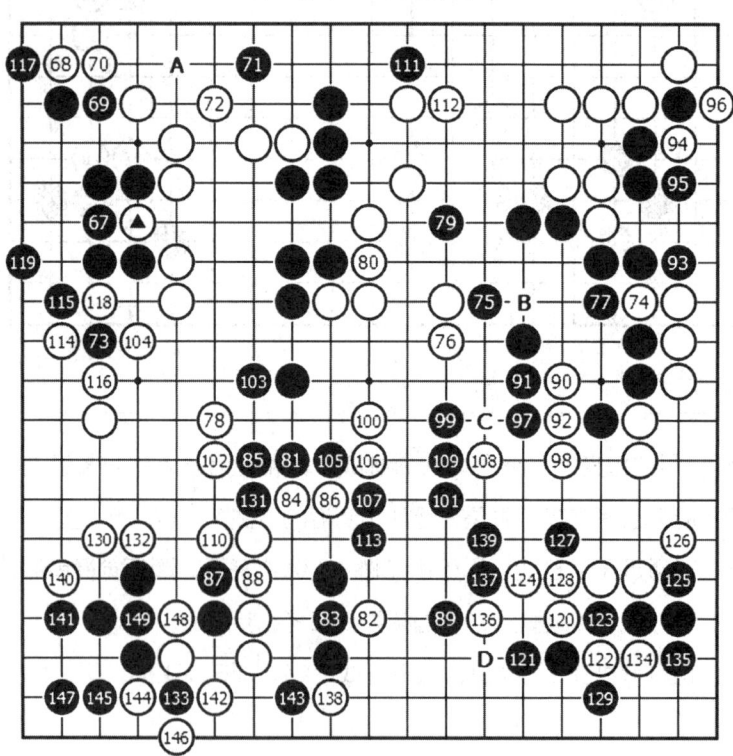

黑67很有意思。前谱白66中腹逼过来，黑却不与理睬，反过来试探左方白棋动静。白68如果接❷一子，黑棋已获利；因此白68位靠，黑趁势走

69、71。黑先手飞到71位，丰富了中央孤棋的眼位。白72不得已，如果再让黑A位刺一下，白棋自身都会失去眼位。

黑73拆一，从容不迫。

白74冲时，黑75、77应对得当。黑75如直接在77位挡，被白B位急所一靠，眼位顿失，整块棋将会遭到猛烈的攻击。

白78、84阻断黑棋联络，因硕拼命制造纠纷。秀和不为所动，黑89冷静围住下边实空，局势占优。

白120尖顶，两雄在右下角展开短兵相接的较量，这是最富力感的场面。白124虎，准备在C位冲断右边黑棋大龙。黑127刺巧妙地进行防守，137的挤也是同样的意图，如随手在D位应，白C位的冲断马上成立。不过，这种棋形味道的确很坏，因硕瞅准时机白138一个二路扫堂腿险些击中要害，吓出秀和一身冷汗，只好在139位退自重。

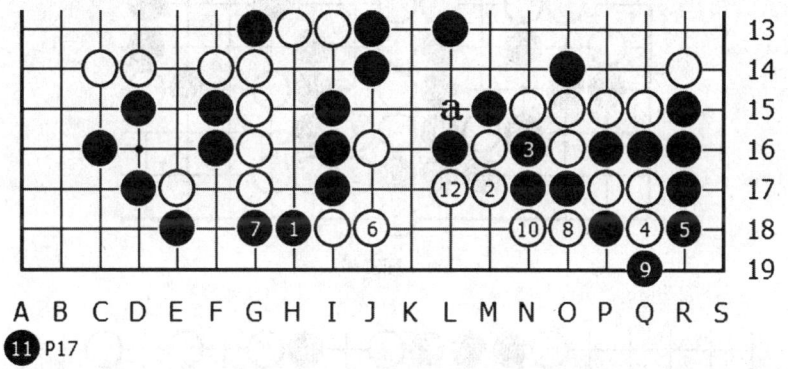

图1

黑139如在图1的1位扳反击，被白2冲出有危险。黑3只好硬着头皮断，白4出动角上伏兵，黑棋困惑。如图黑5打吃，白6先手再8位断是连环杀手锏。双方必然至白12，因a位是绝先，白棋成功做活了。途中黑5如改在8位接，变化如图2。

图2：白8立后，a、b两处见合，黑仍然不行。

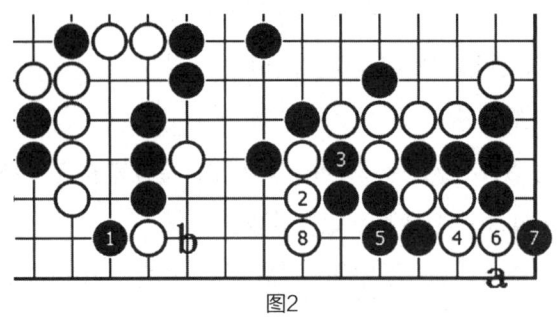

图2

白142没有在图3的1位长出,是因为黑有2、4得利的手段。即使破掉下边黑空,黑左下角地也增大不少,白棋收效甚微。实战白142对黑角进行收刮,下边仍多少有些余味。

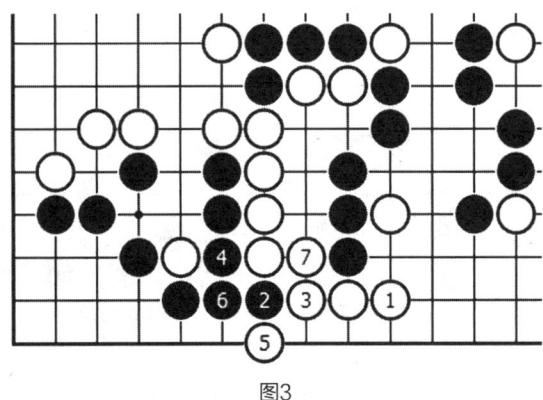

图3

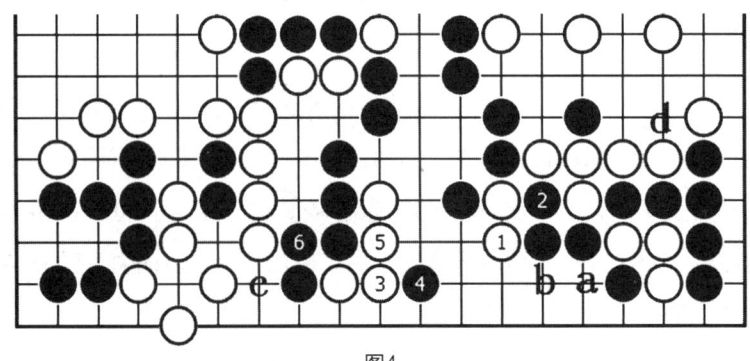

图4

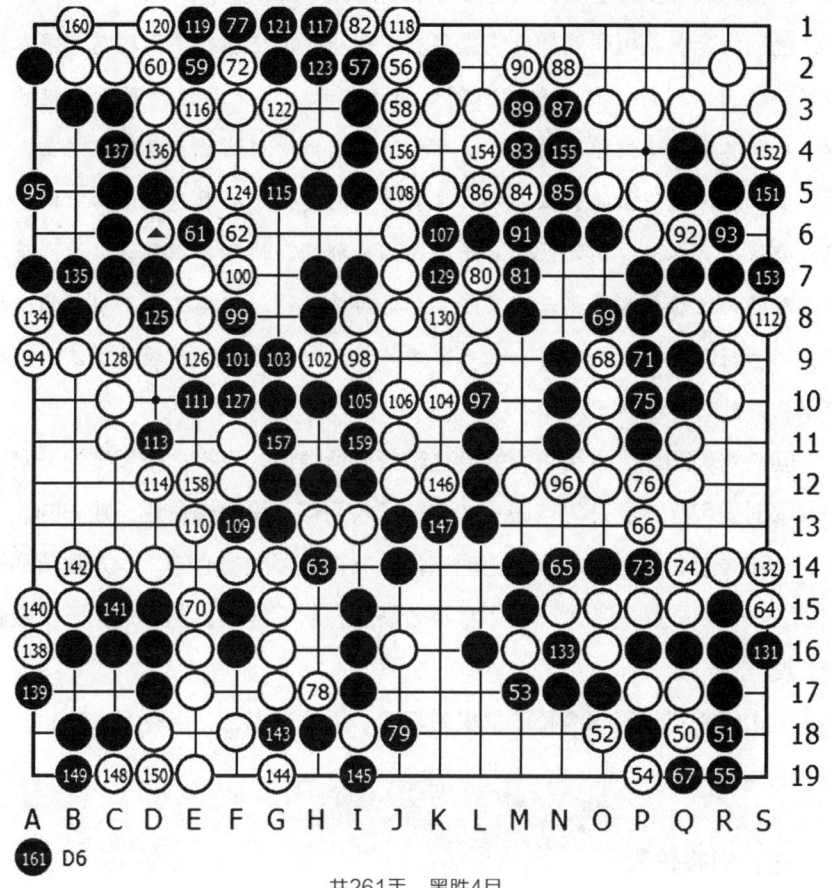

第三谱50－161（150－261）梦断御城

共261手　黑胜4目

下边的余味是指白棋有53位冲出的可能性。白52如在53位冲，变化如图4。

图4：白3二路长时，黑有4位顶的应急好手，白如5位接，黑6也接，就算白棋先手走到a、b位的包打，结果仍然无法做活。因之，白5只好在6位断，黑5冲，白如c位吃，黑d位断的价值更大，白棋得不偿失。

实战白52、54提，64扳收点官子，黑也能忍受。

复杂的战斗告一段落，棋局进入小官子阶段。黑63断吃两子，消除隐患。

秀和的黑棋步调坚实，大势却并不落后，令人佩服。

因硕争夺名人棋所的战斗结束了。《谈丛》评论道："因硕愿意跟本因坊家跡目秀和对阵，这很难以理解。自古以来，从未有过跡目下争棋的先例。从前算知、道悦争棋的时候，尽管跡目道策的棋力已在其师父之上，仍由掌门人道悦披甲上阵，因为跡目没有争棋的资格。况且秀和名为七段，其实力公认足有八段。回避此人正是对因硕有利的，他却不但不这么做，反而在连败两局之后执拗地第三次交手，结果再遭败绩。在事关天下棋所的争棋中，因硕与无资格之人对阵，让人莫名其妙。"这是符合情理的说法，但也可以从另外的角度看问题。

回避秀和的话，本因坊家就会让家督丈策隐退，直接把秀和推为一家之主，那时秀和必定要升为八段；如与掌门人秀和八段争棋角逐，败阵的话就有让秀和当上名人棋所之虞，出现这种事态正是因硕担心的。作为胜负师的因硕，一定要战胜秀和才当棋所！屡败屡战，从不言败，这才是男子汉应有的态度。

丈和研究了幻庵与秀和的争棋后叹曰：因硕之棋艺，堪称名人技量，只可惜生不逢时。

四、幻庵轶事

日本围棋史上，具有名人资格，最终无缘名人称号的本因坊元丈、安井知得仙知、井上幻庵因硕和本因坊秀和四位棋士，后人尊称他们为"围棋四哲"，在棋界享有崇高的声誉。

（一）冰释前嫌立后人

常言道，冤家宜解不宜结。多年对峙之后，因硕也颇感心力交瘁，何苦再这样与坊门为敌，何况彼等势头正旺，莫如化干戈为玉帛，共谋发展。弘化二年（1845年），因硕征得本因坊家同意，将其外家水谷琢顺养子、丈和的长子户谷梅太郎（六段）过继到井上家立为跡目，改名井上秀徹，继承衣钵。至此，二家的宿怨得以化解。

嘉永元年（1848年），因硕告别棋坛，隐居雅号"幻庵"。秀彻继任井上家督，是为十二世井上节山因硕。

（二）直言上谏

弘化三年（1846年）初春的一天夜晚，江户城突发火灾，城郭大面积烧毁，死伤者不计其数。时值幕府统治后期，人心不稳，加之俄国荷兰军舰正向日本驶来，一时间流言蜚语四起，更增添了战争前夜恐慌的气氛。幕府依古例下令全国诸侯课重税上交，作为修城费用。幻庵闻知此事后不胜感慨，认为当下时局动荡，此举于事无补，反而会徒生祸端，因要求老友胁坂淡路守将其谏书呈送幕府。元老们见一个下棋的，竟敢上书干涉朝政，不由怒从心头起恶向胆边生，命幻庵闭门思过静候处罚。不曾想，将军家庆看了幻庵的谏书，深以为然，批准其建议，传令诸侯大幅减少了税金。还特别恩典幻庵，让其登上御城谒见将军，小伙伴们都惊呆了。

各路诸侯闻知此事，纷纷派使者来聘请幻庵为己效力，井上家车水马龙，门庭若市，着实热闹了好一阵子。在人们对于旧幕府封建桎梏习以为常的时候，幻庵敢于犯颜直抒己见，为民请命，其过人之胆识令人敬佩。熟读《论语》《孙子》的幻庵自诩有经世之才，这次提出的建议正合时宜，实乃围棋史上一大快事也。

（三）邂逅秀策

话说幻庵与坊门化解了矛盾，立下跡目之后，便与意气相投、性格同样豪爽的弟子三上豪山云游江湖，好不惬意。弘化三年（1846年），师徒来到浪华，喜逢故人辻忠二郎，暂且住下。一天，辻忠二郎忽然领来一位眉清目秀的少年。那少年一见幻庵，忙上前来深深一揖，恭敬道："因硕先生，别来无恙。"幻庵心中一怔，只觉得此少年好生面熟，就再也想不起是在何处见过。

这位少年不是别人，正是日本围棋史上称为"后圣"的秀策。

在辻忠二郎等棋友的撮合下，幻庵与秀策坐到纹枰边，大战数合，其中一局便是棋史上鼎鼎有名的"耳赤之局"，在此先按下不表。

（四）向往华夏

幻庵师徒两人到处游山玩水，以棋会友，一晃几年过去了。一日，幻庵对徒弟三上豪山道："目前看来，我已不大可能在日本棋界有所作为了。想这弈道来源于中国，彼地棋道一定大兴焉。要不我们西渡东海，去大清国创一门派，或可大大施展一番。你意如何？"三上回道："师父所言极是，弟子当鞍前马后效犬马之劳，不敢有丝毫怠慢。"二人计议已定，当即着手准备。

当时幕府实行锁国政策，严禁百姓私自出海，要想从海路去往别国难于上青天。为掩人耳目，师徒二人号称出游，大肆游览各处名胜，最后悄然来到长崎港，此处是当时日本最佳的出海口，恨不得立马乘舟西渡而去。长崎港禁令森严，一时没有机会，两人只得姑且住下，静待时机。

嘉永六年（1853年）六月，幻庵实在等不及了，便与弟子商议，决定冒险渡海。等来一个风和日丽的日子，以游舟为名雇了一条小船，备了些酒饭，悄悄出海了。不多时，小船就顺风划到了海中央，海岸已变得模糊不清起来。船翁有些累了，倚靠船舵正欲昏昏睡去，忽见幻庵捧上一杯酒来，低声道："实不相瞒，我二人欲借小舟前往大清国游历，事成之后，当以黄金十两为谢。"船翁闻言大惊，忙道："此乃违禁之事，即便舍弃身家性命不要，可这一叶小舟如何渡得这茫茫大海呀？"正说话间，三上豪山抢上前来，将一口雪亮的腰刀架在了船翁的脖子上。船翁无奈，只得遵命西行。

 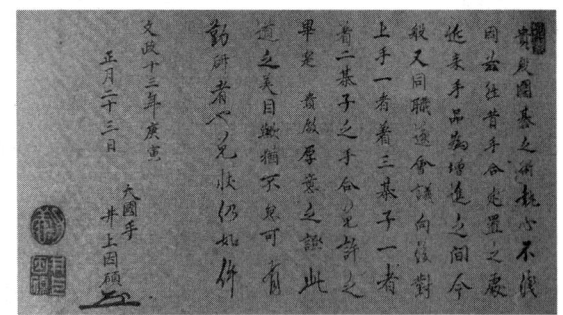

幻庵因硕以"大国手"发行的免状

天有不测风云。小船来到了玄界滩海域，突然乌云蔽日，狂风大作，一场暴风骤雨袭来，小船淹没在滚滚巨浪之中。危难之际，船翁却心中暗喜，以为这下可以打消他们狂妄的念头，于是苦劝二人即刻返航。师徒不为所动，大叫继续前进。船翁趁风大浪急之机，悄悄转舵，任小舟随波飘流。幻庵师徒全然不觉，以为风浪所致。就这样，在海上历经九死一生的磨难，漂泊数日之后，小船竟然靠到了九州海岸。幻庵仰天长叹道："老天爷啊！您不保佑我，看来这辈子再也无缘与华夏名士相切磋，惜哉！惜哉！"所带毕生积蓄全部付之东流。弄到这步田地，幻庵终于打消了西渡的念头，算是认命了。上岸后投靠家住佐贺的老友，一番东奔西走之后，总算找到一处所在，师徒设馆教棋，维持生计。

盘缠用尽不得东归，师徒深感烦恼。为筹集经费，幻庵广收弟子，不管会不会下棋，凡是申请段位的便授予初段免状，这种无实际棋力的段位史称"因硕初段"。

（五）两个金点子

1. 井上家原来以井上玄觉因硕为第一世家督，幻庵因硕为了提升井上家的声誉修改家谱，把玄觉因硕的老师、二世名人中村道硕请出来做井上家一世，自己也由继承家督时的十世，变为后来的十一世因硕。

2. 本因坊道策以来，名人（九段）与上手（七段）之间的八段称为"半名人"，幻庵将其改称"准名人"，一直沿用至今。

第十一章 耳赤之局

本因坊秀策VS井上幻庵因硕

一、百五十年来之棋豪

本因坊秀策于文政十二年（1829年）生于备后国因岛（现广岛县尾道市因岛外浦町），本姓桑原，幼名虎次郎，随母亲围棋入门。五岁时，方圆百里无敌手，人称"安艺小僧"。九岁来到江户（东京）拜师本因坊丈和，借其本家姓安田改名安田容斋。十岁获得初段，与道的、道知并称棋界"三神童"。赋闲在家的丈和，一次在本因坊道场目睹秀策弈棋风采，抑制不住内心的激动，大声赞道："此童乃百五十年来之棋豪，必将光大吾家门楣也！"（一百五十年前正是棋圣道策的全盛时代）

虎次郎1840年升为二段，改名秀策，1841年三段，1842年四段。

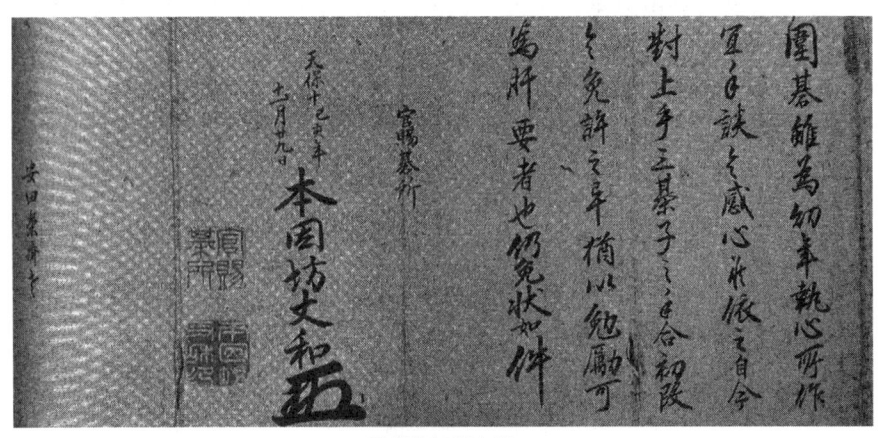

秀策的初段免状

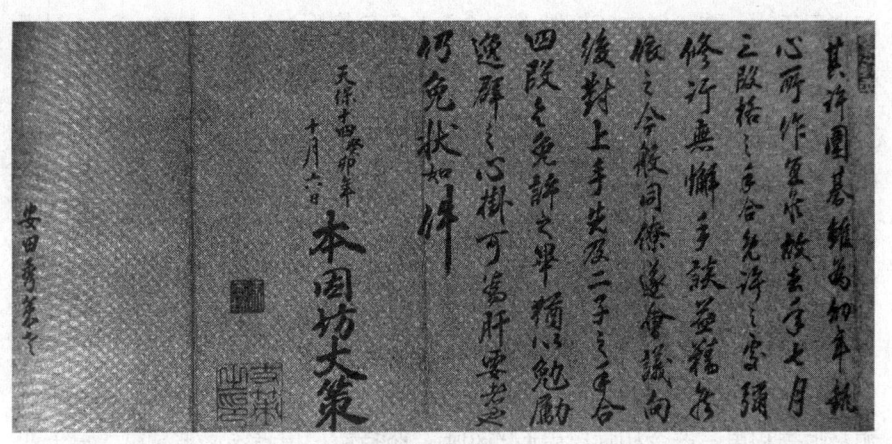

四段免状

弘化三年（1846年）季夏，师父秀和特意恩准秀策第二次回家探望双亲。同年七月，省亲途中在浪华巧遇前辈幻庵因硕，朋友安排棋局，两人大战数合，秀策定先战胜了因硕。有鉴于此，丈和、秀和计划把秀策立为本因坊家跡目。家督，意味着成为幕臣。没想到，秀策执拗地拒绝作坊门跡目。原来，其父桑原轮三侍奉着主公備后国三原城主浅野甲斐守，秀策七岁时，浅野公看中其围棋天赋，建议重点培养。秀策十岁获得初段，翌年回老家省亲，浅野公赐予五人扶持俸禄，视作自己的家臣。要是做了幕臣，就是对浅野公的不忠。

秀策与师父秀和的棋份是定先，后来秀策比分大幅领先，秀和主动提出修改棋份为先相先，秀策答曰："没有让老师执黑棋的道理。"（先相先，三盘棋里面上手有一盘执黑）

秀策还是一位十分孝顺的人，时常给父母家人写信，汇报自己的对局成绩、生活情况以及东京街头巷尾发生的事情，还在信中夹着钱寄回家。秀策的妻子（丈和之女）花子回忆说："在他离开我们之前，我从未看见过他一次发怒的表情。"秀策就是这样一位尊师重道、温和忠孝的谦谦君子。

嘉永元年（1848年）秀策晋升六段，正式成为第十四世本因坊跡目，同时与丈和之女花子结婚。翌年开始出仕御城棋，至文久元年（1861年）

的十三年间，秀策树立19连胜【注①】的空前绝后大记录，成为"史上最强棋士"说法的有力依据。

平明秀丽之棋风、正确的形势判断是秀策无敌于天下的两大法宝。秀策执黑棋弈得坚实无比，爱用1、3、5错向小目布局，后世称为"秀策流"布局（请参照下文）。有人询问御城棋预演赛结果如何，秀策答曰："我执黑棋。"棋界流传着这个典故，但从其谦谦君子的为人来看，秀策说的应该是"执黑棋，总算勉强赢了"。

文久二年（1862年）江户霍乱大爆发，本因坊家不断有人染病，秀策不顾乃师秀和再三严令和师兄弟们的劝阻，坚持看护患者不幸被感染，三十四岁仙逝。坊门除秀策之外，没有一人成为这次霍乱的牺牲者。

棋界失去了这样一位卓越的人物，哀哉。

二、耳赤之局

弘化三年（1846年）九月，秀策省亲途中路过浪华，听说前辈幻庵因硕也在此地逗留，不禁大喜。小时候，秀策亲眼目睹幻庵对局，深知此人棋力不在乃师秀和之下，早就有心领教，正是天赐良机。便通过棋界高士辻忠二郎、原才一郎等人撮合，希望得到前辈指点一二。辻忠二郎兴冲冲领着秀策回到家，对幻庵道："这位是坊门高足桑原秀策，棋力四段，今省亲路过此地，想请老兄指导一局，未审钧意若何？"

幻庵一听"坊门高足"，不觉心里一怔，猛然想起四年前御城棋赛的情形，不由脱口道："莫非那打翻杯子的小童便是你？"【注②】秀策笑答："正是，正是。"辻忠二郎笑着接口道："原来二位是老相识，就请幻庵老兄务必指导一局，让我等饱饱眼福才是。"幻庵笑道："老友发话，在下岂有不遵之理？来吧。"

幻庵是八段，秀策四段，两人之间的棋份是二子。第一盘二子局，棋刚下到一半，幻庵认可了秀策的棋力，提议破格把棋份改为定先。一连对弈数局，其中一盘就是棋史上的著名棋局"耳赤之局"。

这盘棋从九月十一日至十五日，隔天对局一次，共花费三天时间弈完。

第127手　耳赤的一手

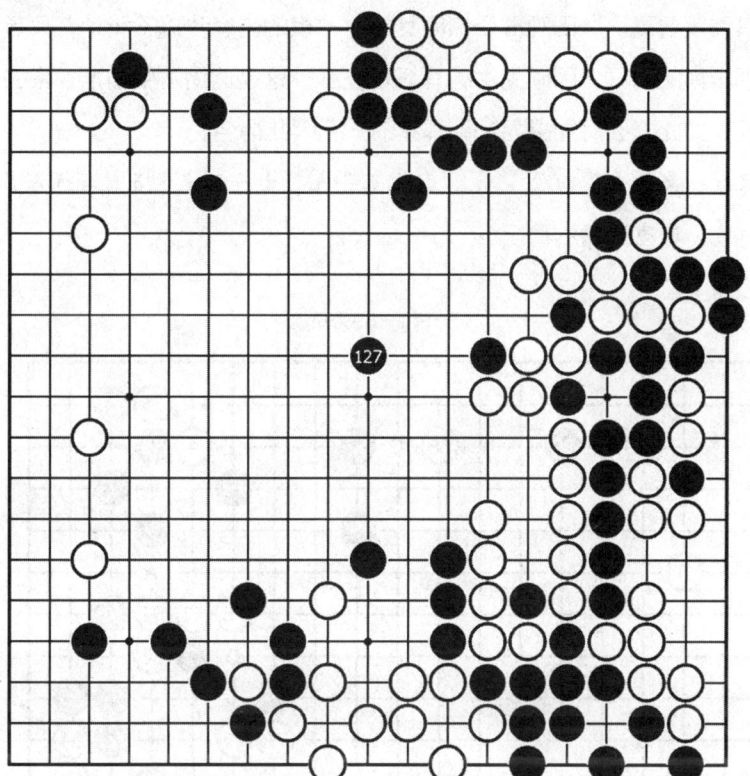

秀策纪念馆棋局展示

秀策祭出的黑127，兼有扩大上边黑模样、削减右边白势力、间接声援下边弱棋、瞄着左边打入白阵的作用，是一石四鸟的中盘妙手，名垂围棋史。有个不太懂棋的医生在旁观战，看到黑弈出第127手，贸然脱口道："这棋秀策要赢。"围观群众惊问其故。"棋的内容我搞不清楚，只是看到黑走那步棋的时候，因硕先生的耳根发红了。这是情绪发生动摇、失去信心的表现，如此怎么可能赢呢？"耳赤的一手因此得名。

黑方：桑原秀策四段　　　弘化三年九月十一日至十五日弈于浪华

白方：幻庵因硕八段

第一谱 1-89 秀策流

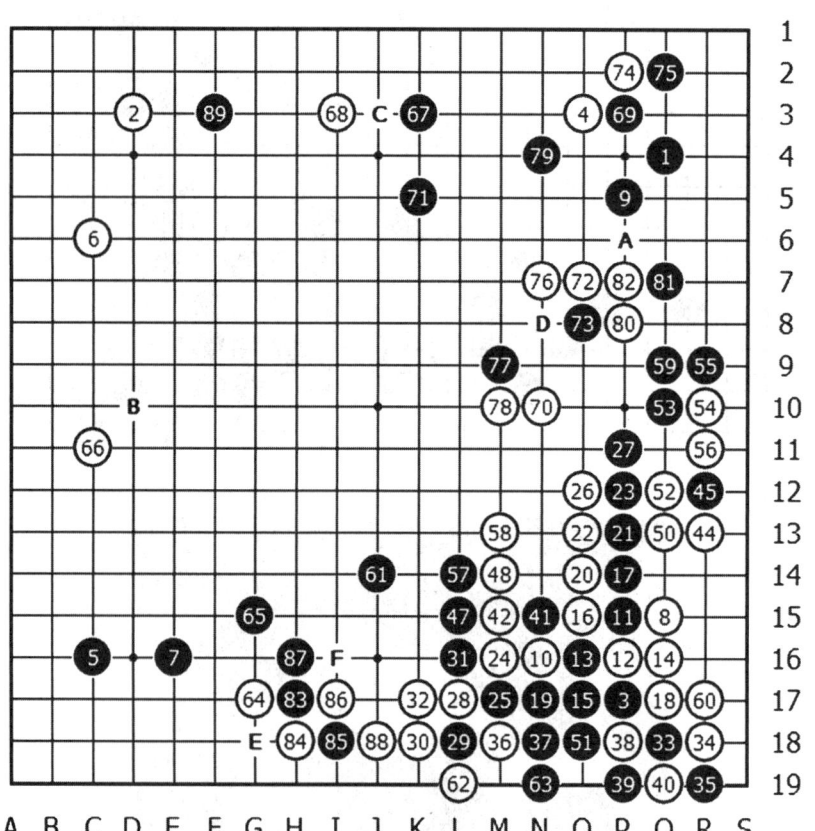

本因坊秀策

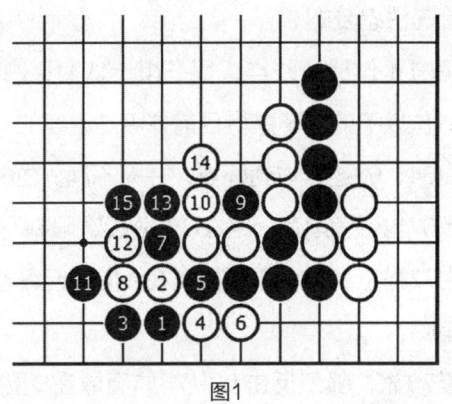

图1

简评

黑1、3、5错向小目开局，是秀策执黑时特别得意的战法，以此在御城棋赛中所向披靡，于是人人争相效法，棋史称"秀策流"布局。黑9小尖，更是秀策的最爱，每次谈到这步棋，他都自信满满地说："只要棋盘的路数大小不变，这步小尖就不可能成为坏棋。"因之黑9被称作"秀策的小尖"。（很多时候，黑1、3、5加上9位的小尖合称"秀策流"）

现代围棋考虑到贴目的因素，认为黑9的小尖速度有点慢，多采用在上边夹击之类的下法。阿尔法围棋（AlphaGo）对黑9进行改良，更多选择在A位小飞，方向上是一致的。

白10大斜是丈和发明的坊门杀手锏，当年幻庵为了战胜秀和，对"大斜百变"进行了彻底的研究，而且更有新发现，成为幻庵克敌制胜的法宝。果然，秀策在这里有点吃亏了。

黑25可考虑在29位飞，变化如图1。

图1：白2尖顶、4位扳出的手段，因征子不利，白棋不成立。

实战白28、30连扳严厉，以下形成劫争，双方进行至黑59基本必然，成为定式之一型。

白60二路接回一子，是典型的似小实大的必争点，使白62位的提变成先手，间接补强了下边白棋。白60如脱先他投，黑60位断吃是先手，这是高手都无法忍受的。

黑61是作战分歧点。很多棋士认为，白62提是先手，下边白棋眼位丰富，31位以下的三子黑棋目前并不是重要的"棋筋"。

白64、66连续占到好点，并无不满。白66如他投，黑B位开拆绝好。

黑67也可考虑宽一路在C位分投，限制左上白势力。

白72横空一吊，希望黑棋在A位附近跟着应一手。棋盘上那么听话，还是秀策吗？

黑73靠，强烈反击！白76如胆敢在D位扳，秀策会毫不犹豫地在76位断，把白72之子拿下！白76退，避开对手锋芒，经验丰富。

黑77虚晃一枪，暂且阻断白棋联络，79回防要塞，迫使白80、82退守，再83至87先手交换留下E、F位两处借用（根据局势灵活选择，正是围棋的妙味），紧接着黑89打入左上白阵。

这一连串剑法舞得滴水不漏，幻庵有些招架不住，急忙决定封盘。

修整一天后重新开盘，白90、92大闹右上黑阵，初看全是来送礼的，其实含有深意。

黑93扳，识破白方意图。

图2：单是要阻渡的话，黑93常识是在1位立，白2、4次序巧妙，以下至白14断，a、b两处见合，黑阵出现破绽。

诚然，白94之后留下了112位断的做活手段，为了做活白棋也要付出沉痛的代价——黑115位接，顺便把白❶（白68）之子撞成重伤，失去战斗力。总体来看，白棋所得十分有限。

白96以下压缩黑地，104挤好手，先手把中腹走厚了。

白116不能省，否则黑有A位靠的杀招。

黑119托，试应手，121跳起扩大上边模样。

白122拆二与黑123断吃基本是见合的大场。

白126迎来作战分歧点。吴清源大师仔细研究棋局后认为，白126不妥，此时应补强左边白阵，或抢占中腹B位附近大势要点，如此尚可一战。

第二谱90-127耳赤的一手

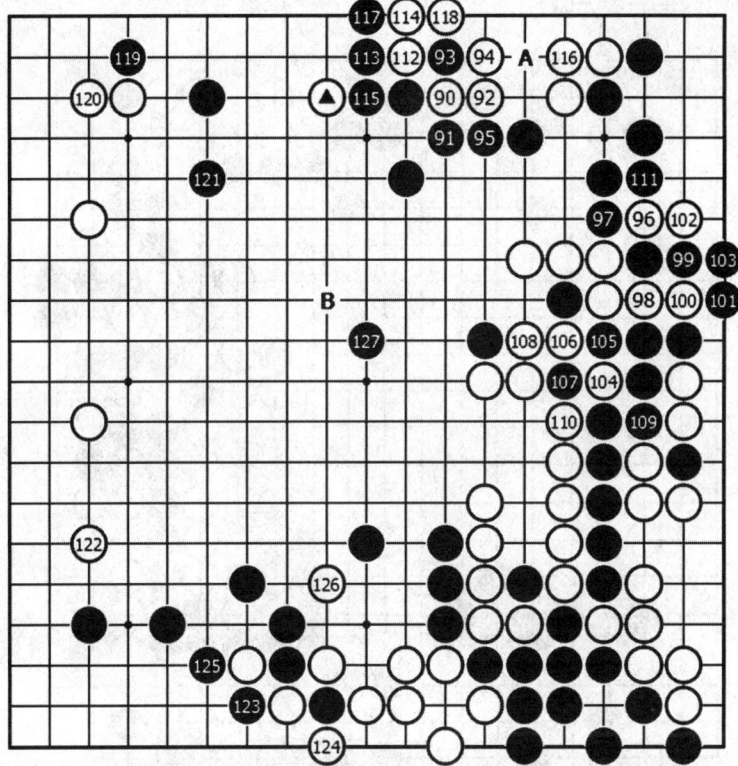

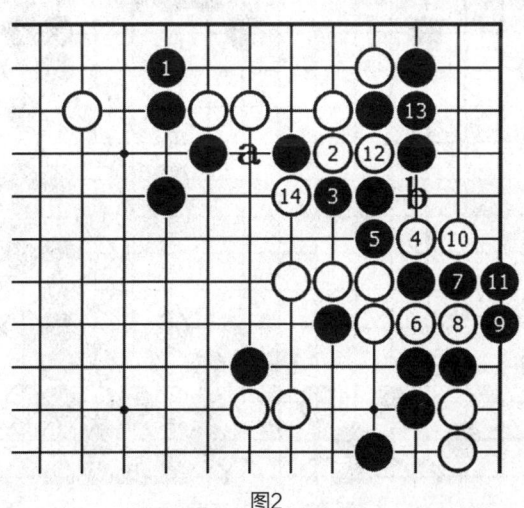

图2

黑127占据中央要冲，眼观四路耳听八方，只有把它放到棋盘上，人们才会发现这是一步无以言表的妙手，在纹枰上熠熠生辉。

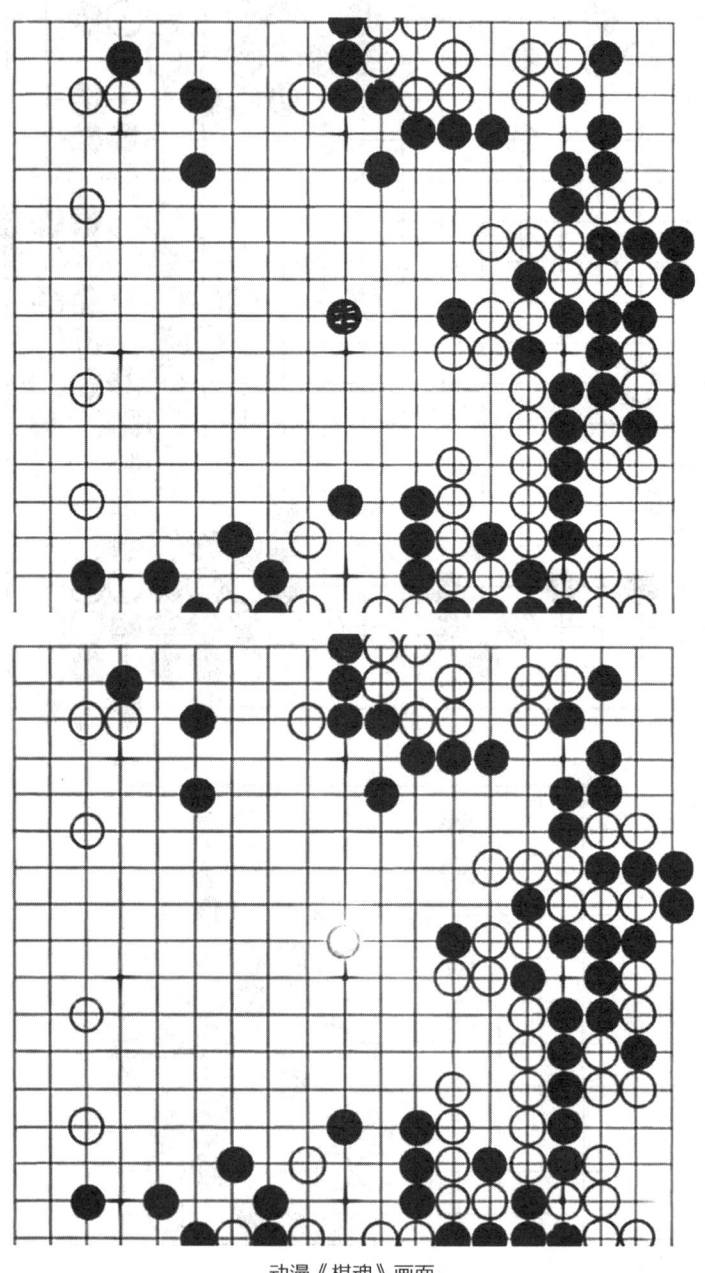

动漫《棋魂》画面

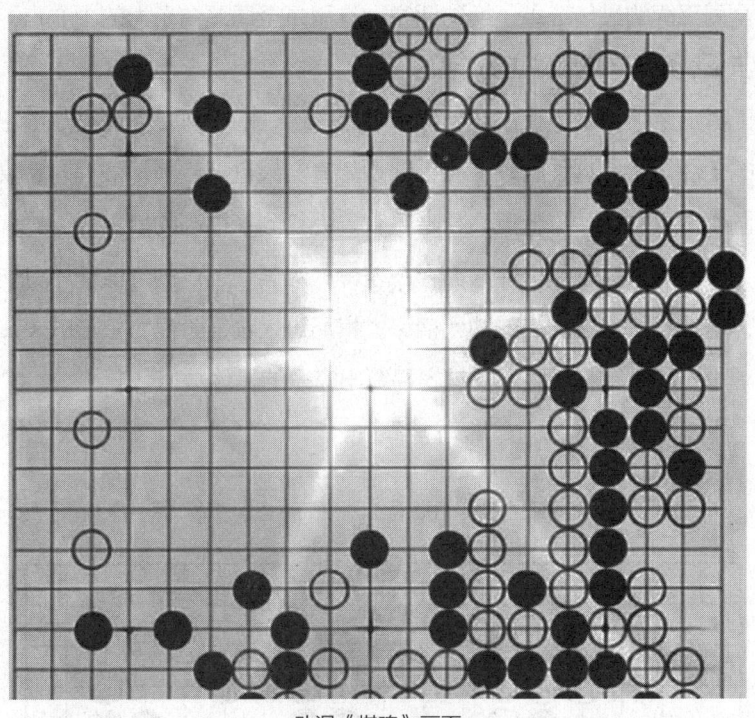

动漫《棋魂》画面

秀策书法"围棋十诀"

如何判断黑127的价值呢？吴清源大师曾说："我认为，在围棋上中和棋盘上棋子效率的一手即为最佳着手。围棋的理想也是中和。"这手棋正是调和全局平衡的最佳选点，换句话说，这里是全局黑白子力的中心点，完美体现了吴清源大师的围棋理想。

围棋从序盘到中盘有许多类似"耳赤之手"的着点是人类无法给出具体数值的【注③】，这种时候，高手都是凭直觉来进行判断，依据对将来可能性的洞察做出选择，仁者见仁智者见智。就算到了很高的境界，因对弈者在棋力、经验、棋风以及个性方面存在差异，对某个选点的价值理解可能大相径庭，这恰好体现了围棋的博大精深。棋局进入收官阶段，棋形的未知部分逐渐减少，所以越临近终局，越容易算出官子的具体数值。

第三谱27－100（127－200）坚实无比

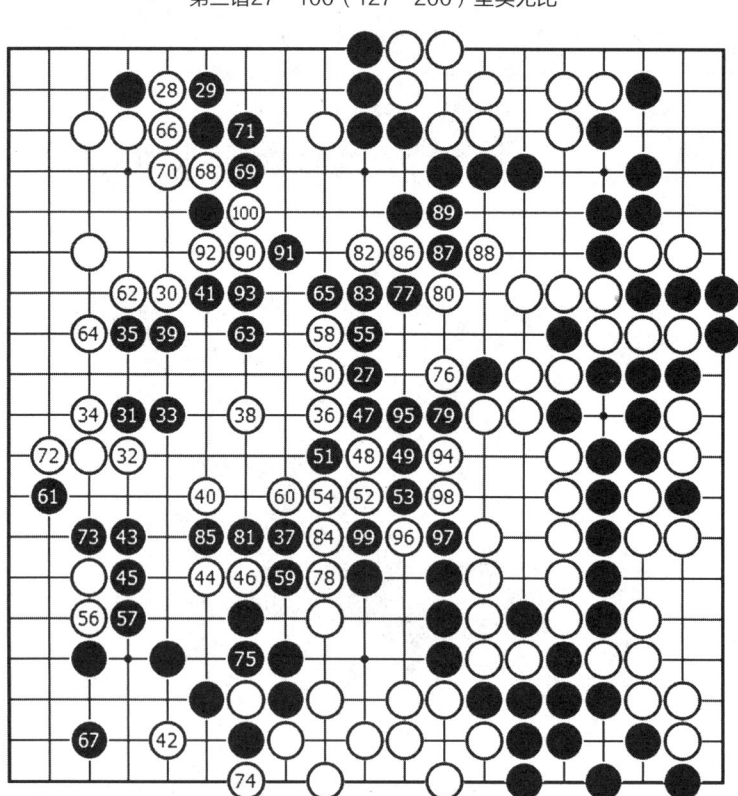

第四谱 1—125（201—325）

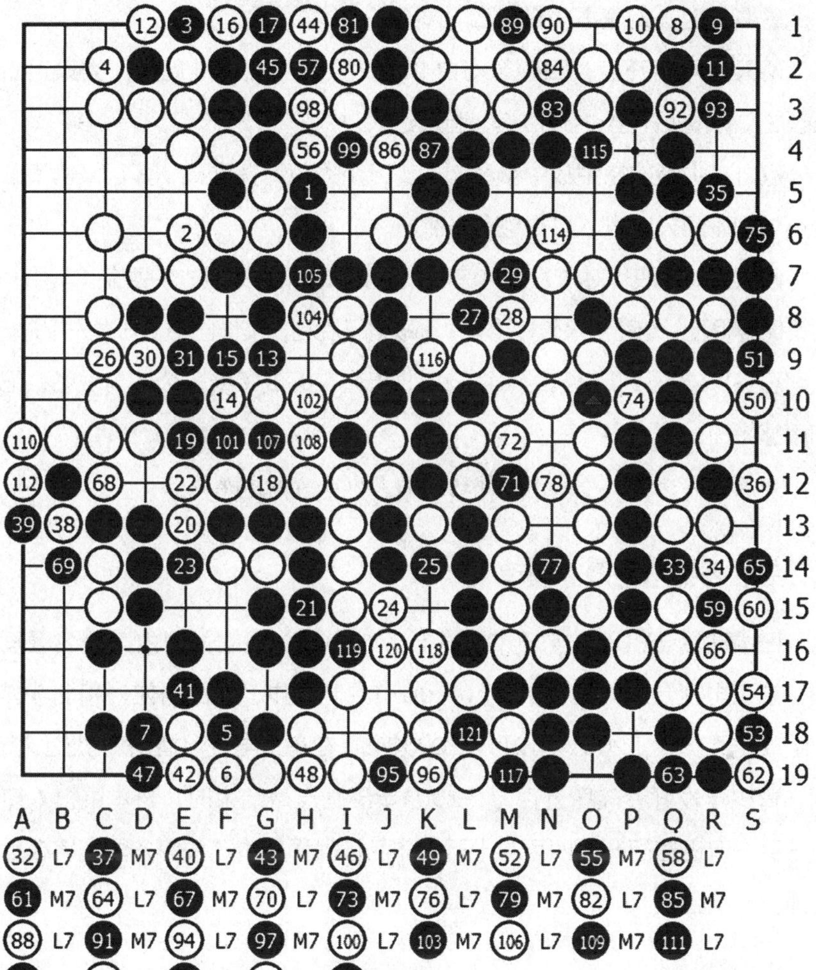

共325手黑胜2目

单劫黑胜

黑27之子"据其极而运四方"，幻庵进退维谷。进，无论从哪个方向看，27之子就像一块耸立的巨石拦住去路；退，27之子瞬间化为伏兵截断后路。

穷途末路的因硕终于下定决心，以白36之子来顽强抵抗那块巨石。

黑37轻轻一飞，如细柳拂风。

黑41扳时，幻庵再次封盘。

两天后再度开盘，因硕祭出白42的奇兵，企图扰乱局势。秀策果断黑43反击，从背后包抄中腹白棋，胆识过人。

双方在中腹的空中战中费尽心机，无奈秀策计算准确，弈得滴水不漏，老英雄幻庵回天乏术，只得望盘兴叹。

两位大师在浪华对弈五盘，首局二子棋除外，秀策定先的四盘（其中一盘秀策优势明显，幻庵"永久打挂"）都取得了胜利，棋份已经上升为先相先。

石谷广二五段将秀策的一百局棋收集起来编成《敲玉余韵》一书，记载幻庵感想曰：

秀策棋品秀逸，年方十八即达高品，以此可知未来也。

三、秀策与动漫《棋魂》

日本动漫《棋魂》（日文名：ヒカルの碁）根据堀田由美同名漫画改编，东京电视台、电通及StudioPierrot共同制作，作品由佐为和北斗杯两篇组成，共75集。2001年10月至2003年3月在东京电视台播出后引发围棋热潮，青少年爱好者陡增近百万，2004年漫画连载结束时，日本围棋人口也由三百多万迅速回升至四百八十万。作品被翻译成中英法等多国文字在世界传播，影响巨大。

（一）引子

平安时代的天才棋士藤原佐为，为了追求"神之一手"，跨越遥远时空，在进藤光的心里苏醒了。

藤原佐为

进藤光寻宝

灵魂附体

进藤光是一个小学六年级学生，不喜欢学习功课，成绩不好。因社会课考试只得了八分，家长就不给零花钱用了。一天，小光跑到爷爷堆杂货的仓库里寻宝，想找些值钱的东西变卖赚点零用钱，没想到偶然翻出了一个旧棋盘。就在他接触棋盘的一瞬间，寄宿于棋盘中的平安时代天才棋士——藤原佐为的灵体依附在了小光的体内。

"你是什么人啊？"

"我叫藤原佐为，是平安皇城里教大君（天皇）围棋的棋师。每天都能下棋，真是太幸福了。但是，除我之外还有一个棋师，一天他向大君进言，说棋师有一个就够了，通过对弈一决雌雄，您只需留用获胜的人。"

"然后呢，你们决斗了，谁赢了？"

"盘上杀得难解难分，大家都只注视着棋局，我无意间发现，他的棋盒里混杂着一颗白子，他瞅准机会，瞬间就把那颗白子偷偷放进了自己的提子盒里。"【注④】

"他在作弊啊。"

"我正想揭发他的时候，却被他恶人先告状倒打一耙，反倒栽赃我的棋盒里有一颗黑子。我们开始争论，大君怒道：'太丢人了，都安静！我连想都不愿意去想，如此卑鄙的行为竟然发生在我的眼前！接着下就可以了。'……结果我输了。我一直无法抑制心中的怒火……背负着作弊的罪名，我被赶出了皇城，又没有其他生活技能，两天后投水自尽了。我想再下，再下更多的棋！我的灵魂无法安息，便依附在一块棋盘上。过了好多年时间，在濑户海上浮起的因岛，我听到了一个少年的声音，他的名字叫虎次郎。'少年啊！如果你能看到我怨恨的泪水，就请你在心里给我一块角落，让我安住在那儿吧！'虎次郎后来改名秀策，二十岁就立为师父的跡目，成为十四世本因坊掌门人。"

（二）主要人物

进藤光

塔矢亮　　　　　　塔矢名人　　　　　　桑原本因坊

1. 进藤光

1986年出生，创作漫画时是一位十二岁的小学六年级学生。性格开朗活泼，调皮可爱，想到什么就要立刻去做，经常制造麻烦。喜欢穿印有"5、GO"字样（日语发音与"碁"相同）的衣服，不喜欢学习，尤其社会课成绩极差。跟随佐为学习围棋后，甚至成为棋院院生【注⑤】、通过入段比赛获得初段称号进入职业棋坛之后，对棋界的常识仍然全然无知，也不想去主动了解，弄得小伙伴们哭笑不得。

2. 藤原佐为

平安时代的天才棋士，本剧的关键人物。具有平安贵族柔和的性格，孩子般毫无顾忌地表达自己的喜怒哀乐，只要一下围棋，就立刻变成一个神鬼莫测的绝顶高手。佐为自身只是一个灵体，既不能与人交谈，也不能手持任何东西，只有进藤光（小光）才能充当他与现实世界接触的媒介，周围人都无法感知其存在。起初，佐为来到现世固执地追求"神之一手"，但在守望小光不断成长的过程中，逐渐把自己的角色转换成监护人，师生间产生了父子般深厚的情谊。

3. 塔矢亮

小亮与进藤光同年，塔矢名人的儿子，两岁开始接受精英围棋教育，心底里比谁都热爱围棋。父亲几乎每天都要和他下一盘让三子指导棋，因此小亮的棋力提高很快，已接近职业棋士水平。父亲担心伤害到别的孩子学围棋的信心，就不让小亮参加儿童围棋比赛。缺乏同龄竞争对手，小亮内心隐约感到不满。正在这个节骨眼上，小光出现了。在首次对局中，小亮竟然"意外"地输给了小光。怎么会这样？其中定有蹊跷……为了解开小光神秘棋力之谜，小亮开始了不懈的追寻。

4. 塔矢行洋

日本围棋五冠王，小亮的父亲，誉为棋界距离"神之一手"最近的人。当小亮输给小光之后，开始关注小光的动向，探寻背后的隐情。

5. 桑原仁

本因坊头衔保持者，"第六感"十分敏锐，初次与进藤光擦肩而过的瞬间，即刻产生异样感知，似乎觉察到了佐为的气息。喜欢调侃别人，是一位独具慧眼的老前辈。

（三）剧情简介

江户时代，佐为看出虎次郎具有卓越的围棋天赋，于是把自己的灵体依附在他身上。剧中，虎次郎及秀策所取得的成绩都与佐为密切相关。江户爆发流行病，秀策看护同门师兄弟，自己却不幸染病三十四岁英年早逝，悲伤的佐为把灵体寄宿在秀策的血液之中渗入棋盘，等待下一位天才少年的出现。

一百三十多年后，进藤光来到爷爷的杂物仓库，无意间把那块棋盘翻了出来，佐为的灵体瞬间依附到小光的身上。佐为向小光诉说了自己的身世，小光知晓后产生了同情心。一日，令小光倍感头痛的社会课期中测验，佐为提示难题答案，小光非常高兴，决定也要满足佐为下棋的愿望。他们来到塔矢名人经营的棋会所与小亮相遇，从此展开两位少年竞争对手之间的江湖恩怨。

暑假来了，小光与学校围棋部的小伙伴们来到棋院观看公开对局表演。小光坐不住，就从演播厅溜出来在棋院大厅闲逛，刚好工作人员正在推销电脑，演示利用互联网下棋的方法。"真名、年龄、住址都可以不让人知道就能随意下棋……就是它啦！"小光高兴得跳了起来。"佐为，你不是想下棋吗？我要让你一次下个够！"小光替佐为取网名"Sai"（"佐为"的日语发音），每天都到朋友姐姐打工的咖啡馆上网对弈。

佐为保持全胜，许多中日韩顶尖高手都成其手下败将，引发世界棋坛骚动。Sai的知名度迅速攀升，申请对局的人越来越多，就连高傲的塔矢名人也耐不住寂寞，想尽一切办法要跟Sai来上一局。暑假结束了，Sai突然消失得无影无踪，更是吊足了大家的胃口。"Sai到底是什么人？"棋界展开一场全球大搜捕。

塔矢名人突发心脏病住院治疗，为帮师父排解病床上的无聊时光，绪方九段推荐上网下棋。佐为建议小光去医院看望塔矢先生，得知先生在网上对弈。佐为和塔矢都在追求"神之一手"，佐为以前说过想跟他手谈一局，于是小光从中撮合，确定好对弈时间。这盘"巅峰对决"结束后，塔矢名人突然宣布隐退，震动日本棋界。

小光无意中说的一句话，让佐为悟到了自己灵体长久存在的意义，意识到使命完成之后，即将离开这个世界。和煦温暖的仲春阳光普照着大地，佐为和小光下了最后一盘棋，带着无限祝福，悄然离去……

小光在春光里醒来，发觉佐为已经不在身边，开始了艰苦的寻思之旅。从东京的棋院到秀策出生地因岛，不畏艰辛往返千里，那一声声发自心灵深处的呼唤，无不让观者恻隐、令闻者动容！可是，哪儿还会有佐为的身影？

（四）作品特点

动漫画面依据实物进行构图，真实感较强；故事情节引人入胜，场景配乐和谐统一，较好地烘托出情景氛围；引入大量棋局画面，让观者欣赏动漫的同时，熟悉了解历史名局。

每一集结束后，插入小课堂，介绍围棋规则、下法及其相关文化常识。

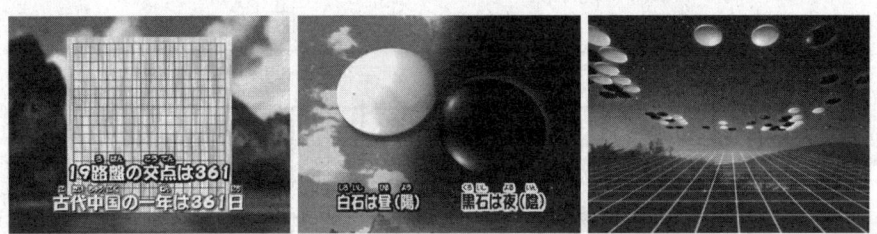

（五）缘起及影响

漫画作者堀田由美是一位围棋爱好者，下棋经常被高手欺负，"要是有个围棋神仙帮我打败这些人就好了。"这个想法成了创作作品的契机。

为了让初学者理解，作品只对围棋的基本规则下法作简要的说明，省略棋局进程和技术解说环节。尽管如此，还是设法让不懂围棋术语和规则的人能够理解剧情，有时故意选择冷僻术语出人意表，反而促使剧情氛围达到高潮。

漫画《棋魂》讲述的是中小学生学习围棋的故事，青少年受众更觉得亲切，更容易接受，打破了成年人才爱好围棋的传统思维定式，引爆青少年围棋热潮。不少小朋友观看之后，对围棋产生了浓厚的兴趣，成为一生的爱好。有些人更是借此因缘，走上了职业棋士之路。

四、棋史第一盘贴目制对局

嘉永五年（1852年）二月十二日弈于阿部邸　总谱1－155以下略白胜6目

黑方：第一手鹤冈三郎助五段　　第三手本因坊秀和（黑贴5目）

白方：第二手伊藤松和七段　　　第四手本因坊秀策

嘉永五年壬子（一八五二）
二月十二日　於阿部邸連碁

先番五目込

三　本因坊秀和　八段　三三歳
一　鶴岡三郎助　五段
四　本因坊秀策　七段　二四歳
二　伊藤松和　七段
六目勝（盤面一目勝）

5＝劫

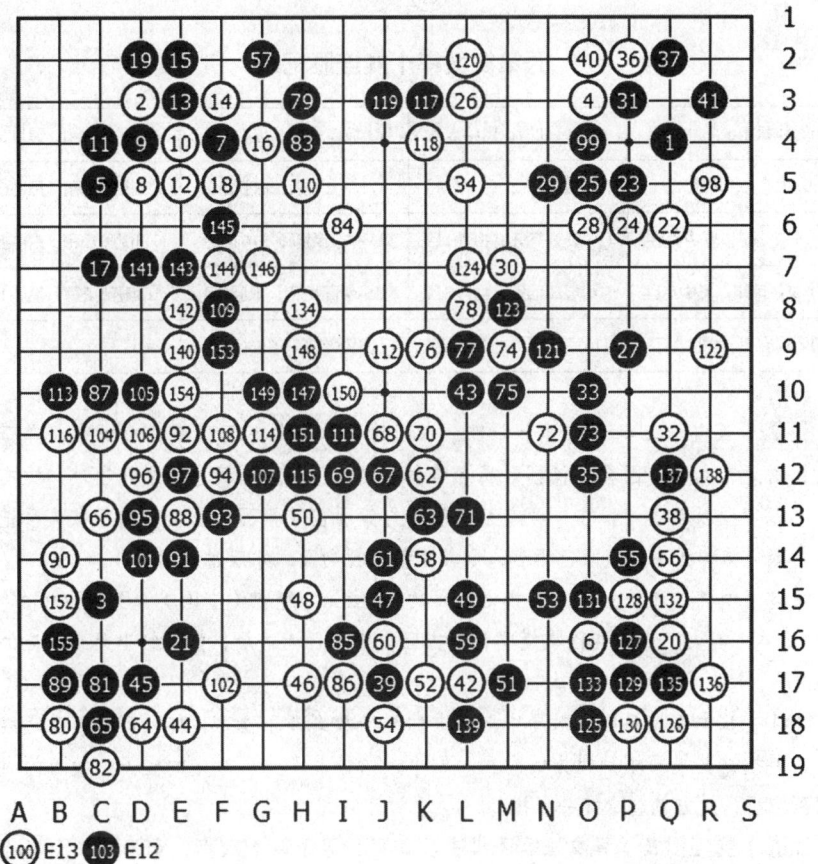

本局收录在《本因坊秀策全集》里。这是日本围棋史上第一盘贴目对局，说明当时人们已经意识到，无贴目对黑棋十分有利，故作了有益的尝试。值得注意的是，这是一盘二人联棋，并不是传统意义上的正式对局。可能大家认为，实行贴目制的时机尚未成熟，因而没有得到及时研究、推广。真正开始实行贴目制，是此局七十年之后的事情了。

注 释

【注①】
秀策御城棋十九连胜记录

(1)安井算知，黑胜11目	(2)坂口仙得，黑中盘胜	(3)坂口仙得，黑胜3目	(4)伊藤松和，黑胜3目
(5)林门入，黑胜7目	(6)安井算知，黑中盘胜	(7)井上因硕，白胜2目	(8)伊藤松和，黑胜6目
(9)坂口仙得，黑中盘胜	(10)安井算知，白胜1目	(11)井上因硕，白中盘胜	(12)伊藤松和，白中盘胜
(13)安井算知，黑中盘胜	(14)坂口仙得，白胜3目	(15)伊藤松和，黑胜9目	(16)服部正彻，黑胜13目
(17)林有美，白胜4目	(18)林门入，白胜14目	(19)林有美，白中盘胜	

【注②】 天宝十三年十一月十七日，本因坊秀和与幻庵因硕第三次对决，弈至中盘，幻庵精心设下圈套，包括对局者秀和在内的现场所有高手都未能勘破，唯有年方十四岁、以弟子身份在一旁递茶伺候的秀策看出了盘面的杀机，遂佯做失手把茶盏打翻，秀和抬头时以眼色示警，令其重新审视局面，才躲过此劫。

【注③】 诚然，无限接近"围棋之神"的AlphaGo、绝艺（中国）、DeepZenGo（深禅·日本）等人工智能在围棋模糊计算方面取得了巨大进展，能够给出大致相应的数值。

【注④】 日本围棋规则，对局中把对方的死子放到提子盒里，终局后数目确定胜负时，要把这些提子填到对方的空里。剧中人偷偷藏了一颗对方的棋子，数目的时候填到空里，对方就会少掉一目棋。

【注⑤】 院生：日本棋院培养的棋士后备军，男子以十八岁、女子以二十岁为上限，允许在棋院修业，配有专职棋士作指导老师。

第十二章　棋圣与江户帅哥

本因坊秀策VS太田雄藏

一、东京人雄藏

太田雄藏于文化四年（1807年）出生在江户横山町一位商人家里，一说降生在本町名叫丁字屋的制线作坊里，不管怎么说，他都是一位地道的东京人。幼时拜师安井仙角仙知学棋，与年少三岁的安井算知（俊哲）是好敌手。天宝四年（1833年）至八年，远赴京都、名古屋、大阪、九州各地征战。天宝九年晋升六段。天宝十四年，执白棋与身为本因坊跡目的秀和七段弈成和棋，声名鹊起。嘉永元年（1848年），与伊藤松和、林柏荣门入共同晋升七段。太田雄藏与本因坊秀和、坂口仙得和安井算知并称"天保四杰"。

嘉永元年的一天，安井家家督、少年时代好友算知兴冲冲地来到浅草藏的雄藏家里。

"喂！雄藏君，告诉你个好消息！在今天的家督会议上，决定让你升级啦！"

六段雄藏将成为七段。升了七段就能下御城棋，还能从幕府拿俸禄。有志当棋手的人，第一个愿望就是要达到七段。

然而，雄藏听说后并不感到喜悦。

"怎么啦雄藏君！你一点都不高兴啊？"

"哪里，升七段当然是很高兴的事情，可当了七段就必须下御城棋，要进御城又必须剃个光头才行。"

"那当然啰！"

"这不好办呀,和尚头很不雅观吧!我不要俸禄,不能出仕御城棋也行,怎么样?能否就让我打着发结升七段?"

原来,这雄藏生得白面朱唇、眉清目秀,是一位头发浓密黝黑的美男子。当时的花街柳巷流行猜拳的游戏,雄藏精于此道很有名气。对如此风流的雄藏来说,把一头美发剃光就像是要了他的命。结果,大家认可雄藏的棋才,特许其带发晋升七段。

二、对秀策三十番棋

从天保到弘化、嘉永的这二十多年时间被看作是江户棋界的鼎盛期,知名棋士层出不穷,武家与富商之间流行着竞相聘请高手来家里组织棋会的风气。居住在赤坂御门内的赤井五郎作就是一位喜好围棋的旗本武士,身份不算高却非常富裕,四大家棋士经常出入其府。

嘉永五年岁末的一天,赤井府上举行盛大的忘年棋会,入夜后改成酒宴。雄藏、算知、松和、仙得、正彻五人聚首一席,大家饮酒聊天兴致高涨,议论起谁是当今第一人。有人说是秀和,又有人推举秀策;最后得出结论:"还是秀策吧。现今秀策天下无敌。"雄藏一言不发,闭目养神。五郎作颇感疑惑,便问道:"怎么样雄藏君,谈谈你的看法吧!"

"说秀策是当今第一人,在下实难苟同!"雄藏的回答掷地有声。

众人闻言尽皆哑然。他们都被秀策打降级,唯独雄藏分先与秀策战成2比2平分秋色。只要雄藏的分先棋份存在,就不能无条件承认秀策为第一人。

"雄藏说得好!我来作公证人,你与秀策下三十番棋如何?到底谁是真正的强者,让我等也看个究竟!"

秀策也爽快地答应了。嘉永六年(1853年)正月二十七日,第一局拉开战幕。

请欣赏秀策把雄藏降至先相先的第17局和两人最终局——"雄藏毕生的杰作"第23局。

（一）三十番棋第17局

黑方：太田雄藏七段　　嘉永六年六月五日—二十一日于鞠町平川天神别当所

白方：本因坊秀策七段

第一谱1-52秀策新手成功、优势

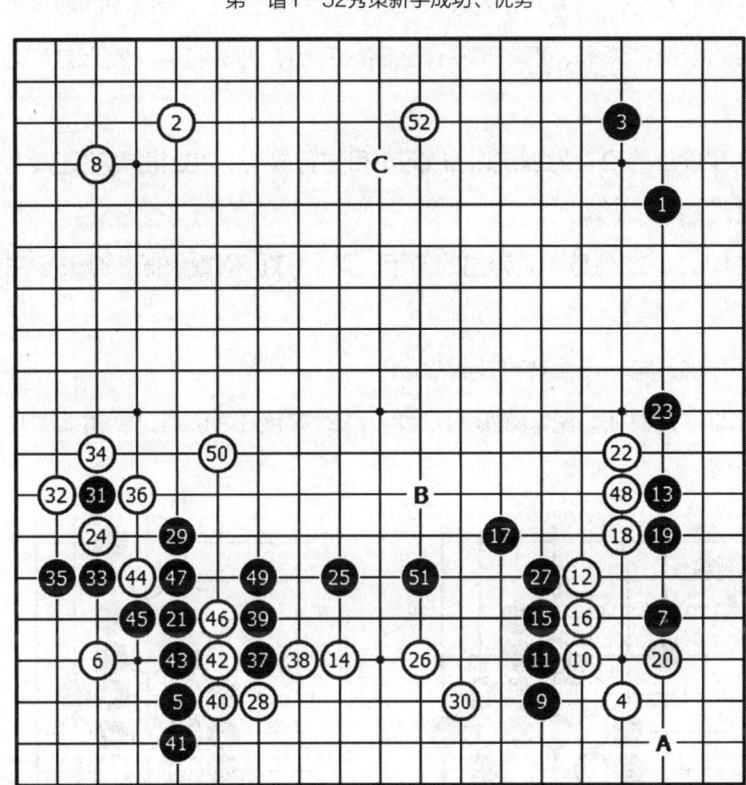

---简　评---

先看一下比赛至第16局的经过，对局全都是在嘉永六年。

（1）雄藏执黑中盘胜（2）秀策执黑中盘胜（3）秀策执白2目胜（4）秀策执黑中盘胜

（5）雄藏执黑2目胜（6）秀策执黑弈和（7）雄藏执黑中盘胜（8）秀

策黑中盘胜

（9）雄藏执黑2目胜（10）雄藏执黑11目胜（11）雄藏执黑12目胜（12）秀策执黑13目胜

（13）秀策执白5目胜（14）秀策执黑中盘胜（15）雄藏执黑中盘胜（16）秀策执黑中盘胜

赛完十六轮，秀策九胜六败一和，如果再赢此局，就以净胜四局的战绩把对手的棋份打降级。不知是从什么时候开始，升降级由净胜六盘变为净胜四盘了。

黑9以7位的目外为基点对白4的小目进行夹击，在当时几乎还没有人这样下过。

白10尖、12跳是秀策弈出的新手。黑13开拆位置太低，今天多在18位飞起。

黑21跳，第一日比赛打挂封盘。

白22罩，机敏。黑23屈服很难受，黑21应该在A位点，变化如图1。

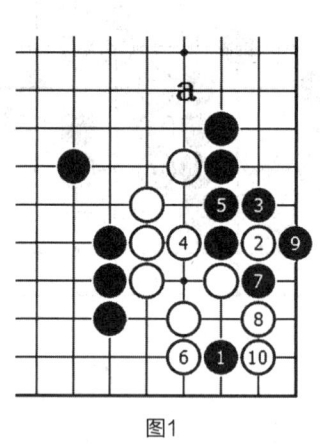
图1

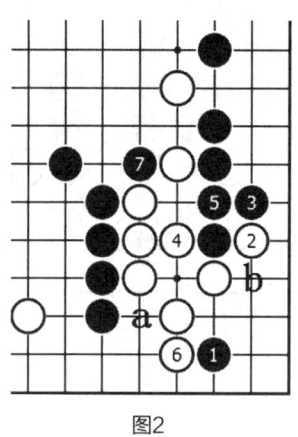
图2

图1：黑1点至白10是定式一型，黑9先手提一子获得安定，解除了白a位罩的手段。白10后，黑再于谱中21位跳（或45位飞压更积极），情况就大不一样了。

黑25镇，显示出雄藏强悍的棋艺风格。然而，实战至白30悠然落地生根，黑伸出去的拳头不知该往哪儿打了。焦躁之中，黑31、33两头靠又操之过急，被白36"开花"，左下角白6之子仍然有味道，所以黑37靠，意在补强。此时黑全局形势已非，黑37至47又落后手，局势更加不妙了。

图2：黑37在1位点是机会，黑7挤断后，将来可以看作黑a白b的交换，构筑强大外势，尚可一战。

白48接，消除图2黑7位的断点，很厚实，同时瞄着B位一带的反攻。

黑51联络，本身近乎是在走单官，很痛苦。左下角的黑地只有20目，白棋以左上的无忧角为中心展开，与右边黑棋的扁平结构差异非常大。

白52应该下在C位，把位置走高点更好。

第二谱52－100确信胜利

黑53肩冲恰到好处。黑57碰，雄藏拼命侵消白模样。

黑67、69上下一扳，71双虎很有意思。黑棋在下边A位有很多劫材，当然欢迎白棋来打劫。

白72可考虑在B位飞，不让黑有81位刺的先手便宜。

黑79无条件做活，局部作战成功。不过，白棋占到80位拆边的最后大场，优势依然很明显。

白86时，第二日比赛打挂。

不知何故，五天后重新开盘，雄藏却弈出黑87的缓手。

白88挡，胜利宣言。

秀策十分孝顺，经常写信回老家报告生活学习情况。赢下这盘棋，秀策很开心，连棋谱也一块寄给家人，并解释说："黑棋投下87时，我感到已经胜券在握，故白88彻底安定下来。"

假设没有白88，黑在A位点，下边这块白棋的味道是很坏的。

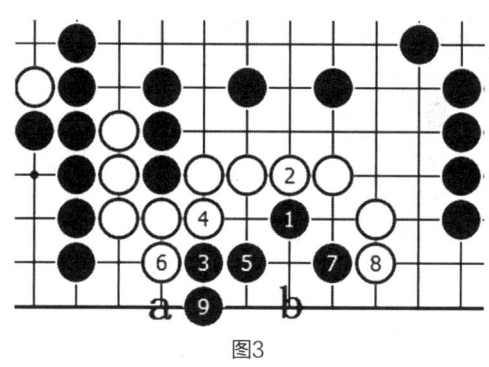

图3

图3：黑1点，十分讨厌。白2如接，以下黑3至9，a位盘渡和b位做活必得其一，白棋大败。当然，本图的应对是白方最坏的下法。如何应对黑1，白棋还真有点头痛呢。

白88挡，本身也是个很大的逆收官子，现在补棋正是时机。

为了争胜，黑91、97只得寄希望于中腹围空，希望渺茫。

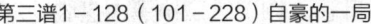

第三谱1-128（101-228）自豪的一局

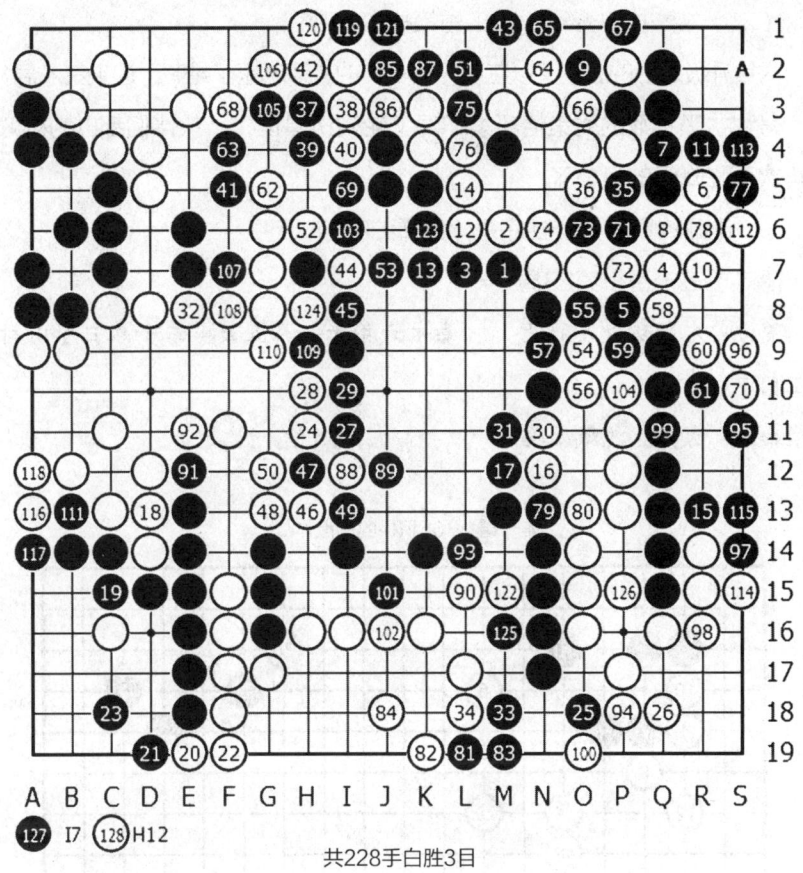

127:I7 128:H12

共228手白胜3目

黑11如脱先，白A位大飞后，黑只得两眼做活，不堪忍受。

白12本来可以在右边99位冲吃黑四子，秀策精密地判断形势之后，认为白12、14走厚些更加稳当，让黑15连回家。

白棋从容不迫地结束了战斗。

秀策将宿敌雄藏降级至先相先，喜悦之情溢于言表，在家信的结尾处写道："现在多赢了四盘，这盘棋是值得自豪的。"雄藏在序盘战中有过失，本局是秀策的完胜。

第17局之后的经过如下：

（18）秀策执白5目胜（19）雄藏执黑中盘胜（20）秀策执黑中盘胜（21）雄藏执黑弈和（22）秀策执白1目胜。

秀策升级之后的五盘又以三胜一败一和的战绩碾压了雄藏，迎来第23局。

号称执黑不败的秀策恰巧第23局又轮到执黑棋，小伙伴们都以为雄藏又要再次面临降级的考验了。

"雄藏的真面目"到底是什么样的呢？

（二）三十番棋第23局

黑方：本因坊秀策七段　　嘉永六年十一月五日—二十八日于田村重右卫门宅

白方：太田　雄藏七段

第一谱1－65积极的序盘作战

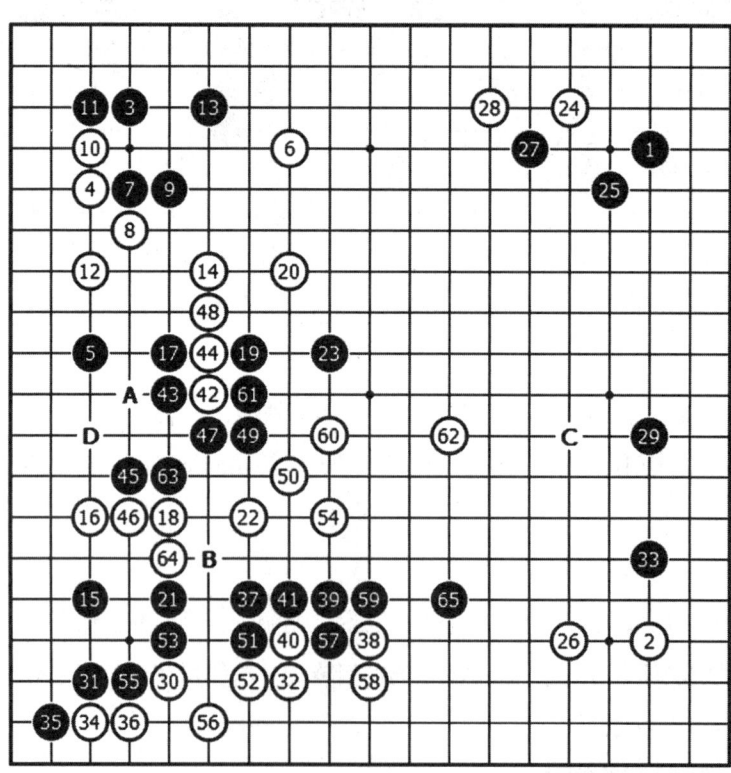

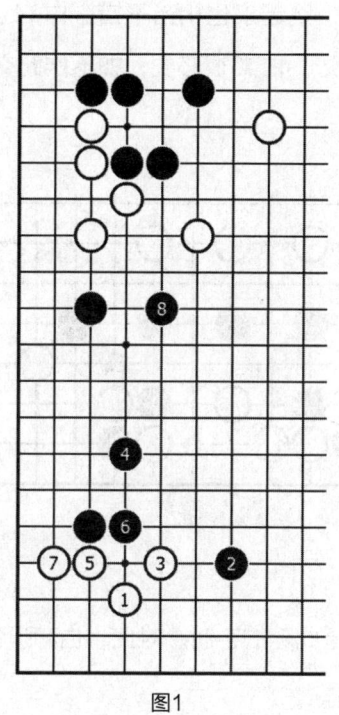

图1

简 评

在这次三十番棋中,秀策的黑棋除了第6局被逼和外,其他全部获胜。雄藏当然明白形势严峻,序盘便展开积极作战。

白6高位反夹、白16踩着黑15的脚后跟立即打入,雄藏采取了异常手段。

白16如果在55位挂角,可能会走成图1的变化。

图1:白1挂角,黑2高夹,至白7走成所谓"坂田定式",黑8跳满意。

黑17如在55位回守无忧角,白棋就会在A位罩,黑棋亦充分可战。

白26守角,右边星下的开拆和30位挂角必得一处。黑棋占29位大场,让白30进角。

黑29在54位镇也是很有力的一手,白37则黑30顺势守角,瞄着B位刺。白30也可以在55位深入一些。

黑33的拆二改在C位跳起来也相当不错。白34、36托退夺取眼位非常大，攻击黑棋顺便围下边。白40很必要，如不作此交换则黑棋有图2的伏击手段。

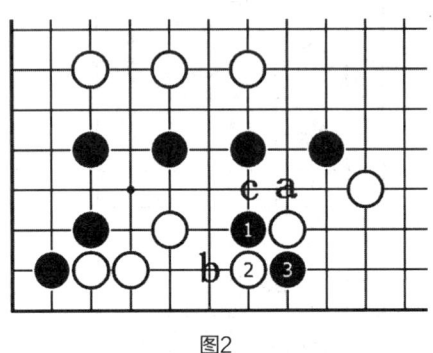

图2

图2：黑1、3靠断是此际的手筋。对此，白a则黑b；白c则黑a，白棋难于应付。

白42刺时，黑43贴反击。黑如果平易地在44位接，白D位生根，黑不满。

白62很想在63位先手冲掉左边黑棋的眼位，也想让黑走63，白64顺便夺去下边黑棋的眼形……如何选择是专家很伤脑筋的地方。

白66肩冲，好点。

白70堵住出路让黑71补棋。黑71冷静扎根，毫无目的地往中腹乱钻只会影响别处的黑棋，自找麻烦。

白72飞，已经开始收大官子了。黑73以下是定式化的走法。

白80是不易察觉的攻防要点，把左边的黑棋封住后便留下A位立等处先手，间接对下边黑棋大龙的眼位产生了威胁。黑83和白84是"见合"的大场。

第二谱 66－131 固执到底

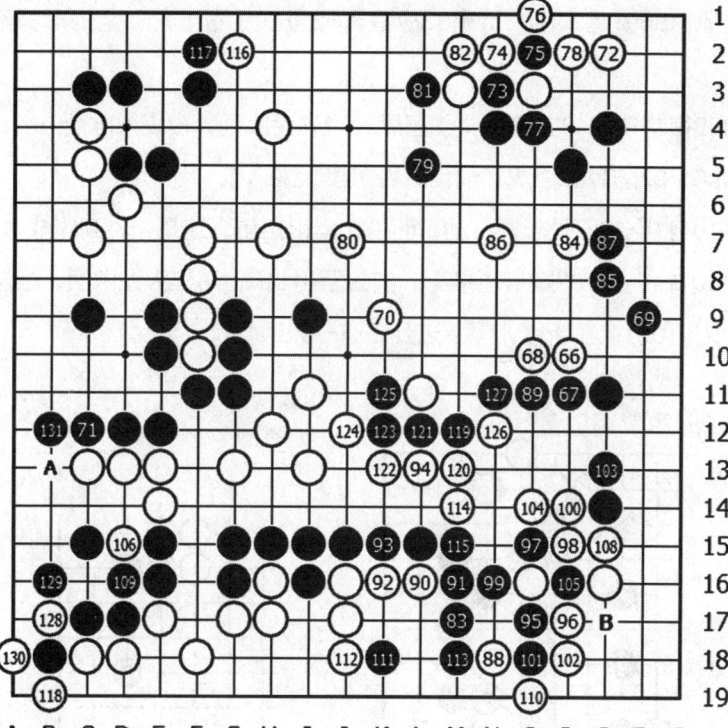

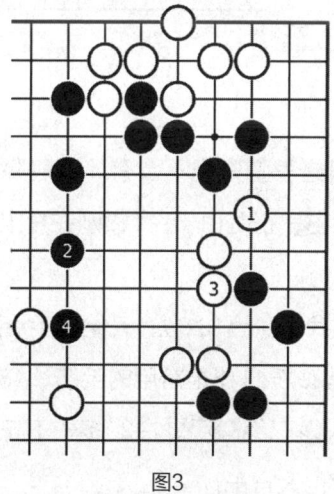

图3

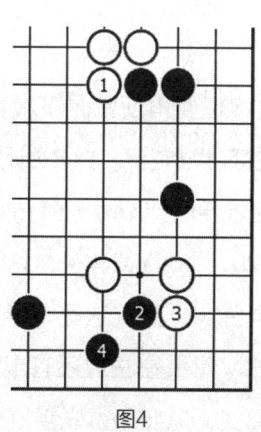

图4

白86如在图3的1位尖，黑2、4顺势冲击中央白棋弱点，白棋形太薄。

实战白86跳是本手，待黑87应后再88位护住右下角，全局形势不相上下。

白88很想在图4的1位拐头，但黑2、4先手收刮，白棋很难受。

白90、92防黑92位虎，悄悄盯着黑棋大龙。

白104打吃并不是想要打劫，而是让黑棋走重，这是一种高级战术。

黑107粘，白108顺势也接上。实战至黑115，黑棋大龙做活，战斗告一段落。因白B位存在断点，黑下边几乎有一只铁眼。

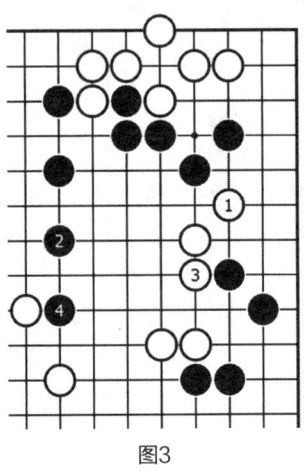

图3

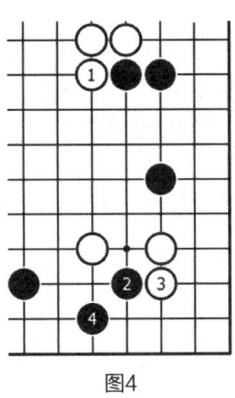

图4

白118想要再便宜一下。秀策看到这里脱先也不会有什么危险，故黑119刺试探白方应手。白120让黑121穿出，正是由于白118刚在角上扳了一手，因而就要坚持威胁黑棋。

白128、130提掉一子，总算固执到底了。黑131立，开始着手治孤。

弈至白36，黑在这里有半只眼。黑39断41扑是常用的手筋，43打吃做出一只眼。黑棋在左边还有半只眼，大龙已经净活。白38接一下正确。白44补很厚实，黑45争得先手抢占上边47位大官子。

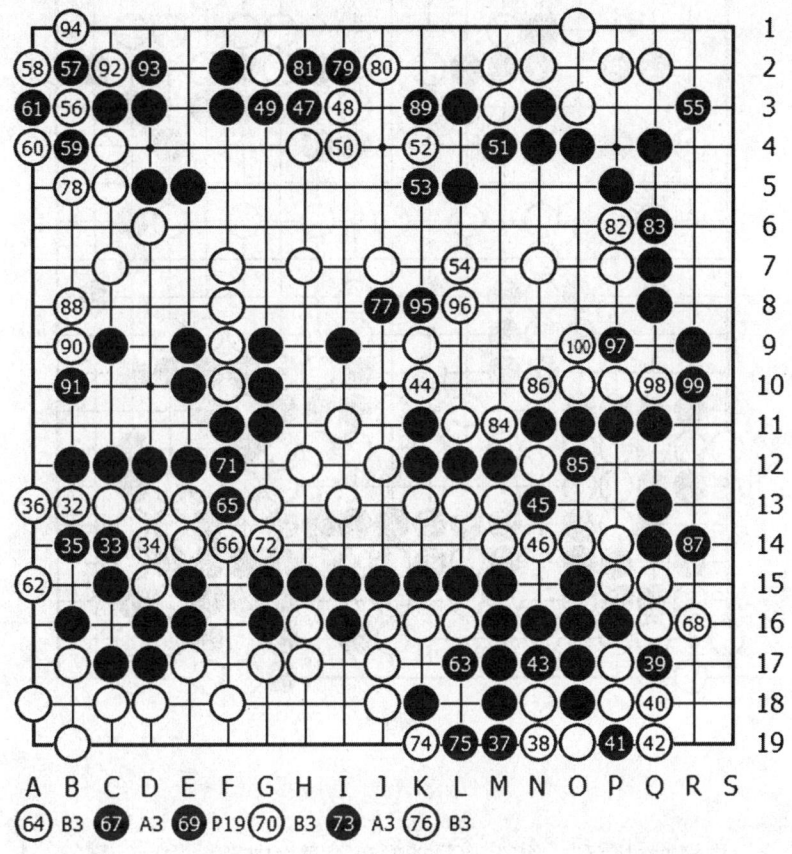

第三谱 32-100（132-200）雄藏奋战

秀策收官次序井然，局势进展顺利，紧绷的神经松弛了下来，忽略了左上白56、58连扳的胜负手。

白56至60开劫，雄藏的胜负嗅觉十分锐利！早料到是这样，黑55就会按图5来收官。

图5：黑先在1位扳，与白2交换后再走黑3，大致白4、6围中空，我们来计算一下双方的实地：黑棋右边18目，左上10目，左边6目，下边4目，共计38目；白棋下边12目，右下10目，中央8目，右上5目，左边3目，共计38目。这只是概算，现在轮到黑棋走，黑棋稍好。

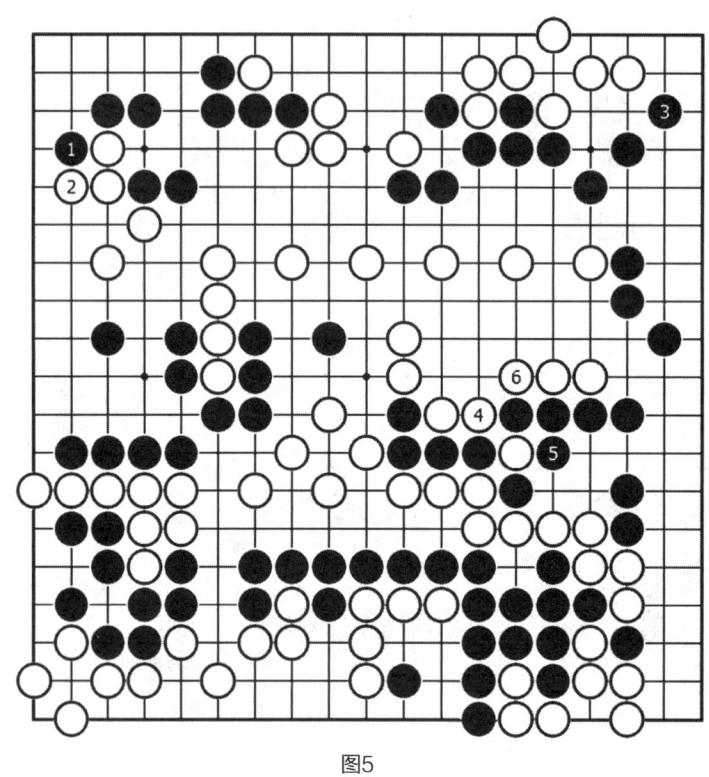

图5

全局白棋劫材有利。黑77的寻劫颇有深意。白78消劫后，黑79、81只得扳接，白84、86围得腹地。结果等于黑77同白84、86作交换之形，感觉黑棋损了。

这时形势非常接近。黑如不走77，白棋左边将有很多劫材，白78就可能径直在92位断开劫，黑棋生死攸关，负担就太重了。

黑87是价值约7目的逆收官子。左上角打劫受了点损失，秀策仍然十分冷静。正是因为有了黑77之子，白88时黑棋才得以脱先去收上边的官子。

白14看似无用，如脱先下在别处，黑天元处切断之后，白棋中腹需要连续补两手棋。

双方正常收官，握手言和。

第四谱1-73（201-273）雄藏毕生之杰作

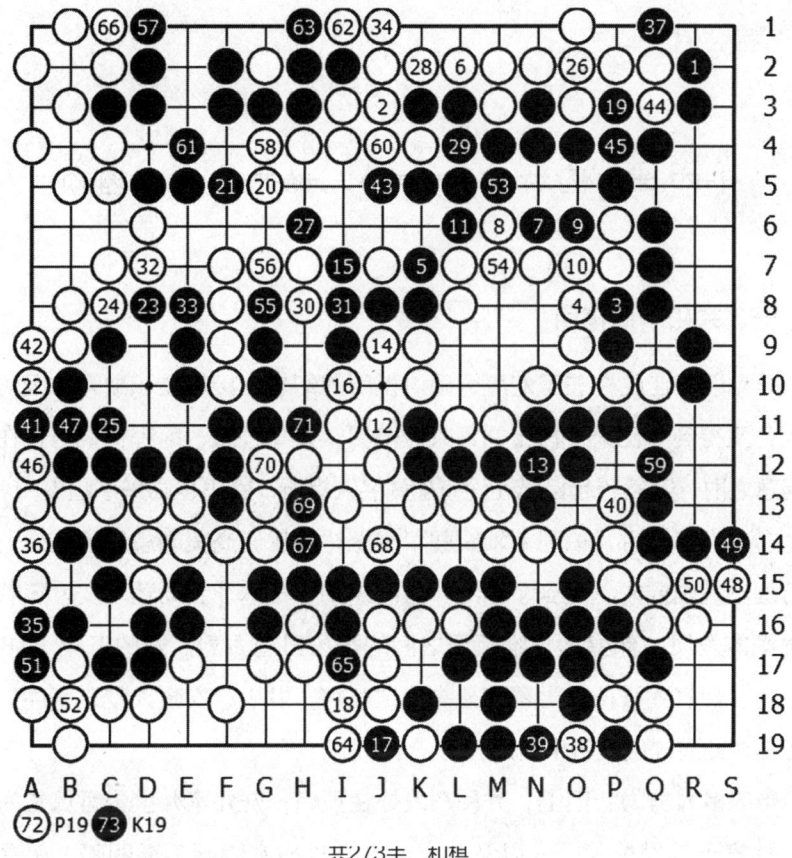

共273手 和棋

总体来看，黑棋没有下什么坏棋，雄藏执白逼和了秀策"不败的黑棋"，的确十分了不起。秀策局后评论道："此局乃雄藏毕生之杰作也。"

在德川围棋史上，就像元丈与知得那样，秀策与雄藏也是一对楸枰欢喜冤家。元丈与知得年龄相仿，算是同辈人；而这次三十番棋时，秀策二十四岁，雄藏已是不惑之年的四十六岁，两人相差22岁。比赛有时一个月要下四五盘，在如此强度的赛程中，应该说雄藏的战绩十分出色。三年后的安政三年（1856年），雄藏外出赴越后地区游历，途中不幸染病终成不归客。秀策闻讯哀伤不已，痛惜失去了一位好对手。

第十三章 幻庵附体棋局

十四世本因坊秀和VS十三世井上松本因硕

一、秀和申请棋所

秀和以三连胜打破了幻庵因硕对棋所的幻想，接替丈和成为本因坊掌门人，又得到一位天才棋士秀策来做迹目，万事顺意，前程似锦。正在春风得意之时，突然想起自己还没有加冕名人棋所，就再也高兴不起来。

嘉永六年七月，柏利率领四艘军舰抵达浦贺递交美国总统亲笔信，向幕府提出开国要求，遭到了拒绝。幕府末期，日本社会动荡不安。随着维新思潮的发展，保皇派与维新派之间的争论日趋激烈。安政五年（1859年），井伊直弼被任命为幕府最高执政长官，发生"安政大狱"事件。秀和正是在此时提出棋所申请的，时三十九岁。

当时棋界势力版图上，秀和八段处在顶峰，安井家九世俊哲算知为七段，林家十二世柏荣门入以及井上家十三世松本因硕（锦四郎）都是六段，独立派天宝四杰之一坂口仙得七段依然健在，仍具有一定的实力。

秀和首先游说门入和算知，得到预期的肯定答复。井上家松本锦四郎是个拦路虎。情绪乐观的门入对秀和道："不用担心！凭您的实力和经历，他一定会高兴地接受。况且锦四郎系林家血统的人，我去担保叫他答应。"

门入轻松愉快地去了，真是天真得很！幻庵因硕与本因坊家结下的恩怨不是那么容易彻底化解的。果然，门入哭丧着脸回来。

"锦四郎说要和仙得先生商量后才能答复。说不定他打算反对此事呢。"

不知为何，仙得与秀和的关系很不融洽。秀和年青时，听说坂口家有御城棋的棋谱，便想借回来看一下，"这是我家不出门的宝贝！想看的话请来这里瞧。"仙得当面拒绝了。

不久，井上家便正式作出答复："反对秀和先生当棋所。秀和先生如要下争棋的话，我们就请仙得先生替锦四郎出战。从前，当家人幻庵因硕曾提出棋所请求，本因坊家督丈策先生却找借口让跡目秀和先生去下争棋，这回也一样。"

锦四郎如此说，秀和觉得很可笑。即刻请门入、算知作为共同申述人，秀和果断地提出争棋申请，措辞还有些强硬："地位比锦四郎高得多的门入和算知两人都赞成，因硕羽毛未丰却借口种种，十分令人为难，我要当面问个明白！"

当时的寺社奉行长官是久世大和守，这对自信满满的秀和来说很不走运。锦四郎出身于大和守的领地下总关宿，与其颇有渊源，在继承井上家这件事情上，大和守也曾为其说过话。锦四郎依仗强硬的后台，立刻跑去寺社衙门转了一圈，秀和的申请就被束之高阁了。

"秀和现在年纪还不算老，而且幕府面临内忧外患忙得不可开交，应该找个时机再申请。"

申请书最后被退回来，秀和却也无计可施。

二、鬼使神差

两年后的文久元年（1861年），秀和与锦四郎在御城棋赛交手，真是冤家路窄啊。

秀和本以为能轻松取胜，打算以此为契机再次提出名人棋所的申请。事与愿违，这盘棋秀和偏偏输了1目棋，锦四郎乐翻天了。

同场献技的秀策在给家人的信中，详细谈到了这次御城棋赛的情况。整理摘抄如下：

听说今年的御城棋要延期，结果不但按惯例如期举行，而且还下了嗜好棋（即兴对弈）。以往很少有嗜好棋什么的，即便有，将军也是不来观看的。今年刚下完正规的御城棋，又马上进行即兴对弈，将军现场观看，还特地要本因坊（秀和）和门入两人下得快些，连弈两盘平分秋色；其他就是一般对局了。现在的将军很喜好围棋，经常光临观看棋赛。

当时是十四代将军家茂。秀和同门入下的两盘快棋没有棋谱记载。秀策接着写道：

我在今年的比赛中获得了胜利，请你们放心。先生（秀和）却意外地没有下好，不知不觉便输给因硕这些人，实在令人遗憾。凭先生的棋力，就是让他们一只手也是能赢的。但围棋变化莫测，我觉得有时也会发生这种事情。

就连厚道的秀策也对坊门的对手坦率地流露出怨恨。

秀策说"让一只手"，意思是不可能输。中盘时形势有些不利，秀和拼命捞了回来，就开始有点轻敌了。因硕在这盘棋中偏偏又不出差错，"或许是幻庵附体了吧？"看到因硕精确无误的收官手法，小伙伴们都惊呆了。

锦四郎兴奋之余，把棋谱抄了几百份，逢人就给一张，到处宣扬秀和没有资格当棋所。

三、御城棋

黑方：井上松本因硕七段　　文久元年（1861年）十一月十七日弈于御城
白方：本因坊秀和八段

第一谱 1-59 双缔角棋局

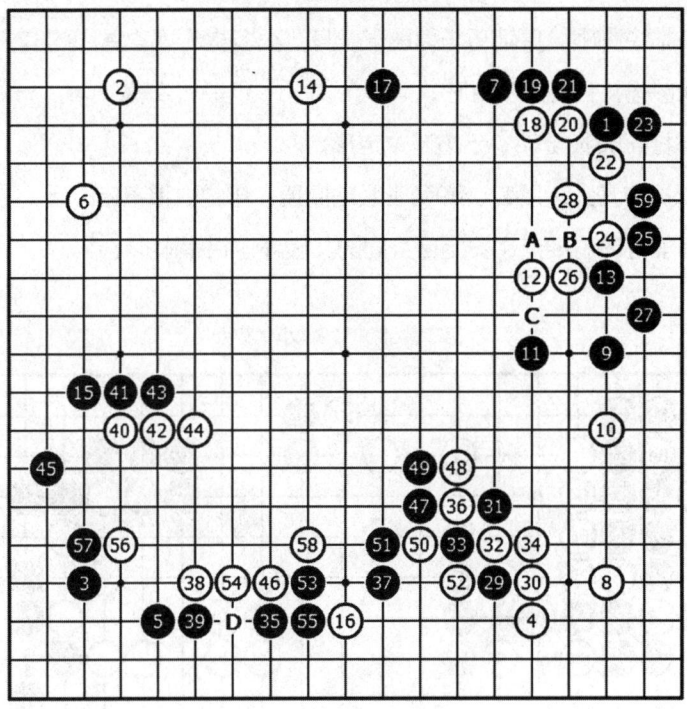

――――――――○ 简评 ○――――――――

在现代有贴目的棋中，双方缔角是白棋欢迎的。当时无贴目负担，黑棋的先着优势显而易见。秀和选择双方守角的布局，大概是觉得怎么下都会赢。假如以公认不利的作战方式取胜，才能让大家看明白双方实力存在的差距。

白14、黑15以及白16，预留拆二余地是布局拆边的基本原则。

黑17逼时，白18以下简单定形。表面看是在加固黑棋，此际却有使黑棋形重复的意义。

白24靠，26、28整形。结果白棋形状很好，将来59位挡很严厉。黑25应改在26位顶，以下白A黑B白28黑C，比实战厚实许多。

黑29肩冲，好点。白34时，黑棋脱先在35位逼，锦四郎也是拼了。普通黑35在36位接，白棋占到D位拆，黑方略感不满。

白36切断时，黑37是手筋。因有47或48位等处的借用，白方不能妄动。

白38、40另辟天地，秀和的棋韵味十足。丈和脚踏实地，秀和身轻如燕。白棋站稳脚跟，集轻巧与稳重于一身。很多棋士喜欢秀和的棋，大概是其长处能够弥补自己的不足吧。

黑47打、53扳至58，下边基本定形。

白52提非常大，黑47、49两子紧贴厚壁，感觉白棋不错。

黑棋争得59位要点，安定自身同时又破坏了白棋眼形。

第二谱60－119微小优势

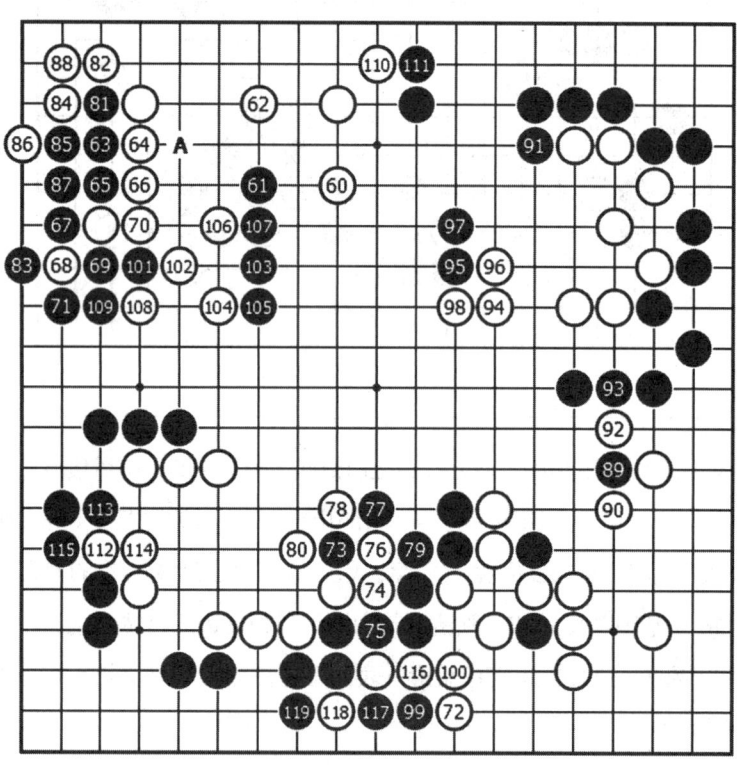

白60声援右边弱棋，角上仍然显得空虚。白60索性在A位先守住大角，将来以右边治孤来争胜负，未知可否。

黑61、63是当然的打入。白64以下大致如此。白64如改在81位挡，黑极可能在64位笨冲出来，因下方是黑棋厚壁，攻守逆转。

白70接，留下87位断吃黑两子的手段，抢先在下边72位飞，瞄着75位冲断黑棋。

黑73靠先手解消了断点，争到左上角81位挡角。

初看白72在87位断吃两子实利更大些，但也不能小瞧让黑73靠后白棋趁势在80位拔掉一子的威力。

黑91拐头，准备冲击白棋的薄味。

黑棋的先着效率不太明显，但全局比较厚实，形势略占上风。

御城棋要在几天前事先预演下完才行。据说坊门先辈伊藤松和当时也和小伙伴们坐在一起下棋，对秀和的局势非常担忧。秀和去出恭，松和估摸着时间也跟了出去，在走廊碰面时问道："不要紧吧？"

第三谱20－110（120－210）秀和不走运

共210手黑胜1目

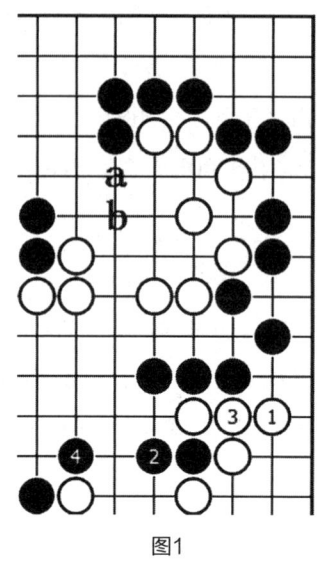

图1

秀和如何答话不得而知。当然，他们是没有时间窃窃私语的。

白棋既然在20位跳，黑也21以下定形。白20如在21位尖，变化如图1。

图1：白1尖，黑2、4顺手封住出路，右上方的大龙就有危险。白棋无论走a或b位都不能一手做活。

黑37扳时，白38单官连回很痛苦。

在平凡费劲的官子战中，真的就像幻庵附体，黑棋走得滴水不漏。黑63是最便宜的下法，此后已经没有复杂的地方了。

黑109打，白110粘后终局，黑棋恰好赢1目棋。

就这盘棋来讲，锦四郎也是一位出色的棋士。综合来看，黑白双方都下得很好，不贴目黑棋就是有利，赢面大。

秀和输给直接竞争对手，只好把棋所姑且放下。事实上，这盘棋的胜败与棋所并没有直接关联。

御城棋在经历了250年风风雨雨之后，终于要降下帷幕了。——文久二年（1862年）的御城棋，预演赛刚一结束便宣布延期。翌年，江户发生千代田火灾，御城棋再次延期，1864年干脆宣布停办。

四、世事变迁

明治维新的历史大变革从根本上触动了日本社会各个阶层领域，棋界也不例外，四大家的俸禄一减再减，棋士的地位一落千丈，他们失去了事业，有些人甚至连基本的生活保障都没有。棋士们不能再靠下棋挣钱，在这世上好像失去了存在的价值，很多人迷失了生活的方向。

混乱不安的社会不需要秀和这样的绝世技艺。坊门日无隔夜粮，又没有任何收入，秀和只得把祖辈留下的房屋清理出几间用来出租，勉强维持着一家的生计。一次，出租房突发火灾，把那为数不多的家产烧个精光，连附近的几十所房屋也未能幸免于难。时局变迁了，秀和身为名门本因坊家掌门人，这是永不会改变的。昔日旧友实在看不下去，有人提出要来救济他们，秀和都婉言谢绝了。他不愿麻烦别人来为自己一家新建房舍，在焦黑的废墟上，依靠自己的双手筑起一间简陋的小屋，带领家人忍受着艰辛，顽强地生活下去。

往昔之盛况，今日已不再。

秀和广收门徒，成器者颇多。日后力挽狂澜、重振棋坛的重要人物几乎都是秀和的弟子，在此先按下不表。

五、秀和名局

黑方：太田雄藏七段　　　1843年4月2日
白方：本因坊秀和八段　　共203手白胜2目

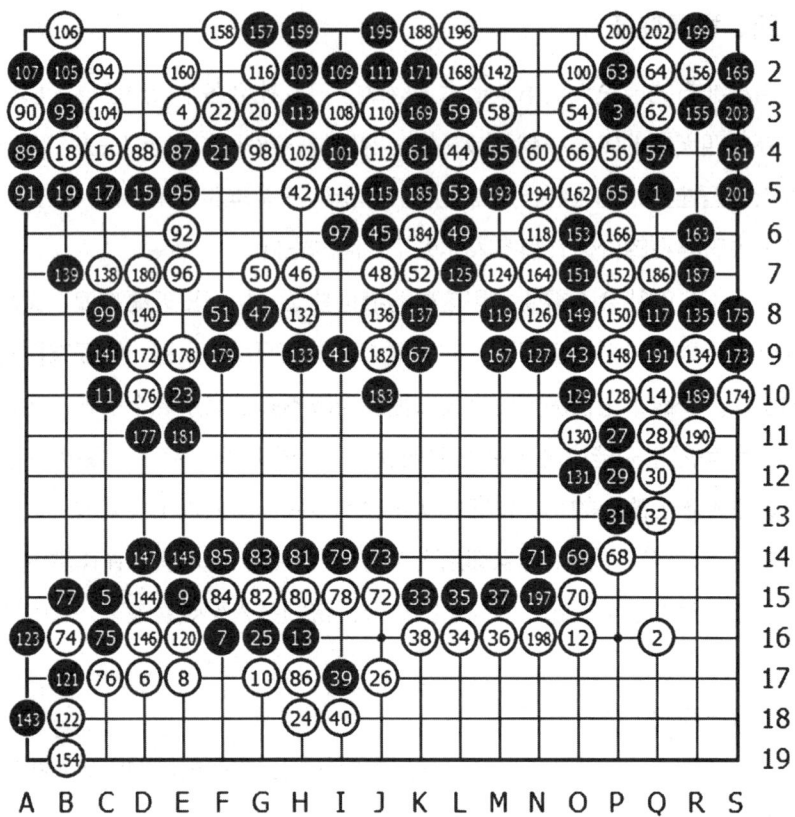

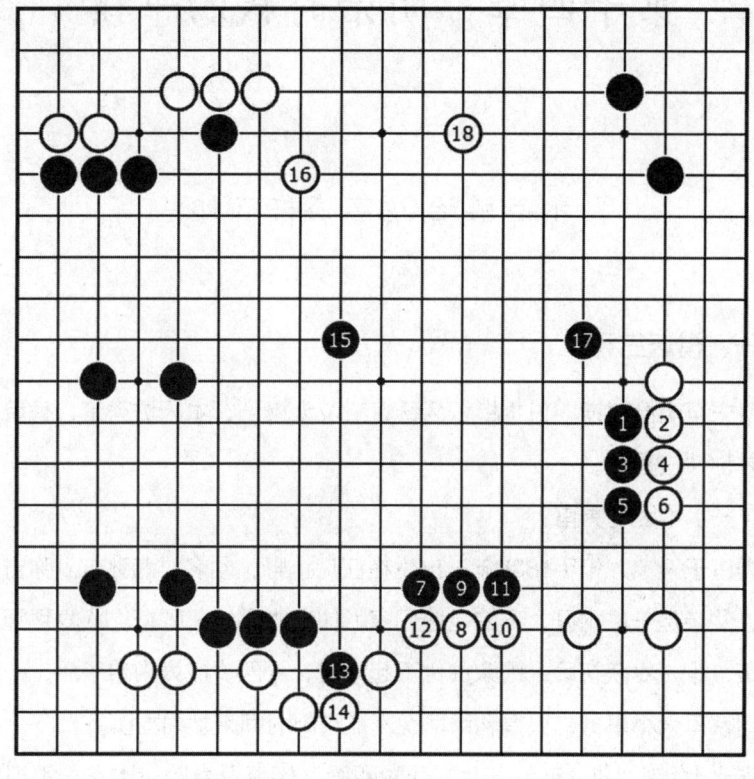

参考图

参考图：

雄藏黑1（第27手）肩冲，意在经营中腹大模样。黑7（第33手）旨趣相同。

秀和白2至6、白8至14将计就计，成竹在胸。

黑15径直围中空，问题手。

白16飞起是显而易见的绝好点。秀和通盘从容自如，以2目的优势结束战斗。

本因坊秀甫评论道："秀和才可以这样下，其他人盲目模仿肯定要输棋。"

关山仙太夫感叹说："道策与丈和两位棋圣加一起也不敢这样下。"

第十四章 明治时代的争棋

水谷缝治VS高桥杵三郎

一、棋坛三秀

幕末至明治时期,日本棋坛活跃着三位大棋士,本因坊秀策、秀甫与秀荣,并称"三秀"。

（一）本因坊秀甫

秀甫于天宝九年（1838年）出生在江户上野,幼名村濑弥吉。弥吉出身寒门,父亲是一位木匠,巧的是他们家就住在本因坊家隔壁。八岁拜师本因坊丈策,十一岁获初段,因家贫付不起学费,十四岁成为内弟子后,一手包揽坊门家里大小事务,只得利用早晚一点空闲时间来学习围棋。

嘉永七年（1854年）十七岁升为四段,接替返乡的岸本左一郎担任坊门教头。两年后陪伴秀和去美浓、京都、大阪旅行,受赠五段格。1860年改名村濑秀甫。

文久元年（1861年）晋升六段,剃发备战御城棋,不料翌年取消比赛,没有出仕的机缘。与师兄秀策下十番棋,棋份受先秀甫取得6胜3负1和【注①】的好成绩,世人称两人为"坊门之龙虎、棋界之双璧。"

1862年秀策意外仙逝,众人皆以为坊门实力第一的秀甫将成为跡目。1863年,丈和遗孀势子（秀策岳母）介入,结果秀和十四岁长子秀悦被立为跡目。秀和想要安慰秀甫,举荐他晋升七段,却遭到井上松本（锦四郎）因硕的反对。1864年,秀甫在与锦四郎的争棋中三连胜,靠实力晋升七段,获得参加御城棋赛资格,却因幕末社会政治动荡,御城棋赛终止,遗憾与之无缘。

跡目之路既断，失望之中秀甫远赴越后国游历，很少回江户。

1. 游历生涯

秀甫出门游历之时，正值幕末天下大乱，旅途愈加艰辛。幕府按政治、经济、土地面积以及人口等综合要素将各诸侯国的国力划分为四个等级，越后国属于第二等"上国"，兼有日本海出海良港，是幕府重视的地区之一。这里人文荟萃，商业发达，是许多棋士游历出行的理想目的地。

秀甫的同门前辈杉山千和五段出身美浓国名门望族，本姓山本。秀甫刚入坊门的时候，杉山热心指导帮助过自己，所以内心非常敬佩这位前辈，视作一生的良师益友。此时杉山已回美浓老家，秀甫打算投奔这位老友先住些时日再说。

秀和立嫡长子为继承人，破坏了祖师"立最强者为跡目"的家规，事实上，本因坊家也因此埋下了祸端。秀甫极度悲观失望，旅途中不免借酒浇愁，弄得身体逐渐有些吃不消了。经过一番艰苦跋涉，终于来到美浓国首府不破郡（现垂井町府中），多方打听找到了杉山的住所。不巧的是，千和外出会友去了，说是旬日内可回。一路走来，辛劳自不待言，要命的是盘缠花光，解决温饱成了燃眉之急。万般无奈之中，秀甫寻得一家茶楼，见有人设局博彩对弈，遂隐姓埋名，先赢点饭钱，填饱肚子再说。本来，职业棋士与业余棋客下赌棋就是一件不大光彩的事情，况且秀甫是赫赫有名的大棋士，如不是万不得已，绝不会出此下策。

赌棋挣点饭钱，倒也无人识破。旬日里，杉山千和如期归来，两人久别重逢倍感亲切，彻夜欢宴促膝长谈。

欢谈之间，千和感觉秀甫始终精神不振，知道皆由跡目之事而起，又不便马上劝解，笑道："方才听贤弟说匿名去赌棋骗钱，倒让我想起一件趣事来。不知贤弟是否听说过关口隆吉这个人？""莫非兄长说的是做静冈县知事的那位关口？"

千和笑道："正是。此人颇有些才学，不免自命不凡。爱好下围棋，周围人一拍马屁，就不知自己是谁，居然以高手自居。有一天，关口随棋友偶来寒舍,见书房摆设着棋具,竟脱口问道:'此地也有会下围棋的?'我是又好气又好笑,便随口应道:'不才略知一二。'他乐得眉开眼笑,非要与我来上一盘。我故意要气他一下,便说道:'阁下若先放上九个子,在下倒是愿意奉陪一局。'关口闻言大怒,吹胡子瞪眼道:'我若摆上九子,你输了当如何?'我回说任凭阁下处置。他怒气难平勉强对弈,结果被在下杀得丢盔卸甲,满地找牙,只得乖乖认输。那关口呆了半天,才回过神来道:'我从未见过阁下这样的高手,您应该去要个棋士免状才是。'我见他态度诚恳,便以实情相告。他却又问道:'我的棋固然不行,何以见得您能够让我九个子呢?'我答道:'当今棋界,没有人不知道杉山千和的。方才阁下连我是否会下棋都不清楚,可见尚未入门,自然是应该让九子了。'关口闻言羞愧不已,连忙托故告辞而去。岂料后来,他竟与我称兄道弟,做起了朋友。"

说得秀甫哈哈大笑。"此次贤弟赌棋骗钱,是否也交上这'不打不相识'的棋友了?"秀甫笑道:"赌棋的时候,唯恐被人勘破身份,哪里还敢拿出真本事来。就在前几天,有个富商和我赌棋连输两盘,不知他是恼羞成怒呢还是心疼那几文钱,竟然异想天开要我让他五个子着大彩———目棋十文钱。当时正需要钱用,我心中暗喜,表面上还得装作极为难的样子。那里的赌客都是些唯恐天下不乱之徒,见有热闹可看,就都围了过来。这盘棋,我手下再不留情,左冲右突逢断必断,那富商何曾见过这等架势,早被杀得满盘尽是弃子,呆若木鸡。我打是打了,却不曾与这位'财神爷'相识。"

千和也笑了起来。"还有一个笑话,也发生在这里。"千和接着道,"长州藩主毛利手下有个叫伊藤春辅(即伊藤博文)的人,在西洋留过学,才能极高。有一次,伊藤和朋友山尾庸三同住旅馆,看到一副棋具,山尾便问伊藤是否会下。伊藤本来不懂围棋,口头那肯示弱,便答曰:'这有什么不会!不就是四子吃一子吗?'山尾以为他会下,二人便对弈起来。这盘棋真是太有意思了。原来,二位都是平生第一次弈棋,只知道围住便吃,弈到后来突然下出一个劫来。二人不知提劫要隔一子的道理,谁都不肯让步,于是你提过来我提过去，提了几十手，心中暗叫奇哉怪也。山尾恍然大悟道：'难怪有些靠棋吃饭的人，下一盘棋要用二三天。'到底还是伊藤聪明，疑惑道：'不对啊，这样下下去别说二三天，怕是一万年也是老样子！'二人只得作罢，连忙跑出去请教别人。"

千和见秀甫心情好了些，正色道："大丈夫四海为家，在哪儿不能干一番事业呢？何必苦苦守着坊门。最近，从江户来了几位高手，改天请他们来，大家先热闹一番再说。"

千和所说的几位高人，小林铁次郎、水谷缝治、泉恒治郎、高崎泰策是也。他们日后协助秀甫创办"方圆社"立下汗马功劳，在此先按下不表。

2. "本因坊"名号下的唯一对局

黑方：土屋秀荣七段　　明治十九年（1886年）八月六日弈于方圆社
白方：本因坊秀甫八段　　共173手（以下略）黑胜4目

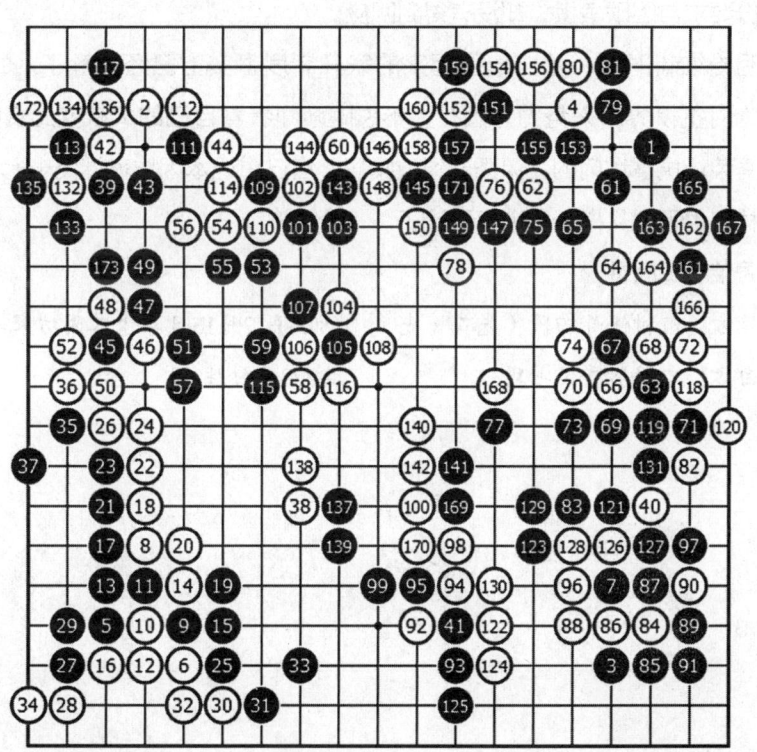

1884年开始，秀甫与当时五段的十七世本因坊秀荣（棋份为定先）进行十番棋较量，该局是最后一盘，秀荣取胜后，双方以五比五平分秋色。

1886年7月，本因坊秀荣正式承认秀甫的八段称号，同时把坊门家督权让给秀甫。秀甫成为第十八世本因坊掌门人，回赠秀荣七段称号。因秀荣让出本因坊家督，恢复本姓土屋，而秀甫则由村濑秀甫改称本因坊秀甫。这盘棋下完之后两个月，秀甫仙逝，此局便成其"本因坊"名号下的唯一绝唱。

（二）本因坊秀荣

秀荣原名土屋平次郎，嘉永五年（1852年）十一月作为秀和的次子诞生在江户本所相生町本因坊宅。十一岁过继给十二世林柏荣门入作养子，改名林秀荣。十二岁获初段，十六岁三段，获准担任林家第十三代家督。明治元年（1868年），秀荣十七岁时征得本因坊、安井两家同意晋升为四段。对此，井上松本因硕表示反对，指定门人小林铁次郎来下争棋。秀荣以林家当主身份要求与因硕争棋，却没有得到回应。

明治维新时期，幕府建立起来的家元制度事实上已经瓦解了。1884年，为对抗棋界新兴势力方圆社，不忍眼睁睁看着自己的本家就此衰败下去，秀荣让执掌坊门的三弟秀元退位隐居，自己重返本因坊家继任十七世家督，林家也因之从棋坛上销声匿迹了。

秀荣名局欣赏：

黑方：田村保寿四段（先二·先）　　1895年12月15日弈于本因坊家
白方：本因坊秀荣七段　　　　　　　共228手白胜2目

传世妙手图

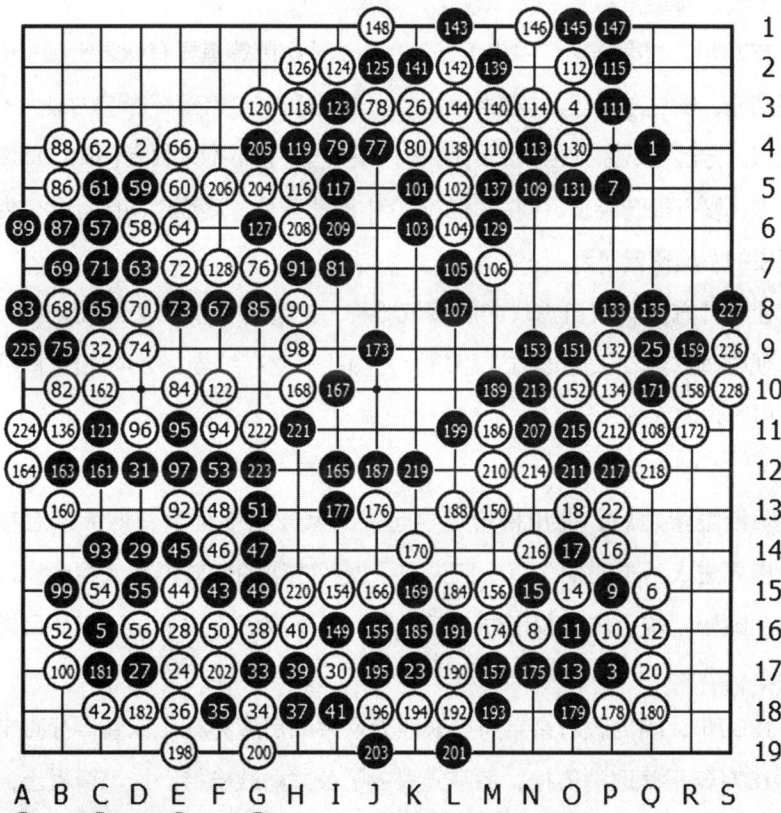

中篇 近代日本围棋的崛起

229

妙手图是秀荣与学生田村保寿（后来的二十一世本因坊秀哉）四段的对弈局面，如何处理左边白棋五子孤棋是本局胜负的关键。白1（第90手）扳，黑2切断是预定的行动。就在此刻，秀荣祭出白3这颗匪夷所思的棋子。嗯？！白棋这两子不是跑不掉的吗？是的，白3准备再多弃一子，舍身试探对方的态度。黑棋如在A位应接，则白B位刺与黑C交换之后，白D位扳一举拿下黑❷三子棋筋；黑如在C位这边接，则白E位打吃，黑A、白F成功把左边孤棋接回家。

白3（第92手）成为围棋史上传世的妙手。

二、方圆社

（一）简介

1879年，村濑秀甫、中川龟三郎、小林铁次郎等棋界有识之士顺应历史发展潮流，创立方圆社，成为明治、大正时期日本最繁荣、影响力最大的围棋组织。方圆社从家元世袭制的束缚中摆脱出来，不拘入会者门派，革新比赛制度，发行报刊杂志，使围棋在大众中迅速普及，逐渐走向国际化，为现代围棋的发展奠定了基石。

社名"方圆"取自古代中国围棋雅称，"盘方而静、子圆而动"，完美体现中国古代"天圆地方"思想。方圆社一直存续到1924年日本棋院成立，棋界走向大同。

（二）创立背景

明治维新之后，德川幕府建立起来的家元制度瓦解，四大家名存实亡，棋界进入萧条时期。棋士们失去了展现才华的御城棋赛大舞台，为弥补此项缺憾，本因坊秀和创办"三日会"，终因资金困难，三年后自然解散。

1869年，明治政府东京府厅对四大家采取房屋充公、家督俸禄减半政策，1871年干脆取消俸禄，各家元失去了公共财政支持。为培育棋士，鼓励他们钻研提高棋艺，棋界急需找到解决方案和资金来源问题。

（三）坊社若即若离

1879年4月，以当时棋界第一人村濑秀甫七段和中川龟三郎六段（丈和三儿子）两人为中心创立围棋研究会"方圆社"，秀甫担任首任社长。

为庆贺方圆社诞生，本因坊秀悦、林秀荣、安井算英等各家督参加了纪念对弈活动。每月第三个周日举行月例会，开始发行附有秀甫例会棋评的《围棋新报》月刊。然而，对于方圆社鼓吹实力第一，不认可家元权威的作法，秀荣为首的各家表示强烈反对，终以"棋士排名座次不合理、不兑现入社承诺"为由，九月宣告退出，方圆社出现首次分裂。秀荣与本因坊秀元、井上松本因硕等人商议后，决定剥夺已成方圆社员的门生段位，与秀甫及方圆社全面对抗。黑田俊节、梅主长江等旧家元少壮派棋士，一怒之下竟然把自己的免状还回了本家。

秀甫对方圆社进行重组，十一月在神田神保町重新开张。翌1880年，方圆社开始独自发行免状，确认社员从来的段位，并在第十期《围棋新报》的对局谱上公开发表。

1881年，秀甫把中川打到先二，被推举为八段。同年，方圆社常设机构开始运作，村濑秀甫、中川龟三郎、水谷缝次、高桥杵三郎、严崎健造等人轮流负责当值。1883年，废除从来的段位制，开始实施级位制。

1884年，十七世本因坊秀荣委托政府要员后藤象二郎为调解人，与方圆社达成和解，开始出席方圆社举办的赛事，12月21日秀甫与秀荣（定先）十番棋开战。1886年8月6日弈完最后一盘，双方五比五战平，两个月后秀甫去世。11月，中川龟三郎继任方圆社第二任社长。秀荣基于与秀甫达成的"本因坊兼任方圆社社长"的协议向中川下战书，中川表示无意继承本因坊，逃避与秀荣的争棋，本因坊家和方圆社再次分道扬镳。

（四）坊社对立及其发展

1. 方圆社的势力

小林铁次郎、水谷缝次、酒井安次郎和高桥杵三郎，号称"方圆社四天王"。1880年，水谷响应秀甫的召唤，上京之后即被授予四段，社内只有他一人与秀甫的棋份保持在先相先,是秀甫的得力战将。

方圆社设置塾生制,培养出石井千治、田村保寿(本因坊秀哉)、喜多文子、杉冈荣次郎、雁金准一、高部道平等众多青年才俊。塾生时代的石井、田村、杉冈号称"方圆社三小僧"。1889年创办"青年研究会",《青年围棋研究会新志》创刊。1907、1909年,铃木为次郎、濑越宪作先后加入了社团。

1893年,方圆社放弃实施了十年的级位制,恢复传统段位制。

2. 本因坊家的动态

1892年,本因坊秀荣发起"围棋奖励会";1895年创办"四象会",勤于钻研,勇猛精进,1898年经众人举荐晋升八段。安井算英、隐居的本因坊秀元,加上退出方圆社的田村保寿、石井千治、广濑平治郎、雁金准一等人先后归附本因坊家,坊门大有后来居上的趋势。1906年,秀荣晋升为名人。1907年秀荣仙逝后,田村保寿与雁金准一之间爆发本因坊继承权争端,结果田村获胜,成为二十一世本因坊秀哉;雁金则回归方圆社做起了理事。

3. 棋界的趋势

1898年,《神户新闻》创办围棋史上首个新闻棋战;1899年,《读卖新闻》主办首次围棋通讯赛;1901年《时事新报》主办"围棋新手合"赛……自此之后,读卖、朝日、每日等各大报纸开始大肆刊登围棋谱,引起公众普遍关注。

《万朝报》专栏作家黑岩泪香想要通过新闻棋赛促成本因坊家与方圆社和解,1905年起开设"碁战"围棋专栏,交替刊登方圆社和坊门对局棋谱;1910年起举办坊社对抗"联合选手战";1916年,《大阪朝日新闻》主办各方八名棋士代表参加的坊社对抗赛;1920年,《中外商业新报》(《日本经济新闻》的前身)举办坊社两家棋士参加的混合淘汰赛。

(五)棋界统一

1. 三足鼎立

1920年,坊社六青年棋士组成"六华会",桥本宇太郎、木谷实、岩本薰、前田陈尔等许多青年才俊不断加入进来，日本棋院成立时已经壮大到二十多名会员。九州日报社聘请濑越宪作、铃木为次郎、井上孝平等人对棋局进行讲评后在地方报纸登载。

第一次世界大战后，棋界大同的趋势逐渐明晰起来。1922年，时事新报的矢野由次郎、议员大绳久雄等人发起，秀哉领衔的坊门、方圆社众棋士、井上因硕为首的关西棋士、稻垣日省等中京棋士共同署名成立"日本围棋协会"意向书，此举得到政界财界人士的积极响应。时任方圆社长的广濑平治郎借此机缘，计划把社址搬迁到位于东京市中心的"丸之内大厦"，准备在日本桥俱乐部召开新址披露围棋大会，不料突发重病，计划不了了之。

1922年12月，雁金准一、铃木为次郎、濑越宪作、高部道平四人独自成立"裨圣会"，开始实行"总互先、贴目、限时、局分升段"等现代比赛制度。受此刺激，方圆社副社长岩佐銈及广濑门生加藤信与本因坊秀哉达成坊社协议，利用广濑筹集的资金，准备翌年元月在丸之内大厦设立中央棋院。

然而，围绕资金运作，加藤与本因坊派产生对立。1923年4月方圆社搬回旧址，坊派则把中央棋院转移到日本桥。自此，棋界形成中央棋院、方圆社、裨圣会三足鼎立格局。同年3月，棋界举行"本因坊算砂300年祭"，以此为契机，大同的潮流再次涌动。另一方面，第一次大战后经济萧条，各派的资金状况益发艰难，促进了棋界大联合。

2. 走向大同

1923年发生的关东大地震，使各派损失惨重，遭到很大的打击。中央棋院与裨圣会向方圆社伸出合作的橄榄枝，并知会说要是拒绝的话，将不再参加有方圆社棋士参与的新闻棋战。除了同秀哉有过节的雁金等人外，方圆社接受了联合。

大仓喜七郎【注②】男爵慷慨解囊支持棋界，1924年4月召开"棋界合同协议会"，5月方圆社宣布解散，7月日本棋院正式挂牌后，原方圆社员成为日本棋院所属棋士，棋界走向大同。

（六）普及围棋之功绩

明治时期，方圆社在大众围棋普及方面作出了重要贡献。其一，采用级位制把传统的九个段位阶梯扩展至十二个，扩大了免状受众范围，增强宣传效果的同时增加了免状发行带来的经济收入；其次，通过发行《围棋新报》等报刊杂志，加快了棋谱的传播速度，使围棋益发受到一般大众的关注；再次，1885至1893年间，在横滨、大阪、神户、冈山等地设立方圆分社机构，围棋在地方大面积普及。

1. 出版事业

1879年4月20日，方圆社开始定期举行例会比赛，在《围棋新报》上发表棋局评论，以月报的形式公开发售，至1924年4月，总共发行520期。

1900年，面向初级者发行《围棋新报》姊妹篇《围棋初学独修新报》；1912年，第二代中川龟三郎就任方圆社长，将其与围棋同志会的《围棋世界》合并后更名《棋道》，1913年并入《围棋新报》发行。

1907年创刊《方圆新报》，增添了许多讲座和趣味文章读物，因与秀甫之《方圆新法》同名，改为《棋界新报》。此外，明治末期至大正年间，各围棋团体及出版社都发行了自家特色的围棋杂志。

2. 海外普及

德国工程师奥斯卡·科尔来到方圆社希望学习围棋，秀甫感到这是海外普及的良机，遂收其为徒，热情指导。科尔回国后，1881年发表介绍围棋的记事文章（后出版单行本《围棋理论与实践》，秀甫配图），围棋之花从此开遍欧洲大地。

三、争棋

（一）鬼才水谷缝治

水谷缝治1846年出生在伊予国大岛医学世家，自幼能解棋局，七岁时与今治城主松平壳岐守侍卫对弈，颇得赏识，誉为天才少年。1859年，本因坊秀策回因岛探亲，父亲闻讯带着十三岁的缝治前来讨教，下了两盘让四子和一盘三子指导棋，均大获全胜。秀策想收为门徒，其父以小孩体弱，将来想让他继承家传医学为由婉言谢绝了。

明治维新后，缝治曾担任小学代课教师，以"赌棋师"威震乡里。方圆社成立之际，村濑秀甫再三相邀，于1880年上京入社，授予四段。此后很快崭露头角，1883年晋升六段。同年，在方圆社内部定期赛中，执白对战严崎健造（方圆社第三任社长），第130手弈出妙手取得胜利。秀甫看到这步棋非常高兴，观战席响起了掌声。

水谷代表棋局片段欣赏：

黑方：严崎健造五段　　　　1883年弈于方圆社
白方：水谷缝次六段　　　　共170手白中盘胜

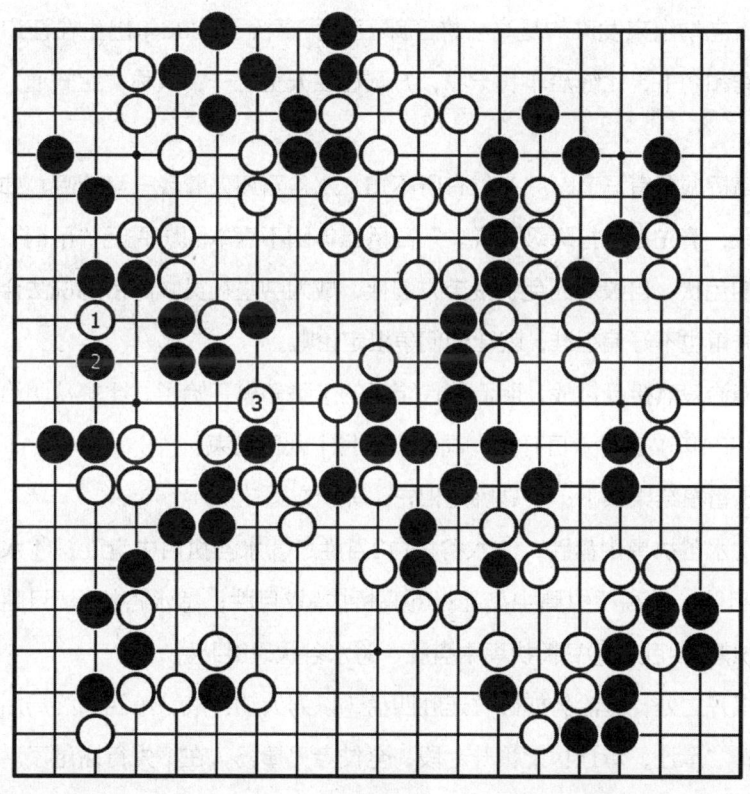

参考图

参考图白1（第130手）靠，为后面的官子手段埋下了伏笔。

1884年，水谷在方圆社内定期赛中成绩斐然，秀甫想让其晋升七段，不料此议一出，引起一场轩然大波。本来，以水谷缝治的实力升七段并不为过，可惜人缘不好，社内棋士大都与他合不来。

水谷从小患有肺炎，体弱多病，性情孤僻寡欢。平日里接人待物，一副债主面孔，等闲不见丝毫笑容。更糟糕的是，水谷的对局态度非常恶劣，别人思考时，不是做出一脸的不屑，就是目光炯炯，死死盯在人家的脸上。特别是对方形势不利冥思苦想的时候，总是嘿嘿冷笑，自鸣得意。这种行为举止非常讨人厌，秀甫为此不知劝过他多少次，但恶习积重难返。小伙伴们一听要让水谷升七段，心中皆不以为然。

（二）杵三郎不服

首先站出来发难的是高桥杵三郎五段。高桥于1836年出生在江户，本因坊秀和门下，比缝治年长十岁，方圆社四天王之一，人称"定式通、活棋经"。

高桥振振有词道："各位有所不知，水谷君还欠着我一盘债呢！如果想要升段，请先把我打降级再说。"高桥当年因不满本因坊秀元"吊销"秀甫等人的免状，自毁坊门免状投奔方圆社，成为中坚社员。高桥的说法合情合理，秀甫也不好偏袒谁，就让他们争棋定论吧。

缝治毅然接受挑战，明治年代罕见的十番争棋开始了。比赛从明治十七年（1884年）三月六日开始，同年十一月十六日结束。

十番棋结果如下：（高桥先相先，弈于方圆社）

①水谷执黑中盘胜；②水谷执白3目胜；③水谷执白中盘胜；④水谷执黑14目胜；⑤高桥执黑中盘胜；⑥高桥执黑7目胜；⑦水谷执黑6目胜；⑧高桥执黑6目胜；⑨高桥执黑中盘胜；⑩水谷执黑8目胜。

棋开之处，缝治势如破竹连胜四盘，以为大功告成。第四局终局后，挖苦道："承让，承让！此番升七段，全仗老兄捧场，在下先行谢过了。"把个高桥气得一佛出世二佛升天，原地怔了好一会儿，突然大声道："且慢！

我还没有输定,你凭什么就要升七段?"水谷被吓了一大跳,以为高桥气得发昏,开始说胡话了。

一直以来,争棋是以一方净胜四盘为标准进行升降级的。高桥对众人解释道:"先前缝治君与我在社内共赛九局,我五胜四负,他还有一盘欠账未还。所以总算起来,他只不过多赢我三盘,比赛还应继续下去!"群众的眼睛是雪亮的,社内比赛与争棋一毛钱关系也没有,高桥此举纯属无理取闹,但此时并无一人肯站出来为水谷说话,反而大都附和高桥。水谷大怒,当即要求社领导出来伸张正义,秉公裁处。事不凑巧,偏偏这时社长秀甫为了创办关西分社,出差到名古屋去了。中川副社长虽心如明镜,唯恐触犯众怒不敢做主,便写信请示秀甫。秀甫担心社内闹分裂,觉得水谷连胜四盘势头正旺,再弈一局也无所谓,于是回信劝水谷再下第五盘,不要意气用事。

水谷万没料到连秀甫也在帮高桥说话,心情益发郁闷。经此意外挫折,斗志全失,竟然连输第五、第六两局。眼看煮熟的鸭子飞了,水谷悔恨交集,满腔的怨毒闷在心中无法排解,身子骨便有些吃不消了。

其实,水谷的人品并不算坏,吃亏全在于对局之恶习。秀甫曾说:"逢治品性不卑,更无贪财爱利之心,且棋艺秀逸。我对局时起过憎恶之念,唯对逢治一人,此皆因彼之恶癖所致。"争棋结束后不久,水谷病逝。众人心中皆有些不忍,秀甫更是痛惜不已。第二年,追赠水谷七段。

(三)争棋第5局

黑方:高桥杵三郎五段　　明治十七年四月二十九日于方圆社

白方:水谷缝治六段

第一谱 1-78 秀策的小尖

简 评

黑1、3、5秀策流布局，黑7小尖更是秀策得意的一手。"只要棋的理论、规则不发生变化，这手棋便不会成为坏棋。"秀策一语定乾坤。

黑13又小尖，坚实无比。现在大多选择直接23位打入，变化如图1。

图1：黑棋抢占7位好点，黑a位押几乎是先手，整体配合理想。

白14一般在A位分投，两头可以拆二，但黑从B位逼绝好，白不满。

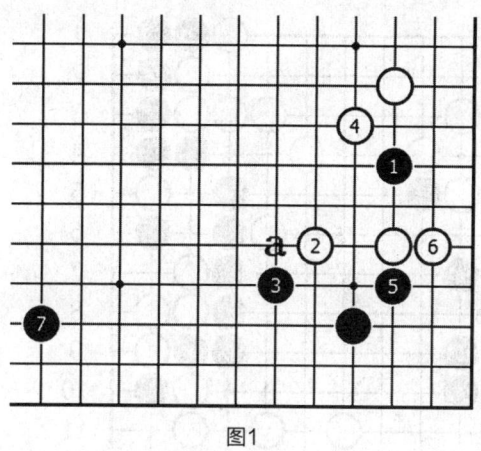

图1 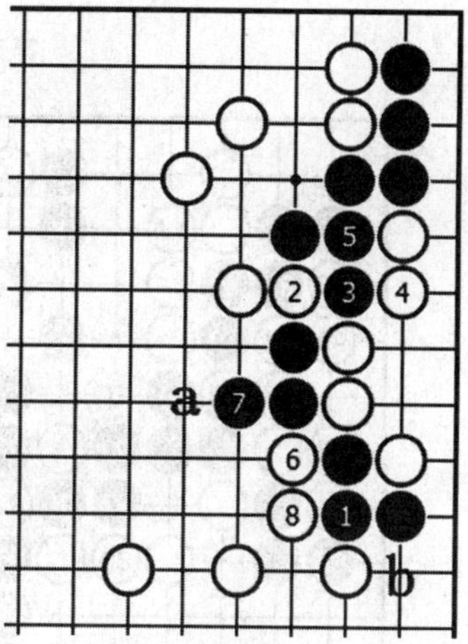　　　　　　　　　　图2

白22速度太慢，可考虑在77位快速占大场。

黑23打入严厉，对此白24靠出作战或是本局苦战的原因。白24可在40位托，轻灵处理一下即可。

黑39封锁，白只得40位托丢弃两子寻求联络，损失很大。黑39如先在41位刺，白43位接，黑39时，白棋便C位小尖，D位做活与40位盘渡见合。另外，白40改走C位尖虽然可以做活，但将来黑D位夹吃白两子的价值变大，很痛苦。

黑43断吃白两子，局面优势。白44飞进角是目前最大的一手。

黑45靠，可能是漏算了白46以下的严厉手段。黑45在47位尖稳妥。

白50、52厉害，借助E位立的先手利用，黑无法抵抗。

黑55如在58位接，变化如图2。

图2：白2至8冲断后，a、b两处见合，黑崩溃。

白58先手破坏了黑空，实地差距接近了。白60在当时就遭到质疑，围观群众认为应该在77位逼。那样的话黑就在F位打入简单求活，形势依然黑稍好。

白60意在把局面搅乱，是劣势情况下的有效策略。

第二谱79－135缝治惨败

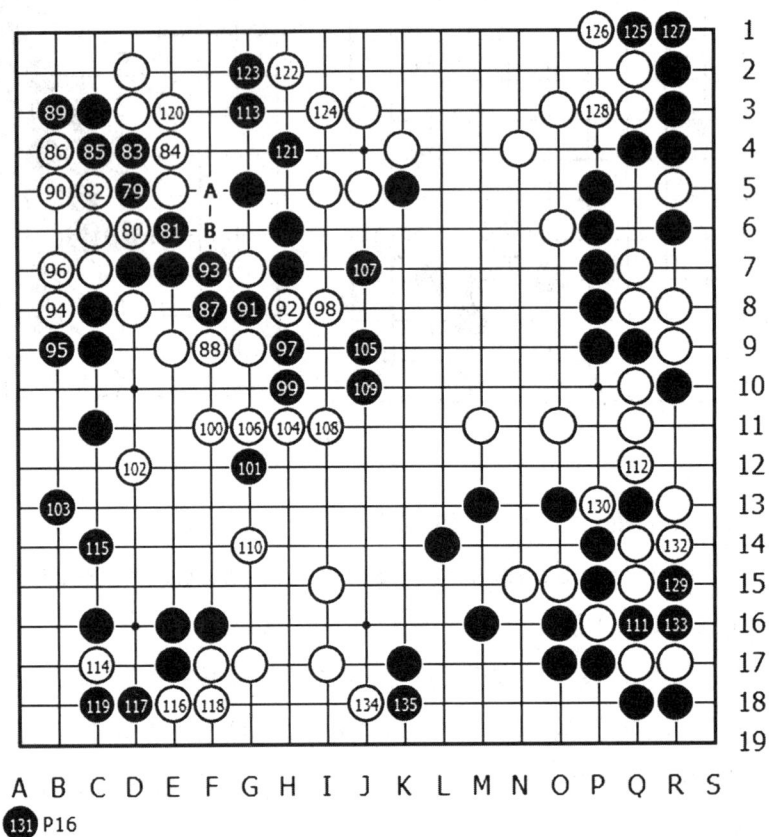

共135手黑中盘胜

黑79跨至白86必然。黑有A位的先手，白86没有B位扳出的手段。

黑87刺，多此一举，给了白棋可乘之机。

白90平凡，坐失良机，应该在B位扳，变化如图3所示。

图3：白5先手包打后7位接，黑棋的一团子很难腾挪，今后的攻防是胜败关键。

实战是黑方所企望的最好结果。黑107吃掉两子棋筋，白方已没有争胜余地了。

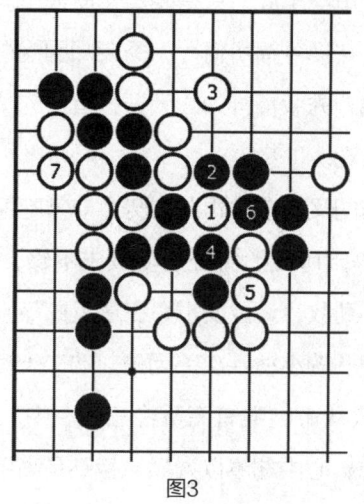

图3

本局是发生升降级纠纷之后的比赛,缝治遭受意外打击,情绪受到极大影响,技术水平发挥失常。

四、坊社巅峰对话

1884年,秀荣将林家并入坊门,自己继任十九世本因坊,励精图治,一心想要重振坊门昔日雄风。首先遇到的是资金困难,从林家带来的一点薄财,只够勉强糊口,根本谈不上发展壮大。这种情况下,秀荣也只好韬光养晦,等待发展的时机。

1892年,秀荣倡议发起"围棋奖励会";1895年又创办"四象会",勤于钻研,勇猛精进。庆幸的是,自古以来政界和财界一直都有大佬喜欢弈棋。当时政府要员后藤象二郎、犬养毅等人就属于热心参与支持围棋活动的人。

"否极泰来"乃事物发展的一般规律。一日,后藤象二郎邀约秀荣去议事,秀荣没有一件合适的礼服,又无钱买新的,只好在一件旧袍上,用颜料墨水依葫芦画瓢,手艺精妙,竟然补旧如新,不仔细是看不出来的,秀荣穿上就前去赴约。谁想,路上突遇暴雨,一时躲闪不及,新涂上去的颜料墨迹到处乱跑，追悔莫及。事已至此，只得硬着头皮去了。后藤见状大吃一惊，秀荣也羞得无地自容。"祸兮福所倚"，秀荣却因祸得福，得到后藤捐助的一笔巨款。手上有了钱，秀荣精神为之大振，昔日的凌云壮志复生，一番锐意治家后，局面大为改观。

方圆社长秀甫见坊门又有东山再起之势，非常吃惊，对众棋士道："秀荣棋艺浑圆正大，非等闲可比。身处逆境其志不辍，坚忍的功夫非常人所及。此人将来必为我等劲敌，诸位要小心在意了！"

"方圆四天王"之一的小林铁次郎因先前的二十番棋被秀荣打到定先，吃过大苦头，所以恭敬从命。唯有高桥杵三郎、中川龟三郎两位"拼命三郎"不服，口中虽不说，心中却不以为然。特别是高桥，自从力阻水谷逢治升段后，又在社内定期赛中执黑逼和了秀甫，自觉棋力大涨，暗道："秀荣乳臭未干，有什么了不起！既然社长这样怕他，我倒要去教训教训他。取胜之后，还怕社长不举荐我升六段？"拿定主意，便私下里去问小林："秀荣的水平，比我到底如何？"小林一听，知道他要去向秀荣挑战，心想："杵三郎这小子最近态度傲慢，一脸的高棋模样，何不让他尝些苦头？反正这是他的个人行为，与棋社无关。"便忍笑调侃道："秀荣的棋嘛，其实也不过如此，他定式不熟，最怕乱杀。老兄如去，定可旗开得胜！"高桥竟信以为真，兴奋道："借老弟吉言，实不相瞒，我确有与秀荣交手之意，但此事眼下千万别声张，待我得胜归来，再告社长不迟。拜托了！"小林嘴上恭维，暗地里觉得好笑，知道高桥此番前去挑衅，必定凶多吉少。那高桥不知轻重，第二天果真向坊门下了战书。

秀荣接信，着实吃惊不小，以为此举乃方圆社授意。高桥虽不足惧，但对方高手如林，轮番上阵，担心自己招架不住……可转念一想，此事关乎坊门前途，绝无退缩之理，便一口应承下来，双方约定数日后开战。

棋界自古不缺好事之徒，不弄出点动静来，单下棋觉得不过瘾。这种大事太过震撼，如何能不走漏消息？比赛当天，观者如潮，早把赛场围得水泄不通。报纸上更是爆料说"坊社大战"，可把小林给吓坏了。现在已来不及刹车，只好再三叮嘱高桥千万小心。开局猜先，高桥偏又猜到白棋，他原本就刚愎自用，又被小林灌了"迷魂汤"，在盘上横冲直撞，居然真把秀荣当成了下手。

小林在一旁观战，坐立不安，急得像热锅上的蚂蚁。那边秀荣见此着法，初时惊讶，继而大喜，暗道："秀甫想是糊涂了，让这等草包来打头阵，岂不是白白送死？"于是只管把自己的黑棋弈得坚实无比，让高桥一个人去胡乱折腾。高桥左冲右突，气势如虹，回头一看实地越杀越少。弈至第171手时，高桥实在无法再撑下去，只得投降。这一来，事情就闹大了。

高桥铩羽而归，方圆社大失面子。中川副社长闻讯大惊，这种不光彩的事又不敢报告领导，只好想办法自己解决。可环顾左右，竟无一人是其对手，只得亲自出马，秀荣欣然应战。因中川是七段，秀荣五段执黑棋。

中川的棋本来可以一战，但此局志在必得，思想包袱太重，结果下得缩手缩脚，发挥欠佳。弈至中盘，形势已非，只得冒险置中腹大龙于不顾，硬抢边路要点。秀荣第81手开始演绎屠龙记，中川奋力抵挡，终因损失惨重，只得推枰认输。

秀荣连斩方圆社两员大将，顿时引起轰动。小林明白这事终究捂不住，只好硬着头皮向秀甫据实禀报。秀甫闻言色变，当即把中川、高桥等人叫来问清缘由，一顿痛斥。一旁的小林内心颇觉不安，连忙插话道："那秀荣也确实有点张狂。事到如今，只有社长亲自出马，才能力挽狂澜，挽回清誉。"此话触动了伤心事，秀甫含泪叹道："若缝治在，焉得有今日！"高桥满面惭愧，吓得一声也不敢吭。秀甫也知事态严重，再不杀杀秀荣的威风，方圆社的脸面算是丢尽了。于是放出话来要与秀荣单挑十番棋，棋份为秀荣定先。消息传出，整个棋坛沸腾了。1884年12月21日，首局在方圆社开枰。

名局欣赏：

黑方：本因坊秀荣 五段　　秀甫VS秀荣十番棋第一局

白方：村濑秀甫八段　　　总谱1—149　黑中盘胜

本因坊秀荣

本因坊秀甫

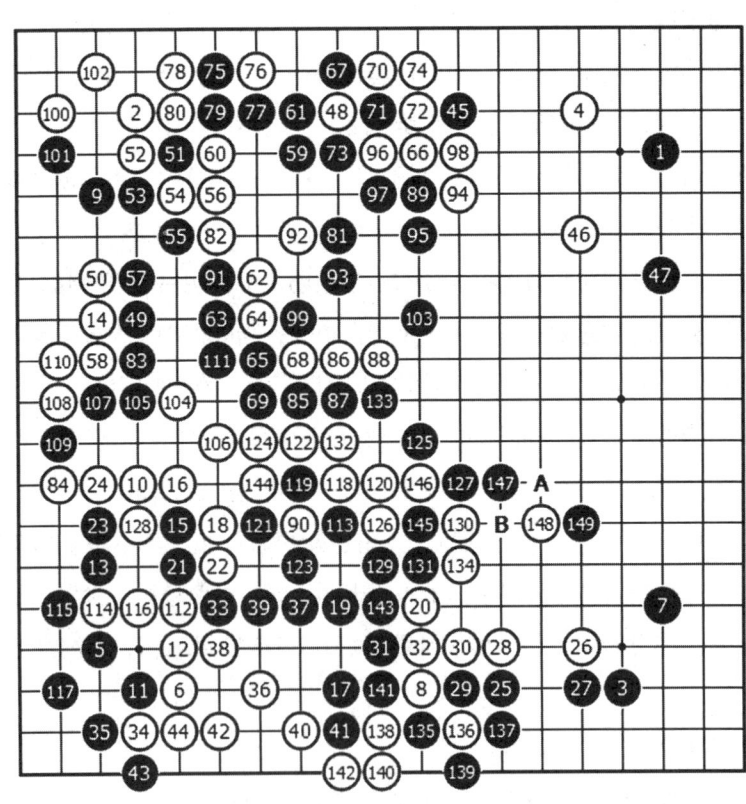

---- 简评 ----

白14在15位尖，平稳。黑15虚晃一枪，接着17位打入，秀荣抓住战机。

黑33扳出严厉，白34以下虽然做活，十分委屈。此后黑一直掌握盘面主动，白棋多方用强发起攻击，收效甚微。

黑149横空一靠，绝妙手！对此白如A位冲，黑B位反冲，白130、134两子棋筋被吃，黑大龙解除了被劫杀的危机。

秀甫首局失利，方圆社员尽皆失色。不料秀甫却淡然笑道："胜败乃兵家常事，尔等不必担心。今已探明彼之棋术，结局还看明朝！"

翌年元月，第二局开盘，秀甫果然扳回一局，趁势夺得三连胜。第五局后双方呈现拉锯状态，鏖战至六月，八盘弈完始终领先两局，秀甫神技，众皆叹服。

五、巨星陨落

秀甫打败秀荣暂解坊门威胁，开始着手创办关西分社，首先想到的分社长人选是泉恒治郎，秀甫落魄越后国时，彼此相谈甚欢。泉恒治郎出生在大阪的当铺世家，家财殷实。早年秀甫曾陪伴秀和到大阪云游，秀甫替他向秀和要四段免状，他胃口倒挺大，要求五段。秀和认为，从无段一跃而授予高段，此先例万不可开。后来，泉恒治郎又向秀甫要求五段免状，还希望坊门赐其"秀"字排行，秀甫都一一答应，遂改名泉秀节。

秀甫以为有此交情，秀节自然会答应出来做事。秀节热心棋道，家里又有钱，但一直没有拿到秀甫承诺的五段免状【注③】，所以始终不曾积极配合。正当秀甫为此事深感忧虑之际，喜事却从天而降。

1886年春，与方圆社大唱对台戏的本因坊秀荣突然一改初衷，反倒要来与秀甫合作了。原来，两人之间的十番棋下到第九局（1885年11月），秀荣将比分追成四比五，不再有降级的风险，犬养毅、后藤象二郎等支持者便劝他见好就收，趁势同方圆社合作。后藤更是谆谆教诲道："君家自姓土屋，如何霸占起本因坊来？再者说了，坊门历代祖师，哪有父子相续一门包办的情形？坊门家法立贤不立嫡，而如今你们三段也做起家督来了！难怪别人要说三道四。何况方圆社的势头正旺，以现在坊门之力万难与之抗衡。莫如以退为进，不但要与方圆社合作，而且还要请秀甫兼任坊门家督。"……

秀荣闻言神色顿变。后藤见他一脸的尴尬样，早知他心中不乐意，便微微一笑，俯过身来悄声道："足下让贤，表面看起来是方圆社接收了你们，可那秀甫年事已高，身体又不好，万一有个三长两短，以足下的实力，还有谁敢出头抗争？到那时，足下名至实归，岂不反倒成了坊门收编方圆社啦？"

后藤果然不愧为政治家，眼光独到，与众不同。秀荣听了如梦方醒，乐得眉开眼笑，连忙道谢不迭。二人拟就合作条件，秀荣便委托后藤出面与秀甫交涉。

秀甫做梦也没想到这种好事居然会自己送上门来，喜得心花怒放。秀甫心中有两件大事始终放不下，首先是如何团结棋界同仁组成大联盟；其二是成立关西分社，两件事情都迟迟没有任何进展。现在，前者竟然不费吹灰之力就解决了。拦路虎自己走了，剩下的问题自然也就迎刃而解，如何不喜？还有一个深层次的原因更是令人激动不已：秀甫一直都在梦想着有朝一日继任本因坊家督，这个渴望是如此的刻骨铭心，一刻也不曾忘怀。名人可以不当，本因坊决不可不做。如今夙愿得偿，感慨万千，不禁喜极而泣。

秀甫随即召开全体理事会，宣布坊门提出的合作条件，众人表示欢迎。两家又经过几轮谈判，终于在明治十九年（1886年）七月十日达成协议。协议主要内容如下：

（1）相互尊重对方的独立地位，为弘扬棋道共同努力；

（2）本因坊秀荣授予秀甫八段免状，随即聘请秀甫担任坊门家督之职；

（3）秀甫以十八世本因坊身份，授予秀荣七段免状；

（4）方圆社今后所发免状，须经本因坊家副署之后方才有效；

（5）秀甫之后，坊门继承人应由棋界最优者担任。

后藤象二郎祭出的偷梁换柱之计，果然是神鬼莫测。粗看方圆社大占便宜，社员人人欢喜，秀荣却在暗地里捞到更多的实惠。首先，秀荣可名正言顺地重返林家；自古以来，发行免状的收入是棋家重要的经济来源，副署免状就有权分成，坊门今后的财源便有了保障；再次，秀荣不费吹灰之力就得了个正式七段称号。当时的棋界，百废待兴，可以说还是一个烂摊子，让秀甫出来打头阵，将来情形好转再接手，这个大便宜还在后头呢。

秀甫掌管坊门改称十八世本因坊，为团结棋道同仁，即刻向井上、安井两家伸出橄榄枝，同时在各地进行筹建方圆分社的工作。井上家松本因硕年事已高，年轻时的火辣犟脾气也大为收敛，非常赞同秀甫提出的培植新秀计划，自己也在关西地区广收门徒，积极进行配合。安井家的十世家督算英，是少年时代的同窗好友，秀甫心中更有把握。

安井算英1847年出生在江户，是九世安井算知的儿子。十二岁拜师本因坊秀和，1860年获得初段，随即第一次参加御城棋赛，受三子中盘战胜林家掌门人柏荣。1861年，算英升为二段，师父秀和原本打算叫秀策让算英二子在御城棋赛上表演一盘，秀策推辞道："在下参加御城棋赛以来还没有输过，当然希望保持全胜。如果与算英君是互先或让先的棋份，自然在所不辞。等将来算英君升到五段，在下一定奉陪。"遗憾的是，翌年江户爆发霍乱，秀策仙逝。

算英应变能力强，很少有门户之见，经常和坊社两家棋士相互交流切磋，他们之间产生矛盾，总是算英从中斡旋调解。明治十八年，算英应聘去甲府教棋，这一去就是六年，对于棋界最新动态一无所知。

明治十九年（1886年）七月三十日，秀甫正式接收坊门，改称本因坊秀甫。趁着这个好势头，秀甫紧锣密鼓地进行着创立分社的工作。连日的辛勤奔波，内外费心操劳，很少休息，加上当年游历越后国的时候心情苦闷，借酒浇愁损伤了肝脏，身体状况每况愈下。

人生最大的梦想成为现实，精神上的兴奋遮盖了日趋严重的病情。八月中旬，秀甫在给朋友的信中写道："遂为第十八世本因坊。现定于十月之第二星期日，作盛大庆典。届时必有一番盛况。"得意之情状，充满字里行间。

1886年10月13日，大家忙碌了一整天，为明日之盛典做好了最后的准备。夜已深，秀甫仍然毫无倦意，将小林、中川唤入房中，促膝而谈。小林见秀甫神态疲劳已极，却强打着精神，话语还是滔滔不绝，唯恐他太过劳累，影响明日大典，便向中川使个眼色，二人起身告辞。秀甫挽留不住，只得送至门口，眉宇间流露出依依不舍的神情。二人见状，内心也忽然生出一种莫名的难舍之感，恨不能回去陪他坐上一夜……小林、中川万万没有想到，这竟是他们与秀甫生离死别的最后一幕。

第二天一大早，宾客盈门，一派喜庆气象。挨到正午时分，仍不见本因坊露面，众人皆颇感疑惑。小林猛然想起昨夜的情形，暗叫一声"不好"！，急忙进屋探查。只见秀甫身着礼服，面带微笑从容端坐在堂。小林连唤数声，终无回应……秀甫不知在何时仙逝了，享年四十八岁。

明治维新以来，秀甫力挽狂澜，使已濒临绝境的围棋重获新生，堪称近代日本棋坛最了不起的功臣。学者中江兆民编了一本《一年有半》的书，精选日本近代史上三十一名非凡人物加以介绍，秀甫也名列其中，可知其在当时日本国民心中的地位是何等的崇高了。

六、"名人中的名人"秀荣

本因坊秀荣最重要的贡献是创办"围棋奖励会"和"四象会"，这是两个专门研究棋艺的组织，对日本近代棋艺水平的提高起到了很大的推动作用。

（一）奖励会

明治二十五年（1892年），秀荣为欢迎老朋友安井算英从甲府回京，在日本桥俱乐部设宴接风洗尘。算英多年不曾露面，大家都想看看他的棋，席间提议与秀荣表演一局。两人均有此意，宴后摆开纹枰，结果算英执黑赢了2目。

那天秀荣兴致特别好，终局后不仅面无愠色，还亲自详细讲解棋局得失，算英也尽抒己见。两人的高妙见解，令观者耳目一新，大呼过瘾。算英遂提议今后常办这类交流比赛以提携后进，秀荣欣然表示同意，一月一次的"围棋奖励会"就这样诞生了。

起初，秀荣只与坊门、安井家弟子下指导棋。坊门举办公开奖励会的消息不胫而走，方圆社棋士们闻讯后都想参加，征得家督许可后，众人轮番上阵向秀荣讨教。

奖励会持续一年半，终因经费不足中止了。时间虽然不长，影响却相当大，开了日本棋士集体研究棋艺的先河。

（二）四象会

棋界有识之士力主恢复奖励会。机械贸易商会会长高田慎藏夫人民子好弈，棋力初段，1892年与秀荣相识，此后作为围棋界的赞助者发挥了重要作用。民子夫人分别对秀荣、算英、中川各派棋士每月提供多少不一的经费，有时就在高田宅举办围棋奖励会。

1895年，有了民子夫人的大力支持，秀荣在原奖励会的基础上创办更大规模的"四象会"，每月在其府上举办一次聚会，三段以上的棋士才有资格参加，每人补助50文车马费。会员可轮番向秀荣讨教，得到高妙的棋评。每逢会员日，小伙伴们都唯恐迟到，有的甚至半夜起身赶来。四象会不限于秀荣门下学生，田村保寿、雁金准一、石井千治等许多有望青年棋士都得到了磨炼。

1898年，秀荣晋升八段。1904年，因高田民子嫌弃弟子野泽竹朝【注④】，秀荣拒绝再接受其资金援助，四象会在持续了102期之后停办。翌年，经《时事新报》矢野由次郎的斡旋创立"日本围棋会"，犬养毅、高桥民子等人成为名誉会员。

1906年，除田村一人与秀荣的棋份保持在定先，其他棋士都被打降级至先二以下，秀荣被公推为九段，就位名人。田村保寿是其门下第一人，秀荣认为田村经济问题不清楚,打算立雁金准一为跡目。然而,在没有明确指定跡目的情况下,秀荣于1907年因流感诱发的并发症突然仙逝,享年五十五岁。

围绕本因坊继承权问题,坊门发生了混乱,结果由秀元暂领家督,一年后再让位给田村,内讧才得以平息。

注 释

【注①】秀策·秀甫(定先)十番棋结果:
①秀策执白6目胜;②秀甫执黑中盘胜;③秀甫执黑2目胜;④秀甫执黑2目胜;⑤和棋;⑥秀策执白3目胜;⑦秀甫执黑1目胜;⑧秀策执白中盘胜;⑨秀甫执黑中盘胜;⑩秀甫执黑中盘胜。

【注②】大仓喜七郎1882年生于东京,大仓财阀第二代掌门人,男爵。1900年英国剑桥大学留学,1907年创办日本首家轿车进口企业"日本自动车";1922年接替父亲就任帝国饭店会长。1924年出资组建日本棋院,担任棋院副总裁至1946年,后为名誉总裁。日本棋院为彰显其功绩,1964年创设"大仓赏"(1989年更名为"大仓喜七郎赏"),表彰为围棋普及发展作出贡献的有功之臣。2006年入选日本棋院围棋殿堂。

【注③】秀甫曾写信给秀节请其担任关西分社长,但中途秀甫仙逝。翌年中川龟三郎、小林铁次郎再次写信提出要求,并把五段免状一块寄去,秀节遂与同道中人设立大阪方圆分社,请小林任名誉社长,自己担任副社长,尽力做了许多工作。

【注④】野泽竹朝1881年生于岛根县,本因坊秀荣门下、七段,棋界人称"毒舌"。1918年,在《围棋评论》杂志上连载"评之评"专栏,对本因坊秀哉、中川龟三郎等人的棋评进行辛辣无比的"再评论",暴露秀哉继承本因坊内幕。秀哉通过正式文书对其进行警告,竹朝竟然置若罔闻,本因坊家遂对其作出赶出山门、没收免状的处罚。1923年发生关东大地震,《围棋评论》停办,后经喜多文子等人调解,与秀哉和解。

第十五章　院社壮烈大决战

二十一世本因坊秀哉VS雁金准一

一、日本棋院

明治维新以后，失去幕府支撑的棋士集团经历了许多聚散离合，棋界一片混沌景象。1872年，村濑秀甫创立近代棋史上首个职业棋士团体方圆社，与墨守传统旧习的本因坊家对立、并存了很长时期。1923年发生的关东大地震，成为棋界走向大同的契机。

日本棋院东京本院

棋院头衔战对局室·幽玄间

（一）成立经纬

大正时期，棋界呈现中央棋院、方圆社、裨圣会三足鼎立、相互攻伐的局面。

1923年9月1日正午时分，关东地区发生史无前例的大地震，加上二次灾害，一举就把东京城化为了废墟。站在火灾过后的残垣断壁上，棋士们意识到个体的脆弱，心中产生抱团取暖的渴望。

素有"棋界谋士"之称的高部道平【注①】拜访大仓喜七郎，请求帮助神圣会渡过灾后重建难关。大仓沉思片刻，答道："倘若本因坊、方圆社、神圣会能捐弃前嫌，团结一致共谋发展，我愿解囊相助。"第二天，三方掌门人共同拜访大仓表达谢意，发誓共倡棋道。大仓随即拿出十万块钱，准备筹建棋院大楼。

1924年5月21日，日本棋院宣布成立，7月17日举行揭牌大典，外务大臣牧野伸显兼任总裁，大臣喜七郎男爵为副总裁，理事均由社会各界知名人士担任。

（二）风雨历程

1945年3月10日，美军实施最大规模"东京大空袭"，位于赤坂溜池（现港区）的日本棋院大楼全部被烧毁。二战后，濑越宪作【注②】、岩本薰等棋界同仁开始物色新址重建。1948年，在港区高轮购入楼房作为棋院新会馆使用。

为适应时代需求，1971年在千代田区五番町市谷再建日本棋院新会馆，设施更加现代化，一直使用至今。

（三）杂志报刊

1. 《棋道》

日本棋院成立后，《棋道》作为官方杂志于1924年10月创刊，登载各类棋战信息、知识讲座，独自策划赛事。1961年起，每年发行棋道临时增刊《围棋年鉴》至今，发挥了普及围棋的媒介作用。1999年7月，因棋院财政状况恶化，总共出版923期之后停刊，与《围棋俱乐部》合并成《围棋世界》发行。

2. 《围棋俱乐部》

1925年，《棋道》姊妹志《烂柯》创刊，其后改名《围棋俱乐部》。二战中停刊，1954年复刊，1999年7月，随着《围棋世界》的创刊终止了发行。登载各类棋战信息、知识讲座，独自策划赛事。1988至1996年间，主办职业业余混合区域对抗团体赛"麒麟杯围棋团体赛"。

3. 《围棋世界》

1999年8月创刊，承接《棋道》《围棋俱乐部》作为日本棋院官方杂志发行。

4. 《围棋未来》

面向入门级围棋爱好者，1962年发行《碁》月刊，1967年停刊、1973年复刊，1980年更名《我们来下围棋》，1995年改名《围棋未来》。

5. 《周刊碁》

1977年开始发行《周刊围棋》，朝日新闻社代理销售。

（四）组织机构

1. 东京本院

1924年5月，日本棋院临时办公机构设在银座，1925年12月赤坂溜池棋院大楼建成投入使用；1945年美军空袭东京，棋院大楼全被烧毁；二战后，临时办公机构设在柿木坂岩本薫宅，1948年在港区高轮购入楼房作为棋院新会馆使用。1954年，日本棋院中央会馆在东京站八重洲口国际观光大楼开馆（1991年改名八重洲围棋中心，2013年搬迁至有乐町更名为有乐町围棋中心）；1971年，东京本院搬迁至千代田区市谷。

2. 关西总本部

日本棋院关西总本部设在大阪市，统辖近畿地区及广岛、冈山两县。1950年关西棋院独立时，自愿留下来的棋士组成了关西总本部。

3. 中部总本部

日本棋院中部总本部设在名古屋市，统辖中部地区及三重县。1940年日本棋院设立东海支部，1948年升级为东海本部，1955年成为中部总本部。"王冠战"是其独自的头衔战。

4. 日本国外

（1）日本棋院南美支部；

（2）日本棋院欧洲围棋文化中心；

（3）日本棋院美国西部围棋中心；

（4）日本棋院纽约围棋中心。

（五）奖项设置

1. 大仓喜七郎赏

表彰为围棋普及发展作出贡献的有功之臣，1964年创设。

2. 秀哉赏

表彰年度最优秀棋士，1963年创设。

3. 棋道赏

表彰年度成绩优异的棋士。1967年创设，《棋道》杂志采用问卷调查方式进行选考，加之赛事主办方及其相关人员投票，选出最优秀棋士赏和其他单项奖。1999年起，由《围棋世界》杂志主办。单项奖有变更的情况：1988年起设置国际赏；当初的敢斗赏、技能赏、殊勋赏，1990年废止，改为优秀棋士赏。此外，根据实际需要只在某一年才评选"特别赏"。各单项奖评选对象由当初的七段以上棋士，1995年改为五段以上。

4. 松原赏（关西总本部）

5. 土川赏（中部总本部）

二、院社对抗战

（一）棋正社

1924年5月日本棋院成立时，各围棋组织分别与各家报社签定有登载棋谱的契约，后来改为由日本棋院统一抽选的方式进行棋谱的登载。报知新闻社对此不满，同年10月与雁金准一、铃木为次郎、高部道平、加藤信、小野田千代太郎五名棋士签约，举办自己的赛事刊载棋谱。然而，这是违反日本棋院规约的个人签约行为，五人遂被棋院除名。10月25日，五棋士宣布组成"棋正社"，11月16日举行成立仪式。

（二）挑战日本棋院

棋正社五棋士是当时的明星，沿用禅圣会总互先（分先）对局方式。木谷实等年轻棋士成长起来，日本棋院的势头也越来越盛。1925年5月，棋正社宣布雁金晋升七段，翌年一月又发布铃木升为七段，但铃木却在三月脱社回归日本棋院，加藤也在八月脱社回归棋院。如此一来，棋正社只剩下三个人，内部已无法再组织比赛。生死存亡的紧要关头，谋士高部道平心生一计。

1926年8月20日，棋正社通过读卖新闻发表致日本棋院公开信，点燃了大战导火索：

> 我等棋正社与本因坊秀哉氏领衔的日本棋院之间发生对峙，乃偶然因素造成的。我们的根本目标，都是为了提高棋艺、振兴棋界。不用说秀哉氏，对其他各位棋士同样没有任何偏见。
>
> 数年来，本社同仁刻苦钻研、勇猛精进，坚信自己的棋艺已达某种前人未踏之境地。有鉴于此，我等想借此机会与日本棋院进行交流，与名人秀哉氏切磋棋艺，为振兴大正棋坛贡献自己的绵薄之力。

当初，大仓喜七郎副总裁拒绝了挑战。读卖新闻正力社长与秀哉等人一番交涉之后，日本棋院决定正面应战，"日本棋院对棋正社败退手合"，史称"院社对抗战"拉开帷幕，比赛采用双方棋士轮流上场的擂台赛形式。1926年9月27日，秀哉名人与雁金七段率先出场，两位主将展开了激烈的较量。

日本棋迷沸腾了！这不仅是院社之间的对抗，更重要的是秀哉、雁金之间的争战。大家都知道，他们两人为了本因坊的继承权曾有过一番争斗。

（三）主将介绍

1. 本因坊秀哉

秀哉于明治七年（1874年）生于东京，本名田村保寿，受父亲影响十岁学会围棋，十一岁入塾方圆社，拜村濑秀甫为师。1886年秀甫去世后，跟随中川龟三郎学艺，同年获得初段。1891年退出方圆社，与秀甫养子村濑彪开办"寻人会合所"，为地方上京的年轻人提供咨询服务，因执照未获批准，创业失败。失意落魄之中，只身来到千叶县东福寺，陪伴好弈的长老弈棋做点农活度日。翌年，秀哉决心重返棋坛，回到东京。经人介绍拜师本因坊秀荣，获四段免状，1897年晋升五段。

1905年晋升七段时，发生"造和棋"事件。《时事新报》想要炒作一下，遂策划田村与雁金这对冤家对弈一局，由本因坊秀荣讲评棋局。终局后，秀荣仔细研究了棋谱，心中起疑，就把雁金叫来问话："这盘明明相差一目棋，为何却下成了和棋？"雁金心知此事难逃师父法眼，只得如实禀报："田村君马上就要晋升七段，此前如把一盘输棋登在报纸上公之于众，面子上当然不好看，他就来求我把这盘棋弈和。我本来不愿意，田村君又叫人来再三强求，学生出于无奈只好答应了。"

秀荣闻言大怒，加之本来就对田村抱有成见，师生之间更加疏远了。诚然，棋史上做和棋的例子多的是，并非保寿独创。秀荣生前曾对夫人慎子谈到跡目问题，认为雁金棋艺虽然不及田村，但为人可靠，可委以重任。1907年，秀荣没有明确指定跡目就突然离世，坊门爆发了一场内讧。

退隐的十六世本因坊秀元、野泽竹朝等人力推田村；秀荣遗孀、关源吉等人主张尊重秀荣遗愿，推举雁金继承坊门。田村设立"围棋研究会"，雁金结成"敲玉会"与之对抗。

起初，雁金派依仗关源吉是秀和门下的老牌棋士，掌管着本因坊家大印，又有秀荣遗训，在跡目争夺战中略占上风。然而，与兄长秀荣不和的秀元力挺田村道："坊门最强者继位是本因坊的家法。不管将来如何，现在田村的棋力在雁金之上，这是毋庸置疑的事实。二十世本因坊非田村莫属！"

田村派扛起"实力第一"大旗，野泽更是抢先在各大报纸发表文章，发动舆论攻势争取公众支持，双方闹得不可开交，势均力敌。政界人士出面斡旋仍未和解，人们担心本因坊家就此分裂。秀元只得再次出面暂继坊门，一年后传位给田村，事态才得以平息下来。

1908年，田村成为二十一世本因坊，更名秀哉，时三十四岁。

2. 雁金准一

雁金于明治十二年（1879年）生于东京，四岁时跟随好弈的父亲学会围棋，在与来客的对弈中技艺大进。父亲担心影响学业，不许他再碰棋。岂料，小朋友一旦被围棋的奥妙所吸引就很难自拔。雁金偷偷研读丈和名著

《国技观光》颇有心得，父亲见管不住索性就由着他。1896年入塾方圆社拜师中川龟三郎，后入坊门拜本因坊秀荣为师学艺。1898年升为二段，获特许参加师父主持的"四象会"。

师兄田村的成绩经常处于领先地位，秀荣却非常宠爱雁金：

暂时看不出准一有飞跃的进步，就像水往低处流，总在一点点不停地前进着，这与秀和师很像。……目前看来，除了准一外没有谁具备名人资质。

1905年晋升五段，1907年六段，1925年七段，1959年，日本棋院追赠名誉九段。

代表作欣赏：

黑方：雁金准一六段　　　1920年3月12日至翌年1月31日于细川护立邸

白方：本因坊秀哉名人　　　总谱共254手　黑胜6目

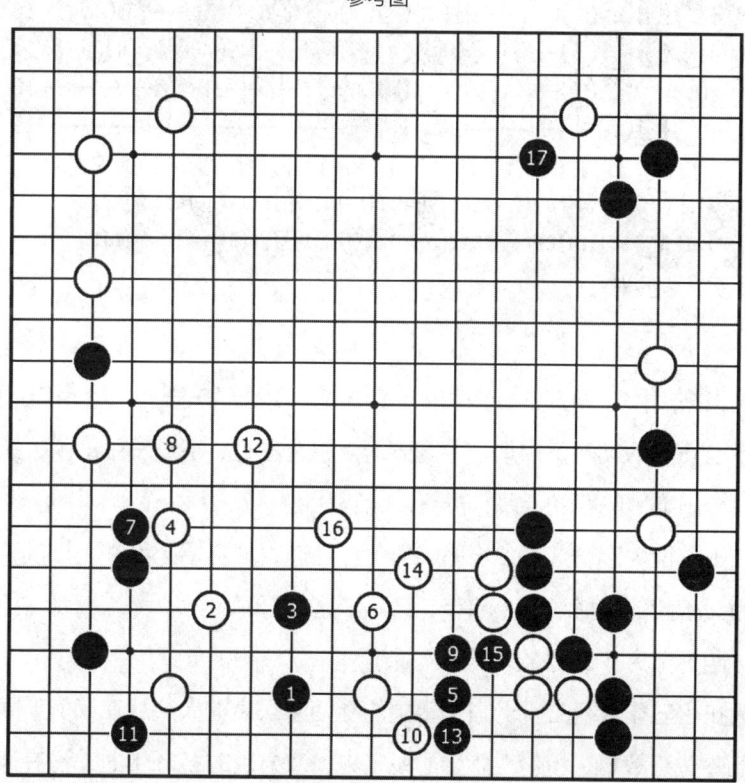

参考图

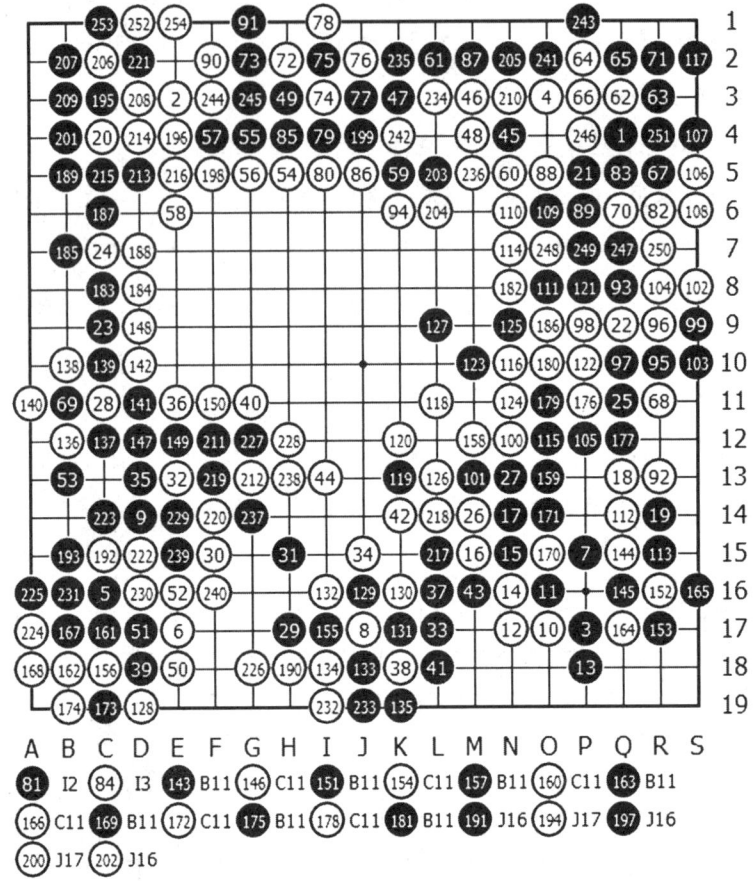

白棋布局快速展开，参考图黑1（第29手）、黑5连续打入，接着黑9施放强手至15捞取实利。白棋在中腹围得大空，左边、下边发生劫争，黑棋在左上角弈出绝妙的寻劫手段，最终以6目获胜。

二十三世本因坊荣寿（坂田荣男）评论道："自始至终都在打仗，到处都是短兵相接的肉搏战，（我等）算不了这么精深。"

（四）棋史"最复杂杀棋局"

大正十五年九月二十七日，事关坊社两家兴衰的大决战在读卖新闻社特别对局室拉开战幕。棋份为雁金七段定先，双方用时各16小时，没有读秒，超时者判输。

比赛途中六次封盘，对局期限延长了许多。全国各地摆设大棋盘，速报棋局进程。纹枰上的局势正朝着主办方希望的方向发展着：白方拼命要捕杀打入自己阵地的黑棋，黑方则猛烈地反击，成了鱼死网破的吃棋战。吃瓜群众激情澎湃，翘首以盼最新的报道，读卖新闻发行量因之猛增三倍，一跃跨入大报的行列。

黑方：雁金准一七段　　大正十五年（1926年）九月二十七日—十月十八日于读卖新闻社

白方：本因坊秀哉名人

第一谱 1-43 起端

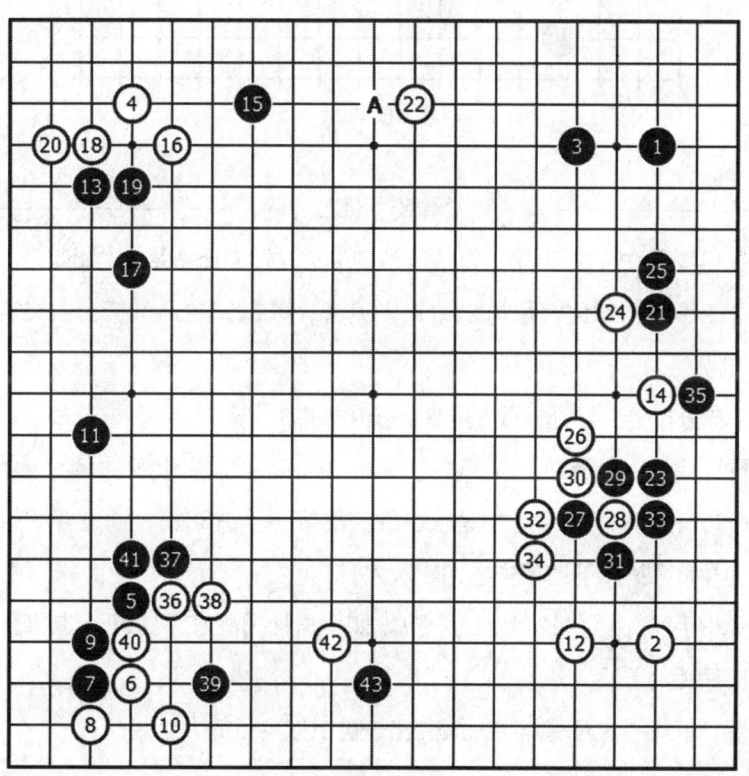

秀哉VS雁金

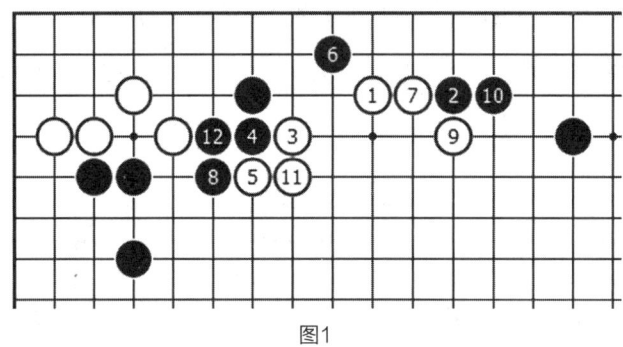

图1

简 评

白2下在黑方的右下角是秀哉得意的战法，重要比赛基本如此。

白12缔角，13位守角与14位大场见合。黑13如在14位拆，白13、黑A也是一局。

白22分投恰到好处，改A位夹，变化如图1。

图1：黑2位逼绝好，白3飞罩，黑4、6是此际摆脱困境的好手。

黑23打入时，白24、26是攻击取势的好手。白28跨，通过弃子将黑棋封住，再36靠扩张下边模样，构想宏大。

黑39手筋，至白42是定式一型。如果再让白棋在下边守一步将全部成空，效率就太高了。

黑43单骑闯入万军阵中，演变出一盘棋史罕见的大杀局。

第二谱 43－83 屠龙记

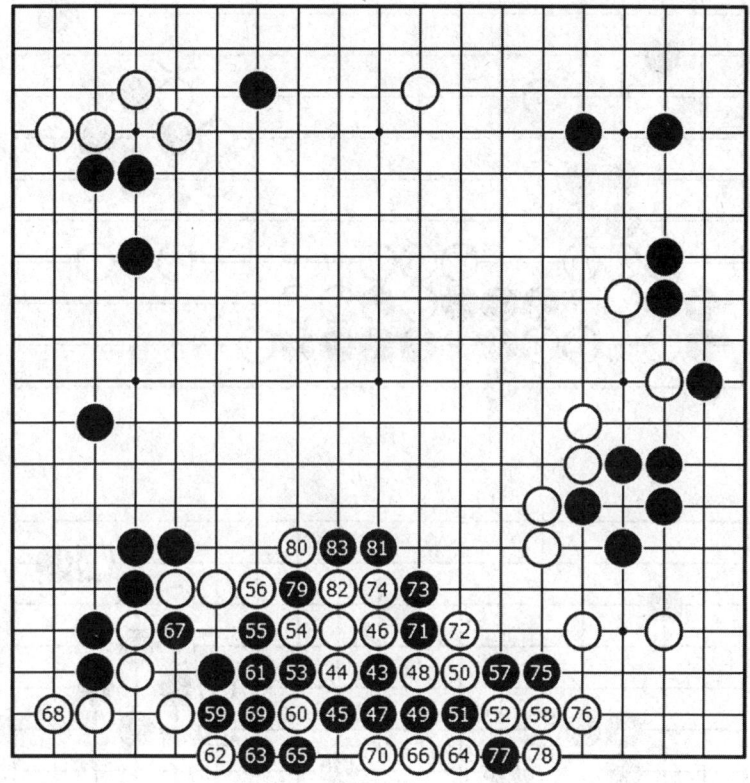

黑45如在46位贴,以下白45、黑74长出,局势简单平稳。实战黑45扳,白46当然要反击。

黑55态度强硬,决定了棋局的基调。

图2:黑55在1位单接可以做活。白4拐头,让黑做活后再6位跳,经营中腹。白棋留有a位扳的余味,黑方的侵消很困难。白4如强行杀棋,请看图3的变化。

图3:白4、6夺眼时,黑7、9断11跨手筋,进行至17,白方不可收拾。事实上55与56交换后,黑棋已无法做活了。

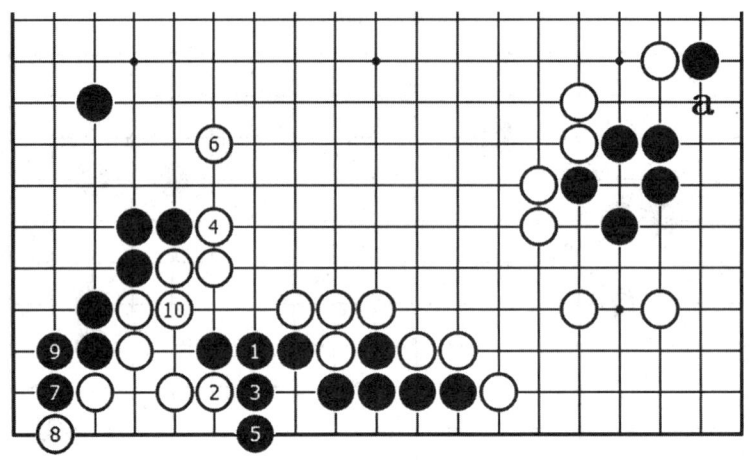

图2

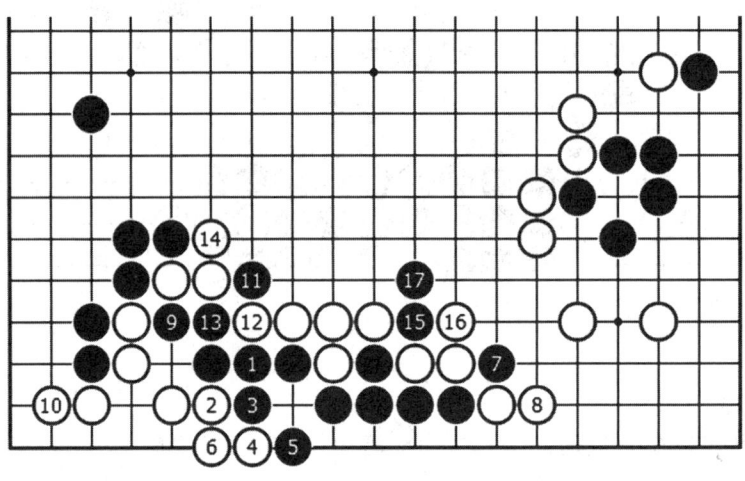

图3

十八年前，两人在本因坊迹目争夺战中结下宿怨，此正是君子报仇之时，纹枰上的拼杀更加惨烈。雁金这种置之死地而后生的气魄，似乎正从遥远的时空中传来，让今天的我们都能强烈地感受到当时令人窒息的氛围。

白60、62开始凶猛地捕杀。华山一条路，双方都骑虎难下了。

第三谱 83-100 白刃战

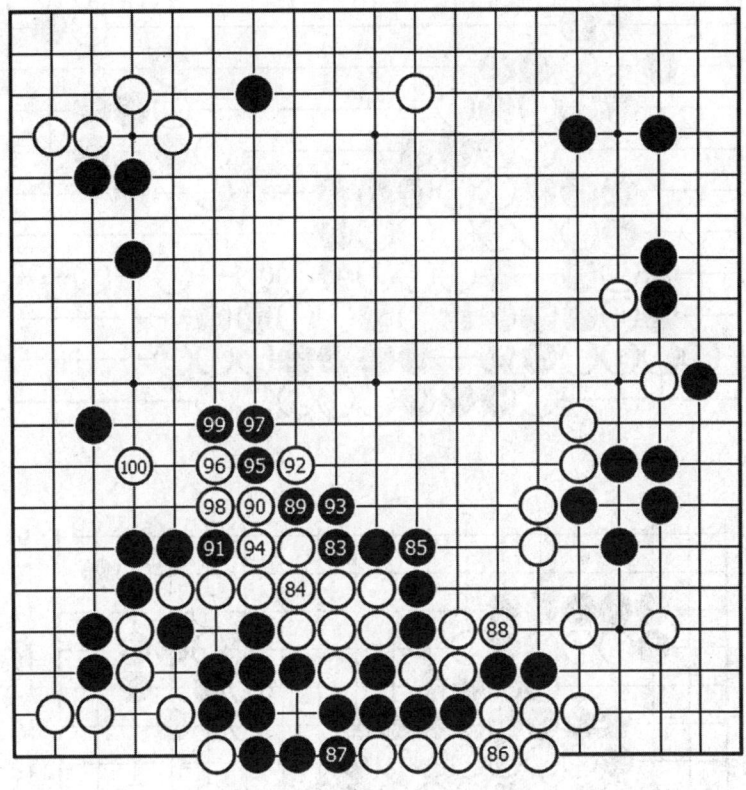

动漫《棋魂》里,佐为说可以从棋谱里读出对局者的心态,这盘棋的情形具有代表性。双方在下边展开鱼死网破式攻防战,这在一流棋士的重大比赛中极其罕见,因之公认本局为日本近代棋史上最著名的屠龙棋局。

棋界常言"争棋无名局",一般来讲越是重要的对局,对弈双方就会表现得越谨慎,尽量把战线延长,轻易不敢祭出杀手锏,以免引火烧身反倒伤着自己。难怪当时小伙伴们看到这盘杀大龙棋局会如此兴奋了。

我们可以把白60之后的变化看成一个超级复杂难解的大型死活题,其中暗藏各种机关陷阱,正解之路只有一条,正是"一着不慎满盘皆输"。黑83打、85接迫使白88补。黑89、91的气魄令人可怕!白棋在追杀,一失足也将全军覆灭。

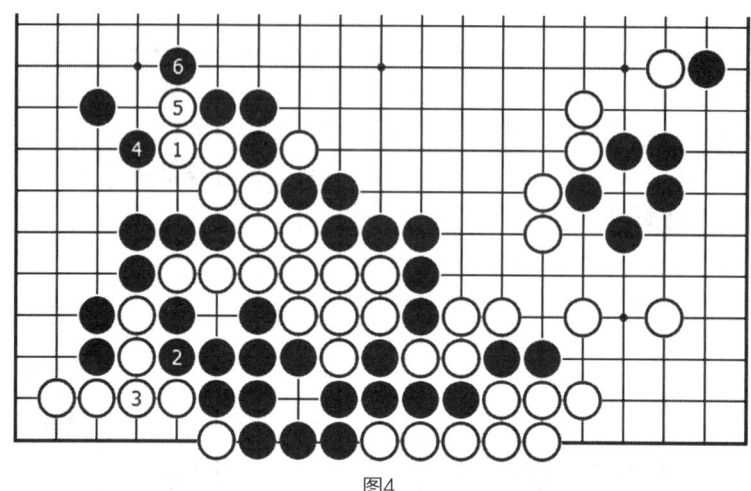

图4

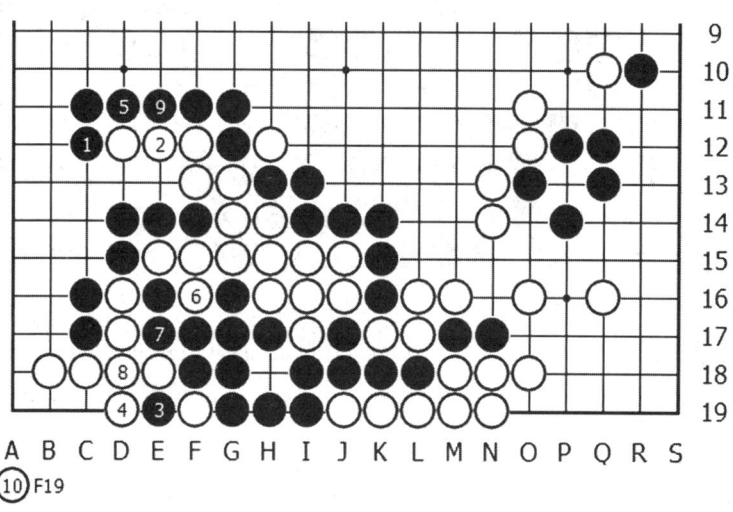

图5

白100如在图4的1位拐，黑2打、4顶，战斗立刻就结束了。

白100想让黑棋在5图1位应，白2棒接延气后打劫杀黑。白10提劫后将"万劫不应"把黑子全部提光！不过，雁金也准备了绝妙的应对手段。

第四谱 1-23（101-123）华山之路

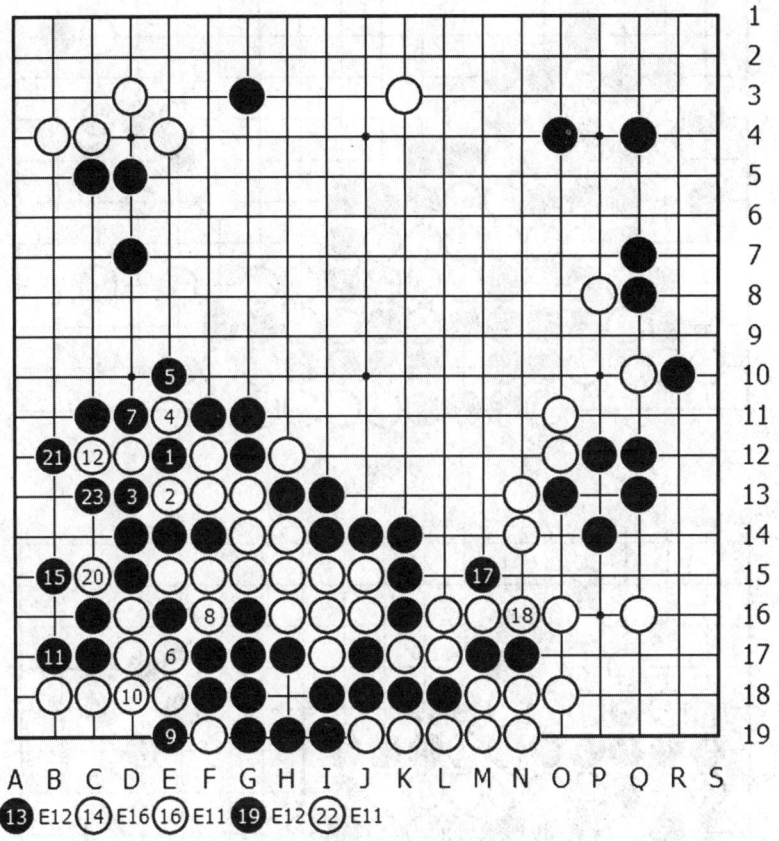

黑1挖十分厉害！当时就有人猜测秀哉可能漏算了这步棋。黑5挡时，白6必须小心联络，如随手在12位冲出，变化如图6所示。

图6：白1冲，黑2、4打后，再8位枷，白棋被吃。那么，实战黑5先在6位打情况如何呢？

图7：黑1打、3挡时，因黑1与白2交换，致使黑不能在a位入气，于是产生白4扳至8夹的手段，黑崩溃。

华山之道仍在延续。白16提成为劫争。

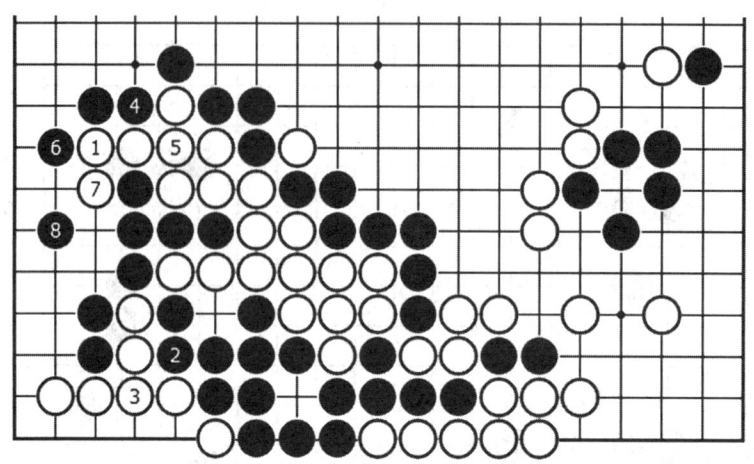

图6

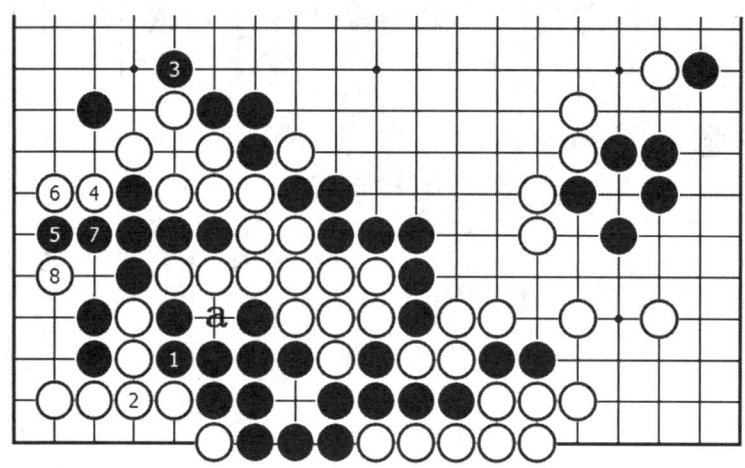

图7

"黑15给白棋留下20位的劫材不好；黑17应该忍痛受损在18位冲寻劫，增加劫材。"雁金局后有点后悔。

黑15就算在20位接，白还可以在23位抵抗。另外，黑17如走18位也不见得好，黑棋实战的下法是可以的，问题出在后面。

第五谱23-60（123-160）顺风满帆

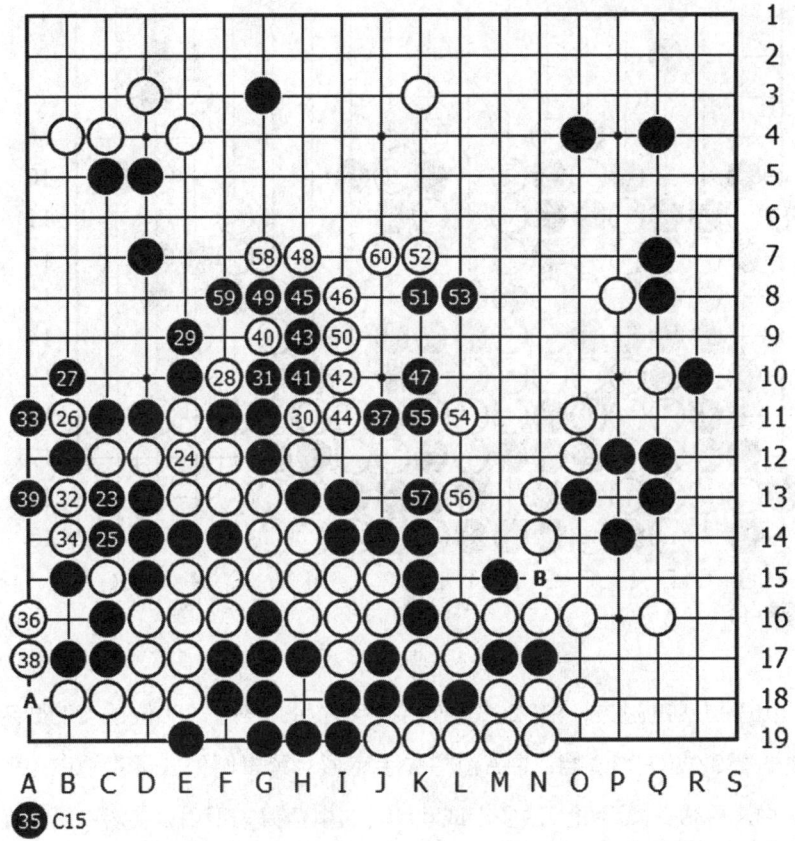

白28断时，黑29退才是败着。

图8：黑29应该在本图1位提，忍受白2以下的包打，白如在8位跳封锁，黑9、11靠断制造足够份量的劫材之后，毅然13、15在角上开劫，白16提劫时黑17寻劫，只要能在a位拨花，黑棋明显优势。诚然，这只是一个例子，说明黑棋随时都可能开劫，获得在别处连走两步的权利，白方的行棋将受到极大限制，因此黑棋仍然掌握着全局的主动权。

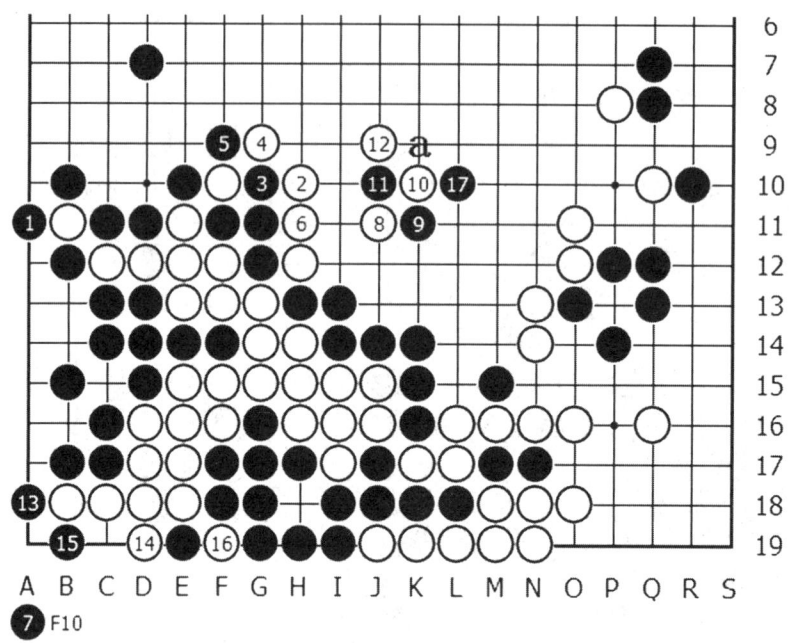

图8

　　由于黑29的过失，白32、34连打两手之后，产生了36位透点的妙手。对此，黑37如在38位挡，白A位拦先手定形，黑棋便失去了攻杀白角的手段。白A黑39交换后角上顶多走成双活，白棋争得先手后，将对中腹黑龙发动总攻，黑棋有点吃不消。

　　白棋先手走到38位延气，秀哉愁眉舒展。白40、46好手连发，益发顺手起来了。黑47开始踏上艰苦的逃命之旅。白54、56先手便宜，解除了黑B位冲断的后患。

　　黑61、63后，角上是缓两气劫。如果黑方为了制造劫材而走损棋，白方便可收官取胜。

　　黑67是"形"的急所；白68是秀哉不应有的缓手，如改在70位小尖，黑棋不容易做活。即使得以生存，周围的白棋自然而然得到加强，棋局早就结束了。

第六谱 61-154（161-254）大杀小输赢

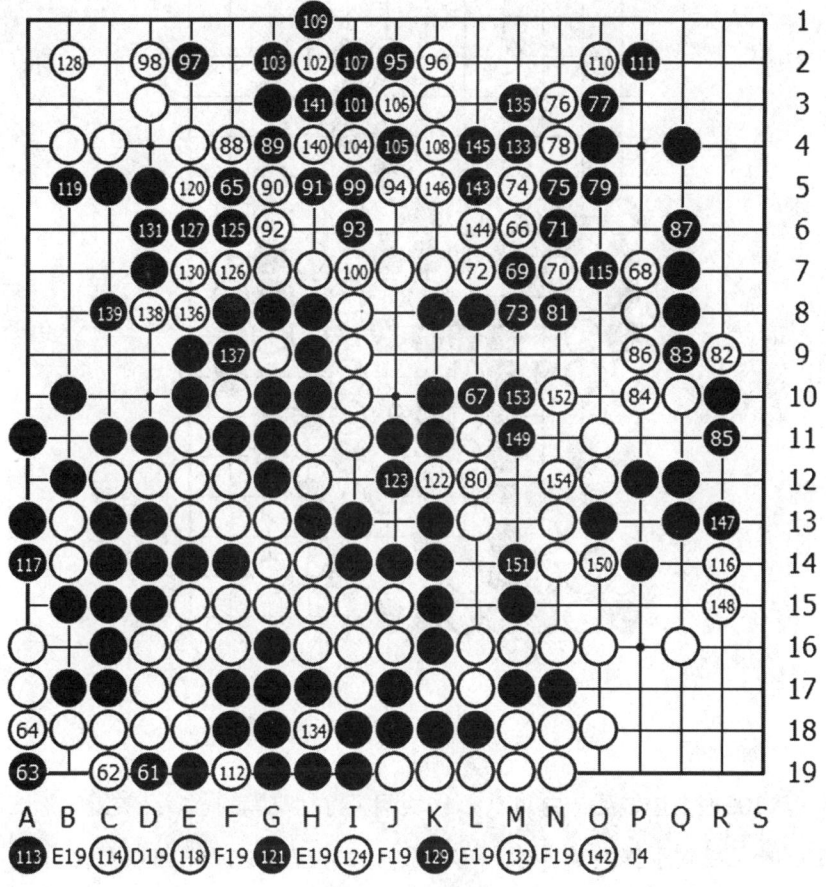

共254手 黑超时负

黑69、71切断联络，白棋自身很弱不便用强。黑87后，白如图9在1位接继续吃棋，黑8靠好手导致劫争，白棋也很害怕。

白88、90冲断不够简明。白88在101位逼迫黑棋单官连回家，然后再110位扳接收官，实空差距很明显。白棋放过这个好机会，胜负道路延长了。

左下的对杀对白棋很有利，秀哉似乎有些松懈了。虽说黑棋是缓两气劫，但劫总还存在，雁金仍没有放弃希望。黑91以下尽力治理孤棋。

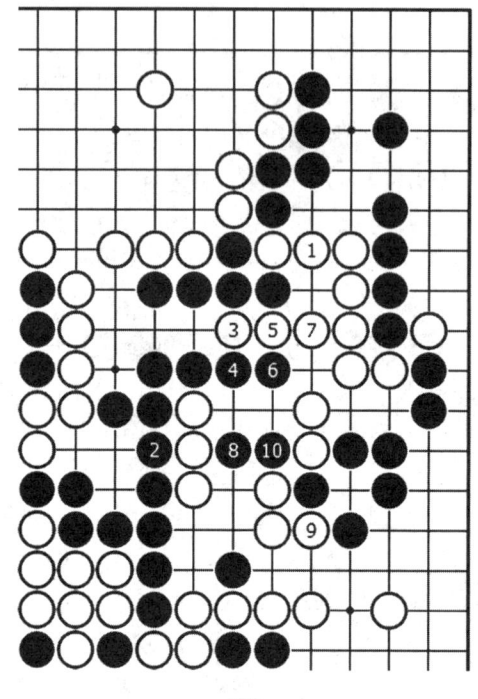

图9

黑109把上边做活，白112、114表明了打劫吃黑的态度。关键时刻，白116的小飞给对手提供了劫材，十分危险！116应该走148位小尖稳妥。

木谷、吴九段等人研究后认为，黑117应该按图10的次序进行收官。

图10：黑1接最善，白2补劫材时，黑3提开始打劫。黑23断，白24提解消劫争。白44接后的收官次序很复杂，结论是白棋刚好能赢1目棋。

下这盘棋的时候，"封手"制度尚未建立，按惯例全都在轮到白棋走时封盘。雁金高足、担任棋局记录的十五岁少年渡边升吉追述道："白方一遇到困难就封盘，师父雁金对此没说一句怨言，这在孩子心中也感到惋惜。"

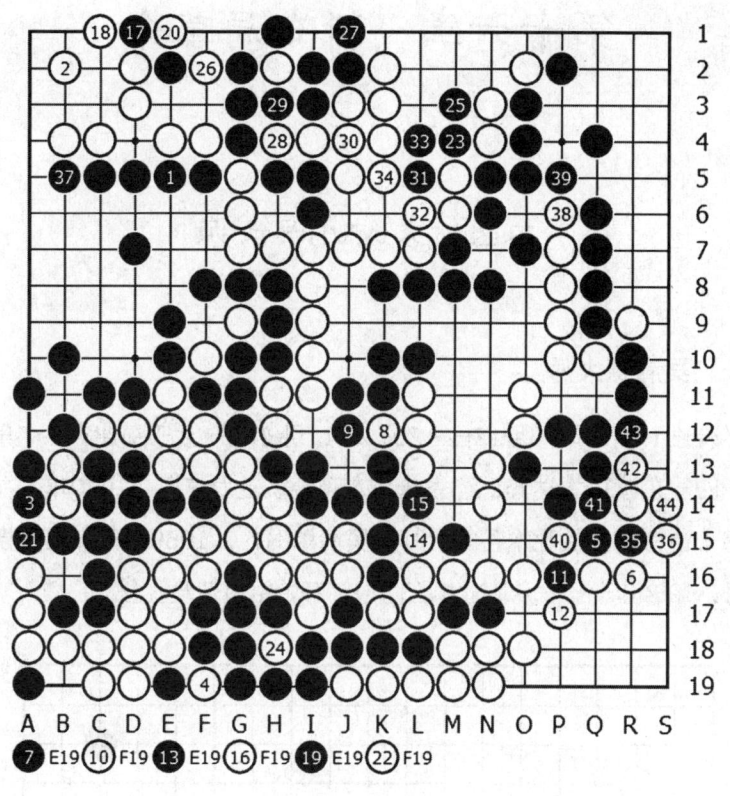

图10

注释

【注①】 高部道平1882年出生于东京,十六岁学棋,入方圆社深造,后经田村保寿介绍拜师本因坊秀荣,授予四段。1909至1910年间先后访问中国,后经段祺瑞介绍与中国当时一流棋士张乐山、汪云峰对弈,棋份为二子。高部说自己被本因坊让二子,日本的棋艺水平要高出许多。中国当时实行"座子制",此时开始试行无座子开局规则。1919年,陪同本因坊秀哉、濑越宪作、广濑平治郎、岩本薰一行再次访问中国,对民国时期的棋界产生了重要影响。

【注②】 濑越宪作1889年生于广岛县,方圆社、日本棋院元老,名誉九段。经濑越、大仓等人尽力斡旋,1928年10月吴清源东渡日本,成为门下生。1946至1948年期间担任日本棋院理事长,在棋院运营及围棋普及方面作出重要贡献。1960年,担任日本围棋代表团团长再次访华,开启中日围棋交流新时代。除吴清源大师外,桥本宇太郎、杉内雅男、曹薰铉等人均是其门生。2009年入选围棋殿堂。

第十六章　新布局革命

本因坊秀哉VS吴清源

一、吴清源大师

吴清源（1914年06月12日－2014年11月30日）生于福建省，名泉字清源。十四岁东渡日本学弈，经秀哉名人测验棋定为三段。1939年，在第一次升降十番棋赛中战胜木谷实，开创吴清源时代。1950年日本棋院授予九段称号，1984年七十岁从职业棋坛隐退，开始围棋普及生涯。

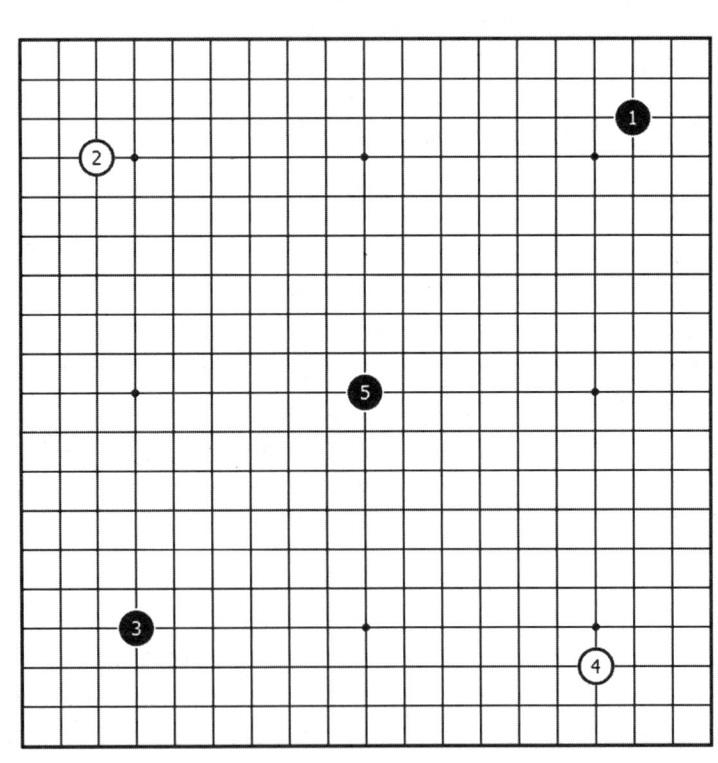

（一）出生

我的老家在福建省闽侯县，吴家是一个世代贩盐的旧家，家族里出了许多清朝庭的高官。父亲吴毅和母亲舒文在福建结婚，父亲时年十七岁，母亲二十岁。【注①】

1914年阴历5月19日，我作为吴家的老三出世了。夏季的福建，傍晚雷雨十分频繁。出生的时候，据说雷雨下得特别凶猛。暴雨带来的洪水冲进了产室，大家慌忙把几张桌子拼到一起，上面垫了几层被褥，就此把我生了下来。"当时鱼儿就在桌旁活蹦乱跳，伸手就可以捉到呢。"母亲回忆道。于是给我取名泉，字清源。我的性情偏于"水性"，大概就是这个原因吧。

在我出生之前，父亲曾经到日本留学两年。我不太清楚他留学的目的，也不知道他究竟学了一些什么，恐怕只是丰富自己的人生阅历吧。父亲从日本带回好多围棋书籍，这在我幼时记忆里留下了深刻的印象。

（二）学棋

我四岁的时候，全家从福建搬到了北京。父亲开始严厉的教育，每天让我兄弟三人背诵《三字经》、《千字文》、《大学》、《中庸》等古文，外加唐诗宋词，如果谁完成不了任务，就不让吃饭、睡觉。父亲每天去衙门上班，好像也没有太多的事情要办，回来之后就开始研究起他的军棋，还把心得体会发表在《北京晨报》画刊上，颇受好评。如此过了一段时间，大概在我七岁的时候，父亲想教兄弟几个下围棋，就把日本带回来的《敲玉余韵》（秀策棋谱）、《御城棋谱》、《围棋新报》等棋书打开，从规则开始给我讲起。过了一阵子，父亲发现我比两个哥哥记谱记得更快更好，就重点培养起我来。好多定式、死活，我通常只摆一遍，就再也不会忘记。不知为什么，只要一学围棋，就好像置身世外，周围的一切都感觉不到。学棋的第三年，我九岁时已经可以和父亲下对子棋了。

十岁开始，父亲就带着我去他经常下棋的"海丰轩"棋室，当时的知名棋手顾水如、刘棣怀也常出入其间，就拜托他们指导我下棋，让五子。

段祺瑞十分喜好围棋，在京的好几位围棋高手都是段公馆的常客，当时第一国手顾水如先生也在其中。中国还没有日本那样专门靠下棋为生的职业棋士，准职业倒是有好几人。顾水如先生把我介绍给了段祺瑞，每月以"学费"的名目支付给我100大洋津贴。当时，父亲身体欠佳，不久病情加重，离开了人世。因此，领到的这笔津贴，对于我家的生计来说是非常重要的。

（三）初出茅庐·东渡日本

吴清源十一岁时，战胜汪耘丰等许多老一辈国手，"神童"之名不胫而走。当时在北京有个"日本人俱乐部"，听闻吴清源的名声，就邀请他去下棋，对手是个有职业初段棋力的人，结果吴清源获胜。在观战者中，有一位叫山崎有民的日本古董商人，与日本棋院元老濑越宪作颇有交情，便写信给濑越，热情介绍这位少年围棋天才。

1927年吴清源十三岁时，井上孝平五段来华与吴大战三合，一比一打平之后，决胜局中途不明原因宣布封盘，看来吴清源形势已经占优，证明了自己的实力。

井上五段回到日本后，把棋谱交给他的师父——濑越宪作先生。濑越详细研讨吴清源的棋之后，万分惊喜地在《棋道》杂志上发表专文介绍道：

"我们发现了一位足以令世人惊奇的围棋天才少年！"此文一出，一些有远见卓识的人士立刻开始行动，他们四处奔走，为吴清源去日本留学打通道路。

十三岁少年吴清源执白又战胜了第一国手刘棣怀，成为国内名副其实的围棋第一人，声名鹊起。濑越认真研究吴清源棋谱后认为，吴的棋风与棋圣秀策极其相似，是位罕见的天才棋手，应该尽早培养，才能早日成才。1927年秋，濑越先生给吴清源发来正式邀请函：

谨启。前几日，通过山崎氏收到你的来函，谢谢！我虽未有与你直接见面的机会，以前从岩本氏那里听说你年纪虽小，棋力却十分高强。这次，我又看了你与井上氏对弈的三盘棋，更加敬服你的非凡器量。倘若敝人的健康和时间允许的话，真想去拜访贵地，与你亲切手谈交流棋艺。然而事态不允许，深感遗憾。

希望你身体强健，完成大礼后，到日本留学，我们朝夕相处共同切磋棋艺。愿你能在不久的将来荣升为名人。拙作一二册已寄到山崎氏那里，在你来日之前，若肯为我研究一下，敝人将十分荣幸。你和刘氏下的二局棋谱，附上我粗陋的点评，已在《棋道》六月号上登载，同时综述贵国棋界现状的文章也一并登载于上。请你给予谅解。

搁笔之时，谨拜托你向贵国的棋伯诸贤们转达我的问候，遥祝你身体健康！

措辞谦卑，感情真挚，很难想象这是一位德高望重的棋界老前辈写给一位十三岁少年的信函。濑越先生不顾长幼之序唯才是举，不愧为棋界独具慧眼的伯乐。

经相关人士濑越宪作、山崎有民、大仓喜七朗等人的积极努力，决定吴清源来日后拜师濑越宪作学艺，大仓按月支付给200日元生活费，以两年为限，彻底考察其围棋才能。

1928年10月23日，吴清源在母亲和哥哥的陪伴下乘船抵达神户码头。日本棋院应该给予吴清源什么段位合适呢？濑越先生极力主张授予三段，几经周折,暂定为"三段格",通过"测验棋"来最终确定段位。

(四)定段"测验棋"

1928年12月1日,首先出场来考试的是篠原正美四段,吴清源执黑中盘获胜轻松过关。第二关由本因坊秀哉名人亲自把守,让两子对局。按棋份九段应该让三段三子,只让二子已经是破格待遇了。吴清源四目获胜,秀哉名人局后评论道:

黑棋态度庄重认真,棋法正统功底扎实,不给白棋有任何可乘之机,把优势保持到了最后,堪称二子棋完美的杰作。

吴清源黑先再胜第三位把关的村岛义胜四段,测验棋三阵皆捷,成为正式三段。

(五)新布局

这是个大胆挑战传统围棋的时代,吴清源、木谷实堪称时代旗手。

新布局之花

平安时代,围棋在日本逐渐盛行,无中国式座子对弈方式开始占据主导地位,布局投子进入自由时代。此后将近四个世纪的发展过程中,形成以"小目"为基调的布局模式。"新布局"的诞生,又使人们从"小目"布局中解放出来,思维更加自由,视野更加开阔,纹枰世界更加宽广了。作家川端康成【注②】撰写《新布局的青春》一文,热情洋溢地赞美道:

木谷实、我开创的新布局时代，不仅是两位天才的青春时代，实际上就是现代围棋的青春时代。新布局燃烧着青春与冒险的热情，是一股给棋界带来春天般绚丽多彩的青春之风。紧随他们的步伐，又涌现出一批优秀的后来者，然而，还没有谁能够像木谷·吴那样开辟一个崭新的天地。他们的新布局，正是今日盛开的围棋之花。

二、践行新布局

1933年，正当新布局旋风吹遍棋界的时候，《读卖新闻》社策划"日本棋院选手权战"，由当时实力最强的16名棋手参赛，比赛采用单淘汰赛制，优胜者将获得向秀哉名人挑战的资格。秀哉名人极少参与一般的赛事，主办方特地冠名"名人胜负棋"，量身定制高规格赛事，作为报社发行两万期纪念系列活动之一。作为棋手，特别是年轻棋手，争取机会与名人平等切磋棋艺是件十分荣耀的事情。《以文会友》：

我和桥本（宇太郎）在决赛中碰面，经过猜先他猜得黑棋，因不贴目以为胜券在握了。谁知黑棋中盘弈出缓手，白棋2目获胜。我赢棋，最高兴的莫过于报社社长，"这下子我们的策划一定会成功了！"他紧握着桥本的手说："谢谢你，输得太好了！"桥本苦笑道："输了棋，还被别人当面表扬，这可是头一回啊！"

1933年10月16日，名人胜负棋拉开帷幕。

这盘棋对于我来说没有什么压力，秀哉名人挂帅本因坊，胜败直接关系到坊门的地位和权威，压力肯定相当大。比赛开始，我执黑1·3·5顺次下了三三、星、天元。我喜欢快速布阵，一步棋占角的三三和星位是我的最爱。白棋连下两个小目，黑棋为求得实地和外势的平衡选择"天元"，并非要哗众取宠。

这盘棋立刻在社会上引起了轩然大波，因为黑棋的这几步棋是本因坊家布局教义里没有的下法。特别是三三，江户初期的本因坊道策称其为"鬼门"，是禁手，谁要是敢于这样下棋，就会被逐出师门。棋圣道策的棋艺很高，但他没有对此有过任何的说明解释。本因坊家一直继承着这样的传统。所以，三三这步棋不仅犯了坊门棋手的众怒，连普通的棋迷也同样感到震惊。其实，我在之前的升段比赛中已经下过几次三三和星的布局，只是《新布局法》尚未公开发表，大家还不了解。第一步就下在三三，立刻引起了人们的极大关注。有人表示理解，也有不少人说"这是对名人的不敬啊……是对传统的挑战！简直不像话！"这种腔调的抗议信件像雪花一样飞进了报社。

当时，中日关系急剧恶化。报社却大书特书两人之间的这次较量，弄得火药味十足。随着社会上关注的人越来越多，"中日对抗"的氛围越来越浓厚了。

读卖新闻社"名人胜负棋"

三三·星·天元棋局

黑方：吴清源五段　　　　　　1933年10月16日—1934年1月29日

白方：本因坊秀哉名人

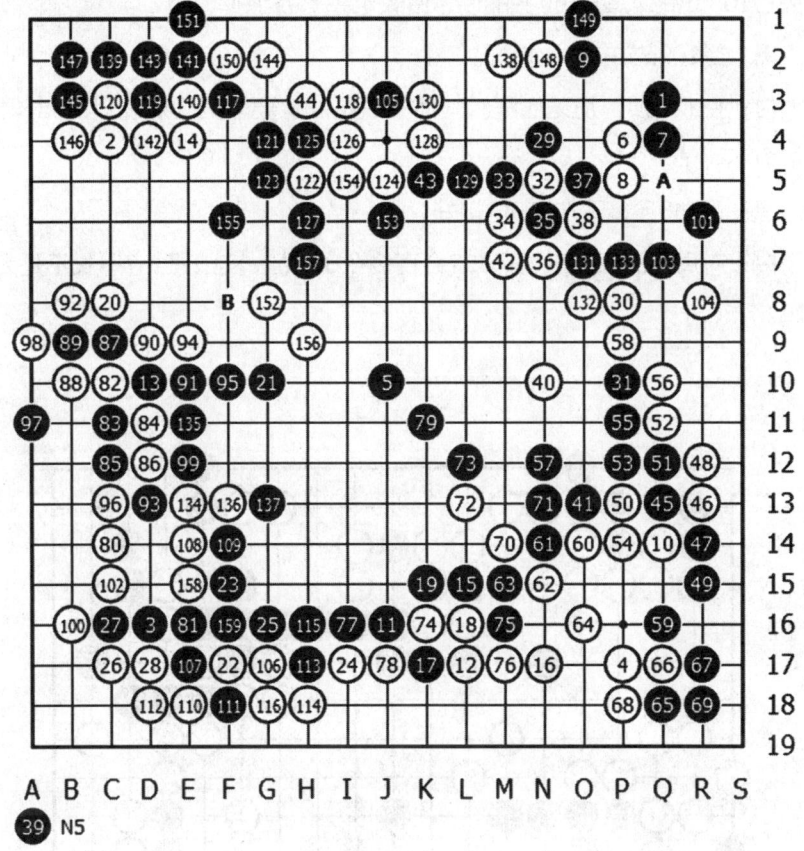

第一谱 1-159 新布局展示

对局者感想：

黑：由于白2、4对角同型小目，黑5占天元是"趣向"。

白：黑41是有趣的一手棋，其他下法不行吧。

白：白70如放置不走，被黑106位拦下，黑棋将增加不少目数。因此，白70有必要采取激烈的手段。

黑：黑79改在113位定形好。黑93无论如何应在94位拐吃。

白：白100如改在右上角A位拐挡的话，被黑100位立，白十分无趣。

黑：黑101、105都应先在113位挡，试白棋应手。

白：因白106的恶手，棋势紧迫起来，顿时感到脱不开手了。白106应该先在108位跳，黑109位拦的话，白改走133位挡好。

黑：黑109改在135位提好。

白：白118顶，别无他法。其他下法是注定要输的，所以只好118顶，非拼命不可了。

黑：黑145还是改在150位接好。

白：对局的时候，以为黑157会直接在B位靠，实战黑157单长不是太早了吗？

飞来之妙手

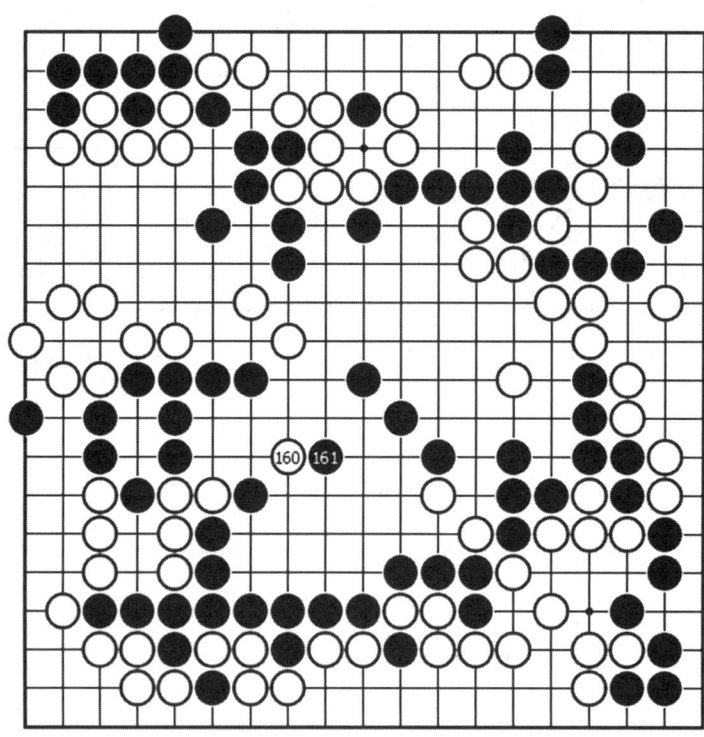

关于白160透点的妙手

吴：如果有白160的妙手存在，那么黑157必须考虑其他的手段。实战白160透点，黑棋非常迷惑。妙手一击，黑棋或许已经不行了。

秀哉：白160透点弈至178小尖刺（第二谱），感觉不会输了。吴：黑161是危险的应法，但除此之外好像又没有其他好办法。

参考图

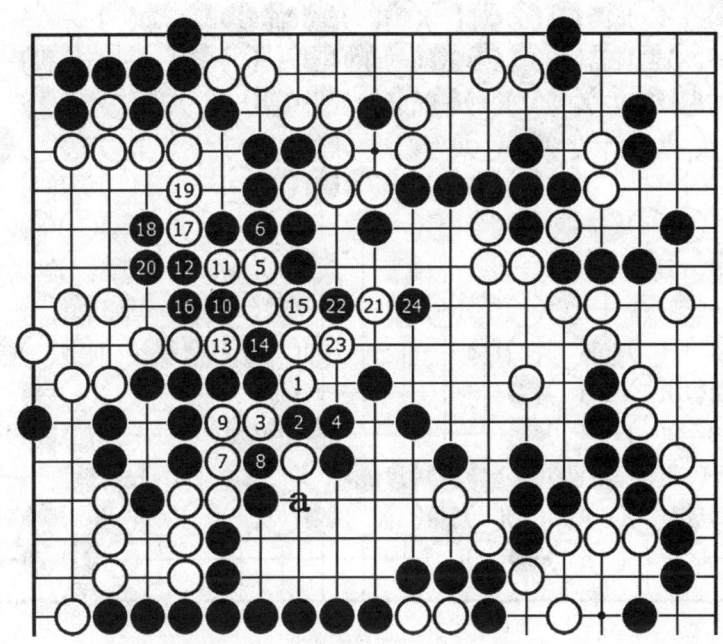

参考图：白162如按本图白1以下直接行动，黑10靠是解围的好手，白21跳时黑22挖妙，24夹后白棋差一气被吃。图中白1如4位扳则黑1位冲，以下白8黑a，让白棋连回两子，全局依然黑棋优势。

白棋祭出的160海底探珠妙手，是秀哉利用"打挂"特权长期暂停后弈出的一手，平添诸多神秘气息，时至今日，谜底仍没有解开。事实上，黑161的横靠更是化解妙手之妙手，安然渡过了危机。

第二谱160-252 "不败的名人"

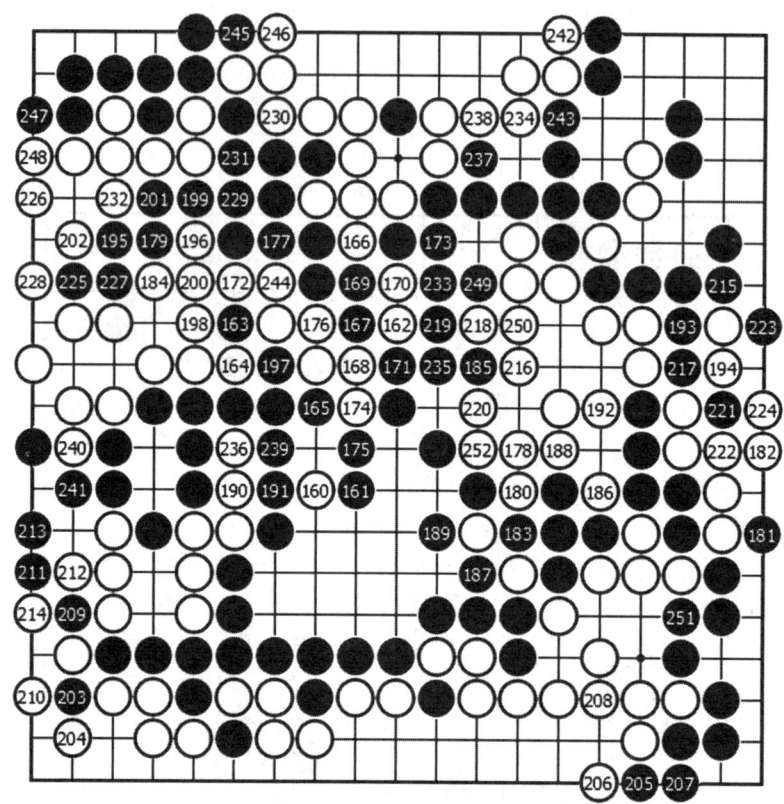

共252手完 白胜2目

《以文会友》：

弈至中盘，从棋的内容来看，形势一直非常接近，黑棋可能稍微厚实一些。紧接着白方下出了160的妙着，这步棋迫使濑越先生辞去了日本棋院理事长的职务……现在回想起当时那险恶的政治氛围，如果真的赢了这盘棋，后果很严重啊！

事隔十五年之后的昭和二十三年（1948年），我与岩本本因坊的"升降级十番棋"进行途中，在一次结果预测座谈会上，濑越先生事先声明说："跟大家吹个牛，可别当真"，接着道出了一个惊天秘密：

第160手的妙手是前田陈尔四段想出来的!

报社认为这话有意思,不管是不是吹牛,便立即在报纸上报道了这件事情。我不认为濑越先生会如是说,当时的新闻记事是这样描述的:

这是一个秘话,吴清源落下第159手之后,冥思苦想的秀哉提出就此打挂,回家召集弟子们设想了此后的各种变化,结果一名叫前田的人想出了那一招。

一石激起千层浪。这条新闻一经刊出,坊门棋手愤然道:"无根无据的事情,竟然登载在报纸上!"他们要追究濑越先生的责任。结果,濑越先生引咎辞去了理事长之职。

160确实是妙手。冷静下来想想,秀哉名人这样的大师是完全看得到的。

我也不太清楚事实的真相,本因坊派从前就有大家聚在一起研究头天封棋的惯例,这盘棋当然也不会例外。就算是名人照搬前田发现的招法,也不值得大惊小怪吧。

关于160手,故事还没有完呢。大仓付总裁事先已经知晓那步妙着,他十分关注棋局的发展。不知为什么,在将要重新开局的前一天,他叫我和木谷到他家做客,还招待我们吃中华料理。以前也曾去拜访过大仓先生,但他也没有主动叫过我去吃饭呀。我们边吃边谈的话题,几乎都是有关棋界的,只字未提与名人的棋局。然而,就在他送我们出来,快走到大门口的时候,突然问道:"白棋如果走这里怎么办?"我们是边走边说的,没有立即明白他指的是哪一个点。我想他是业余棋迷,不可能说出什么不得了的棋来,也就没有太在意。

封盘期间,大仓先生可能听说黑棋形势稍好,碰到坊门弟子时表示了他对白棋的担心,"有此锦囊妙计,无甚大碍。"于是那人把妙手告诉他了。

比赛结束后,木谷约我去咖啡馆喝了一杯,"这种比赛制度天生对白棋有利,这是非常不公平的竞争。"他好言安慰了我一番。

三、师徒对抗

吴清源、木谷实把新布局干得热火朝天，两人的师父濑越宪作、铃木为次郎想要奉劝自己的爱徒不要走火入魔，年轻人哪里听得进去啊。《报知新闻》闻到风声，嗅到了其中的商机，遂打出"新老布局对抗"的招牌，组织师徒"相谈棋"【注③】吸引眼球，再次引起棋迷高度关注。

相谈棋局　1934年12月10日至1935年1月2日

黑方：吴清源六段　　　　白方：铃木为次郎七段　共245手黑胜1目
　　　木谷实六段　　　　　　　濑越宪作七段

第一谱 1-55

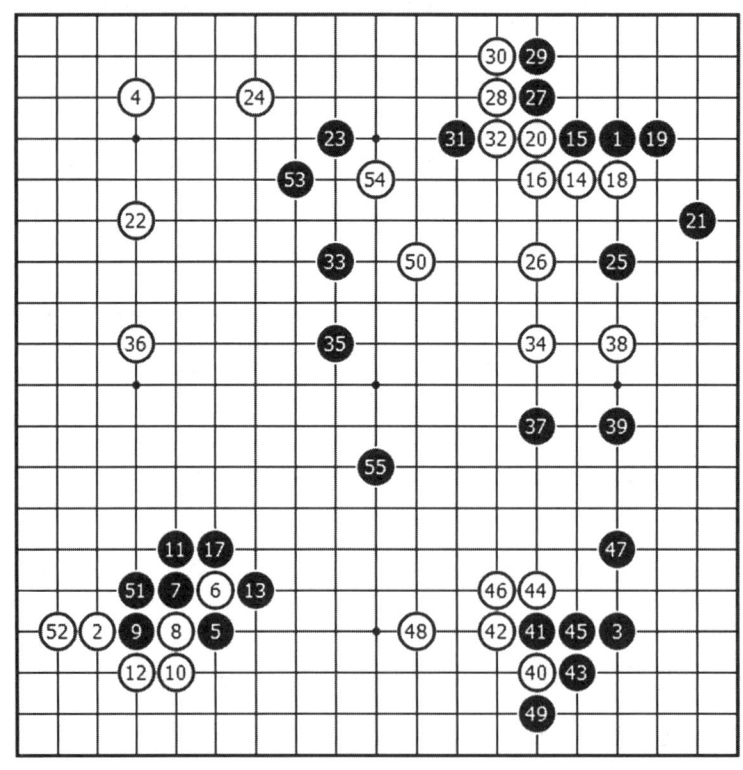

第二谱 56—245

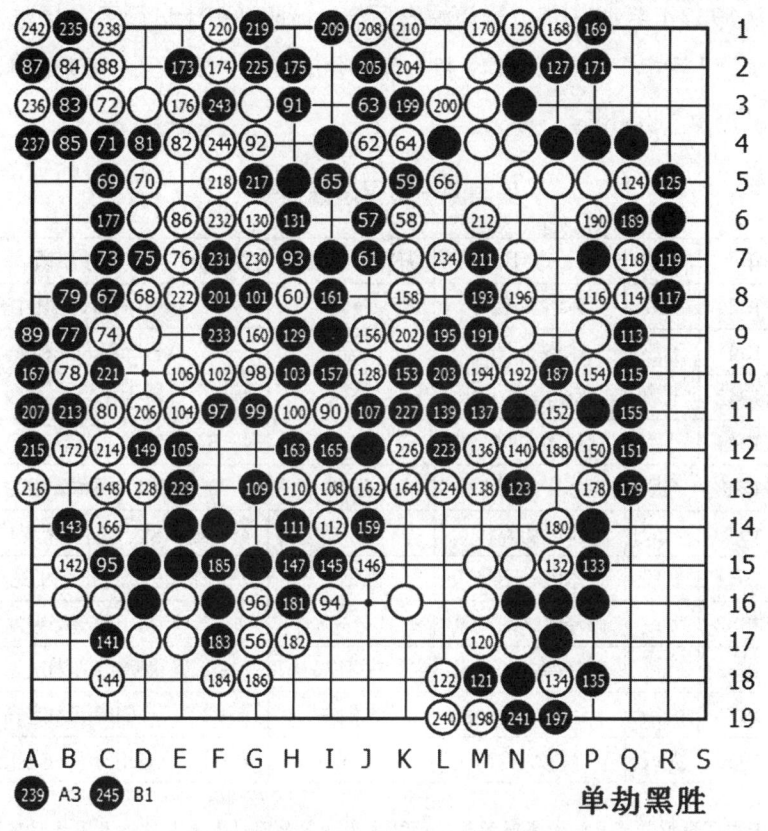

239 A3　245 B1

单劫黑胜

简　评

本局双方规定用时为16个小时，棋份为让先。

右上黑27是吴的提案；黑55是木谷的提案，使人联想到"耳赤的一手"。

白110、112欲先攻击左边黑棋得利，实战黑113脱先抢占右边，前辈失算。左上黑棋做活时，吴提议宁愿损点官子也要在89位立，以声援左下自家军，可谓深谋远虑。

白180如先在上边199位拐，与黑205位立做个交换，本局可能弈成和棋。

四、升降十番棋

从1933年至1956年，吴清源先后与一流职业棋士进行了11场殊死的"升降级十番棋"较量，取得九胜一平一负的战绩，成为当之无愧的棋坛盟主，被誉为"昭和棋圣"。

吴清源十番棋总成绩表

期间（年）	段位	对手	开赛时的棋份	胜-负	备注事项
1933－1934	五段	木谷实五段	分先	3－3	因木谷升段比赛中止
1939－1941	七段	木谷实七段	分先	6－4	木谷降级为先相先
1941－1942	七段	雁金准一八段	分先	4－1	比赛中止
1942－1944	八段	藤泽库之助六段	定先	4－6	失利
1946－1948	八段	桥本宇太郎八段	分先	6－3壹和棋	桥本降级为先相先
1948－1949	八段	本因坊薰和	分先	7－2壹和棋	岩本降级为先相先
1950－1951	九段	本因坊昭宇	先相先	5－3贰和棋	维持先相先
1951－1952	九段	藤泽之助九段	分先	7－2壹和棋	藤泽降级为先相先
1952－1953	九段	藤泽库之助九段	先相先	5－1	藤泽降级为定先
1953－1954	九段	坂田荣男八段	先相先	6－2	坂田降级为定先
1955－1956	九段	本因坊秀格	分先	6－4	高川降级为先相先

注：①表中"段位"为吴清源当时的段位；②本因坊薰和即岩本薰九段；本因坊昭宇即桥本宇太郎九段；本因坊秀格即高川格九段；③"开赛时的棋份"指对方与吴清源的对弈棋份。

五、后十番棋时代大事记

1958年5月夺得第一届日本最强决定战冠军。

1959年11月获第二届日本最强决定战第三名。

1961年2月，在与高川格本因坊的七次三番棋较量中最终以5：2的大比分获胜。同年8月，在东京街区遭遇摩托车交通事故，骨折入院后又因误诊等问题导致严重的后遗症。从此，职业生涯走上下坡路。

1962年8月，在第一届日本旧名人战循环圈比赛中以9胜3负的成绩与藤泽秀行八段并列首位，因一盘"和棋胜"屈居第二。9月，因车祸后遗症再次入院治疗。

1963年7月，第二届日本旧名人战循环圈赛5胜3负位居第二，无缘挑战权。

1964年7月，第三届日本旧名人战循环圈赛6胜2负屈居第二，再次痛失挑战权。

1965年7月，因身体原因，在第四届日本旧名人战循环圈赛中七连败跌落，从此不再参加名人战。10月，弟子林海峰八段在本届名人挑战赛中击败坂田荣男夺得冠军。

1967年7月，获得日本棋院"大仓赏"。

1973年5月，与访日的中国围棋代表团交流，并与陈祖德进行特别对局。《吴清源对局全集》全四卷在日本出版发行。

1976年3月，在第23届NHK杯赛中连胜加藤正夫八段、桥本昌二九段、滢内秀知九段进入决赛，负于坂田荣男九段屈居亚军。9月，在第24届NHK杯赛中首轮负于大平修三九段，从此彻底告别赛场。

1979年，《吴清源升降十番棋全集》全五卷在日本出版。

六、引退

1984年，吴清源大师迎来七十华诞，日本社会各界为他举行了盛大的祝寿晚会。吴先生正式宣布引退，结束了现役职业棋士生涯。从此，吴大师全身心投入围棋普及事业，多次回国指导，始终致力于中日文化交流，2014年8月25日中国人民对外友好协会授予"和平发展贡献奖"。

中国围棋协会主席王汝南为吴清源颁奖

拜访吴清源大师【注④】

七、新布局评价

本因坊秀哉：自古以来，黑棋为保持先着效率，下法比较传统坚实。

濑越宪作：新布局出现，人们便开始寻找破解之法，彼此磨合后形成理想的布局。

岩本薰：新布局预防了传统定式的僵化。

前田陈尔：新布局也没什么，只是木谷实和吴清源太强了。

笔者认为，新布局打破了传统围棋重视边角的下法，开辟棋盘中央广阔新天地，真正体现"弈"之博大精深，完美诠释"高者在腹"理念，与时代精神相契合，堪称现代围棋史上首次伟大的技术革命。

注 释

【注①】为叙述方便，摘自吴清源回忆录《以文会友》的原文用楷体字表示。

【注②】川端康成，1899年生于大阪，日本新感觉派文学巨匠，知名围棋爱好者，受邀亲临诸多重大赛事现场，撰写观战记发表。1968年以其代表作《雪国》《古都》《千只鹤》获诺贝尔文学奖。

【注③】相谈棋：对弈双方由2至5人组队，大家共同研究棋局，各指派一名棋士为代表上场比赛。现已成为一种常见的娱乐对局形式。

【注④】1986年3月，第二届中日围棋擂台赛客场在东京日本棋院举行，比赛间隙，队员们在郝克强团长的带领下来到吴清源大师府上拜访，聆听大师教诲。左起吴清源大师、芮乃伟九段、本书作者。

第十七章　世袭制本因坊谢幕

本因坊秀哉VS木谷实

一、木谷实

1909年生于兵库县神户市，十二岁来到东京拜师铃木为次郎学艺，十五岁获得初段，成为日本棋院所属棋士。1926年春升二段，同年夏季被推举为三段，代表日本棋院出战"院社对抗战"取得八连胜；1927年晋升四段，在东京日日新闻举办的"新进棋士血战赛"中又取得十连胜，江湖人称"怪童丸"。1956年晋升九段。

1928年，吴清源来到日本后，两人迅速成为人生知己，又是楸枰好敌手。

1934年春，吴、木谷共同发表《新布局法》，开创围棋新纪元。

1938年4月，在"名人引退棋"挑战者决定赛中取得五连胜，获得向秀哉名人挑战的资格。名人引退棋于同年6月26日开赛，12月4日终局。川端康成撰写观战记，并据此改编成小说《名人》【注①】。

木谷先生的主要功绩在于培育了大量优秀人才，值得大书一笔。1933年，在老家神奈川县平塚市开办"木谷道场"，前后培养出五十多名职业棋士，迄今总段位突破五百段。大竹英雄、石田芳夫、加藤正夫、小林光一、武宫正树、赵治勋、小林觉等超一流棋士皆是其门生，几乎垄断了上世纪七十年代至九十年代中期所有的冠军头衔，在棋坛留下了坚实的足迹。

二、江湖恩怨

一流棋士的共同特点就是好胜心强，木谷也不例外。明治维新打破了传统家元世袭制度，"名人棋所"早已退出历史舞台，然而在人们的潜意识中，"名人"的余威尚存。秀哉名人作为新生的日本棋院总帅，有时难免会有些盛气凌人做派，坊门弟子固然惟命是从，其他门派棋士心中纵有不快，也大都敢怒不敢言。木谷本是"方圆社"遗老铃木为次郎爱徒，后来"转正"成为日本棋院棋士，属于非坊门弟子。另一方面，铃木与秀哉是棋坛宿敌，自从入门方圆社的那天起，铃木就以打倒本因坊秀哉为人生最大的目标，因此秀哉自然要把木谷当作异己看待。

日本棋院成立庆祝仪式后，主办方安排了两盘表演赛，高段组由中川龟三郎对岩佐，低段组由木谷实对阵前田陈尔。前者是方圆社战友，纹枰之上一团和气；后者是铃木秀哉两人的得意门生，双方剑拔弩张，直杀得昏天黑地。鏖战正酣之时，秀哉前来观战，看了一会儿点点头走了。约莫半个时辰，秀哉又来了，嘴里嘟囔着什么，显得很不耐烦的样子。观战记者丈二和尚摸不着头脑，细听之下说的好像是"中押，中押"，就又出去了。一袋烟功夫，秀哉再次出现，一看木谷居然还在那里殚思极虑，突然大声棒喝道："棋早就输了，还在下什么！"这一声晴空霹雳，吓得在场的小伙伴们不知所措。木谷惊魂稍定，忙向秀哉施礼道："求求您再让我下几步看看吧……"。秀哉不答，冷笑一声拂袖而去。木谷勉强支撑几手之后真的认输了。

这件事情给木谷留下了难以愈合的创伤。十四年后，秀哉名人宣布引退，告别赛成了绝好的复仇机会。木谷在"名人引退棋"挑战者决定赛中战胜了铃木，宁愿冒犯师尊颜面，也要亲自上阵与秀哉决一死战。

三、本因坊秀哉引退

1936年，秀哉将"本因坊"名号转让给日本棋院，从此不再世袭，改为全体棋士参加的本因坊战授予冠军"本因坊"头衔，标志着江户时期确立下来的世袭制完成历史使命，开启"实力制"（选手权制）新时代。

1938年，六十四岁的秀哉宣布引退，将与选拔出来的优胜者进行围棋生涯最后一场正式对局——"名人引退棋"。消息传出，立刻在社会上引起极大关注。鉴于本次对局的重要性及棋史上诸多经验教训，对弈双方就对局规则进行了长时间的讨价还价，最终达成若干协议：

1. 双方自由支配用时为40小时；（此前最长为16小时）
2. 首次采用"封手"制【注②】；
3. 每个对局日上午十时（含午休）至下午四时为对弈时间，到时封盘；
4. 对局日之间间隔为四天，第五天续弈；
5. 对局期间禁止擅自离开赛场宾馆，与外界无关人士接触。

四、《名人》

（一）出场人物

1. 我（浦上）：小说家，担任名人引退棋观战记者，在报纸上连载64回观战记。

2. 秀哉：身长五尺，端坐纹枰前却显得高大，长脸，鼻口耳肥大，颚骨突出，患有心脏病，六十五岁，无子。二十一世本因坊名人，江湖人称"不败的名人"，曾打算立其高足小岸壮二六段为跡目，不幸小岸二十七岁早逝。

3、大竹七段（原型为木谷实）：三十岁，秀哉"名人引退棋"对局者，二十三岁结婚，育有三子。

4. 吴清源：大竹七段的好敌手，在长野县富士见高原诊疗所疗养。

5. 其他人物：秀哉夫人、大竹夫人及其孩子和内弟子；小野田六段、村岛五段、安永四段；担任棋谱记录、读秒的少年院生；将棋十三世名人关根（七十一岁）、木村名人、五子连珠棋高木名人；五井、黑崎、砂田、伊东诸记者；前田、岩本六段，日本棋院干事八幡；东京圣路加医院川岛、稻田博士；文艺春秋社编辑斋藤、理发师、"掌心疗法"术者东乡；小说家夫人、"红叶祭"摄影师。

（二）故事梗概

1940年1月中旬的一天，我（作者）参加在热海举办的"红叶祭"时，惊闻六十七岁的秀哉名人在当地的旅馆中仙逝，立刻赶了过去。看着逝者的遗照，我的思绪回到了前年秀哉名人引退棋现场，对局的整个过程清晰地浮现在眼前。

引退棋对局，"不败的名人"首次经历"封手"新规，这种做法是今日合理主义的表现，失去了对长辈的恭敬，抛弃了艺道的雅怀，名人在其职业生涯的最后对局中饱受其苦。比赛过程中，秀哉名人病情恶化入院治疗，大竹七段数次扬言要放弃对局，纠纷不断。

12月1日，大竹七段使用封手战术，表现卑劣。"走那样的棋，是为了利用接下来的两天修整时间仔细研究棋局，真够狡猾的。"秀哉名人对我这个外行解释了大竹七段第121手的用意。对局重开面向棋盘时，名人却并无愠色。

12月4日，秀哉名人剃了光头坐到棋盘前，准备竭尽全力，最后放手一搏。

本因坊秀哉

木谷实

川端康成

五、名人引退棋　　1938年6月26日至12月4日

黑方：木谷实七段　　　弈于东京红叶馆、箱根奈良屋、伊东暖香园
白方：本因坊秀哉名人

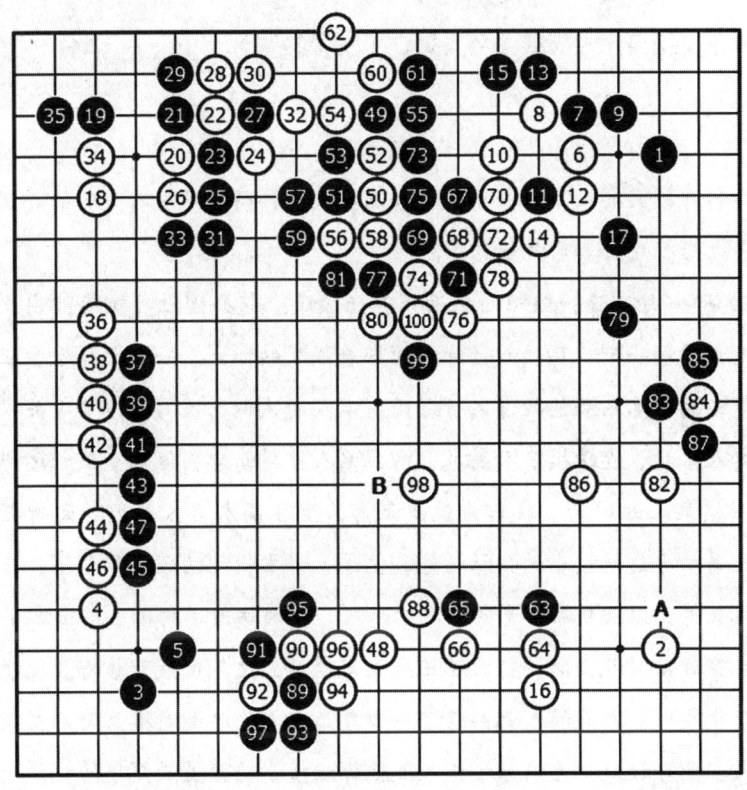

第一谱 1-100 世纪决战

简 评

这盘棋将载入日本围棋史册，象征着新旧时代的交替。

黑1小目开局，木谷决心以传统战法进行决战。

黑79可考虑在A位靠，彻底消除右下白棋模样的发展潜力。

白98坚实，亦可在B位扩张中腹势力。

★下文摘自川端康成《名人》。【注③】

一

举行开棋式的做法，除了这次告别赛之外，恐怕是没有先例的。黑白各下一子之后，庆祝宴会就开始了。

1938年6月26日，绵绵的梅雨天开始放晴。芝公园红叶馆庭院内，苍翠竹被雨水冲刷一新，稀疏的竹叶上闪烁着强烈的阳光。一楼大厅壁龛正面，端坐着本因坊名人和挑战者大竹七段。名人的左侧，还有将棋名人关根十三世、名人木村、连珠棋名人高木，四位名人并排而坐，他们受报社之邀前来观摩围棋名人的对局。我作为观战记者，坐在高木名人旁边。大竹七段右侧，坐着举办这场棋赛的报社主笔和主编、日本棋院的理事和监事、三位七段围棋长老，以及列席棋赛的小野田六段，本因坊门下的棋士也出席了。

身穿带家徽礼服的一行人端正地坐定以后，主笔便致开幕辞。把棋盘摆在大厅中央时，在座的人都倒吸了一口气。名人平时面对棋盘的习惯又表现了出来，他轻轻地把左肩耷拉下来。他那双瘦小的膝盖显得单薄。扇子却是非常之大。大竹七段合上眼睛，前后左右地摇晃着脑袋。

在刺眼的灯光下，秀哉名人突然挺直腰身，耸起双肩，紧张地注视着棋盘。顿时，众人皆感到名人身上似乎透出了森森杀气，不觉心中一凛。其实，秀哉身不满五尺，重不足七十斤。为他治病的医生说："名人的体质就像发育不全的孩子，连腿肚子几乎都没有肉。别说弈棋，恐怕连挪动身体的力气都没有哩！……"令人不解的是，秀哉一旦盘前落座，立即显出其身材比别的棋士大上一圈，而且给人以无法抵抗的威压感。对此，许多一流棋士均有同感。这种威压感之强烈，竟使观战众人为之色变。

名人站了起来，手里拿着扇子，犹如古代武士自然会携带腰刀前来的样子。在棋盘前落座后，他将左手插进裙裤里，轻轻地握住右手，对着正面仰起头来。大竹七段也坐下，向名人施了个礼，便将棋盘上的棋盒放在右侧，然后再施了个礼，就闭上眼睛，一动也不动了。

"开始吧！"名人催促道。声音虽小，却很激昂。七段不以为然，睁开了眼睛，马上又合上，如同念诵《法华经》，闭目养神，喃喃自语。过了片刻，传来了放围棋子的清亮声响，这时已是上午十一点四十分了。

是新布局还是旧布局？是"星位"还是"小目"？大竹七段如何选择，引起了世人的关注。黑棋第一步下在右上角小目，解答了本局一大悬念。

面对着这招"小目"，名人一边在膝上盘指，一边注视着棋盘。这场面，记者拍了许多照片和新闻纪录片。在刺眼的灯光下，名人撅起双唇，嘴角紧紧合拢，旁若无人似的。我观看名人下棋，这是第三局，觉得只要名人在棋盘前坐下，就会生出一股习习和风，使周围变得清爽畅快。

过了五分钟，名人忘了封盘，无意中摆了个要下子的手势，大竹七段代替名人说道："现在封盘吧。"

在日本棋院干事的引领下，名人独自退到隔壁的房间里，关上中间的隔扇，在棋谱上写下了第二手，然后放进信封里。除了封盘的人，如果其他人看见了，就不算是封盘了。

过了一会儿，名人又回到棋盘前问道："没有水呀？"于是用两只手指蘸了点唾沫，将信封封上，在封口处签上了自己的名字。七段也在下方封口处签了名，然后将这个信封，套在另一个大信封里，工作人员在加封处签了名，随后存放在红叶馆的保险柜里。

就这样，今天的开棋式就算结束了。

二

翌日的对局室设在二楼，陈设古色古香，很有明治时代的气氛。从隔扇到气窗全饰有红叶，围在一角的金色屏风也绘上了光琳风格的艳丽红叶。壁龛里插有八角金盘和西番莲。整个套间——一间十八铺席，一间十五铺席——全打通了，大朵花也并不刺眼。西番莲的花有点凋谢了。只有梳着髻发插上花簪的少女，不时前来换茶。此外再没有别人进出了。名人的白扇子映在盛着冰水的黑漆盘中，静中有动。观战者只有我一人。

大竹七段身穿带家徽的黑色罗纱短外褂。今天，也许是有点随便，名人只穿着带刺绣家徽的短外褂。棋盘和昨天的也不相同。

昨天黑白各下一手，不久就举行庆祝典礼了。真正的交锋是从今天开始。"先生，我解手次数频繁，对局中难免失礼。"大竹七段坐到棋盘旁边之前，事先向名人殷勤地招呼道。"我也频繁嘛，有时半夜里也得起来两三趟。"名人喃喃地说。名人对七段的体质不甚了解，我觉得挺可笑的。

思考六分钟后，黑走3，说了声"对不起"，旋即离席而去。接着走5，又去了一次。"对不起。"名人从和服袖筒里捡出一支敷岛牌香烟，慢条斯理地点燃了火。

大竹七段思考中，时而把双手揣在怀里，时而交抱双臂，时而又两手扶在双膝旁，或者去收拾棋盘上连肉眼也看不见的灰尘，还把对方的白子翻了过来。其实是把正面翻上来。若说白子有正反面之分，那么蛤贝内侧、没有纹理的那面是正面。这种事情，谁都不会在意。然而大竹七段有时却将名人无意中下的反面白子，抓起来翻了个个儿。

这是七段的对局习惯。还有就是一边下棋，一边喋喋不休地说些无聊的笑话。名人却佯装听不见，不予答理。他唱独角戏也就没了劲头儿，只好比平时少说几句了。

有人说，大竹七段和吴清源六段曾向某心灵学家求教，问赢棋时应持什么态度。心灵学家回答说在对手思考时，最好仍是专心致志。名人和大竹七段在紧张的氛围中，表面上表现出正相反的态势。静与动，迟钝与敏捷。名人一埋头围棋，绝不上盥洗间。一般来说，只要观察对弈者的表情和脸色，就大体能弄清棋势，唯独名人难以摸透。七段的棋，反应并不敏捷，他习惯长考，时间总是不够用。快到点了，记录员读秒，剩下一分钟，他好像还有一百手，乃至一百五十手棋要下。

大竹七段下黑5，花了二十分钟。名人紧跟着下白6，费了四十一分钟。这局棋头一次出现长时间思考。事先商定，今天下午四点轮到谁下谁就封盘。七段在差两分钟四点时，下了黑11。两分钟内，只要名人还走棋，自然由七段封盘。名人紧跟着白12，四点二十二分封盘了。

今早放晴的天空又阴沉下来。这是大雨的前兆，水灾从关东波及关西。

三

红叶节次日，本应从上午十点钟继续对弈，岂料一早就发生了一场争执，以致拖延到下午两点。我作为观战记者，是个旁观者，事情与我无关。我看见工作人员狼狈周章，日本棋院相关人士好像在另一房间里开会。

今早我刚踏进红叶馆的门厅，大竹七段拎着一个大皮箱子走来。

"大竹兄的行李？"我问道。

"是啊，今天要到箱根去，在旅馆里幽居啦。"七段语气沉闷。

我早有所闻，今天对弈者都不回家，从红叶馆一起出发，到箱根旅馆去。七段这件大行李却有点异样。

"是这样讲的吗？那么我还想上一趟理发馆呐。"名人没有做好去箱根的准备。

大竹七段不仅感到扫兴，而且觉得细则规定改变了。无人知晓究竟有没有人把这些通知名人。再说，这次对局制定了严格的规则，可是从一开头就不遵守，让七段对往后的事深感不安。不管怎么说，没有向名人交代清楚，这确实是工作人员的过错。也许七段认为，名人特殊，没人敢向他陈述苦衷，因自己年轻，别人反而来说服自己，以便收拾局面。这更加触怒了七段。

如果名人知道今天要去箱根，那是无话可说的。许多人聚拢在另一房间里，走廊上人声嘈杂。大竹七段长时间不露面；名人独自在座位上一动不动地等候着。午饭时间稍稍推迟，决定今天下午两点到四点对弈，隔两天再到箱根去。

　　"两个小时无论如何下不了。到了箱根再慢慢下好啰！"名人虽这么说，事情却不能这样办，因为日后难免还会发生类似今天这样的事情。对局的日子，棋手是不能随心所欲更改的。这次告别赛之所以制定如此严格的规则，也是为了防止名人按老样子任意行动，不管名人的地位有多高，一定要使对局自始至终在对等的条件下进行。

　　于是采用了所谓"禁闭制"。为了彻底贯彻这个制度，今天不许棋手回家，直接从红叶馆到箱根去。所谓"禁闭"，就是说在下完一盘棋之前，棋手不能离开对局的地方，也不能会见其他棋士，以避免别人从旁当参谋。虽说这样做可以保持胜负的庄严，却丧失了对人格的尊重。

　　从前，一旦成了名人，就担心有损于名人的权威，连练习也回避同人对弈。名人以六十五岁的高龄来下决胜棋，这恐怕是前所未有的。今后大概也不会允许不下棋的名人存在的。从各种意义来说，秀哉名人好像是站在新旧时代转折点上的人。他既要受到旧时代的对名人精神上的尊崇，也要得到新时代给予名人的物质上的功利，于是膜拜偶像的心理同破坏偶像的心理交织在一起。在这样的日子里，名人出于对旧式偶像的怀念，下了这最后一盘棋。

　　原定六月三十日从红叶馆赴箱根，但由于大雨成灾，延至七月三日，又延至八日。关东水灾，神户也受了害。八日至东海道的铁路线还没有完全修复。

　　来到箱根，中间歇息一天，以消除疲劳。七月十日，是约定续弈的日子。对局的早晨，大竹七段表情迥异，他拉长着脸，紧闭双唇，似乎被惹怒了。他摇晃着肩膀，比平日更精神抖擞地在廊道上走动着。他那眼睑鼓起的单眼皮细眼，放出了无敌无畏的光芒。

名人则抱怨溪流声太大，一连两晚无法成眠。他要把棋盘搬到尽可能远离溪流的独间去……流露出把这家旅馆作为对局场地的不满。

续弈日期既定，睡眠不足是区区小事，不能成为推延对局的理由。自己病倒在棋盘上，也要遵守对局的时间，这是棋士的惯例。这种例子并不罕见，何况临到对局的早上才抱怨，如此任性，纵然是名人，也是不应该的。因为这是一场重要的棋赛。对七段来说，这盘棋就更重要了。

无论在红叶馆还是在这里，每次续弈，临场往往出现类似违约的事，可是又没有一个工作人员具有审判官的权威，对名人也能下令和裁决。七段也担心今后事态的发展，不过他还是干脆顺从了名人，脸上也没怎样露出不悦的神色。

"这家旅馆是我自己选择的，没让先生睡好，实在抱歉啊。"七段说。"明天再向工作人员要求搬到安静一点的旅馆去，让先生好好睡一觉再说吧。"

七段以前曾到过这家堂岛旅馆，觉得是个对局的绝好地方，也就指定这里了。没想到赶巧下大雨，小溪流水量增加，溪流声很大，简直要把岩石冲走似的。七段同五井记者搭伴，去寻找安静一点的旅馆。我看到了身穿便服的七段的身影。

当天上午，马上把住处改在奈良屋旅馆。翌日，即十一日，在奈良屋一号别馆里继续弈战，已经时隔十二三天了。从这天起，名人进入棋境，再也不提任性的要求，老实至极。

一大早，阔别许久的阳光又露面了，把树叶的影子投在潮湿的土地上，泉里的锦鲤也是明晃晃的。可是对局开始，天空又是薄云飘浮，微风轻轻摇曳着壁龛里的花枝。除了庭院瀑布和早川急流的奔泻声以外，只听见远处传来的凿石声。院子里的卷丹花香，飘进房间里来。对局室太宁静了，不知是什么鸟，竟放肆地在檐前飞来飞去。这天，从12封手到黑27封手，共进行了十六手。

四

期间歇息四天，七月十六日在箱根第二次续弈。作记录的少女，以前一直身穿藏青地碎白花和服，也换上了地道的白色绢麻夏装了。

虽说是别馆，却是同一个院落里的独间，距本馆约百来米远。名人从这条路回去吃午饭，他那背影偶尔落在我的眼帘里。走出一号别馆的门，就是斜坡道。名人微弓着腰，独自登了上去，手里还拿着一把合上了的折扇。上半身稍微前倾，却是笔直的；相反的下半身飘飘忽忽，脚跟显得不太稳当。路旁一侧的山白竹下，传来了小溪的流水声。这是一条宽阔的道路。望着名人的背影，不知怎的，我的眼睑也发热了，仿佛有着什么深切的感受。一离开对局场地，他如释重负，行走起来背影显出现今社会看不到的一种平静，令人感到如同明治时代的遗老。

"燕子！燕子！"名人驻足仰望苍穹，用嘶哑的声音在咽喉里嘟哝了一句。原来他已经走到一块大岩石前，岩石上面刻有"明治大帝驻跸御座所基石"的字样。在基石上伸展枝梢的百日红还没开花。奈良屋是当年诸侯所住的驿站旅店。

小野田六段追上去照拂名人。名人夫人站在屋前泉水的石桥处迎接他。上午和下午，夫人都是一直把名人送到对局室的，看着名人在棋盘前落座了，她才迅速退下。午休和中途暂停，她也一定出来迎接名人。

这时候，名人的背影好像失去了平衡，他还没有从专心于围棋的境界中苏醒过来。挺直的上半身仍然保持对局时的姿势，脚跟显得站不稳的样子。恍如一个具有崇高精神的影子浮现在虚空之中。名人茫然若失，上半身依然一动不动，姿态上保持了面对棋盘时的余韵。

名人所以使我感到亲切，也许是他当时的形象深深地浸透了我的心吧。

到了中途暂停，对弈者离开棋盘之前，要计算当天的子数，又要查对花费的时间。这种时候，名人实在难以理解。

七月十六日下午四时三分，大竹七段下黑43封盘后，告诉名人今天上下午共走了十六手。

"十六手？……走了那么多吗？"名人大惑不解。

负责记录的少女反复告诉名人：从白28到黑43封盘，共走了十六手。对手七段也说明是走了十六手。开棋时，棋盘上只有四十二手，一目了然。两人都告诉了名人，他好像还弄不明白，把当天走的子，用指头一一地按住，自己亲自慢慢数了起来，还是不理解似地说："把它摆好就明白了。"

于是他同对手两人把当天下的子又一次捡起挪开。

"一手。"

"二手。"

"三手。"就这样数到了十六手，又重复地摆了方才的阵势。

"十六手？……相当多啊。"名人茫然地嘟哝了一句。

"因为先生下得快……"七段说。

"我下得不快。"

名人茫然若失，一动不动地坐在棋盘前，别人也不好说先行离席。过了片刻，小野田六段开口道："到那边去吧，可以松驰一下脑筋。"

"要么下盘将棋吧？"名人这才如梦初醒似地说。

名人不是佯装发呆，也不是假装糊涂。

这天只走了十五六手，不至于要查对的，整个棋局都装在棋手的脑子里，吃饭时也好，睡觉时也好，棋局都会在脑际盘旋。名人却偏要亲手将棋子摆上去查对，否则就不能满意。或许是反映了名人一丝不苟的细致作风，或是表现了名人不切实际的另一面的性格。我从老名人这些举止中感到他性格孤僻，并不太幸福。

五

相隔四天，第五天续弈，七月二十一日从白44到黑65封盘，共进行了二十二手。

到了中途暂停，名人照旧询问负责记录的少女："我今天共花了多少时间？"

"一小时二十九分。"

"花了那么多时间吗？"名人出乎意外，露出了呆滞的神色。这天，名人十一手棋所用的时间加起来，比对手七段的黑59一手所花的一个半小时还少了一分钟。可是名人却觉得自己好像下得太快了。

"不像拖延时间……也不像走得太快……"七段道。

名人问少女道："镇呢？"

"十六分钟。"少女答道。

"扳头呢？""二十分钟。"

七段从旁插话道："是补空，很长啊。"

"是白58啊。"少女一边看时间记录表，一边回答，"是三十五分钟。"

名人还不理解，从少女手里接过时间表，亲自看了看。

局后，名人认为黑47允许白48抢占下边大场，应该说是缓手。七段却在对局感想中写道："黑47若不补强，此处必给白棋以施展手段之余地。"

担任本局解说的吴清源则大加夸奖道："黑47乃绝招，厚壮无比！"

我喜欢洗澡。由于是夏天的关系，每逢中途暂停，我总是最先入浴。这天大竹七段也兴冲冲地，几乎与我同时来到了澡堂。

"今天的棋进展得相当快啊。"我说。

"先生下得快，下得顺手，简直如虎添翼。看样子这盘棋很快就结束哩。"七段赌气地笑了。

他的体力还很充沛。封盘前后，在对局室以外的地方同别的棋士会面是不合适的。这时七段情绪昂扬，像是下定决心要拼搏一番。说不定他的脑子里正考虑着凌厉进攻的招数呢。

"名人下得真快啊。"列席观战的小野田也惊叹不已。

看了两人所花的时间，第四轮续弈至七月十六日，合计白子花四小时三十分，黑子花六小时五十二分。第五轮续弈至七月二十一日，白子花五小时五十七分，黑子花十小时二十八分。这天差距拉大了。

后来，第六轮续弈至七月二十六，白子花八小时二分，黑子花十二小时四十三分。第七轮至八月五日的第八轮，白子花十小时三十一分，黑子花十五小时四十五分。但是，第十轮弈至八月十四日，白子花十四小时五十八分，黑子花十七小时零四十七分，差距缩短了。

六

黑69的强硬进攻，连名人也没有意料到。这一应手，整整苦思了一小时四十六分钟，这是这盘棋开始以来名人思考时间最长的一次。

但是，对大竹七段来说，这大概早在五天前就看准了。今早（七月二十六日）续弈时，他按捺住焦急的心绪，又再思考了一遍。这过程中，他浑身充满了力量，独自大模大样地向棋盘探出了身子，继黑67之后，又强硬下了黑69。

"是雨呢还是暴风雨？"七段说罢，放声大笑。

恰巧这时一场骤雨席卷而来。转眼间，庭院里的草坪都被雨水淹没了。风雨敲打在急忙关上的挡雨板上。这是七段脱口而出的一句得意的俏皮话，仿佛也是他的一声心满意足的呼唤。

名人看到黑69，恍如突然望见模糊不清的岛景。他一下子发呆了，露出一副和蔼可亲的神色。光是这点，在名人来说，也是罕见的。

看起来黑69如同一把匕首，闪闪发光。名人立即落入了沉思。午休时间已到，名人离开对局室，大竹七段依然站在棋盘旁，一动不动。

"下到这关键的地方，到了高峰啦。"七段依依不舍地俯视着这一局面。

"真厉害啊！"我说。

"我一直陷于被动，苦苦思索……"七段朗朗地笑了。

午休之后，名人刚落坐，就下了白70。午休是吃饭时间，也就是说不计算在规定的时限之内。大家都明白，名人在这段时间里仍在继续思考。为了不让别人察觉，下午开始的一手，本应佯装略作思考的样子，可是名人没有这种本事。

　　黑69的攻击，被称为"绝招"。连名人后来也讲评说，这是大竹七段独创的强攻。倘若应着错误，就势必给白子造成不可收拾的局面。所以名人的白70，花了一小时四十六分钟。十天后，即八月五日，白90花了两小时零七分，这是名人在这盘棋中思考最长的一次。白70这一手，是仅次于此的长考。

　　如果说黑69的进攻是绝招，那么白70也是凌厉的高着。成败在此一举，名人渡过了险滩。名人让了一步，摆脱了厄运。这大概是十分艰苦的高着吧。白子以这一手挫败了黑子猛攻过来的气势。

　　"是雨呢还是暴风雨？"这是大竹七段所说的一场骤雨。刹时天空阴沉下来，室内开了电灯。棋盘如镜，白子投影在上面，同名人的风采浑然一体。庭院里，风雨凄凄，使对局室显得更加静谧了。

　　对局场设在二号别馆。除了十铺席的房间以外，还有两间九铺席的。十铺席那间的壁龛里插着合欢花。"快要下雨啦！"大竹七段说。

　　这天进行了十五手，白80封盘。

　　快到下午封盘时间，担任记录的少女通报着时辰，名人却仿佛没有听见。少女稍微向名人探出身子，在踌躇的时候，七段替代少女说："先生，请您封盘吧。"

　　像是要摇醒睡梦中的孩子似的。名人好容易才听见，嘴里还念念叨叨的，但声音嘶哑，吐不出来。听不清他说些什么，多半是知道封盘时间到了。日本棋院八幡干事把准备好的信封拿来，名人却好像对待旁人的事，呆呆地审视了好一阵子。然后他又带着不能立即回到现实中来的表情说："还没决定下哪手呢。"

　　接着又考虑了十六分钟。白80费时四十四分钟。

七

　　七月三十一日续弈，对局室改在"新上段间"。名人房间的廊道边上，绽开着一簇簇八仙花。大黑凤蝶也飞落在这些花朵上，鲜艳的姿影倒映在泉水里。房檐下的藤架上，紫藤枝繁叶茂。

名人思考白82时，流水声飘送到对局室来。他向下俯视，看见夫人站在泉水的石桥上，往水里投掷麸饼。响起了鲤鱼群聚拢过来的拨水声。

这天早晨，夫人对我说："家里来了京都的客人，我这就回家去。近来东京也变得凉爽，酷暑似乎过去了。不过，天气一凉快，我又担心他会不会感冒……"

夫人站在石桥上的时候，飘起了毛毛细雨。真是个多雨的夏天。到箱根以来，没有一个对弈日是晴朗的。而且晴雨无常，以现在这场雨来说，也是下下停停，停停下下。七段思考黑83时，阳光还投射在八仙花上。山上的一片绿意，润泽有光，像是被洗涤过的。谁知上空旋即又阴沉下来。

黑83经过了一小时四十八分钟的长考，费时超过了白70所用的一小时四十六分钟的纪录。七段支着双手，连同坐垫一起往后挪动了一下，然后凝视着棋盘右边。不一会儿又将手揣在怀里，挺着肚子。这是七段要长考的前兆。

黑走83时，名人迫不及待，猛然站起来，顿时全身疲惫不堪。这时是十二时二十七分，当然是午休时间。名人不顾一切地站起来，这种情况以前是没有过的。

今天白88封盘。八幡干事马上说："先生，这是祝贺八十八大寿啊。"

名人的脸颊和脖颈显得更加瘦削了。比起酷热的七月十六日那天愈发精神抖擞了。也许可以说他掉了肉，骨头空出，反而显得意气风发。

谁也没有想到名人在五天后的对局中病倒了。

八

八月二日，名人的脸部开始浮肿，胸口也疼痛起来。

八月五日，按规定是对弈日。名人夫人早晨对我说："我曾拼命求神灵保佑，别出现这样的情况，这大概是信心不足的缘故吧。能不这样就好了。

我实在担心。过分担心，反而……这么一来，只好求神灵保佑了。"我这个观战记者，好奇心很强。名人作为竞赛中的英雄，吸引了我。我听到他妻子的话，仿佛被人捅到痛处，无言可对了。

下了这盘棋，名人原来的心脏病加剧了，胸口早已憋得慌，他却从未向别人透露过。最后决定上午只下两个小时。这之前，名人还要接受诊视。"医生呢？……"名人问罢，听说医生到仙石原看急诊去了，他就催促说："是吗，那就开始吧！"

名人一坐到棋盘前，两只手就稳稳当当地捧起茶碗，呷了一口温茶。然后交叠双手，轻轻地放在膝上，挺直身子。他紧闭的双唇，使脸颊显得格外浮肿，眼睑也肿胀了。

对局基本上按规定时间从上午十时开始。启封白88，大竹七段下了黑89，是十时四十八分。名人准备下白90时已过晌午，他强忍病痛，整整思考了两小时零七分。这期间，名人始终正襟危坐。脸上的浮肿，反而消退了些许。这时，终于决定午休了。

按惯例休息一小时，今天却歇息两个小时。名人接受了医生的诊视。

大竹七段说："我是不想下的，可是先生说无论如何也要下。"

午休过后，返回对局室之前，名人决定白90封盘。

"先生，您受累了。"大竹七段慰问道。

"我净信口开河，很对不起。"名人少有地道过歉后，就中途暂停了。

"脸浮肿我倒不在意。这里乱糟糟的，真不好办。"名人来回抚摸着自己的胸口，"每当气喘、心跳，或是胸口感到压抑的时候……我原以为自己还很年轻呐。打五十岁起，我就感到年龄不饶人啦！"

"先生，三十岁以后，我也感到上了年纪哩。"大竹七段说。

"你还年轻呐。"名人说。

报社和日本棋院有关人士，同东京的川岛博士，以及宫下的冈岛医师商量之后，决定按照名人的意愿，让他继续对局。不过，由原先每隔五天一轮，一天五个小时对局，缩短成每隔三四天一轮，一天两个半小时对局，以减少名人的劳累。每次对局前，还要接受医生的诊视，得到医生同意才能弈战。

为了一盘棋，竟在温泉旅馆呆上两三个月，这是太过分了。就是让人"禁闭"在围棋的境界里，把有关人员都禁闭在对局场地所在的旅馆里。这样关上两三个月，对六十五岁的老名人来说，却是残酷的。或许名人本人却把这种过分的对局条件，看成是英雄的桂冠呢。

来这里之后，对局条件改变了。在大竹七段看来这是重大的事，如果不依照当初的协议进行，名人是可以放弃这盘棋的。但名人毕竟没有那样讲，只是说："我休息三天，不能消除疲劳。一天下两个半小时，鼓不起劲儿来。"

大竹道："先生有病在身，我强求他下，会使他为难的……我是不想下了，先生非下不可，也许社会上不会这样看，而且会从相反的方面想。如果继续对局，先生的病痛加重，我也是有责任的。那可不得了，一定会在围棋史上留下污点，遗臭万年的。从人情上说，应该让先生好好静养，病愈再谈下棋，不好吗？"

大竹以年老的病人为对手弈战，其处境是相当困难的。他不愿意让人家认为，自己是趁对手生病，取巧获胜。倘使败北，更是声名狼藉。报上说名人讲过，纵令继续下棋，死在棋盘边，也是出于棋士的本愿。名人完全成了悲剧式人物，成了以身殉艺的名人。

总而言之，下一个对弈日——八月十日的头天晚上，全体人员说服大竹七段同意续弈。人家说东他说西，他身上好像有一股娇儿似的别扭劲，似是点头同意了，其实又不然，显得非常顽固。报社有关记者和棋院工作人员笨嘴笨舌的，实在无法对付他。安永一四段是大竹七段的知心朋友，又善于处理纠纷，他自告奋勇去说服七段。这是一个棘手的问题。

半夜里，大竹夫人抱着婴儿从平冢赶来。夫人劝丈夫都劝烦了，哭了起来。夫人一边哭泣，一边还是温柔、和蔼、有条不紊地跟丈夫讲理。但这不是贤妻式的劝告办法。我从旁观察，深深佩服夫人的真心哭诉。

夫人原是信州地狱谷温泉旅馆的姑娘。大竹七段和吴清源在地狱谷旅馆深居简出研究新布局的这段故事，在围棋界是众所周知的。手抱婴儿的夫人眼泪汪汪地苦口劝说，大竹七段似乎心软了。七段是个忠实于家庭的人。

九

十日早晨，灿烂的阳光、鲜明的影子、淡淡的白云，这是下这盘棋以来第一次遇上这样好的仲夏天气。名人的病情没有变化，医生同意他对局。他的脸依然浮肿，身体明显衰弱。名人埋头于这盘棋，完全忘却了自己的存在，一任工作人员安排，不再像往常那样任性了。发生纠纷时，他自己虽是关键的当事人，也总是心不在焉，好像旁人的事似的。

仲夏时节，户外阳光璀璨。在逆光映照下的室内，名人的身影显得更加暗淡、凄怆。对局室的人都耷拉了脑袋，谁也没有看一眼名人。今天，平素爱说俏皮话的大竹七段也缄口不言。

晚上，月儿清亮。名人夫人说："天气稳定下来倒是好的。"可是她的面容突然变得消瘦了。大竹夫人睡眠不足，气色也不佳。两位夫人的脸枯干而憔悴，闪烁着不安的目光，她们为各自的丈夫操心劳神，急得团团转。可以看出，她们都表现了各自的利己主义。

非要走到这一步不可吗？围棋究竟是什么玩意儿呢？我十分同情名人。我想起直木三十五去世之前，在其小说中写了这么一句："我真羡慕下围棋，说它无价值吧，它是绝对无价值；说它有价值吧，它又是绝对有价值。"直木埋头写作，死而后已。我最初认识本因坊名人和吴清源，是由直木三十五介绍的。直木临终时像个幽魂。现在眼前的名人，也像个幽魂。

这天共进行了九手。大竹七段下黑99时，已到约定封盘时间十二点半，就决定后边由七段独自去思考。名人离开了棋盘。这时，才听见欢声笑语。

"当学仆的时候，卷烟抽完了，我就抽烟袋锅……"名人慢悠悠地抽着烟，一边说道，"我把积存在袖兜里的烟末都塞上去抽了。这倒也心安理得。"

一阵凉风吹了进来。名人没在跟前。七段脱下罗纱外褂，陷入了沉思。

今天中途暂停，名人一回到自己的房间就同小野田六段下起将棋来，还搓了麻将，实在令人吃惊。

我觉得郁闷，老呆在对局的旅馆里实在吃不消，就躲进塔之泽的福住楼，写了一回围棋观战记，第二天便回到轻井泽的山中小屋去了。

十

八月十日对局之后，名人已活像冥府里的人了，但仍然不得不去参加比赛。下轮对局定在八月十四日。

名人的身体十分孱弱，病情益发严重，医生禁止他对弈，工作人员也加以劝阻，报社也死心了。十四日，名人只下了一手，就决定停下这盘棋了。

名人全神贯注，一动不动。用三十三分钟思考了今天这一手。本来约定白100封盘，名人却说："我还能再下一会儿。"

工作人员连忙商量。既已约定，只好照章办事。

名人下白100封盘后，依然凝视着棋盘。

"先生，长期承蒙关照，实在太感谢了。请多加保重。"大竹七段寒暄过后，名人也只是应了声"噢"，就由夫人代答了。

"正好是一百手……这是第几轮了？"七段向记录员询问道。"十轮？……东京两轮、箱根八轮？下十轮一百手？……平均一天十手。"

后来，我到名人房间向他暂时告辞，名人却只顾呆呆地仰望着庭院的上空。

名人本应从箱根旅馆径直前往筑地圣加路医院入院治疗，但这两天不便乘坐交通工具。

在箱根，我曾听秀哉名人谈论过他的中国之行。我觉得中国的围棋也相当强，便问道："中国的强手同日本的业余强手大约不相上下吧？"

"对，差不多。也许稍微弱些，业余棋手都相近吧。因为在中国没有职业棋士……"

"这么说，日本与中国的业余棋手水平大致相同啰？倘若中国也像日本那样培养职业棋士，中国人也会具备这种素质咯？"

"是这样的。"

"也就是很有前途吧？"

"是很有前途的。不过不能操之过急……他们拥有相当水平的棋手，但很多人把围棋当作赌博。"

"还是具备下围棋的素质吧？"

"是啊，他们也涌现出像吴清源这样的棋士……"

我本来就打算近期采访吴清源六段，在仔细观察这盘告别赛以后，更想去看看吴清源解说这盘棋的情况，觉得这也是观战记的一种补遗。

这位天才出生于中国，长期旅居日本。有一技之长的邻国人，在日本受到敬重的例子并不算少，眼前最生动的例子，就是吴六段。在中国可能被埋没的天才，在日本得到了培养和优厚的待遇。我觉得中国围棋的历史远比日本悠久，其深厚的智慧底蕴在这位少年身上放射出光芒。倘使幼年时代没有机会进行磨练，他的才华也就无法发挥，终究会被埋没。就是现今的日本，昙花一现的棋才也并不罕见。无论是对个人还是对民族来说，人的能力常常会遭到这种命运。一个民族的智慧，过去光辉灿烂，现在有点减弱；或是过去到现在一直被埋没，将来却一定会发挥出来，这种例子也是很多的。

吴清源六段住在富士见的高原疗养所里。每次在箱根对局，砂田记者都到富士见去取解说的口述笔记。我把这些笔记适当地插入观战记中。报社之所以选中他担任解说，是因为他同大竹七段是年轻棋士的双璧，实力和名望都是旗鼓相当，出类拔萃的。

吴清源的病房在正门上方的二楼，一边犄角上铺了两铺席。小小的木板棋盘架在组装的木腿上，上面铺了一块小垫子。吴六段边摆小棋子边解说。

1928年，我在伊东的暖光园看见吴清源同名人对弈，名人让二子。那时他身穿藏青底白碎花纹的筒袖和服，手指修长，脖颈白皙，使人感到他具有高贵少女的睿智和哀愁，如今又加上少僧般的高贵品格。从耳朵到脸形，都是一副高贵相。过去从未有人给我留下过这样天才的鲜明印象。

吴清源让人不停地记录了他的解说。他常常双手托腮，陷入沉思。窗外的果树叶子被雨水濡湿了。我问形势怎么样。

"是啊，是细微的棋，非常细微的棋。"

这盘棋进行到中盘就暂停。何况是同名人对弈，其他棋手不好对胜负妄加猜测。更重要的是，我很想听听有关名人和大竹七段的棋法。也就是说，把这盘棋当作艺术品，从鉴赏棋风的角度加以评论。

"是精湛的棋艺啊！"吴清源回答。"是啊。一句话，这盘棋对这两人来说，都是非常重要的。因此两人都下得非常精心、非常稳健。都没有错看漏看任何一步棋。这种情况是极其罕见的。我认为这是一盘非常精彩的棋。"

"哦？"我还不十分满足，又问道，"黑子下得很扎实、很稳重，连我们这些人都看明白了。白子也是这样吗？"

"对，名人也下得很稳健。一方稳扎稳打，一方不稳健，就必然凌乱，处于守势。时间是十分充裕的，这是非常重要的一盘。"

这是很肤浅的见解，不会得罪任何一方。看来，他不会说出我所希望的那种评语。然而，我一直看到名人倒下。这盘棋最让我受感动，多么想听听有关触及精神境界方面的解说啊。

名人的告别赛结束不久，我和吴清源应邀到南伊豆的下贺茂温泉去，听到了一个有关围棋梦的故事。据说有人在梦里找到了绝招，醒来后还记得一部分着法。

"下棋的时候，自己也往往感到这盘棋好像在什么地方见过似的，于是就想，这是不是在梦里见过的棋呢？"吴六段说。

名人入圣加路医院之前曾对我说："由于我生病，这盘棋中途暂停了。不过，我不希望第三者拿未下完的一盘棋随便评头论足，说三道四。"这番话颇似名人在那种场合的语气。这时候，名人对局势似乎抱有希望。下完棋之后，名人对《东京日日新闻》记者冷不防地流露了这么一句："入院时我没有想过白棋下得不好,没有明确感到会输棋,真奇怪。"

黑99刺中原的虎,白100接是住院前的一着棋。名人后来评论说,倘使白100不是接而是防止右边的黑子侵入白模样,"恐怕黑棋面临的局面也不容乐观吧"。又,白48占据下边的星位,"占要地,不能不说也是白子得意的着法。"名人早就在这里看到了棋局"相当有希望"。可以认为,黑子让白棋占48位要点,是过于稳健,应该说是缓着。大竹七段担心黑47如果走得不稳健,势必给白棋在此留下施展手段的余地。吴六段说黑47是绝招,是稳健的着法。

黑47牢固地筑起一道笔直的厚墙,从这里可以看出大竹七段浑身充满了力量。七段稳扎稳打,采用了绝不输棋和绝不中对手圈套的着法。"正面对付秀哉名人的拿手招数是危险的。"七段极力避免卷入广泛的战斗和难解难分的纠葛之中,竭力缩小名人作战的余地。努力加固自身阵营,再一步步侵消白模样,把棋局引向自己拿手的形式。这种坚实的着法,不仅不是消极的,而是潜藏着积极因素,内中蕴含着力量,充满了坚强的自信。

对弈百手,形成细微的局面,白棋已成功在望。这倒不是名人施展了特别战术,也不是钻了黑棋败着的空子,而是顺着黑子稳健推进的招法,行云流水一般,轻轻松松在下边划出了白模样,不知不觉之中变成了微妙的胜负局势,这也许是名人达到了成熟的境地吧。名人的棋力决不因高龄而减弱,也不因病痛而受到损伤。

名人从圣路加医院回家时说:"回想起来,打七月八日离开这儿,约莫过了八十天,夏去秋来,都没在家呆过啊。"当天,名人在家附近散步二三百米,这是近两个月里走得最远的一次。在医院里整天卧床,腿脚没劲,出院两周,好歹能坐直了。

"五十年来,我习惯正襟危坐,盘腿反而觉得痛苦了。在医院里净躺在病榻上,回到家中,现时还不能端坐;用饭时,把桌布耷拉在前面,坐下把腿藏起来,大模大样的。与其说盘腿,不如说将两条细腿伸了出去。过去从未有过这种动作。我不能长时间端坐,下棋就不好办了。我正努力恢复正坐姿势，还不能说很有把握。今天决定十八日左右继续对弈。"

名人这些谈话，是《东京日日新闻》黑崎记者记录下来的。谈话里提到的"今天"，是指十一月九日。名人的告别赛于八月十四日在箱根暂停之后，正好是第三个月又能继续弈战了。临近冬天，对局地点改在伊东的暖香园。

十一

名人夫妇在对局前三天的十一月十五日到达暖香园。大竹七段于十六日也来了。

名人在东京把白发染黑了才来的。染黑了白发再参战，对名人来说，是很不相称的。平时名人把鬓角理得很短，现在却留得很长，梳了个分头，而且把白发染黑，总觉得有点滑稽可笑。不过，经过理发师剃刀的修剪，褐色的皮肤和高耸的颧骨便裸露出来了。

同在箱根时一样，名人脸色苍白，却没有浮肿。看上去也不是十分健康。我一来到暖香园，马上到名人的房间里探望去了。"噢，啊……"名人茫然若失地说，"到这儿来的前一天，我曾去圣路加医院请大夫诊视，饭田博士歪着脑袋说'心脏病未愈，这次胸腔内又有些许积水。'来到伊东之后，还请大夫瞧过，说是支气管炎……大概患感冒了吧。""哦？"我也无言以对。"也就是说，旧病未愈，又添了两种新病。三种病哩。"

日本棋院和报社的人也都在场。"先生，请不要把您的健康状况告诉大竹……"

"这却是为何？"名人露出诧异的神色。

"只怕大竹唠唠叨叨，把事情弄复杂了……"

"事实就是这样嘛……不好隐瞒。"

"还是不让大竹知道的好，要不他又像在箱根那样，嫌您是病人呐。"

名人沉默不语。

我问他下完这盘棋，是按往年惯例到热海或伊东避寒去，还是再住院，名人突然开心地说："噢，其实能不能熬到那个时候还是个问题哩……"他还说，迄今没有倒下而能够弈战，恐怕是由于自己"心不在焉"的缘故。

前天晚上，暖香园对局室换上了新铺席。十一月十八日早晨，一踏入这房间，就能嗅到新铺席的气味。小杉四段从奈良屋搬来了在箱根使用过的棋盘。名人和大竹七段就坐，一打开棋盒盖子，飘溢出一股夏天的霉味。他们让旅馆掌柜和女佣来帮忙，当场就把棋子上的霉菌拂去了。

名人启封白100，已是上午十时半钟了。

第二谱1-137（101-237）常胜名人陨落

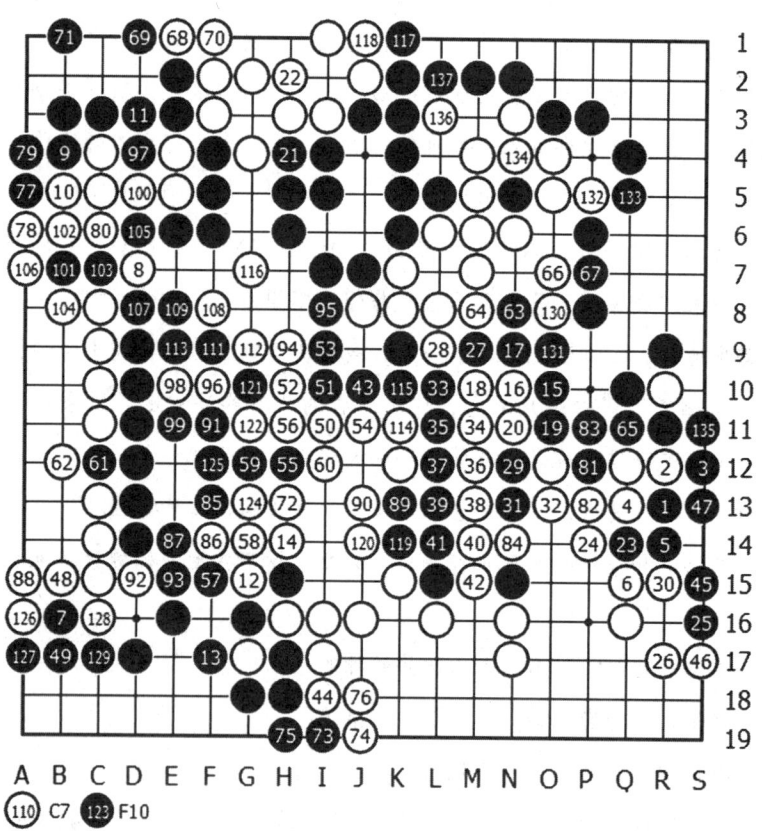

共237手黑胜5目

黑99（K9）对白中央虎形刺，白100（K8）粘。在箱根的最后一天，名人只走了这一手。终局之后，名人讲评道："白100，虽说是在病重住院前夕，中途暂停时走的一着棋，也未免有点考虑不周。这里应该脱先抢占2位拦，以巩固右下角的白空。黑既然刺了，势必会断。白被断，也不那么难受。倘使白100固守地域，黑棋形势恐怕也不容乐观。"不过，白100不是坏棋，也不是由于这手棋才把形势搞坏的。大竹七段和第三者也都认为名人当然要走这步棋。

第二谱黑1只有侵入右下角白空，而这一着也只有二路跳进的一手。就连我这个外行都看出来了，可是到了十二点午休，大竹七段也没有下这一步棋。下午，松树的影子落在对局室的拉窗上。绣眼鸟飞来，啁啾鸣啭。大鲤鱼在房檐下的泉水里，游来游去。在箱根奈良屋旅馆喂养的是锦鲤，这家是黑鲤。

七段总是不走黑1。名人也等累了吧，只见他平平静静地合上了眼睛，仿佛进入了梦乡。"这会儿可真难啊！"观战的安永四段嘟哝了一句，半曲着膝，闭上了眼睛。

究竟有什么为难的呢？我深感奇怪。是不是七段明知应走1位跳，却故意不走而消磨时间呢？工作人员也焦灼异常。七段后来谈感想说，当时他犹豫是应跳在1位呢还是应在2位爬呢！名人在某次讲评时也说："这正是得失难分的时候。"尽管如此，续弈的最初一手，大竹七段花了三个半小时。总之，这是一种异样的感觉。走这一手，秋阳已经西沉，电灯也亮了。

名人只用五分钟，白2冲4拐头。七段走黑5，又思考了四十二分钟。在伊东的头一天，只走了五手，黑5封盘。

这天两人所费时间，名人只花了十分钟，大竹七段花了四小时十四分钟。从第一手开始，黑花了二十一小时二十分，超过了规定时间的一半以上。这是空前的。

在日本棋院举办的春季升段赛上，大竹七段八战全败。可是在选拔担任名人告别赛对手的比赛中他却大获全胜，成绩很不稳定，真叫人吃惊。

据说棋士的性格大致有两类。一类是下棋时总觉得自己不足、不足，另一类是觉得得意、得意。比如，大竹七段是前者，吴清源六段则是后者。

不足型的七段,在如此细微的局势下,倘若没有看准,就不会随便下一子。

在伊东,过了一天,果然发生了纠纷。闹得几乎连下次续弈的日子都不能决定下来。

同在箱根那次一样,名人生病,要求改变对局的条件,大竹七段不肯接受。七段比箱根那次还要强硬得多。也许是在箱根吃了苦头吧。

这些内部纠纷不能写到观战记上,因此我也记不清楚了。问题出在对局时间上。

起初约定每次相隔四天,第五天续弈。在箱根就是这样进行的。间歇四天,本是为了让棋士休息好。可禁闭在旅馆里,老名人反而更增添了疲乏,他的病越发严重了,也曾提出过缩短四天的休息时间。大竹七段却一口拒绝了。箱根最后一日,提前了一天,即仅在第四天就续弈了。这天名人只下了一手。虽遵守了规定的对弈日,可最终还是违背了从上午十时至下午四时对局的规定。

名人的心脏病是痼疾,很难说什么时候才能完全治好。圣路加医院稻田博士勉强同意他去伊东,是希望他在一个月内下完这盘棋。名人担心发病,也希望尽快获得解放。日子拖长是很危险的。那就只有缩短对局之间的休息日。可是,大竹七段却不轻易答应。

"在下是大竹的老朋友,我去求求看。"村岛五段自告奋勇。谁知村岛连名人身体欠佳也都照实说出来,结果适得其反,大竹七段的态度反而更加强硬起来,他质问工作人员说:"你们对我隐瞒了名人的病情,又让我同病人对弈,是吗?"对局条件本是严肃的,企图把它纠缠在友谊或人情之上,改变它,这也使七段的怒意难消。

事情越弄越复杂,大竹七段声称不继续对弈了。同在箱根时一样,夫人带着孩子从平冢赶来劝七段,还请来了一位名叫东乡的掌疗法医生。大竹七段曾向友人推荐过这位医生的治疗法,在棋士中,东乡早已扬名了。

"东乡的话,大竹一定会听从的。东乡好像是劝他继续下吧……"工作人员说。

东乡也对我说，这盘棋是大竹七段的重大使命，如果出现类似放弃的做法，他终生势必遭到世人的唾弃。

七段扬言要放弃这盘棋，却没有径直回家，依然在对局室所在的旅馆里住着。我认为经过劝解，他过几天是会让步的。果然不出所料，这回间隔休息时间缩短为两天，当天下午四点中途暂停，这是二十三日达成的协议。

好容易刚刚达成的协议，又撞上了暗礁。

名人一听说事情已谈妥，就对工作人员说："马上从明天开始！"大竹七段却要明天歇息一天，后天再续弈。名人非常沮丧和焦灼，他一听说达成协议，当场抖擞精神，恨不得立即对阵，于是作出了简单的反应。七段由于过度费神，前几天起就一直闹肚子，加之带来旅馆的孩子又患感冒，还发了高烧。溺爱孩子的七段，甚是担心。明天无论如何是不能对局了。

名人说"从明天开始"，是说得很坚决的。名人和七段的地位不同，必须说服七段。七段勃然大怒。他正在气头上，更不会答应了。七段声称要放弃这盘比赛。

大家都一筹莫展。晚饭后，旅馆女佣来到我的房间说："大竹先生说有事要同浦上先生谈，他在另一间房子里等您。""等我？"我万没有想到。

我在女佣的引领下，来到了一间宽敞的房间里，只见大竹七段独自坐在那里。虽有火盆，房间还是冷飕飕的。"把您请来，实在对不起。长期以来承蒙先生诸多关照，谢谢了。我已经决定，无论如何也要放弃这盘棋。像这种情形，实在是不能再奉陪下去了。"七段断然地说。

"啊？……"

"因此我想见您，向您致意……"

我只不过是个观战记者，大竹没有必要特地向我致意，可是他郑重其事地向我致意了。这是彼此友好的象征，我的地位也不同了。我不能只说声"是吗？"就不闻不问。

自从箱根发生类似的纠纷以来，我一直是个旁观者，从来不发表任何意见。现在，七段不是在与我商量，而是向我陈述。两人面对面坐着，我倾听七段诉说苦衷，这才第一次动了心思，我倒可以出面调停说点意见。

我陈述说，作为秀哉名人告别赛的对手，大竹七段是凭自己的力量进行弈战的。然而，这不是大竹个人在战斗，而是作为一个新时代的选手、继承历史进程的代表在同名人对棋的。大竹七段在名人告别赛挑战者选拔赛中战胜了铃木和久保松两位恩师。铃木七段风华正茂，本想争到出场权战胜名人。按理说，大竹应让这两位恩师获得再次同名人对弈的机会，才是尽弟子之情。……结果看来，大竹七段是作为两位恩师的替身与名人对弈的。比起像铃木、久保松这些元老来，年轻的七段的确是现今的棋士代表。……告别赛是时代的转折，也是时代的交接，后来人将会给棋界带来新的朝气。中断告别赛，就好比阻止了历史的进程。大竹七段责任重大，凭自己的个人义气放弃这盘棋，这样做合适吗？总之，从明治的草创期，经过勃兴，到近年的昌盛，名人一直肩负着围棋的重任，是棋界的头号人物。成全这六十五年生涯的告别赛，难道不是后继者的本分吗？在箱根，病人虽有些任性，还是强忍着老人的病痛，坚持续弈了。他虽身体欠佳，还是想在伊东下完这盘棋，甚至还把白发染黑才来的。这也是一种拼搏精神吧。年轻人却要放弃这盘棋，社会上都会同情名人，大竹七段就会成为众矢之的。即使七段理由正当，也将会以争论不休或互相揭短的方式而告终。事情真相，世人是不会知晓的。这是具有历史意义的告别赛，大竹七段放弃比赛，这也将载入围棋的史册。更重要的是，七段肩负着下一个时代的责任。年轻的后来人妨碍病中老名人的告别赛，这样好吗？

我断断续续地说了这许多，七段仍无动于衷。七段当然有正当的理由，他一再忍让，心里郁积着不服的情绪。这次如又让步明天就下，实在不能充分发挥棋术，还是不下更符合自己的心愿。

"那么，延长一天，从后天起可以吧？"我说。

"噢，是啊，不过已经不行了。"

"后天可以吧？"我叮问了一句。但我没说要同名人商量，就向大竹告辞了。

八幡干事蜷缩着肥厚的脊背，凭靠在桌子边上。

"大竹说他不下了吧？""对，他对我说不下了。"

"我觉得延长一天也还可以，我去找名人请求延长一天试试看吧。"我接着说道。

我到名人房间一落坐就说："其实，我是有事来求先生……本来我是没有资格提出这种要求的，我是多管闲事，能不能把明天的对局改成后天呢？大竹先生说，希望能延长一天，他带到旅馆里来的那个小儿子生病，高烧不退，大竹先生很是担心。听说他本人也拉肚子……"

名人呆呆地听完之后，爽快地说："行啊！就这么办吧！"

我顿时热泪盈眶。这是出乎我意料的，问题就这样简单地解决了。名人迄今已经等得不耐烦了，眼看着明天就要对局，这样情绪将会受到挫伤，对于竞技中的棋士来说，并不是一个不重要的问题。这个问题，连工作人员也不敢贸然跟名人谈的。我这是受人之托。名人肯定敏锐地洞察到这一点。名人若无其事地应允了，这深深地打动了我的心。

我先到工作人员的房间，把这件事告诉了他们。然后又到大竹七段的房间，告诉他说："名人说延长一天，后天续弈也可以。"

七段颇感意外。"这样，就是名人对大竹先生让步了，下次遇上什么事，也请大竹先生礼让一下吧。"我说。

夫人在床边服侍病孩，她向我郑重地表示了感谢。房间里凌乱不堪。

十二

在相约的后天，即十一月二十五日——自十八日以来，事隔七天又能续弈了。名人的坐垫是绯红的缎面，配以紫色的凭肘，活像僧侣的座席。自名人棋家第一代日海算砂以来，本因坊家都是僧籍。"现在的名人也是出家人，僧名叫日温，还穿袈裟呢。"八幡干事说。

名人身旁放着一个椭圆形的梧桐木大火盆。为了防止感冒，身后还放了一个长方形的火盆，开水冒出了热气。

启封黑5，名人用两分钟下白6，大竹七段又陷入长久思考。

"真怪啊，时间到了。连这样有才能的人也要用完四十个小时，实在令人吃惊。有史以来第一遭。是白白浪费时间吗？本来一分钟就能下完，但……"大竹还说了些梦呓般的话。

这是个阴天，白头鸟鸣啭不已。

七段下黑7，花了一小时零三分。黑1侵入右下白模样，这手是先手十四五目；黑7在左下角扩大地盘，这手是后手二十目左右，黑棋抢到这两处大棋，下得很顺手。

名人满脸严肃的表情，他合上眼睛，静静地调整了呼吸。白8这一手，名人花了四十七分钟，这是名人在伊东唯一的一次长考。黑9，大竹七段又费了两小时四十三分钟，最后封盘。这一天，只进行了四手。

"在此成败的重要关头，怎么也得走这一手。这是很凶猛的一手啊！"午休时分，七段半开玩笑地说。白8具有威胁左上角黑棋和消减中原黑厚势的两层意义，还兼守左边白棋，这是绝妙的一手。吴清源解说道："白8是非常难的一手。我们抱着很大的兴趣关注着究竟会下在什么地方。"

十三

中间休息了两天。第三天对局的早晨，名人和七段两人都说肚子痛，大竹七段从五点就醒来了。

黑9启封后，七段立即离开了。返回座席时，看见白10，吃惊地问道："已经走了吗？""你不在的时候下了，对不起……"名人说。

七段交抱双臂，边倾听风声边说："外面又刮寒风啦。都已经十一月二十八日了嘛。"

白8盯着左上角的黑子。七段黑9、11完全做活了。

"要不要角上补棋呢？不补棋恐怕不行啊。长期负债，欠债总得付高额利息的。"启封黑9时大竹七段说。

今天上午不到十一点就进行了五手,这是很难得的。黑15终于到了胜败的关键,黑将侵消白的大模样,这时七段是不会轻易下子的。

名人一边等待黑走,一边闲谈起热海鳗鱼铺的饭盒和泽庄的事。还谈了诸如火车只开到横滨,然后转乘轿子,在小田原歇一宿,才来到热海之类的往事。

"我当年,约莫十三岁光景,是五十年前了……"

"这是往事啦。那时节,家父恐怕还没出世哩。"大竹七段笑了。

七段思考的时候,说是肚子痛,离席了两三回。七段回到座位上,在额头上擦了镇痛油,用手指揉了揉。身旁放着微笑牌眼药。人们看见他这副样子,以为十二点半午休以前他不会再下了。十二点八分,响起了响亮的放棋子声音。

依在凭肘上的名人情不自禁地"唔"了一声,便端正坐姿,拉长下巴颏,张开上眼睑,通观全局似地凝望着棋盘。名人眼睑厚,眼角深,凝眸发出清澈的光。

黑下15,始终坚持稳健的走法,白不得不坚守中央的地盘。午休时间到了。

下午,大竹七段在棋盘前坐了一会儿,回到房间在咽喉处涂了药,又转回来。周围飘荡着一股药味儿。他滴了眼药,还带了两个怀杯。

白16花了二十二分钟,直到白20,进展都很迅速。白20是胜负的关键,双方都全神贯注。稍一疏忽,将会损失一目以上。在这样的细微局面下,是不能让步的。这是胜负见分晓的微妙一手,然而名人仅用了一分钟,竟使对手为之胆战心惊。名人下白20之前早就估算过了。他微颤着脑袋,快速地数着棋盘上的目数。这种估算,叫人生畏啊。

人们议论,胜负大约一目上下。大竹七段扭动着身子,头一次在那张圆圆的稚气的脸上暴起了青筋。响起了急促的扇扇子的声音。

连怕冷的名人也展开了扇子,神经质地扇了起来。我不忍心看他们两人的表情。不大一会儿,名人如释重负,显得轻松了。轮到七段走时,他脱下外褂说："思考起来没完没了，真热啊！对不起。"随后，名人也用双手将衣领翻起，向前伸出了脖颈。真是一副滑稽的动作。

"热啊，热啊！又思考了那么长时间，真不好办啊！……看样子要出败着，要出问题啦。"大竹七段竭力控制住起伏的心潮。他花了一小时四十四分钟长考，于下午三时四十三分下黑21封盘。

在伊东续弈以来，三天的对局里，从黑1到21，共走二十一手，双方费时是：黑十一小时四十八分，白仅用一小时三十七分。倘使是平常的棋，大竹七段只走十一手就到时间了。

双方花费的时间相当悬殊，令人感到名人和七段在心理和生理上都存在着什么差别。其实费时推敲本是名人的棋风。

十四

对局的十二月一日早晨，天气晴朗，到处充满着阳光。光灿灿的朝阳，照射在朝东南的对局室的拉窗上。

续弈之前，谁会知道要发生一桩怪事呢？

八幡干事让对弈双方看过封纸之后，打开了信封的封口，取出棋谱，一边在棋盘上摆子，一边在棋谱上寻找黑21之封子，竟然没有找到。

名人和八幡都是不晓得大竹七段封手的。黑21究竟下在了什么地方呢？这是本局的高潮，连我们这些观战的，也都紧张得屏声敛息。

封手本来是应该找得到的。可是八幡干事却慌里慌张地窥视棋谱寻找，一时竟找不到。好不容易找着了，不禁"啊"地喊了一声。

黑已经摆下棋子。七段无缘无故地远离了酣战的中原，下在上边了。

连外行人也一目了然，这简直像是"打将"的一手。我顿时心中不乐，十分激动。大竹七段这手是为了封盘而封盘，还是把封盘作为战术来运用？我怀疑，这是懦弱与卑劣的表现。

"我以为会走中原呢……"八幡干事苦笑了，然后离开了棋盘。

黑正指向消减从右下方到中央的白棋大模样，酣战中哪能抽出手下到别的地方去呢。名人针对黑21，走白22，做活上边白棋。

七段把手伸进棋盒里，抓起棋子，可又思考了好大一会儿。名人紧握双拳，放在膝上，歪着脑袋，屏住了呼吸。黑23花了三分钟，果然又折回来消减白空，然后黑27再次冲向中央。黑29终于杀入中腹的白地。

吴六段解说道："白棋强走20三角形围空，黑子也下定决心，强走23至29。黑子这种走法在细棋里是常见的。这是决胜的一种气势。"

名人对黑方的拼死气势置若罔闻，从这儿腾出手来反击右方，压制黑的出击，真是意外的一手。我大吃一惊，不由得紧张起来，仿佛被名人的阴气击中了。这是名人发现有隙可乘，回过头来杀回马枪呢，还是自己负着伤，也要去倒打别人，以求激烈的搏杀？甚至令人感到，白30与其说是决胜的气势，莫如说是名人愤怒的一手。

"棋局越演越烈，真了不起啊！"七段重复道，思考着下一步黑31时，已到午饭时间。

实战中，常常是风云变幻，一些无法预料的突发事件决定棋局的命运。白30就是属于这类情况。对弈者的运筹帷幄，外行人自不消说，就是职业棋士的估计，都因这一手而立即落空了。

我是外行人，还不知道白30这一手就是"常胜名人"的败着。

这是一个非同寻常的局面。午休时刻，不知是我们自然而然地跟着名人走，还是名人有意地邀请我们去，回到名人的房间，刚要落座，名人就对我们说："这盘棋也就算完了。大竹下了这步封手（黑21），我就不行了。这好比在难得的图画上涂了黑墨一样。"

名人的声音细小而情绪激昂："我看到了这一手，曾想过干脆放弃算了。到此一切都完了……我想过，是不是放弃比较好，然而下不了这个决心。"

在场的人鸦雀无声，沉默不语。"下了那一手，休息两天，他是要进行研究的啊。真滑头。"名人吐了这么一句。我们没有搭话。我们不便附和名人，也不能为七段辩护。不过，我们对名人的话是抱有同感的。

当时我没有察觉名人想要放弃了事。他竟是那样愤怒，又是那样沮丧。

然而，名人一面对棋盘，无论脸色还是举止都没有流露出这种情绪来。谁也不曾察觉名人内心产生了那么大的动摇。

名人在一分钟之内便走了白22，难怪我们没有看出名人内心的不安。在短暂的时间里，名人还是按捺住起伏的心潮，始终保持着对弈的态度。从六月到十二月，今天名人还坚持下这盘告别棋，令人感慨万千。

名人一直把这盘棋当作艺术品来精雕细刻。把这盘棋比作一幅绘画，那么他就是在兴致盎然、灵感涌现的时候，突然地在画面上涂抹了一层黑墨。围棋也是在黑白一连串下子的过程中，包含了创作的意图和结构，如同音乐，反映了心潮起伏和旋律。音乐若是忽然跳出一个古怪的音阶，或二重奏的搭档突然伴奏出离奇的曲调，这就是一种破坏。围棋有时由于对方错看或漏看，也是会损害一盘名局的。总之，大家对大竹七段的黑21感到意外、震惊、奇怪和怀疑，它破坏了这盘棋的节奏和旋律，这是无可争辩的。

果然，这一封手在社会上议论纷纷，成了话题。后来，职业棋士中也有人认为，此时下黑21是适时的、有效的。大竹七段在《对弈者感想》一文中写道："我想，早晚总是要下黑21的。"

据吴六段解说，如果白先在68、70位扳接，"黑即使走21，白可以不走22位而在H1位做活，黑就少一个劫材了。"他只是简单地触及黑下21的意义。大竹七段下这一手，肯定也是考虑到这层意义的。只是正值中原酣战，又是封手，因此惹怒了名人，让人们产生了怀疑。

下完这盘棋，名人讲评的时候没有触及黑21。一年后，名人在《名人围棋全集》之《对弈选集》的讲评中明确地写道："现在黑21抓住了有效的时机。如果犹豫（即在白68位扳接之后）黑21就失效。"回想起大竹七段的黑21成了话题，名人自觉现在必须平心静气地承认这手棋吧。

为什么名人会下出白30这一败着呢？这似乎也是一个谜。这一手棋考虑了二十七分钟，是在上午十一时三十四分下的。经过近半个小时的思考，走错了棋，虽是偶然，可名人为什么不拖延一个小时，留待午休以后再走呢？午休一小时，就会走正着吧。我为他感到惋惜。白方的时间还剩下二十三个小时，拖延一两个小时是不成问题的。名人不把午休当作战术使用。

吴六段解说道："这里是微妙的地方。黑29断，白30有先手的意思。"对黑子的断，白子也并没有忽略，双方处在紧张的对峙局面，一方稍有松懈，就会被另一方当场击溃。

大竹七段慎重而稳健。黑方积蓄的力量终于爆发了，黑29是压轴的一手。我们对白30的疏忽不禁大吃一惊。七段对白30置若罔闻，黑31长。果然，名人以白32回手，应付中央的激战。

名人讲评时，叹息道："白30是败着，这一手应该在131位断回应黑方。对此黑如130位接，白再走30就是正确的了。这就是说，黑即使接着31位长，白也不必考虑黑在81位挖打的手段，可以在35位从容应战。白30如在131位断，局势要比实战复杂得多，是一场极其微妙的争夺战。黑33以下的侵入十分严厉，成为白棋的致命伤。狂风巨浪席卷而来，已无法挽回了。"

轮到大竹七段下黑31时，中间遇上午休，他沉思了一小时十五分，于下午二时一度抓起棋子，又"唉"地叹了一声，再次思考了一分钟才放子。看见黑31，名人依然把胸脯挺得笔直，伸长脖子，焦灼地敲打着桐木火盆的边。他一边敏锐地扫视了一下棋盘，一边默算着棋局。

黑29断，33再断白三角另一方叫吃三子，然后直到黑39连续叫吃，长驱直入，黑子直闯白模样的正中央。我仿佛听见了白阵哗然溃败的声音。

白40是直接长还是干脆提掉黑二子呢？名人不停手地扇着扇子，无意识地嘟哝道："不明白，都差不多，不明白。"这手棋下得意外地快，只花了二十八分钟。不多久，三点钟上了点心，名人对七段说："吃点蒸寿司怎么样？"

"我肚子不太好……"

"如果寿司能治好你的病呢，怎么样？"名人说。

名人走白40，大竹七段说："我以为这一手就封盘呢，可是还能下……还能劈头盖脑地下，真吃不消啊。再没有什么比再下累人的了。"

名人一直弈至白44，轮到黑45封盘。大竹七段抓起棋子，刚要放下，又落入了沉思。已到中途暂停时间。七段走出廊道口，名人寂寥地环视了棋盘一圈，一动也不动。他的下眼睑微微发热，有些许浮肿。

十五

"今天能下完的话，就把它下完吧。"十二月四日早晨，名人对工作人员说道。上午对局时，他也对大竹七段说："今天下完它吧。"

七段沉默地点了点头。

我作为忠实的观战记者，一想到这盘长达半年之久的棋最终将在今天结束，心情也就激动起来，而且，名人败北，早已是尽人皆知。

还在上午，七段从棋盘前站起来走出去时，名人望了望我们说："都下满了，没地方可走了。"名人轻柔地微笑了。

今天早上不知什么时候，名人把理发师叫来，将头剃得光秃秃的，活像个和尚。原来他把住院时留的长发梳了个分头，将白发染黑，才到伊东来。后来突然理成短平头，令人感到有点装模作样。不过，看上去仿佛洗净了什么东西，显得干净利落，光泽红润，返老还童了。

四日是星期天，周末客人比较多，今天将对局室迁到了新馆，这里不住进别的客人，以保证让名人休息好。新馆正面朝南，庭院宽广，阳光直落在棋盘近处。

名人歪起脑袋，紧锁双眉直视着棋盘，神态严峻，等待启封黑45的封手。大竹七段已经看到胜利在望，落子也快了。

眼看进入收官阶段，棋士的紧张状态同布局或中盘时也不尽相同。神经也过敏了，探出身子的姿态更增添了可怕的色彩。恍如尖利的短刀在交锋，呼吸急促起来了。简直是智慧的火花在闪烁。

看到这种收官场面，使人产生一种美感，恍如看到了灵活的机械、快捷的计算机飞速地运行着，秩序井然，令人愉悦。虽说是弈战，却以美的形式表现出来，加上棋手目不他视，更增添了美感。大竹七段那张丰满的圆脸，活像一尊十全十美的佛脸。也许是进入了心旷神怡的艺术境界，显出无法形容的美吧。

从海那边传来的汽笛长鸣声，刚刚停息。名人下白86时，冷不防地抬起脸来，冲着这边和蔼可亲地招呼道："空着呐，位子空着呐。"

小野田六段、八幡干事、五井和砂田两位记者，以及赛事工作人员也都聚拢过来观看接近尾声的终盘。毗邻的另一个房间里挤满了人，有的就站在隔扇后边。名人向他们招呼，请他们进来观摩。

转眼间，大竹七段的佛脸又变得昂扬起来了。名人短小的身躯却显得特别高大，安稳坐着，一动不动，把四周都镇得寂静无声。七段一走黑91，名人便耷拉下脑袋，猛地睁大眼睛，把脚伸了出去。只听见扇子急促扇动的声音。黑走95便午休了。

中午过后，天阴沉了下来。下午，将平日的对局室迁到旧馆六号室，棋盘上点了灯，纹枰上隐约地投下了棋子的阴影。这是最后一天，旅馆主人别具匠心地装饰了一番，壁龛的画轴也换上了川端玉章的双幅山水画，摆设了骑着大象的佛像，旁边摆着一盘盛满胡萝卜、黄瓜、西红柿、香菇、鸭八芹的供品。

我听说决胜时都像这盘棋，临近终局竞争残酷得目不忍睹。然而，名人却不动声色，光从态度上是看不出名人失败的。约莫从第100手起，名人的脸颊泛起了红潮。他第一次把围巾摘了下来，笼罩着一股咄咄逼人的气氛，情态却泰然自若，岿然不动。黑137结束，名人神态平静了。在这沉默无言、胜负已定的瞬间，小野田六段说："是五目吧？"

"嗯，是五目……"名人喃喃地说罢，抬起浮肿的眼睑，也不想再清点，就确认了胜负的目数。终局是下午二时四十二分。

六十五岁的老名人是首屈一指的棋士，竟能强忍着病痛的折磨，坚持到对手几乎失去了先着的效率，不能不说这是精湛的技艺。

"常胜名人"在告别赛中失败了。

终局次日，我从伊东返回镰仓的家，已等不及写完这篇连载六十六天的观战记，就像要从这盘棋中解脱出来似的，到伊势、京都旅行去了。

一年多之后的正月初七，我又同阔别许久的名人相会了。名人内弟子高桥四段在镰仓私邸教授围棋，开学那天，名人带着前田六段和村岛五段出席了。

名人勉强下了两盘指导棋，有些吃不消的样子。仿佛手指也夹不住棋子，放棋子也是轻轻的，没有声音。下第二盘时，显得呼吸困难，眼睑也有点浮肿。朦朦胧胧，我回想起了名人在箱根时的情景，感到他的病没有痊愈。

"唉，名人也恍惚了，与过去不同，他变得脆弱，真的不能再对弈了。就是从那次告别赛之后，显然衰老了。""要是告别赛取胜了，他不至于变成这个样子吧。"

在海滨饭店临别时，我同名人相约改天在热海再见。

一月十五日名人夫妇到达热海鳞屋旅馆。翌日下午，我和妻子去拜访他们。名人马上拿出棋盘来，和我下了两盘将棋。名人再三挽留我们一起吃晚饭，边吃边谈，我说："今天太冷，就此告辞了，下次找个暖和的日子，再陪您出去散心吧。"

这天，雪花飞扬。当晚名人就寝，觉得胸口疼痛、呼吸困难。第三天黎明之前，与世长辞了。

注　释

【注①】《名人》：1942年，川端康成将其"名人引退棋"观战记改编成纪实小说，陆续在《新潮文库》发表，1952年完成全部41章节的创作，完整版收录在《川端康成全集第14卷·名人》中，成为川端文学名作之一。作者心怀敬意，以观战记者的视角客观地描述了"不败的名人"最终失败的伤感，与其理想中的艺术家形象相互重叠，为读者展现出一幅凄美的历史画卷。

【注②】封手：在规定的封盘时间到来时，由轮到落子的一方把下一步棋标记在记录纸上放入信封，公证人确认签字后再套入大信封放入保险柜严密保管，待续弈时经封棋者确认签字无损后打开，将"封手"置于盘上继续比赛。毋庸置疑，这与从来的"上手"随意封盘方式相较，更加彰显公平原则。

【注③】该文没有按照原书章节顺序，本着保其精华、简明扼要的宗旨进行引用叙述。

下篇

后本因坊时代

第一章　本因坊战

第一节　棋战史简述

世袭制最后一位本因坊——二十一世本因坊秀哉名人认为，"本因坊"头衔应该授予围棋第一人，遂于1936年将本因坊名号转让给日本棋院，由主办者出资赞助，创办全体棋士参加的"本因坊名跡争夺·全日本专门棋士选手权大手合"赛，后来改名"本因坊战"，授予冠军本因坊头衔称号，开启实力制本因坊时代。本因坊战是日本围棋史上首个头衔大赛，成为后世各类新闻棋赛的标准运行模式。

1939年6月至1941年7月，第1届本因坊战历时两年，最终关山利一获得冠军，成为实力制第一位本因坊称号获得者。回顾本因坊战，依据霸者时代特征，大致可以划分为以下几个历史阶段。

一、东西对决（1948－1952年）；二、高川时代（1952－1960年）；三、坂田时代（1961－1967年）；四、木谷门下时代（1971－1998年，包括石田芳夫五连霸和赵治勋十连霸）；五、平成四天王时代（1999－2011年）；六、井山时代（2012－）。截至2017年，共举办了72届本因坊战。

第二节　比赛方式

1943年第2届至1949年的第5届为每两年举办一届，1951年第6届起改为每年举办一届赛事，这次变更成为刚获得本因坊头衔的桥本宇太郎率领关西棋院独立的诱因之一。比赛分为预选赛、循环圈赛和挑战赛三个阶段。

一、预选赛

采用单淘汰赛制，所有棋院所属职业棋士均可参加，选出四人进入下一阶段循环圈赛。

二、循环圈赛

采用大循环赛制，由上一年度挑战赛败退者、上一年度循环圈赛第2至第4名、本年度预选赛选出的4人总计八人进行循环圈赛，第1名获得向上届头衔保持者挑战的资格。第5至第8名淘汰出局，必须参加下一年度的预选赛才能重新入围。

如今，该赛事与棋圣战、名人战循环圈并称三大循环圈赛，入场券被视为一流棋士的证书。参照近年来出现的段位"直升"惯例，六段以下的棋士入围循环圈可升为七段；循环圈赛第1名成为挑战者升为八段；挑战成功夺取头衔者直升九段。

三、挑战赛

采用七番棋赛制，由头衔保持者与挑战者进行"七番胜负"挑战赛，先胜四局者获得本届本因坊战冠军。

挑战赛采用封手两日制，每方自由支配用时为8小时。

第三节 历届本因坊战头衔获得者

历届本因坊战冠军一览表

届数	冠军获得者	年份	届数	冠军获得者	年份
1	关山利一	1941	37	赵治勋	1982
2	桥本宇太郎	1943	38	林海峰	1983
3	岩本薰	1945	39	林海峰	1984

届数	冠军获得者	年份	届数	冠军获得者	年份
4	岩本薰	1947	40	武宫正树	1985
5	桥本宇太郎	1949	41	武宫正树	1986
6	桥本宇太郎	1951	42	武宫正树	1987
7	高川格	1952	43	武宫正树	1988
8	高川格	1953	44	赵治勋	1989
9	高川格	1954	45	赵治勋	1990
10	高川格	1955	46	赵治勋	1991
11	高川格	1956	47	赵治勋	1992
12	高川格	1957	48	赵治勋	1993
13	高川格	1958	49	赵治勋	1994
14	高川格	1959	50	赵治勋	1995
15	高川格	1960	51	赵治勋	1996
16	坂田荣男	1961	52	赵治勋	1997
17	坂田荣男	1962	53	赵治勋	1998
18	坂田荣男	1963	54	赵善津	1999
19	坂田荣男	1964	55	王铭琬	2000
20	坂田荣男	1965	56	王铭琬	2001
21	坂田荣男	1966	57	加藤正夫	2002
22	坂田荣男	1967	58	张栩	2003
23	林海峰	1968	59	张栩	2004
24	林海峰	1969	60	高尾绅路	2005
25	林海峰	1970	61	高尾绅路	2006
26	石田芳夫	1971	62	高尾绅路	2007
27	石田芳夫	1972	63	羽根直树	2008
28	石田芳夫	1973	64	羽根直树	2009

届数	冠军获得者	年份	届数	冠军获得者	年份
29	石田芳夫	1974	65	山下敬吾	2010
30	石田芳夫	1975	66	山下敬吾	2011
31	武宫正树	1976	67	井山裕太	2012
32	加藤正夫	1977	68	井山裕太	2013
33	加藤正夫	1978	69	井山裕太	2014
34	加藤正夫	1979	70	井山裕太	2015
35	武宫正树	1980	71	井山裕太	2016
36	赵治勋	1981	72	井山裕太	2017

第四节　永世称号

1998年，日本棋院制定"名誉本因坊有资格者永世称号"办法，即连续5届冠军获得者或总计十次头衔获得者授予其永世称号，允许棋士在引退或现役满六十周岁后改称"○○世本因坊"。

高川格、坂田荣男、石田芳夫、赵治勋、井山裕太五人获得永世称号，成为世袭制后第22至第26世本因坊。

本因坊永世称号获得者

序号	永世称号	本名	连霸期数	年份
1	二十二世本因坊秀格	高川格	九	1952–1960
2	二十三世本因坊荣寿	坂田荣男	七	1961–1967
3	二十四世本因坊秀芳	石田芳夫	五	1971–1975
4	二十五世本因坊治熏	赵治勋	十	1989–1998
5	二十六世本因坊文裕	井山裕太	六	2012–2017

第二章　东西阵营大冲撞

本因坊昭宇VS坂田荣男

一、关西棋院

（一）独立经纬

1. 江湖恩怨

日本棋院创立至昭和初期，久保松胜喜代等人为首的关西棋坛主要棋士都加入了日本棋院，设立关西支部（后改称关西本部），独自举办自己的升段赛。然而，支部只有认定四段以下的权限，棋士晋升五段以上必须得到东京本院的认可才行，高川格等有望青年棋士愤而直接上京参加大手合（升段赛）。

久保松胜喜代还是位有名的伯乐，培养出桥本宇太郎【注①】、木谷实、前田陈尔、村岛谊纪等众多优秀学生，弟子们的棋艺到达一定境界，继续留在关西将不能施展才华。"东京才是你们的用武之地！"久保松让爱徒们分别从师于濑越、铃木和本因坊，并不把他们拴在自己的身边。

二战后，因躲避战乱疏散在宝塚市的桥本宇太郎为核心，居住关西的棋士们精诚团结，致力于提高自身在棋界的待遇地位。关西支部除了升段受限外，发放证书范围也被限制在周围的两府五县，且证书由东京本院制作，大部分收费归其所有；东京本院棋士均能担任评议员参加管理，支部棋士则不享有这种权利。面对这诸多不平等条款，关西籍棋士的不满情绪就像活火山，随时都可能爆发。

1947年，为重建在美军空袭中被烧毁的日本棋院东京会馆，棋院向所属全体棋手发出了募捐号召，并向关西摊派五十万日元，要求他们把筹集到的半数款项交给东京。募捐活动比预期顺利得多，结果筹到了一百万日元。当时奉行美国占领军政策，排斥中央集权，地方自治出台了。这样的社会大背景下，与东京对立的情绪在人们的意识中日渐浓厚，可以说正是由于这种趋势，关西财界才肯拿出钱来。

募捐到这么多钱，"何必非要上交一半给他们呢？全部用来新建我们自己的会馆吧！"关西籍棋士及其后援者大多是这样的意见。1948年6月，他们买下了大阪天王寺区细工谷的大楼作为"财团法人关西棋院"的根据地，聘请财界人士大屋晋三担任理事长，桥本宇太郎为副理事长，财务上成为独立的法人组织。

2. 导火索

关西棋院成为独立法人，形式上是个新组织，在本质上与日本棋院仍然是从前的隶属关系。此时，关西内部"独立派"与"协调派"的分裂益发明显，后者主张与东京保持对话，逐渐改善关系。

1949年，桥本宇太郎在第5届本因坊战中挑战成功，再次夺取了头衔。本因坊就位仪式上，日本棋院总裁津岛寿一宣称，将把两年一届的本因坊战改为每年一届，然而事前并没有与本因坊本人有过任何商议，立刻激化了矛盾。原来，协调派在没有得到桥本许诺的情况下，单方面与日本棋院暗箱操作确定了此事。事件浮出水面，关西棋院一分为二，独立派本来就占多数，力主从日本棋院完全独立。

昭和二十五年（1950年）九月，关西棋院在总帅桥本宇太郎的带领下宣布独立，正式与日本棋院分道扬镳。同时，光原、细川等协调派棋士组成了日本棋院关西总本部。

（二）现状与发展

桥本宇太郎和桥本昌二（两人并无血缘关系）成为独立后的关西棋院两大支柱，先后多次获得"十段""王座"等冠军头衔。1962年，关西棋院棋士在"名人战"循环圈10人中占据4个席位，本因坊循环圈8人中占据3席；同年及翌年的第1、2届"十段战"中，桥本宇太郎和半田道玄两位关西棋士在决赛中会师，极大地提振了关西棋坛的士气。"为了组织继续生存下去，与日本棋院的战斗就是死活问题。"桥本昌二追述道。

然而，随着两院紧张关系的逐渐缓和，加之全面独立后，与日本棋院棋士的对局机会减少，关西棋手的关注度日趋下降。1981年，桥本昌二获得"王座战"冠军以来，许多年都没有出现头衔保持者，特别是棋圣、名人、本因坊三大循环圈入围者为零，这种状况直到2000年结成聪入围本因坊循环圈才有所改观。

2010年，坂井秀至夺取"碁圣"，结成聪获得"天元"；2012年第68届本因坊战循环8人中占据3席，2013年第38届名人战循环圈9人中占3个席位，关西棋院逐渐恢复昔日的良好势头。

2012年法人制度改革，关西棋院由公益法人改为活动制约较少的一般财团法人。棋界多次传出再次合并的消息，终因两院在段位调整、财务（主要是日本棋院方面）问题上存在难以逾越的鸿沟，迄今尚未实现。重新组建"全日本围棋联合"亦是一个选项，目前正在探索可能的模式。今天，关西棋院所属棋士超过130人，呈缓慢增长趋势。

（三）奖项设置及出版

1973年创设关西棋院赏、最优秀棋士赏、利仙赏（敢斗赏）、道玄赏（殊勋赏）、新人赏；1981年起增设连胜赏；1992年设置永井赏（30岁以下）、山野赏（普及贡献赏）；2007年设置吉田赏（对外战最多胜）。月刊《围棋关西》为棋院官方刊物。

二、夺回本因坊！

1950年11月，新星坂田荣男七段【注②】在第6届本因坊战循环圈赛中胜出获得挑战权，"一定要赢，把本因坊夺回来！"日本棋院寄予厚望。如果只是关西棋院分离出去，只要对这些少数派不加理睬就行了，日本棋院是不会那么恼火的。令人难堪的是，"本因坊"冠军头衔仍掌握在关西棋院总帅桥本宇太郎的手中。本因坊的分量，现在的人是无法想象的。对于日本棋院来说，本因坊头衔不在手中要比关西棋院的独立严重得多。"本因坊是秀哉名人托付给日本棋院的东西，非所属棋手桥本没有继承本因坊的资格，应将其剥夺掉！"棋院强硬派如是说。

"不，比赛能获得的东西靠权柄去取，实非男子汉所为，通过比赛把它夺回来吧！"结果，主张竞争夺取的意见占了大多数。每日新闻社出面组织比赛，需要协调解决关西棋士的预赛出场等问题，其艰苦程度可想而知。坂田荣男夺得挑战权后，决赛七番胜负却被推迟了将近半年才举行，充分说明这个时期棋界的混乱状况。

桥本身上担负的重压是坂田不能比拟的。如果失去本因坊位，弱小的关西棋院将不再是东京的对手，极有可能当下灰飞烟灭。比赛的胜负关系着棋院三十多人的生活啊！

第六届本因坊战七番胜负成绩

局次	对弈时间·地点	黑方	比赛结果
第1局	1951年4月15、16日于东京本妙寺	坂田荣男	黑中盘胜
第2局	同年4月24、25日于京都治花屋	本因坊昭宇	黑胜4.5目
第3局	同年5月3、4日于岐阜县下吕汤山馆	坂田荣男	黑胜2.5目
第4局	同年5月17、18日于神奈川县鹤卷陈屋	本因坊昭宇	白中盘胜
第5局	同年5月31日-6月1日于甲府市升仙阁	坂田荣男	白胜10.5目
第6局	同年6月13、14日于鸟取县三朝岩崎	本因坊昭宇	黑胜10.5目
第7局	同年6月27、28日于三重县志摩贤岛	本因坊昭宇	黑胜3.5目

前四盘坂田轻快地以3比1领先，把桥本逼到了绝路。在前往第5局赛场的途中，桥本顺道去身延山久远寺（日莲宗总本山）参拜，刚到升仙峡赛场便对随行记者道："我是把脖子洗干净了才来的！"结果演绎出一场"升仙峡的逆转剧"。急躁的坂田第6局完败；第7局形势有利，最终功亏一篑。此后，坂田蛰伏很长时间，改称本因坊荣寿是十年之后的事情了。

三、激斗谱

（一）七番胜负第4局

黑方：本因坊昭宇（贴4目半）　　1951年5月17、18日于鹤卷温泉陈屋

白方：坂田荣男七段

坂田VS桥本

第一谱1－60精锐坂田

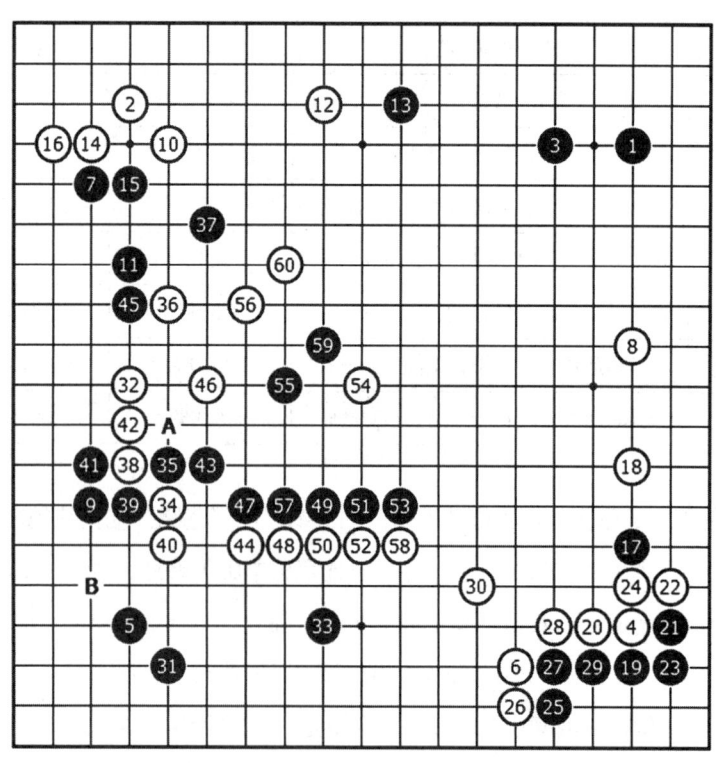

―――― 简　评 ――――

坂田当时还只是一名位居中游的精锐，尚缺乏大赛经验，这很令人担心。挑战赛中充分发挥出独特的韧劲和锐利棋风，以2比1领先迎来本局。

白14、16坚实地捞空，瞄着32位打入。黑17是打入的要点，19靠角抢空，回敬白方。

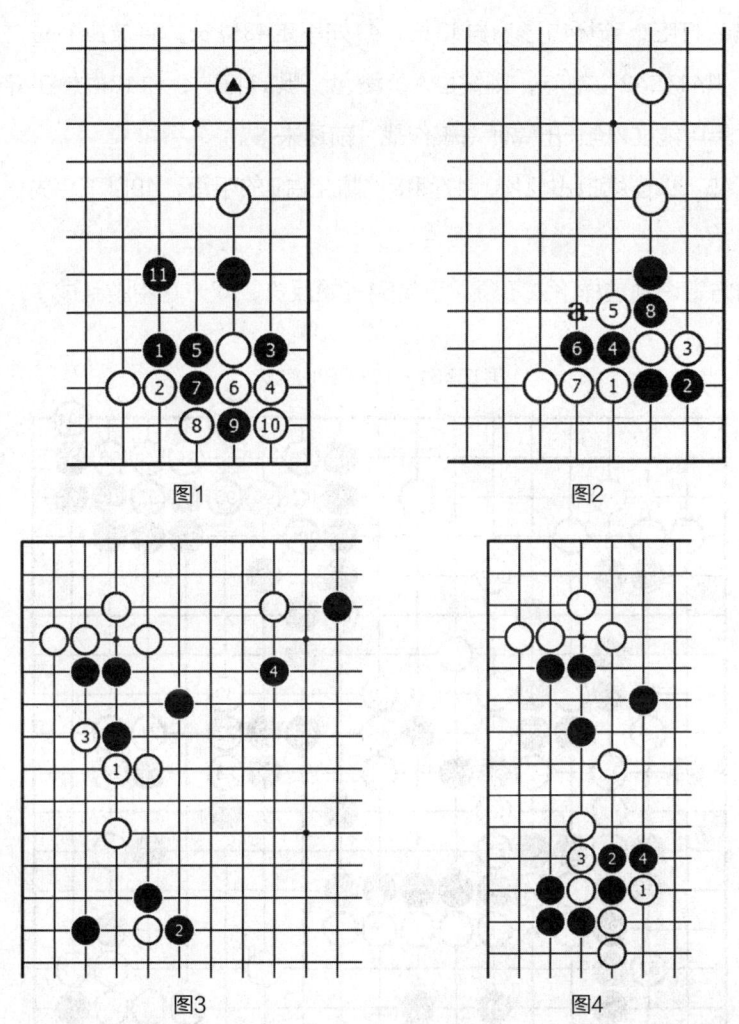

图1　图2

图3　图4

图1：黑19按本图腾挪也是一种下法，白棋已有▲子的开拆，走成单方面被攻之形不好。

图2：白20如在本图1位扳，黑2立、4切断，因a位征子不利，白无理。

白32以右边厚势为背景打入黑阵。白34镇时，黑35靠出反击，双方展开激战。

白38长考96分钟后封盘了。坂田局后说，白38若在3图1位拦很稳当，黑2扳头之后走成白3、黑4，白不能满意。

黑41打吃，破坏白形后再43长。41如单走43位长，将被白41位拦下。另外，黑41如42位抱吃，则被白A位滚包。黑41打时，白42很想在4图1位反打，黑可能在2位长出隔断白棋作战，前途未卜。

黑45、47连续抢占急所。47间接地防止白B的手段，49以下率先一步出头。

白方意识到这样下去不行，于是54开始反击，双方在中腹乱成了一团。

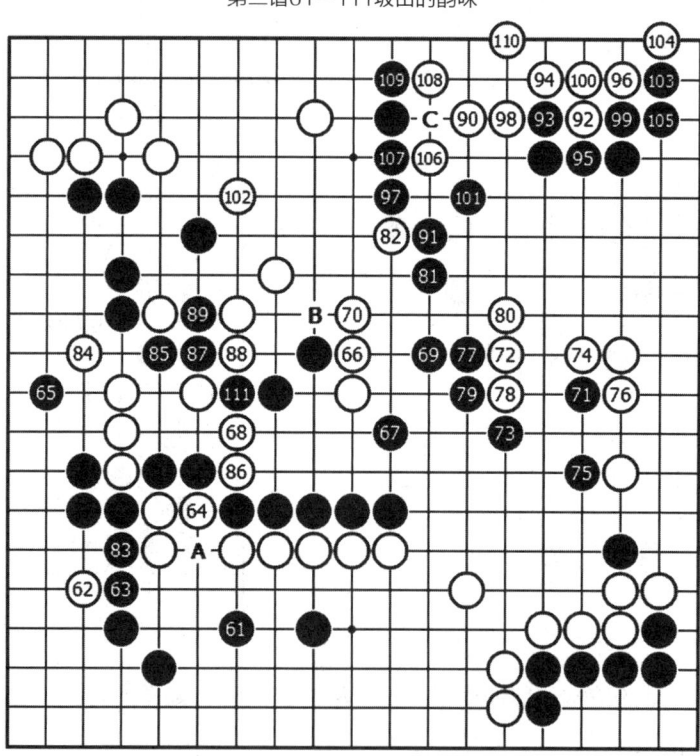

第二谱61－111坂田的韵味

黑61是局部的绝好点。假设不走这步棋，白棋有图5严厉的手段。

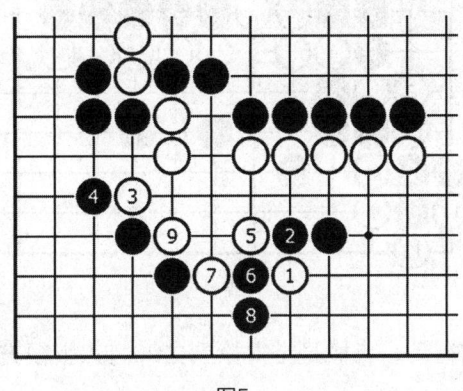

图5

图5：白1十分厉害，黑2以下进行至8时，白9挤漂亮！黑穷于应对。

目前双方在中腹鏖战正酣，白方没有机会在下边着手。黑61是贻误大局的缓手，应该在66位压或者102位尖，必须把战斗继续下去。

白62、64彰显坂田风格，韵味十足。64防止了A位的挖，同时瞄着68位尖和83位冲的味道。黑65飞，但仍没有将白83位冲的味道彻底消除掉。白66企图让黑在B位出头，从而使68位的小尖刺更有力道。追求每颗棋子的最大效率，是坂田棋艺风格的特点。

桥本勘破对方意图，黑67、69避其锋芒。黑67在68位尖更厉害。白68尖刺后留有86位断吃黑两子棋筋的手段，黑棋成了单方面被追赶的对象，这都是黑61的不当所致。

尽管如此，黑方采用擅长的轻妙手法姑且安顿好中腹大龙，回抢83位接补棋。能得到的先拿到手，今后车到山前必有路。

实际上，白82很有可能在83位冲寻求手段。

图6：白1冲、3立，黑4防白在此处跨断，威胁左上一队黑棋。白5大跳是此际的好手，以下进行至白13形成打劫，黑棋劫争失利时将会遭到白a位的严厉攻击，无法承受。因此，角上的白棋可以视为活棋。与实战对比，大约相差30目棋左右。过程中，白5如在7位跳，以下黑8、白9、黑5夹，白净死。

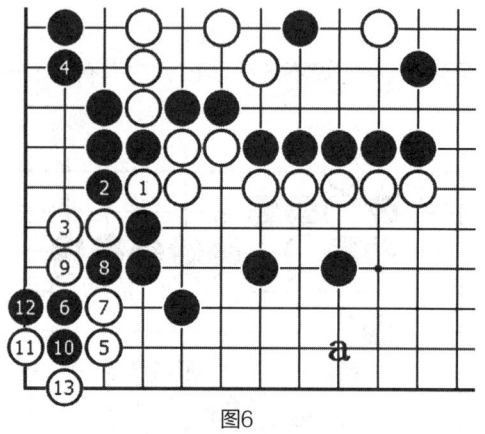

图6

坂田没有采取行动，大概是觉得抢到白90打入就很充分吧。白92刺，简单做活。因中腹薄味，黑97攻守兼备。白102确保联络。

第三谱12-36（112-136）桥本脆败

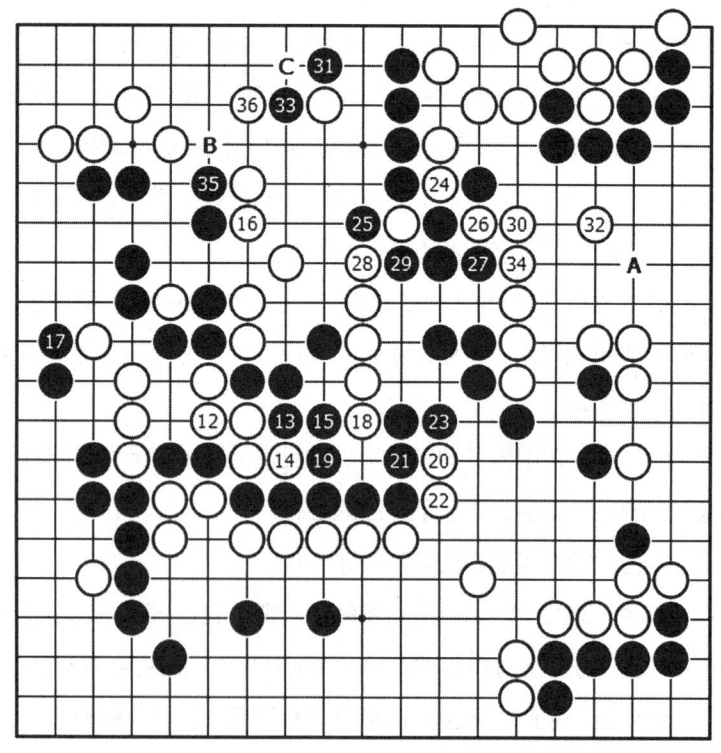

共136手白中盘胜

黑111应该冷静地在C位把棋走厚，局势尚不明朗。或许桥本对局势缺乏自信，开始凶猛地拼命争胜负。

桥本拼命三郎式的招法，正中坂田下怀。白16时黑17不能省，白18以下的定形很漂亮。黑21如22位冲，白21位反冲锋，黑不行。白24、26切断反戈一击，黑棋有点吃不消了。

白30长，切断黑棋的联络。黑31如在A位求活，白棋便在32位先手利，再31位立，中腹黑大龙将陷入绝境。

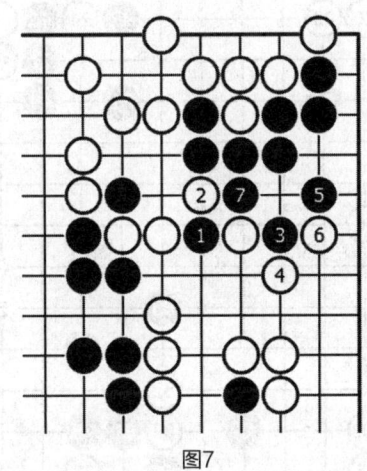

图7

黑33想先手便宜一下，坂田毫不犹豫地脱先在34位补棋，鲸吞了右上角的黑棋。白34补棋之前，黑棋可按图7寻求劫活。黑大势已去，顶多只是把终局延迟一点而已。

黑35冲时，白36靠是坂田流的妙手，简单结束了棋局。对此，黑即使在B位冲，白便在C位断打，漂亮地把大龙连回家。

坂田赢了三盘，把桥本逼到了悬崖边上。桥本的危机，同样就是关西棋院的危机。

（二）七番胜负第7局

黑方：本因坊昭宇（贴4目半）　　1951年6月27日、28日于三重县志摩贤岛饭店

白方：坂田荣男七段

第一谱 1—103 关键局

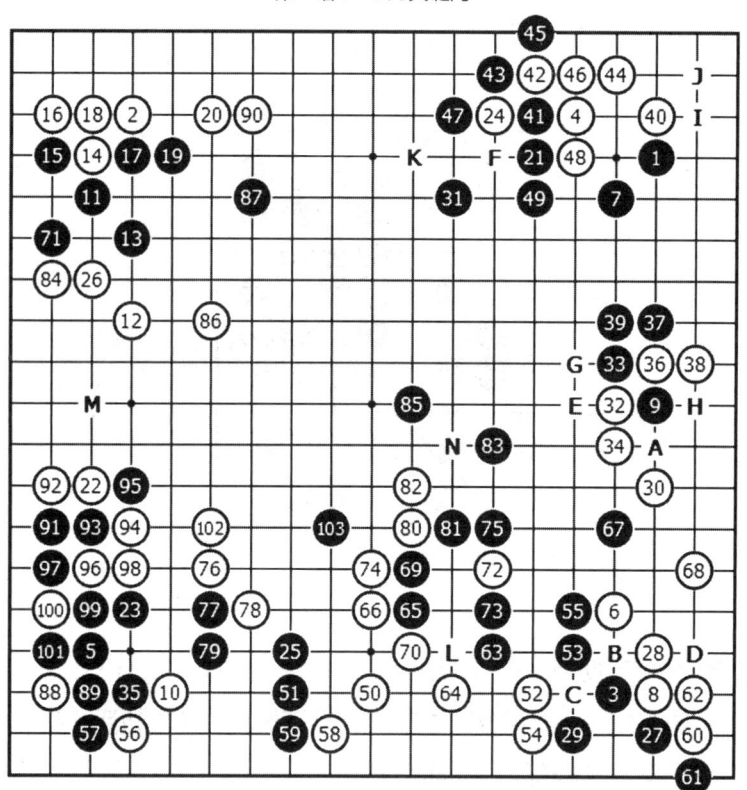

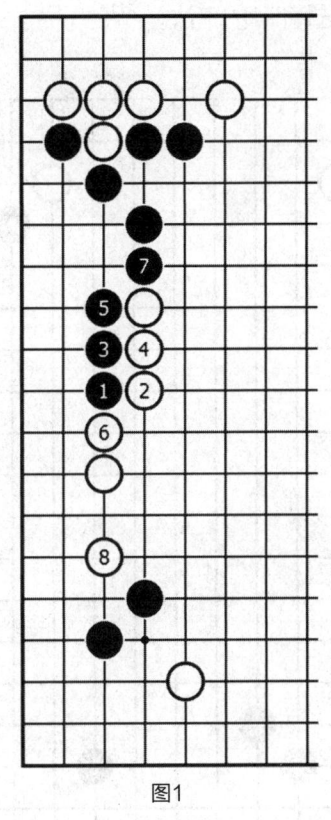

图1

简 评

桥本背水一战,第5局上演了一场"升仙峡逆转剧",接着漂亮地拿下第6局,本因坊位的归宿将在最后一盘见分晓。全日本棋迷沸腾了。

第7局重新猜先,桥本猜到黑棋,以秀策流布下坚实的阵营。黑9普通在A位拆,以下白B黑C白D是定式。实战黑9的位置较远,白方脱先快速在10位挂角。黑11也挂角,白12至20成为后来的流行定式。

黑23也可考虑在41位拦。坂田执黑的话,25会选择在图1黑1位打入,白8占到要点,优劣很难判断,成为另外一局棋。黑25夹击,白26是攻防绝好点。

黑27、29在右下定形,31飞,一边扩张模样一边声援左上黑子。局后，桥本认为黑27应该选择图2的下法。

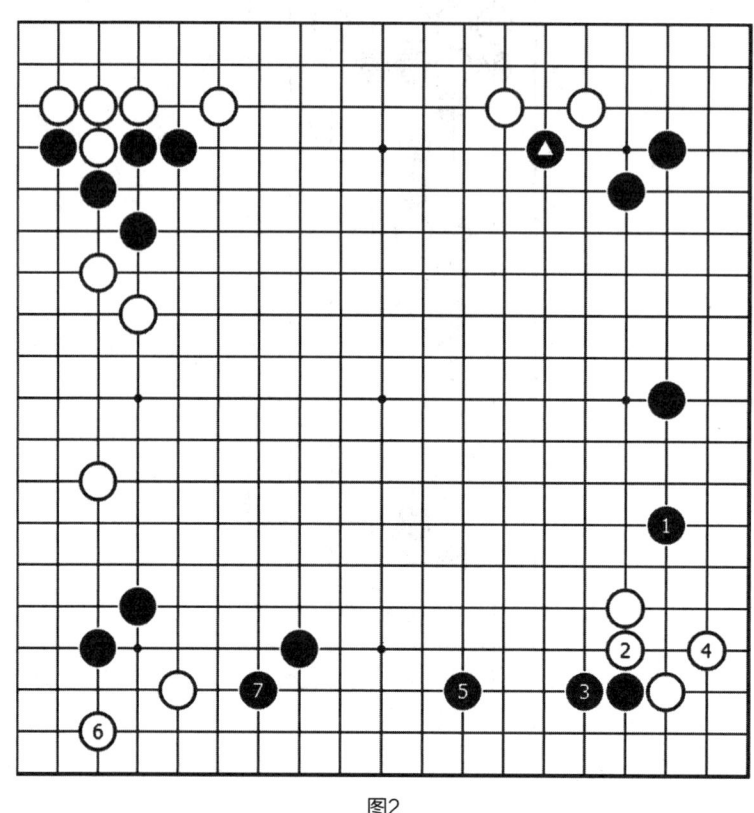

图2

图2：黑1拆二定形，发挥黑❷子飞压的效率，比实战简明。

白30拆后，黑31飞与白32靠见合。黑31如在E位跳起，白当然占据F位好点。

黑35如在36位接，便与黑31之子配合重复；如G位挺头则白36位断，味道不好。这也正是桥本后悔黑27的原因。左右为难，黑35干脆另辟蹊径。

白36、38先手便宜，留下H位约15目棋的大官子。从心情上讲，白棋既然脱先，黑39很想攻击右上白棋。节 ：黑1封锁，白棋有2靠、4连扳的腾挪手段，不太害怕。

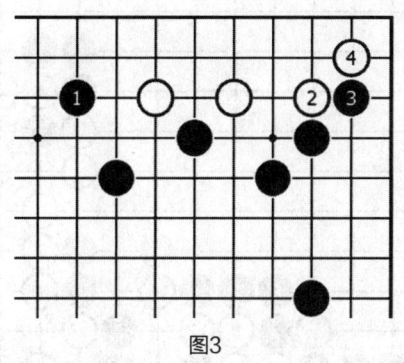

图3

白40回手处理右上弱棋,顺风满帆。黑41如I位扳,预计白44黑J白K飞出,无不满。

黑41至49可视为此处的合理定形。

白50、52转战下边,到底应该先走哪一步好呢?黑53此时出头不好,应该在54位爬活,使白50与黑51的交换变成加固黑阵的坏棋。

白56、58次序好,留下88位刺的先手利用。

白60、62扳接,反客为主倒过来攻击黑棋,十分过分。白60改在L位防守,形势不错。

黑63跳,开始反击。白64跳应看似必然,遭到黑65飞罩,瞬间感觉呼吸困难起来。白64应该在70位小尖,黑棋的攻击要艰难得多。

白66靠寻求出头时,黑67时机绝妙!这步棋把围棋的妙味展现出来了。白68不得已。

图4:白68如随手在2位拦,黑5挖十分严厉,进行至黑15,黑1、3恰到好处把白棋严密封锁在内,一举确立胜势。黑67如先在3位扳,白4拦黑1位长时,白棋可在a位小尖顺手接回⬤两子,黑官子大损。

黑69很想抢占70位急所。图5:黑1白2必然,黑3扳时白4极可能也扳,正面应战,黑棋并无绝对把握。这盘棋相当关键,实战黑69自重了。

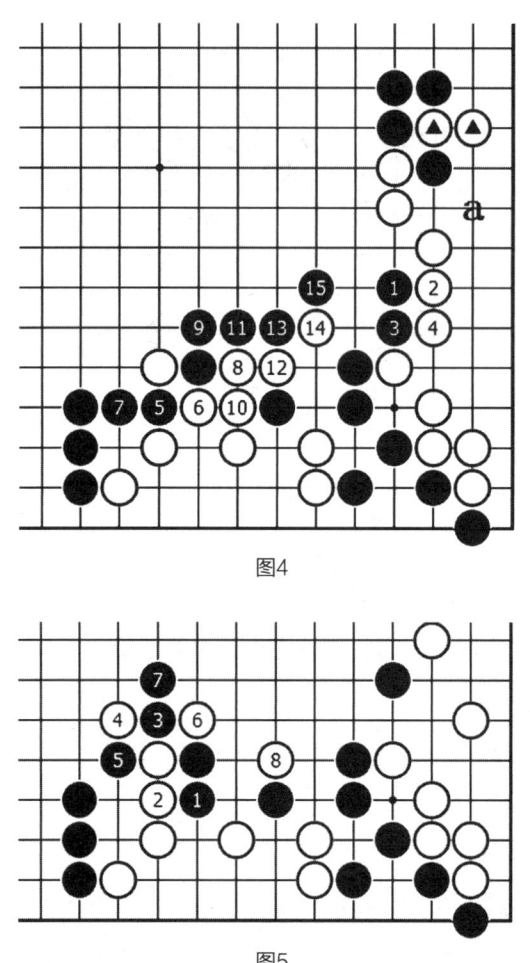

图4

图5

黑71虎，准备在M位打入。目前中腹一带激战正酣，稍缓。

白72急所一击，74顺畅出头。黑75本手，如在80位长，白72一子始终有味道，今后不能放手作战。

白84拦也是缓手，可能有些乐观，想走得稳健一些。若在N位尖靠，继续追击黑棋大龙，白棋易下的局面。棋局事关重大，双方谨小慎微，缓手连发。正是棋界常言"争棋无名局"。

黑85飞镇绝好点，形势悄然发生了变化。

白90并，又缓了！既然白88点了，白90在图6的1位逼是自然的步调，也是白56的后续手段，将来伺机在a位逃出白⚉之子。黑2时白3尖或b位接均可，白棋仍然有望。

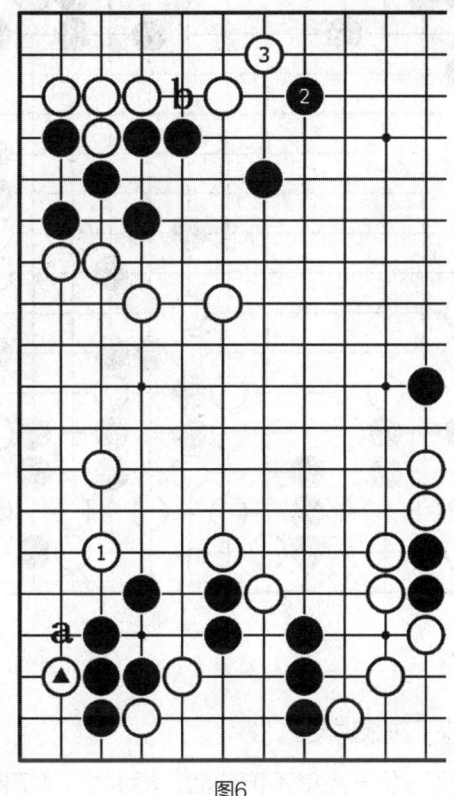

图6

黑91飞，极大。白92不得已，如在93位押，担心黑在92位爬进白空里面去活棋。局势混沌不明，不敢放手一搏。

白94扳头，是一种气势。黑95断，严厉。从结果看，白94还是应该冷静地在95位退。

图7：白1退，黑2、4占大官子，白5拐头，确保左边地域，将是官子决胜的局面。坂田回顾说，当时没有仔细判断全局形势，陷入了迷途。

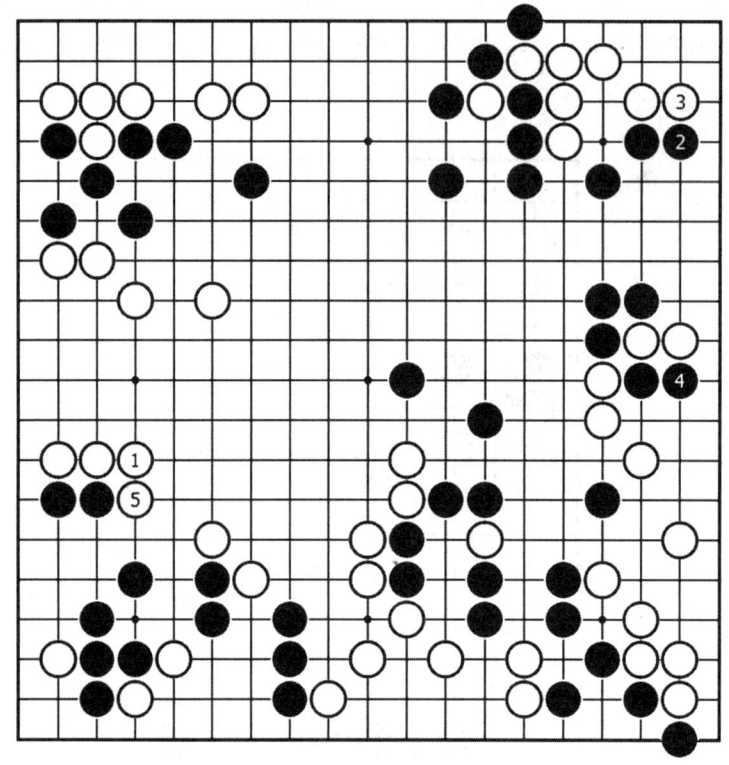

图7

黑103刺，迎来了决战时刻。

下边的白棋被黑A位一点就不能成活。桥本黑3以下施展独特手段利用这些弱点，尽力将中腹白棋可能成空的地方破坏掉。

黑7正中急所。白8、10顺手便宜，黑棋连续退让，强调B位的先手。因此，白12补棋不得已。黑11如在C位挡，白11位断、黑D时白有E位做劫收紧黑棋的手段，从而省略补棋。

黑先手走到中腹13位跳，作战获得初步成功。

黑17、19次序好，黑23、25在上边围住了地盘。白24也可以考虑在25位扳，实战想争先手抢占26位的大官子。桥本认为，就算让白走到26位，黑27围住中空就充分可战。

第二谱3-45（103-145）白痛失良机

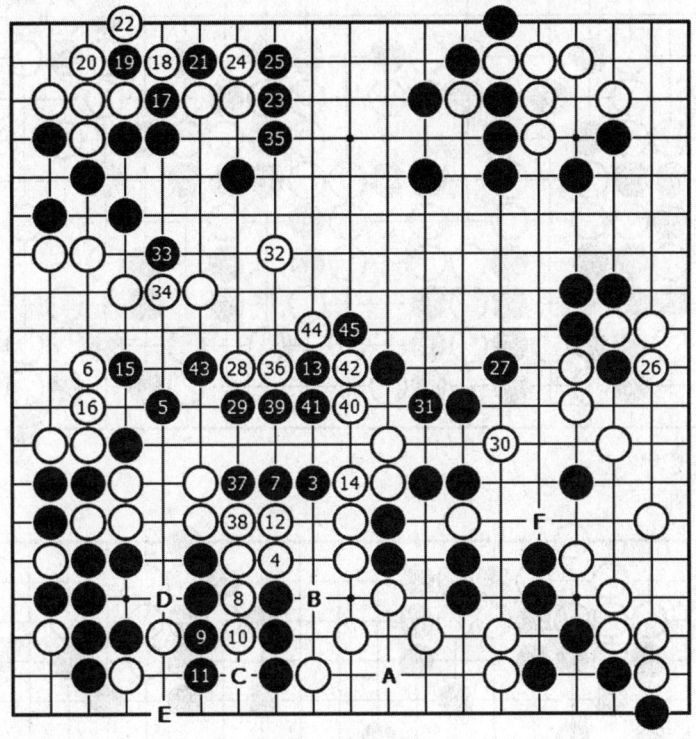

白30刺，是坂田得意的妙手，留下在F位吞黑一子的大官子。黑棋如不愿意，进行抵抗的话变化如图8：黑1应，白2、4顶后8位成先手，白10可切断黑棋的联络。

黑31不得已，白方几乎无条件地存留下F位十多目的大官子，黑前途暗淡。

白32瞄着35位扳是先手。白36、黑37互顶时，白38粘轻率，痛失良机。

图9：白38应该先在1位打吃后3位拐寻求转换，互吃三子结果大致两分，白能抢占到7位约14目的大官子，白30的妙手开花结果，白棋形势略占优势。

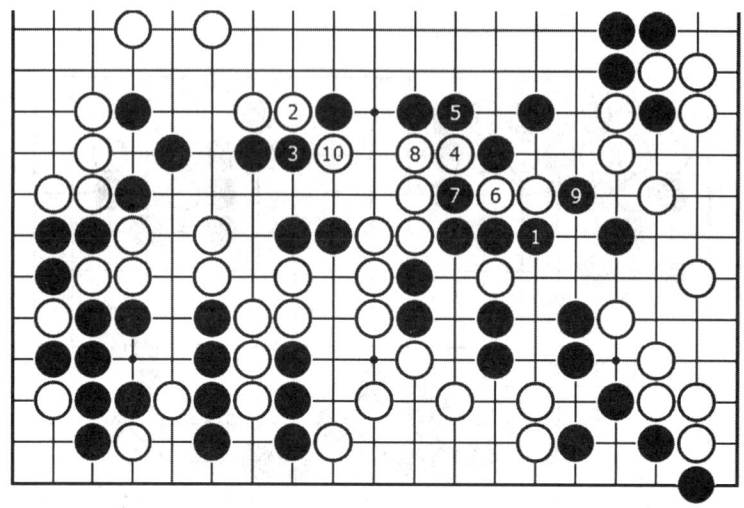

图8

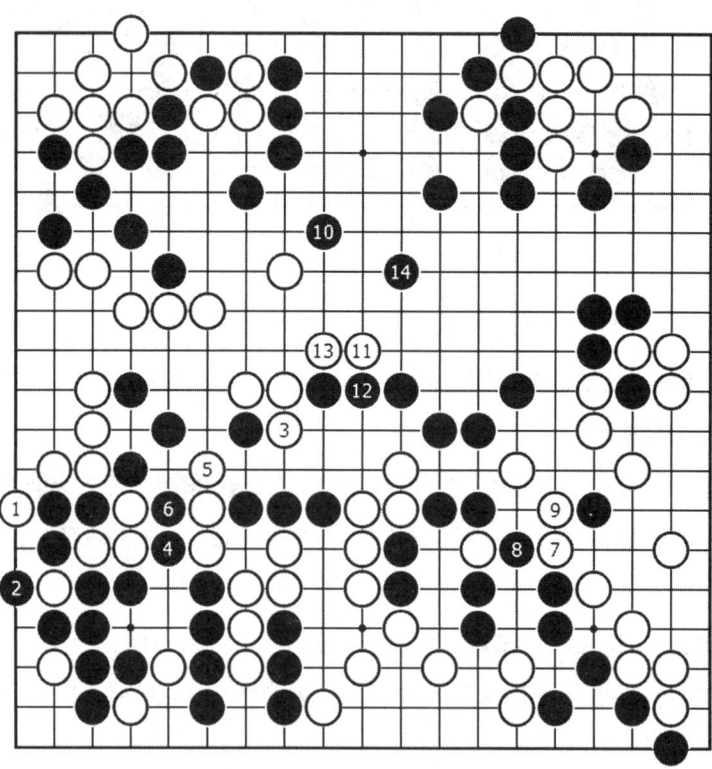

图9

黑43失误，当然应该先在45位挡。

白44错失良机，成了致命的败着，应该直接在45位挺头。

第三谱43-162（143-262）宝贵的一年

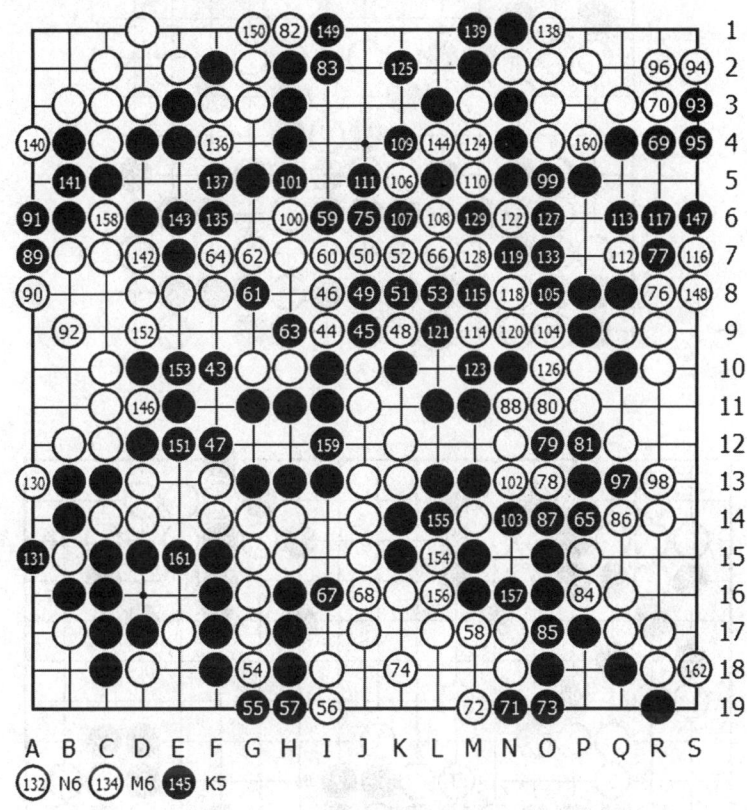

共262手黑胜3目半

白44在45位挺头，下边延续到中腹的大龙就可以不用补棋；黑仍然只得在47位做活，白能抢到87位扳的官子。

紧接着，白46又犯了错误。图10：白46如孤注一掷在1位长，黑6切断后对杀，白不行。黑有七口气，白棋很难延出六口以上的外气。

图11：白46在1位先打一手再3位接，黑4、6只好做活。白7、9的先手交换是关键，将来黑不能在a位断，只能走b位收官，与实战比相差不少，仍然是白棋有望的局面。

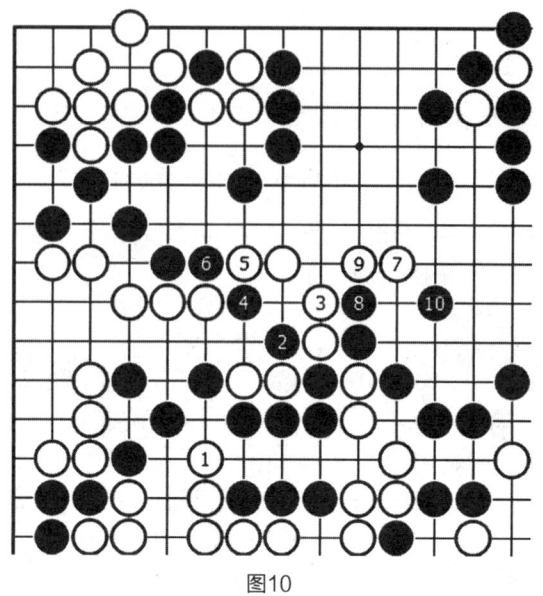

图10

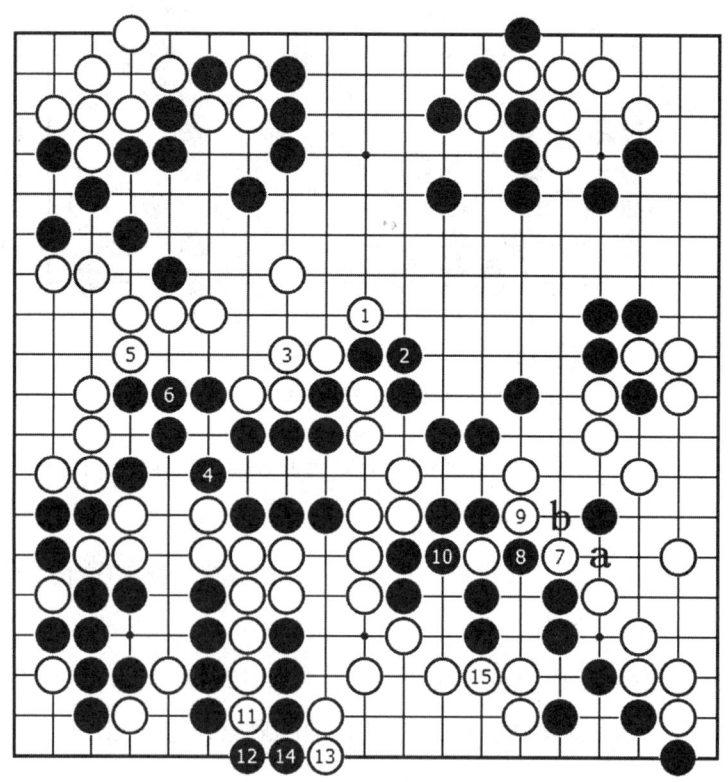

图11

白58补活之前,还是应该按图11先作白7、9与黑8、10的交换,这是本局白棋最后的机会了。黑61、63吃去两子后抢到65位顶,局面虽然很细,黑方胜势已定。

坂田同亲友们谈到本局的败因时说:"我在130位刺(第二谱白30),桥本先生131双应的时候,我想这棋赢定了。便立刻兴奋起来,脑海里想象着自己当本因坊的风采……这是我学习不够,天真幼稚的地方。"

桥本回顾道:"一心只想赢棋的念头成了累赘,尽下些难看的棋。第4局失利后,我感到绝望了。从坂田君的实力看,后面的三盘要全拿下是不可能的。即使是失败,至少也要下出好棋来。想到这里,放下了肩头的包袱。"

苦恼中的桥本收到了两百多封棋迷来信,"请你把本因坊和关西棋院全都忘掉!只希望你尽量把棋下好!"得到许多爱好者鼓励,桥本终于清醒了过来。

桥本卫冕成功后,关西棋院动辄打出"本因坊弃权"这张王牌进行要挟,为所属棋士赢得了参加各类大赛的权利。新生的关西棋院在这一年期间,为将来的事业奠定、夯实了发展的根基。

注 释

【注①】桥本宇太郎(1907年2月27日—1994年7月24日)生于大阪,九岁拜师久保松胜喜代八段,1920年上京入门方圆社,拜师濑越宪作学艺。1922年入段,1954年晋升九段。第3届本因坊挑战赛迎战岩本薰七段,1945年8月6日,七番胜负第2局在广岛进行,恰逢美军投下原子弹,遂成为"原爆下的对局"留名棋史。获得第2、5、6届本因坊战冠军头衔,改称本因坊昭宇。

原爆下的对局·电影《吴清源》片段

【注②】坂田荣男（1920年2月15日—2010年10月22日）生于东京，在好弈父亲的影响下学会围棋，九岁拜师增渊辰子八段学艺，翌年成为日本棋院院生。十五岁入段，二十岁五段。1946年大手合升为七段。1947年，因不满日本棋院的运营，与前田陈尔、梶原武雄等八棋士从棋院退出，结成"围棋新社"，两年后全员复归棋院。1951年，在首届"日本棋院最高段者淘汰赛"中夺冠，获得第一个头衔。1955年大手合晋升九段。1960年作为日本围棋代表团主要成员首次访华，与我国棋士进行交流。1961年，豪取本因坊、王座、日本棋院第一位、最高位、日本最强决定战（名人战前身）、日本棋院选手权和NHK杯七个冠军头衔，成为名副其实的围棋第一人。1961至1967年本因坊七连霸，改称二十三世本因坊荣寿。棋风敏锐，善治孤棋，江湖人称"剃刀坂田"。

外篇

附文一

日本围棋规则（1989年）

平成元年四月，财团法人日本棋院及关西棋院对1949年10月制定的旧围棋规约进行重新审定，制定本规则，于1989年4月10日公布，同年5月15日起执行。本规则必须基于对局者的良知和相互信赖的精神来加以运用。

第一条（对局）

围棋的目的是争夺"地盘"的多少，从竞技开始至第九条"对局停止"期间，双方在棋盘上较量技艺，直至确认"终局"的整个过程称为"对局"。

解说：对局的范围是指在不重开对局的情况下，对弈双方从初手到接连放弃着手（通称"Pass"）的"对局停止"时为止。（详细参照第二、九、十条）

第二条（行棋）

对局双方，一方执黑另一方执白，轮流下子行棋。

解说：1. 轮流下子行棋是权利；2. 行棋权利的放弃（Pass）是放弃者的"对局停止"宣言，接着另一方也表示放弃着手时停止对局，这时不能再往棋盘上行棋。（请参照第九条第1项）

第三条（着点）

棋盘纵横十九路，共有361个交叉点，棋子只要符合第4条的规定在棋盘上存在，就能下在棋盘上空着的（以下称为"空点"）任何一个交叉点上。已经落子的点称为"着点"。

解说：1. 棋盘本规则适用于职业棋士之间的对局，设定为纵横十九路棋盘。初学者可使用九路（或其他规格）棋盘；对局双方愿意，亦可使用二十一路棋盘。2. 交点、空点、着点：参考图1：黑1的点称为"交点"，共计361个；尚未落子的点称为"空点"，黑1这样已经下子的点称为"着点"。

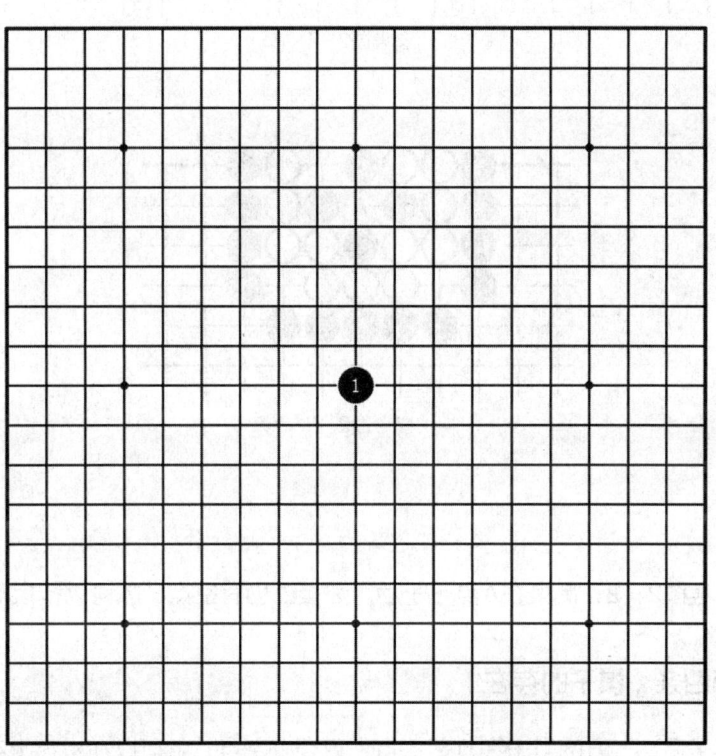

参考图1

3. 不符合第四条规定，不能下子的空点：由于下子行棋，结果产生了紧邻处没有空点存在的棋形，此处不能落子。参考图2-1：黑棋不能在A-G点下棋。

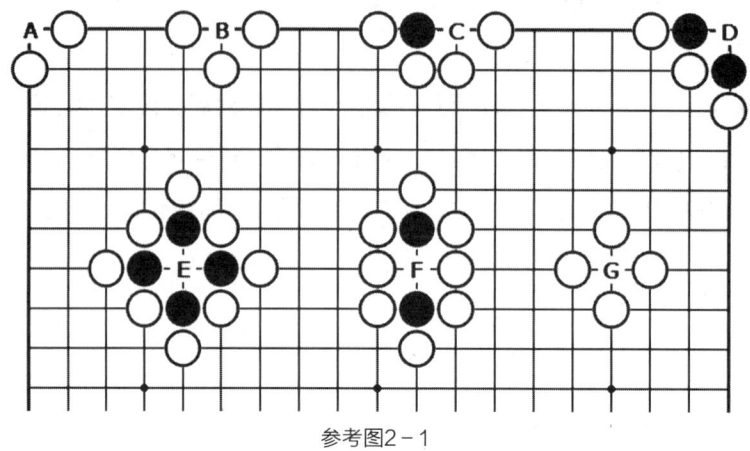

参考图2-1

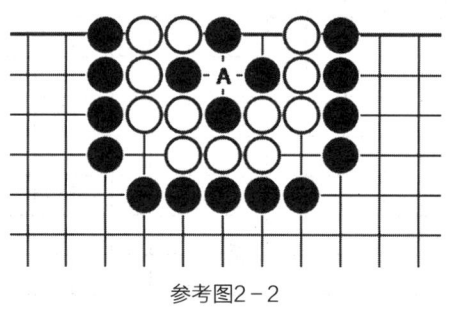

参考图2-2

参考图2-2：黑棋在A点下子后，邻接处仍有空点，故可以行棋落子。

第四条（棋子的存在）

下子后，一方的棋子在其邻接点上只要有空点，就可以在棋盘上存在；如没有空点，则不能在棋盘上存在。

解说：不能在棋盘上存在的棋子：参考图3的白子，由于邻接处没有空点，则不能在棋盘上存在。

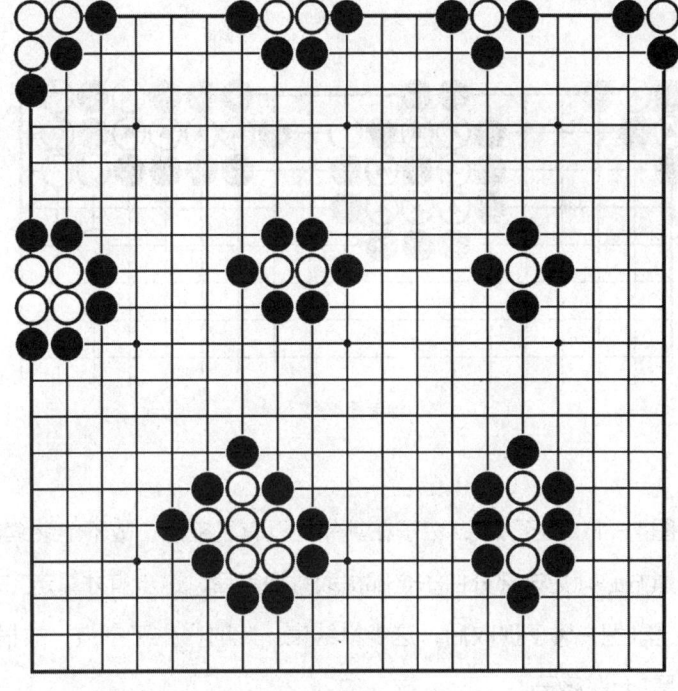

参考图3

第五条（提子）

由于某一方下子，使对方的棋子不能基于前条规定在棋盘上继续存在时，则应该把对方的这部分棋子全部提取，被提取的棋子称为"提子"。把棋子提取完毕，这步棋才算结束。

解说：被提取的棋子。

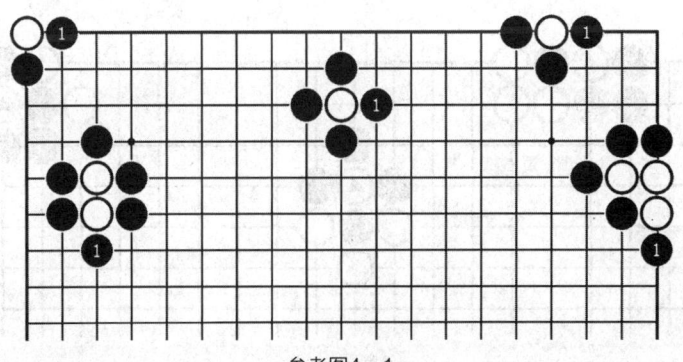

参考图4-1

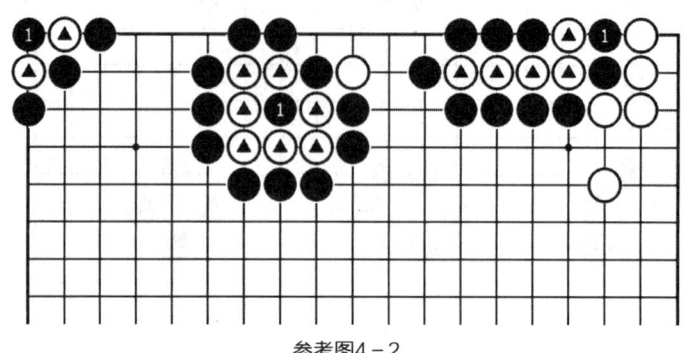

参考图4-2

参考图4-1：由于黑1，白子在其邻处没有了空点，故不能继续在棋盘上存在，黑方必须把这部分白子全部提取。提完后，这步棋才算走完。参考图4-2：黑1把白▲子提取后，这步棋结束。此时产生了空点，故根据第4条规定，黑1允许落子。

第六条（劫）

双方均可以轮流把对方的一个棋子提取的棋形称为"劫"。被提劫的一方，不能下一步马上把劫提回来。

解说：

1. 可轮流把对方的一个棋子提取的棋形：

参考图5-1：黑1可以提掉白▲子；白棋也可以反提掉黑1之子的棋形。

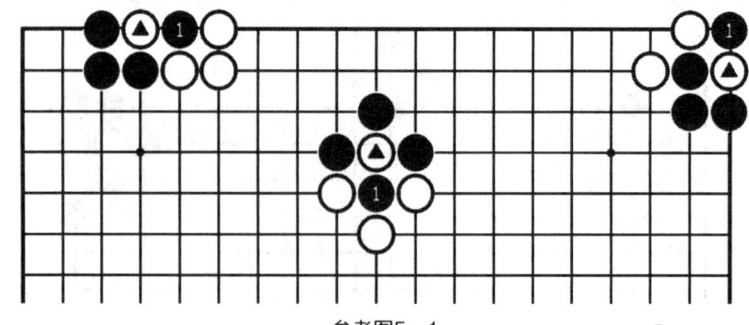

参考图5-1

参考图5-2（白2黑3下在别处）

2. 不能在下一步马上把劫提回来：

参考图5-1：黑1后，白如不在别的地方走一步以上，就不能在白▲子处下子把黑1之子提回来。由于这个目的，在别的地方下子称为"寻劫材"；

参考图5-2：上图黑1提取白▲子后，白2寻劫材，黑3应劫之后，白4可以提劫。

3. 不"寻劫材"就反提回劫，根据第14条规定形成犯规，即刻判为"反则负"。

第七条-1（死活）

对方行棋着手后，不会被吃掉的棋子，或者即使被提掉又能重新产生出不会被吃掉的棋子，则称为"活子"。活棋以外的棋子称为"死子"。

解说：

1. 对方着手行棋后不被吃掉的"活子"：

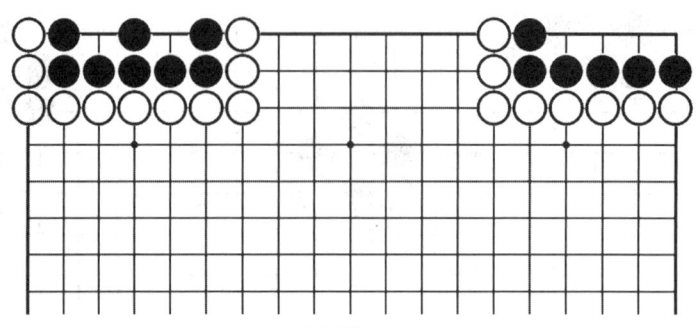

参考图6-1

参考图6的1-2的黑棋均是"活子"

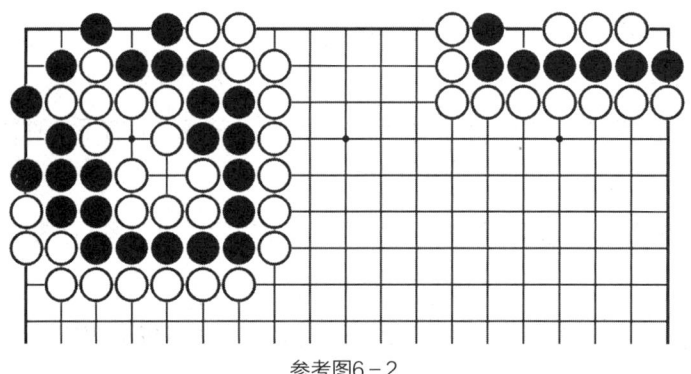

参考图6-2

2. 即使被提取又能重新产生出不会被吃掉的活子：

参考图7-1：黑▲之子，如白方着手均会被提掉，但黑方下一步棋又可把白子吃回来，从而产生出不会被吃掉的棋子。这是"倒扑"棋例。

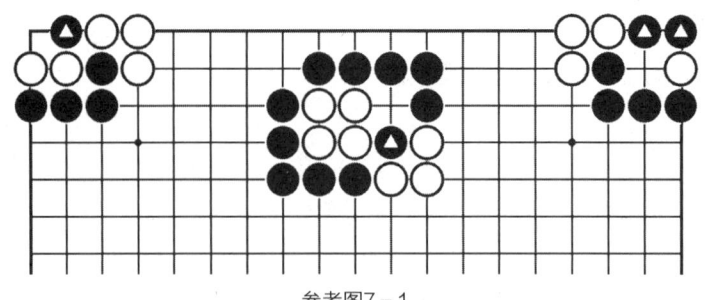

参考图7-1

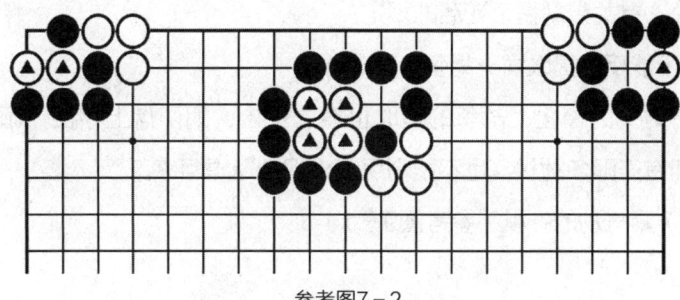

参考图7-2

3. 死子：

参考图7-2的白▲之子全部都是"死子"。

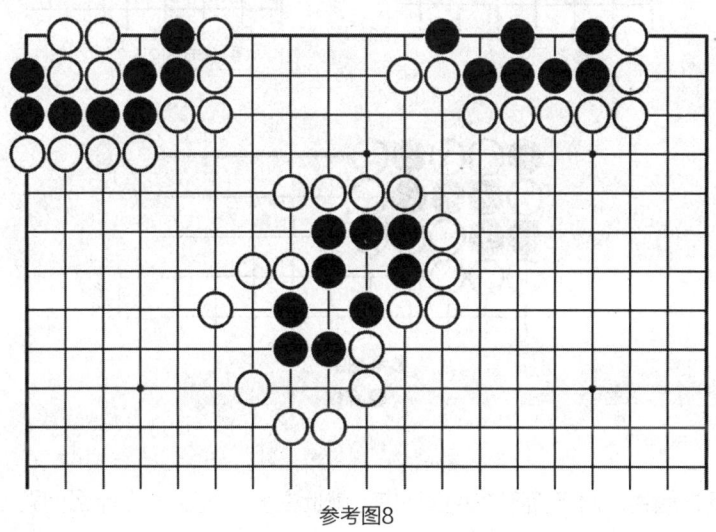

参考图8

参考图8的黑子都是"死子"。

第七条-2

在第九条"对局停止"后，确认棋子死活时不能反复提取同一劫争。不过，被提劫的一方在各劫争处一旦放弃着手权利后，允许重新提回同一劫争。

解说：有关带劫棋子死活的规定。

1. 不能反复提取同一劫争：

随着对局的停止，劫争的提取也随之停止，即便盘上存在"循环劫双活"而拥有无限多劫材，也不能利用它来把劫返提回来。

（1）紧气劫的补棋（参考图9－1）

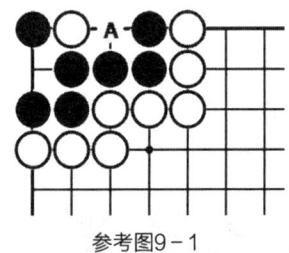

参考图9－1

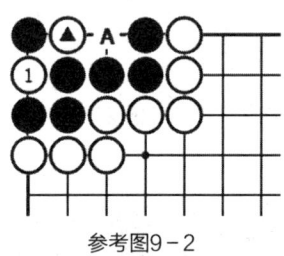

参考图9－2

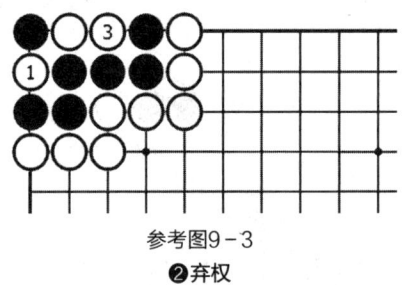

参考图9－3
❷弃权

黑方因为劫材多而不在A位补棋，就此主张终局会产生什么问题呢？

（2）结论是：如果就此终局的话，黑白双方都是"死子"。

（3）参考图9－2的白❶一子，如黑下在A位即被提掉，故显然是"死子"；而黑七子是"死子"的理由如参考图9－3所示。（根据不能返提同一劫争的规定，黑2只得弃权）

2. 一旦放弃着手权利后，又可重新把劫返提回来：

对方提劫后，放弃下一步棋的着手权利后，如同重开对局可以重新提劫。

（1）缓一气劫（参考图10－1）

黑方能否不在A位补棋而直接终局？【注①】

（2）结论是：只要白方不在"对局停止"前通过实战解决劫争的话，图中的白⊕一子是"死子"，黑八子是"活子"，从而不必在A位补棋。

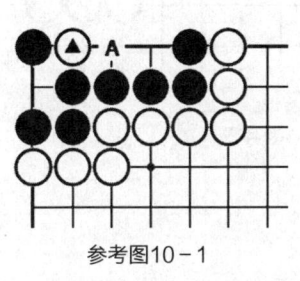

参考图10－1

参考图10－2
❷弃权　❹A1　❺弃权

（3）黑八子是"活子"的理由如参考图10－2的白1至黑6所示。黑2放弃着手权利一次，故可于黑4提回劫争。（根据不能返提同一劫争的规定，白5只得弃权）

3. 各劫争处均需放弃着手（Pass）：

同时出现两个劫争时，必须指定在哪一处劫争着手。

（1）"缓一气劫"与"连环劫双活"并存时（参考图11－1）

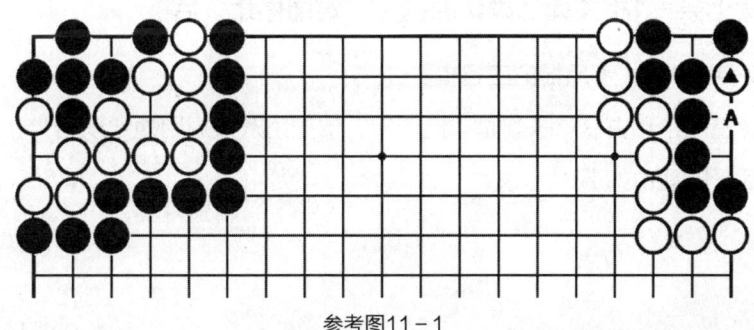

参考图11－1

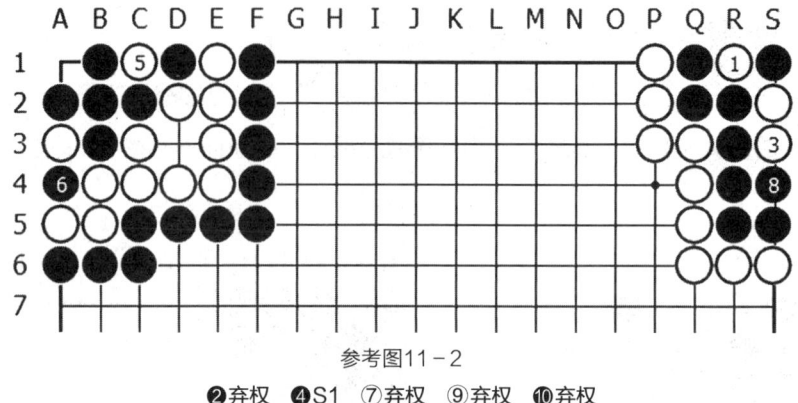

参考图11-2

❷弃权 ❹S1 ⑦弃权 ⑨弃权 ⑩弃权

左角和右角的棋形同时在棋盘上出现时，对于右角的"缓一气劫"，黑方能否不在A位补棋而终局呢？

（2）结论是：如果这样终局的话，即使左角存在"连环劫双活"，右角的白▲一子也是"死子"，黑八子是"活子"。左角的"连环劫双活"不变，黑方不必在A位补棋。

（3）其理由如参考图11－2白1至黑10所示。黑4返提回劫，是因为黑2已经满足在同一劫争中放弃着手的条件。白7右角弃权，白9左角弃权，黑10左角弃权，劫争结束。

第七条-1相关死活确认图例（"对局停止"后）

死活例1："不用提的三目棋"

黑棋四子和白棋一子都是"活子"，依据第八条规则为"双活"。黑四子是活子的理由如下：

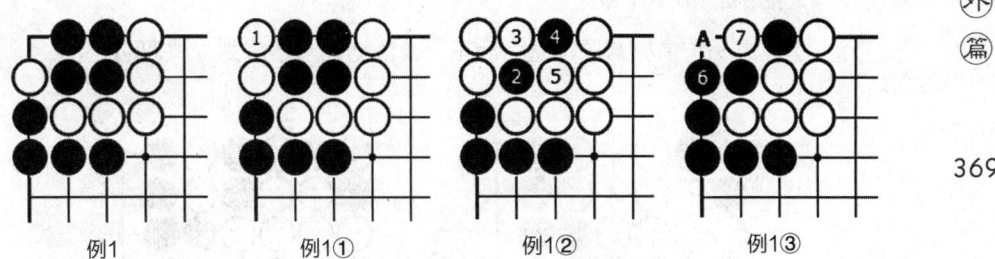

图①-③,黑四子即使被吃,也能在此处产生"活子"。

白一子是活子的理由:

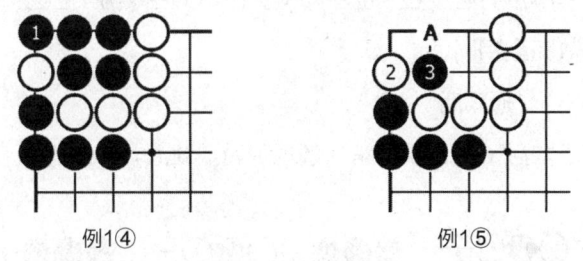

图④-⑤,白一子即使被吃,也能在此处产生"活子"。

解说:图①-③白棋先动手,结果白棋提取黑五子,黑棋提取白三子,白方在此处获得2目棋收益(黑棋劫材有利时,图③黑6可以在A位做劫,白棋可能只得到1目棋收益)。

图④-⑤黑棋先下手,结果白棋提取黑五子,黑棋提掉白二子,白方获得3目棋收益(白棋劫材有利时,图⑤黑3后白可在A位开劫,最大获得8目棋收益)。

因上述缘由,例1的棋形是谁先下谁吃亏。嘉永年间,实战中出现此形,本因坊秀和的裁决是(白方)"不用提的三目棋"。1949年,日本棋院裁定例1白棋算三目地。1989年,新审定的日本围棋规则规定此形黑白子为"双活"(上述),即任何一方都不下的话,此处不算地盘。但在实战中白棋走可获得2目棋(至少1目棋)收益。

死活例2：不用补棋

黑棋二子与白棋八子都是"活子"，依据第八条规则为"双活"。

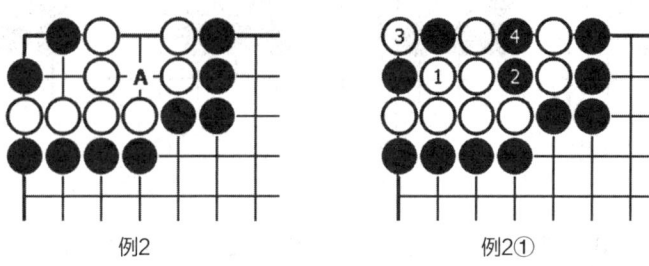

例2　　　　　　例2①

解说：黑棋没有必要在A位扑补棋。白棋如图①在1位吃，至黑4互提两子，结果目数完全相同。

死活例3："扳双活"

黑白都是"活子"，依据第八条规则为"双活"。

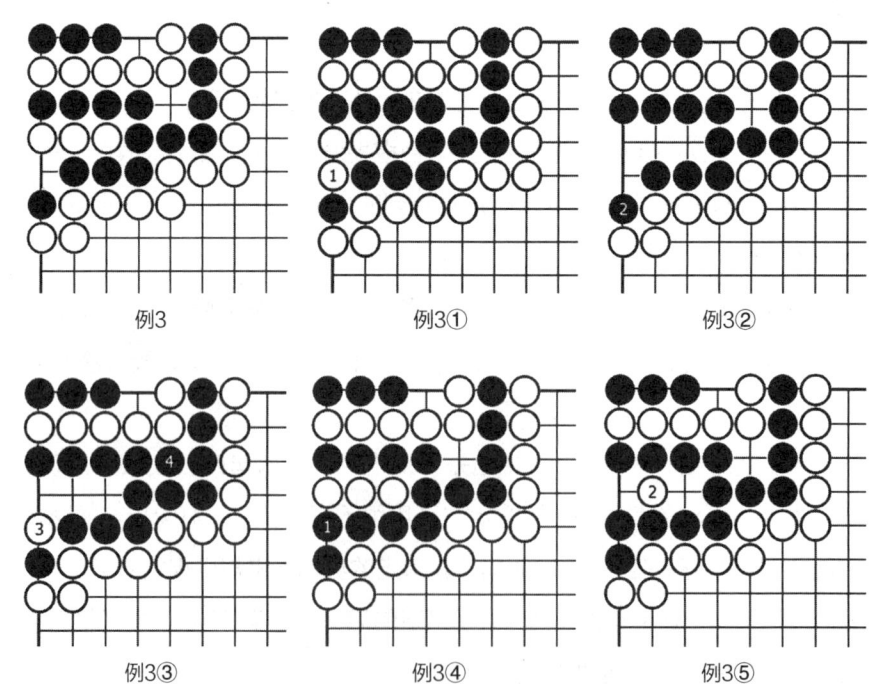

例3　　　　例3①　　　　例3②

例3③　　　　例3④　　　　例3⑤

解说：图①-③证明黑棋是活子；图④⑤证明白棋是活子。

死活例4：黑白都是"活子"，依据第八条规则为"双活"。

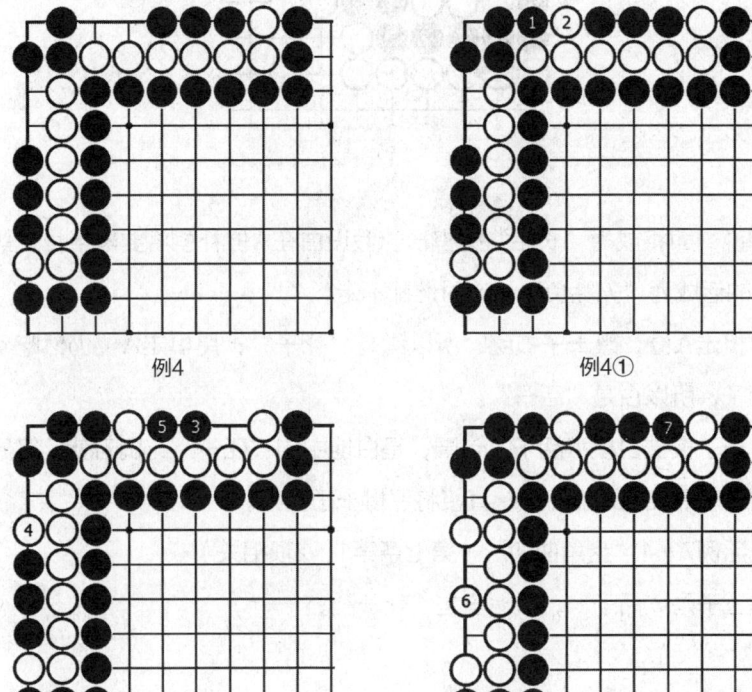

解说：图①-③证明白棋是活子。

死活例5：黑九子白四子都是"活子"，依据第八条规则为"双活"。

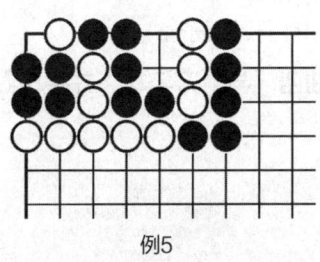

死活例6：长生

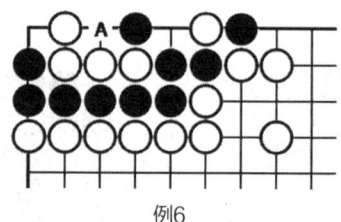

例6

解说：即将成为"长生"的棋形。假设白在A位补棋将要输半目，黑在A位下的话成为"无胜负"，这时谁都不走。

白棋走A位，黑十子被吃，所以黑是"死子"；黑棋走A位仍然吃不掉白棋四子，所以白是"活子"。

黑十子棋被白棋"活子"包围，是白地中的"死子"，倘若就此终局的话，白方不需要在A位补棋，直接将黑棋十子提掉。

死活例7-1"盘角曲四"（第七条第1、2项相关）

黑三子是"活子"，白七子是"死子"。

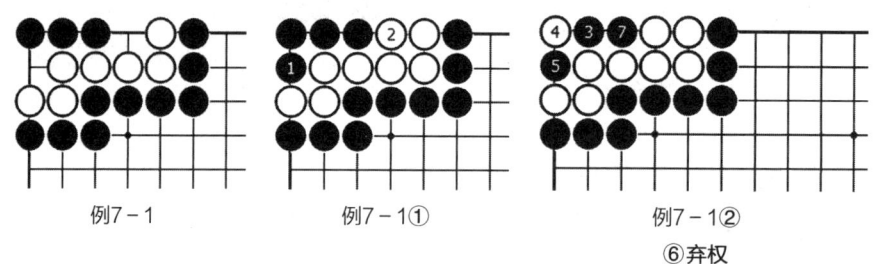

例7-1　　　　例7-1①　　　　例7-1②
　　　　　　　　　　　　　　　　　⑥弃权

解说：图①②证明白七子是死子。

死活例7-2"盘角曲四"与"万年劫"并存

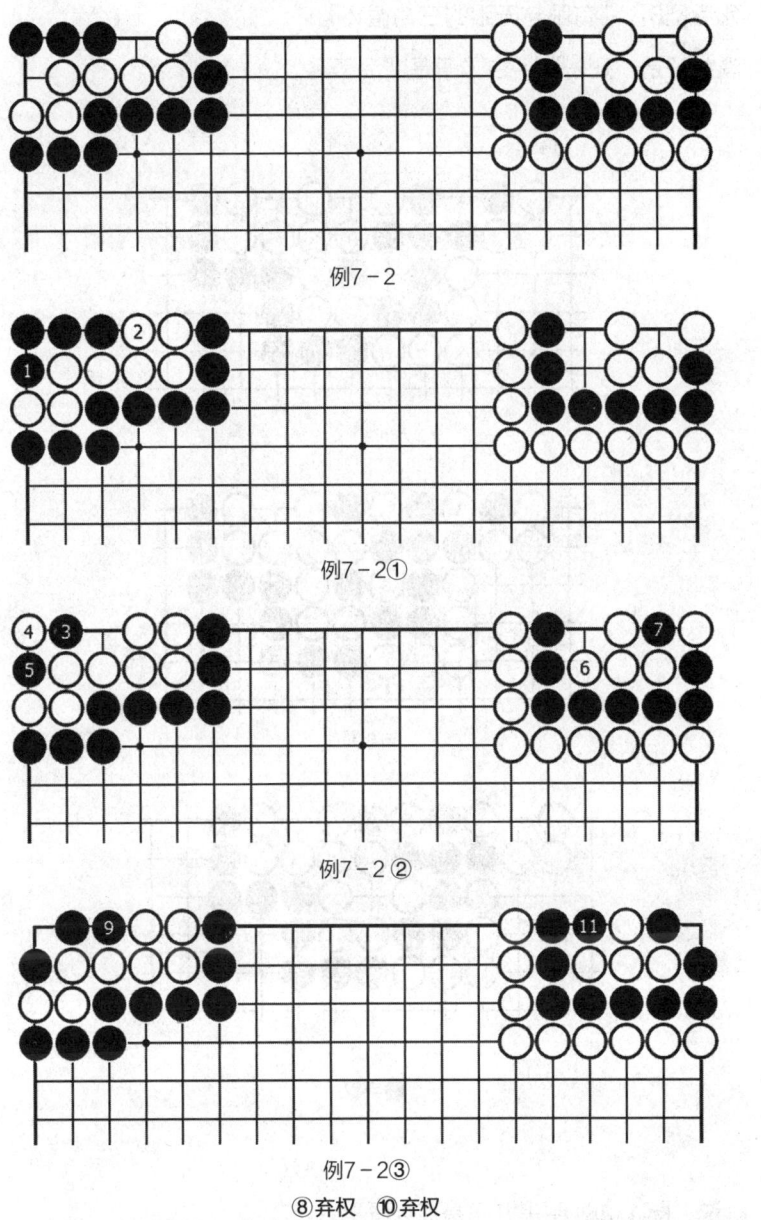

例7-2

例7-2①

例7-2②

例7-2③
⑧弃权　⑩弃权

解说：两个棋形同时出现，"盘角曲四"的白七子仍然是"死子"。（与"循环劫双活"并存，结果也相同）

死活例8:"有眼与无眼的三劫循环"

黑九子是"死子",白十子是"活子"。

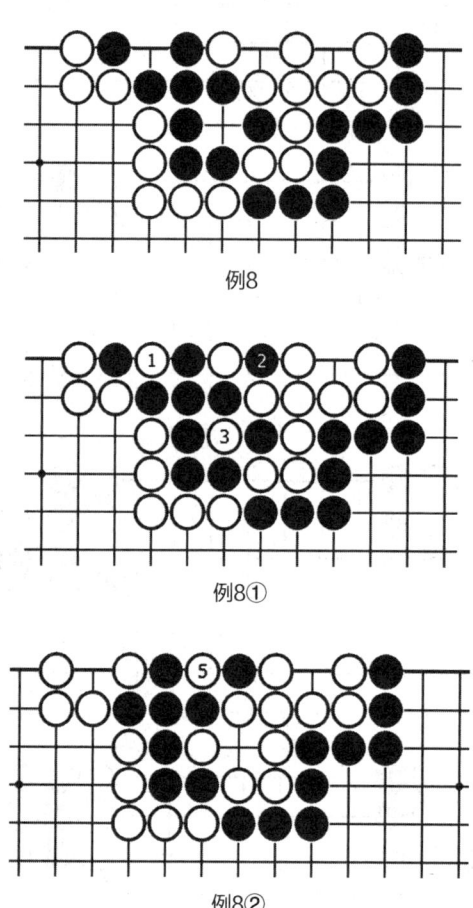

解说:图①②证明黑九子是"死子"。

死活例9:紧气劫的补棋

黑七子与白一子都是"死子",黑棋必须在A位补棋。

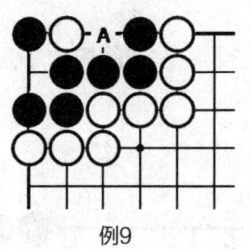
例9

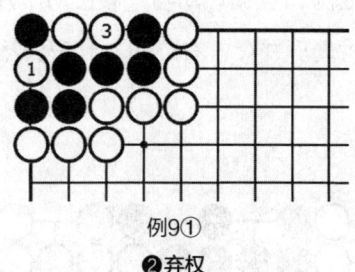
例9①
❷弃权

解说：黑A位补棋提掉白一子，所以白一子是死子；图1证明黑七子是"死子"。（请参照第七条－2的图例说明）

死活例10：缓一气劫可以不补棋

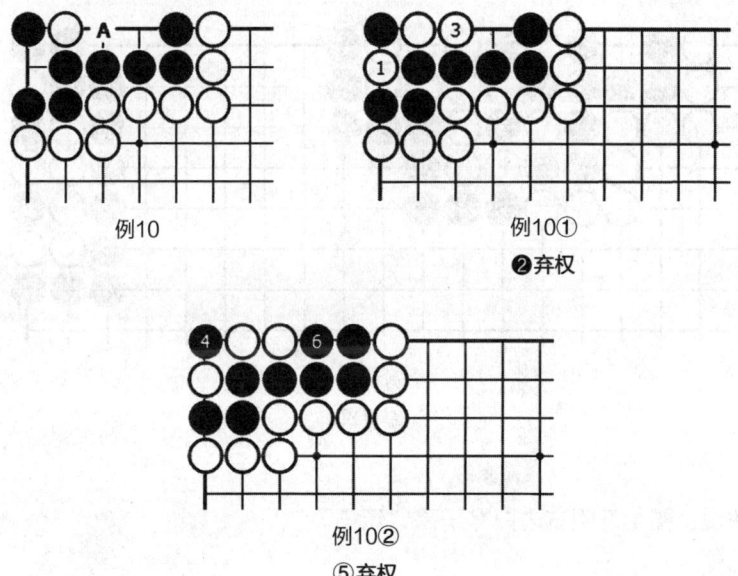

解说：黑八子是"活子"，白一子是"死子"，黑不必在A位补棋。图①②证明黑八子是"活子"。

死活例11：循环劫与"假生劫"并存

两种情形并存，右边的白七子仍然是"死子"；左边的黑白子是"循环劫双活"。

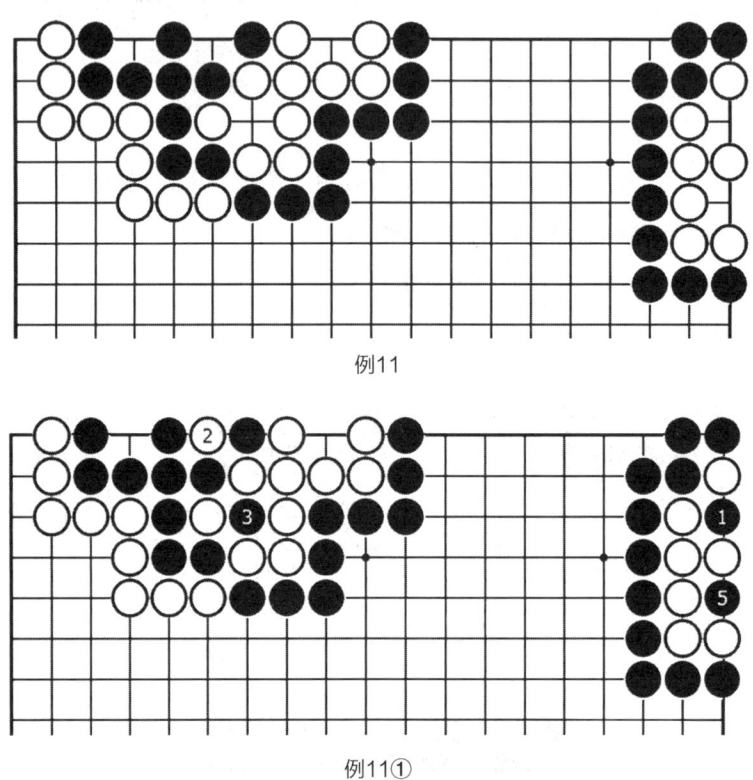

例11

例11①
④弃权

解说：图①证明右边白七子是"死子"。

死活例12：万年劫

黑白子都是"活子"，依据第八条规则为"双活"。

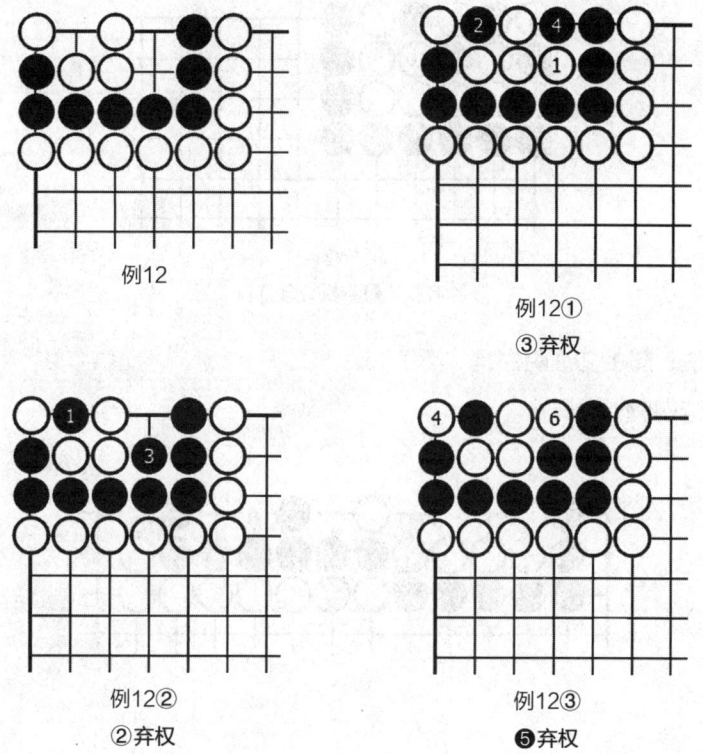

解说：图1证明黑是"活子"；图②③证明白是"活子"。

死活例13

黑白棋都是"活子"，依据第八条规则为"双活"。

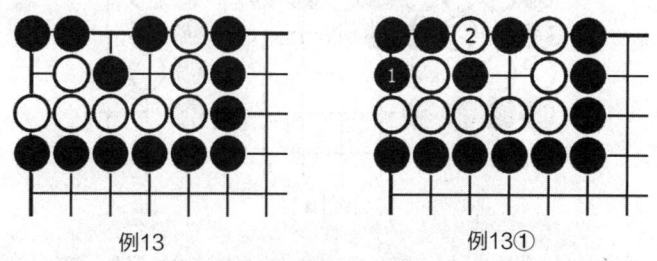

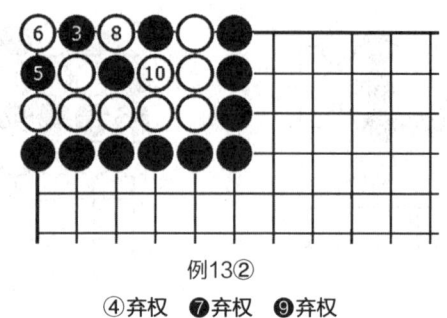

例13②

④弃权　⑦弃权　⑨弃权

解说：图①②证明白是"活子"。

死活例14

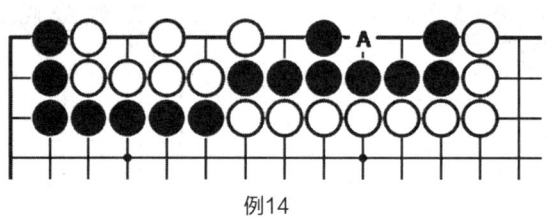

例14

解说：黑八子是"活子"，白七子是"死子"。白棋为了走成双活，必须在A位补棋。

死活例15

黑四子是"活子"，白十一子是"死子"。

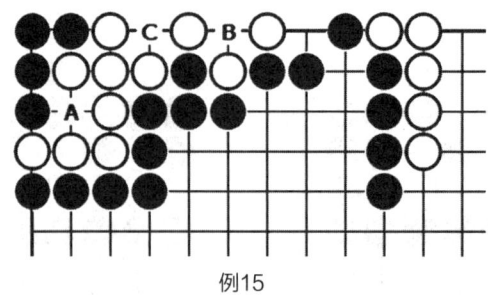

例15

解说：白棋劫材不够，如在A位提开劫的话没有成算，所以放着不走。

黑棋如果从B、C位逼迫白方开劫，就会有2目棋的损失，所以也不走。

死活例16

角上的白十子是"死子"，上边的白十二子呈"假双活"形，是"死子"。

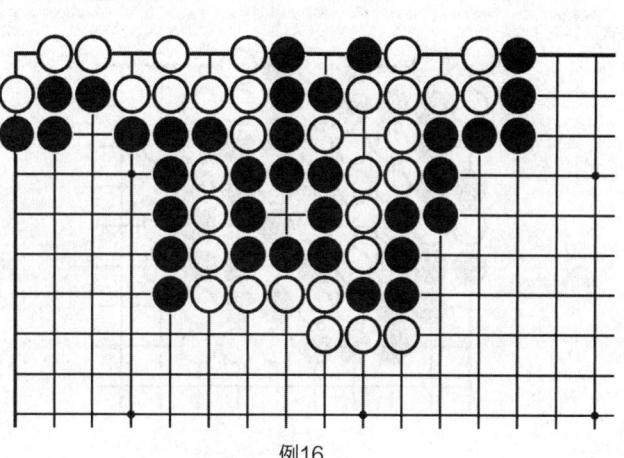

例16

解说：该棋形俗称"里生外熟"，白棋无条件被吃。

死活例17

角上的黑三子是"活子"，白十子是"死子"；上边的白十子是"假双活"死子。

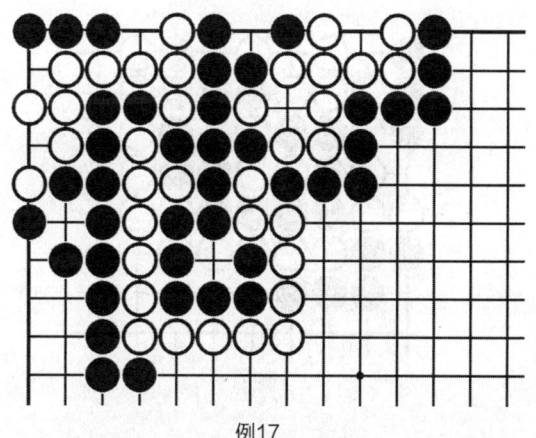

例17

解说：该棋形亦俗称"里生外熟"，结果同上题。

死活例18

角上的黑七子是"死子"，白二子是"活子"，外围的黑十三子是"假双活"死子。

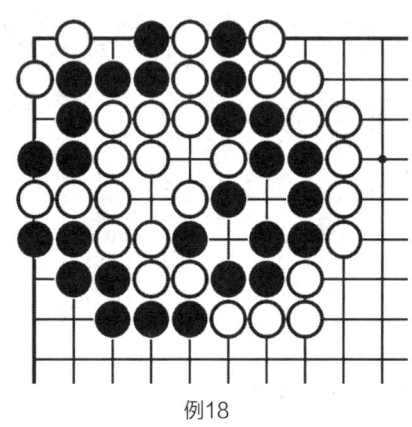

例18

解说：这也是"里生外熟"棋形。

死活例19

黑十七子是"死子"，白十二子是"活子"。

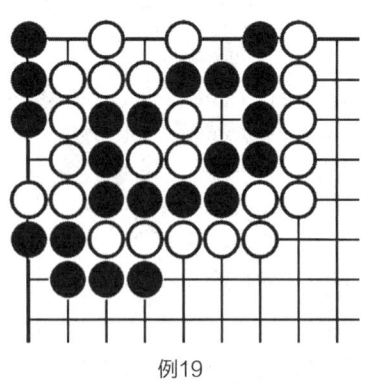

例19

死活例20

黑白棋都是"活子",依据第八条规则为"双活"。

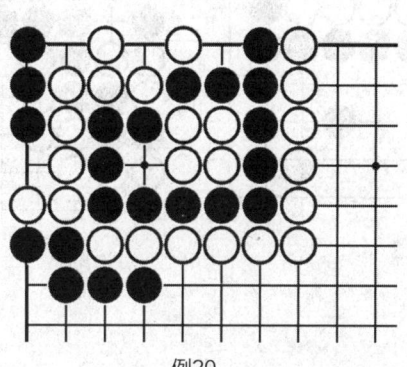

例20

死活例21

黑十九子是"活子",白十四子是"死子"。

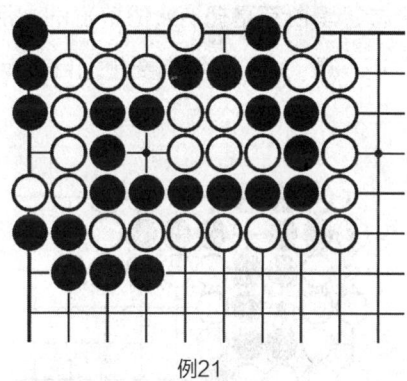

例21

死活例22

黑七子是"活子",白十子是"死子",黑棋没有必要提取角上三子补棋。

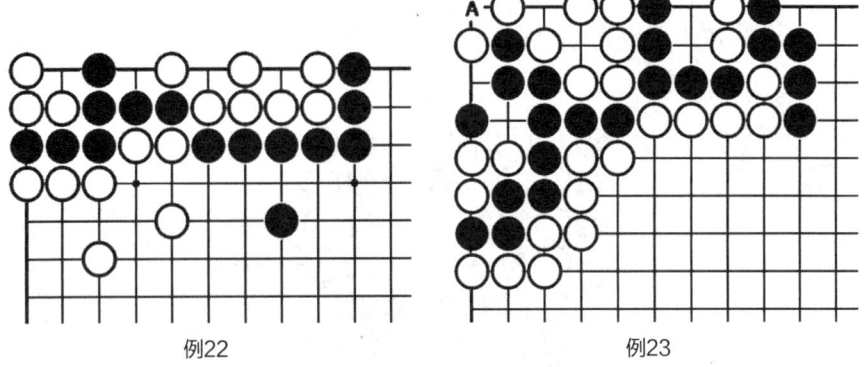

例22　　　　　　　　　　例23

死活例23

依据第七条第1、2项以及第一条围棋"占地"的目的，黑棋是"活子"，白棋是"死子"。终局之前，白方在A位接，形成双活。黑接着再下此处可得九个提子，白一个提子。

死活例24　为确定"地"收单官以及二手劫

（1）如图的状态，黑白都是拥有A位单官的"活子"，所以是"双活"，双方的"目"还不是"地"。黑棋要想把目转换成地，就必须在A位下子。

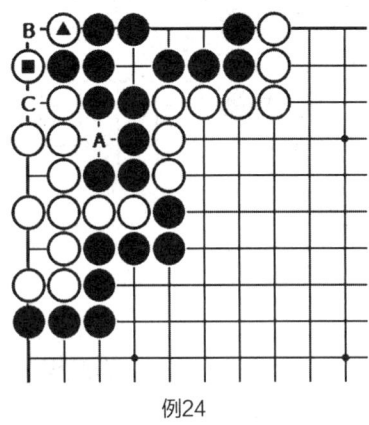

例24

（2）关于B、C位的空点，如果盘面并存着"循环劫双活"，白方就可以撑住B、C位的劫争。依据第七条规则，白▲子是"死子"，■子是"活子"。所以，B位是"单官"，C位是目。

（3）白棋填掉A位的单官，由于还有B位的单官没有走，还处在"双活"状态，C位和做活的两个点还不成其为地。要把白棋的这两个点转换成"地"，就必须在B、C处下子。

死活例25　循环劫双活

（1）黑六子和白十二子外部存在A、B位"单官""，依据第八条规则为"双活"。

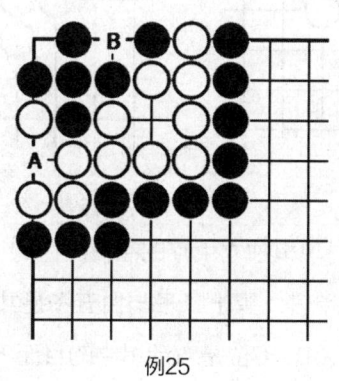

例25

（2）A、B位是"单官""的理由：劫争处的黑白各一子即使被提掉，又会立即产生黑子或白子，但它们不属于"吃不掉的棋子"，所以是"死子"。A、B位是由某一方的棋子围住的空点，但它们是"活子"与"死子"共同围住的（空点），根据第八条规则，它们是"单官""而不是"目"。

（3）黑白各一颗"死子"在终局后不会被提走的理由是，它们虽然是"死子"，由于存在A、B位的单官因而不是"地"，依据第十条第1项，不能将其直接提走，照原样作为"双活子"。

第八条（地）

一方活棋围住的空点称为"目"，目以外的空点称为"单官"。有单官存在的活棋称为"双活棋",双活棋以外的活棋围住的目称为"地",一个交点的地即为"一目棋"。

解说:"地"的基本概念是,完全、并且独立生存的活棋围住的"目"称为地,而需要共有单官才得以生存的双活棋,因其本身不是独立的活棋,所以它围住的目不是地。

1. 目与地

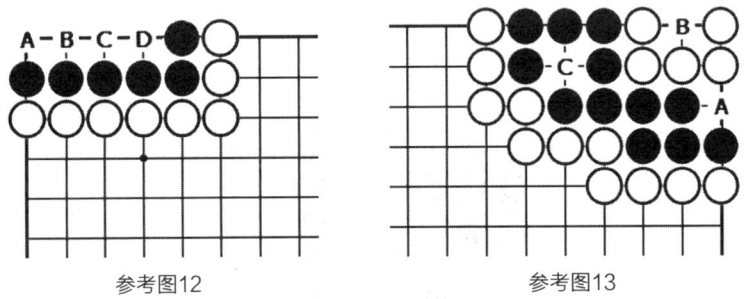

参考图12　　　　　　　　参考图13

参考图12的A－D是黑棋独立生存的活棋围住的"目",所以是地。

参考图13的A位是单官。黑十二子与白五子是共有A位单官而生存的活棋,所以是"双活棋",B、C位是双活棋中的目而不是地。

2. 双活棋与单官

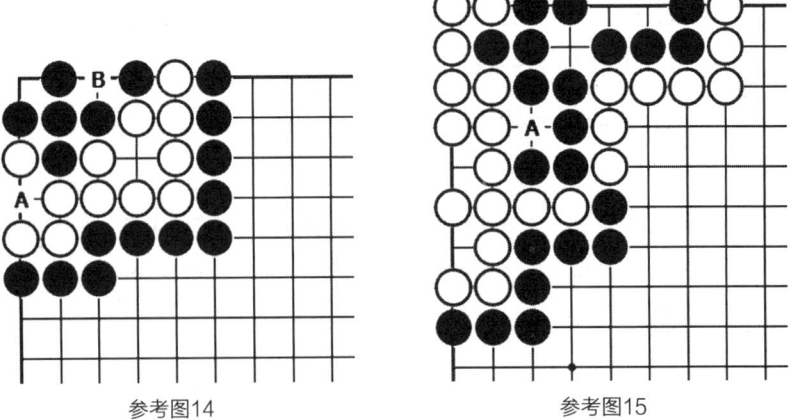

参考图14　　　　　　　　参考图15

参考图14的A、B位，不是某一方的活棋所围住的空点，故为单官。黑六子与白十二子是共有单官的双活棋。（连环劫双活）

3. 为确定"地"需要收单官

参考图15的状态，因黑白都是共有A位单官的活棋，故为双活棋。围住的目不成其为地。黑白双方为了使目变成地，必须在A位下子。

第九条－1（终局）

一方放弃着手权利，接着另一方也放弃时，"对局停止"成立。

解说：放弃着手（Pass）是对局停止的宣言。另一方也同样放弃时，对局停止。双方表明放弃着手的意思，即是对局停止之时。

第九条－2

对局停止后，双方确认棋子的死活以及地，达成协议时对局结束，称之为"终局"。

解说：

1. "收单官"、"补棋"是必要的着手

为了确认棋子的死活和地，根据第八条规定，终局前必须"收单官"及"补棋"。

2. 对局停止后的"收单官"、"补棋"属于规定外的着手

根据对局者的协议，对局停止后所进行的适宜的"收单官"、及"补棋"不属于规定内的着手。（不需记在棋谱中）

第九条－3

对局停止后，一方要求重新开始对局时，对方有先行下子的权利。

解说：

1. 要求重开对局

即解除对局的停止状态，再次开始竞技。

2. 对方有先行着手的权利

（1）对局再开之时，在停止期间如果有规定外的着手，可视其为无效，重新开始对局；

（2）从要求重开对局的另一方开始行棋。

3. 必须服从"对方有先行下子的权利"之规定

一方要求重新开始对局，另一方如果认为无继续着手的必要，可以放弃着手权利。

第十条－1（决定胜负）

双方达成终局协议后，相互把自己地中的对方死子取出，加算到提子中。

解说：地中的对方死棋子，没有必要根据第五条的方法将其全部围住之后再提取，可以不着手而直接就此提去。

1. 终局后可以直接提掉的棋子

参考图16的白▲一子是黑地中的死棋子，终局后黑方可以直接将其提去。

参考图16

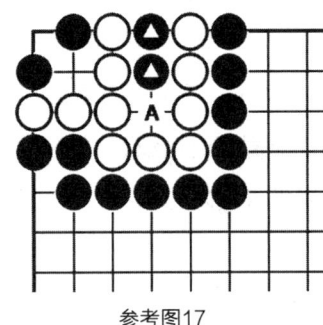

参考图17

2. 终局后不能直接提取的棋子

参考图17的黑▲二子虽是死棋，由于黑白方整体是双活棋，其中的目不是地。终局后白方不能直接提去黑二子。白棋可在终局前，先在A位提掉黑

⚫二子，黑棋必须扑，白再提去该黑子。

第十条 - 2

用提子互填对方的地，比较双方地的目数，多的一方为胜。相同时称之为"和棋"。

解说：提子数多于对方的地的目数时，以剩下的提子数加算到自己的地的目数中。

第十条 - 3

一方对胜负有异议时，必须通过复盘再现等办法，再次确认胜负。

解说：从第一着起复盘再现，再次确认胜负是义务，不得加以拒绝。

第十条 - 4

双方确认胜负后，不能以任何理由来加以改变。

解说：例如，发现了"提子"的一部分，或在棋谱中发现对方有连续下子、未寻劫材就返提劫争等犯规事实（如在胜负确认之前，犯规一方在犯规时即时判负……第十四条），但在确认胜负之后，不能以上述事实为由改变棋局的胜负。

第十一条（认输）

在对局途中，可以宣称己方告负来结束对局，称之为"认输"，对方获"中盘胜"。

第十二条（无胜负）

对局中出现同一局面反复的情形时，经双方同意，为"无胜负"。

解说：1. 同一局面反复的例子，即参考图18的三劫、循环劫、长生劫等。

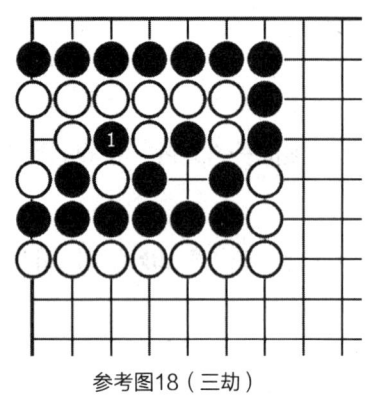
参考图18（三劫）

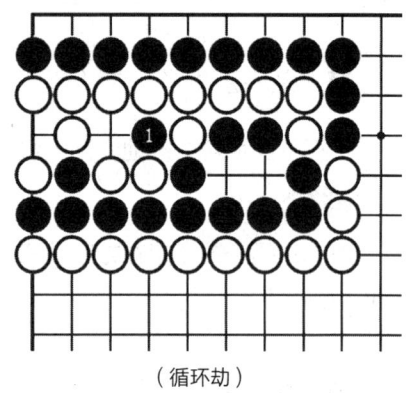
（循环劫）

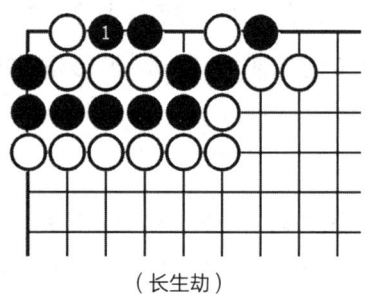
（长生劫）

2. 双方同意时作为无胜负：

考虑到确认反复的次数有困难，经双方同意时为无胜负。

第十三条－1（双方负）

第九条规定的"对局停止"后，对弈者又发现事关胜负的有效手段，不能达成终局协议时，双方均判负。

解说：双方在放弃着手权利后都发现了有效手段，如果让对方先下手则自己必败时，就都不会要求重开对局，又不能达成终局协议时，双方都判负。

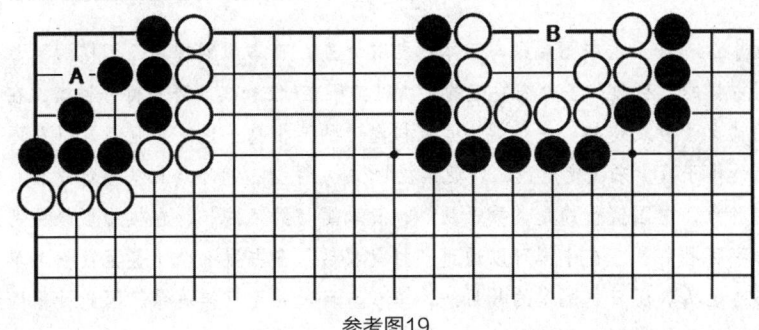

参考图19

参考图19的状态下"对局停止"之后,双方都发现A、B位是有效手段,如让对方先动手则自己必败,此时又不能达成终局协议,双方为负。

第十三条-2

对局中棋子移动了位置,并且又接着下了一些棋,这时把移动的棋子复归原位后可以继续对弈。如对局者对棋子的位置不能达成协议,双方告负。

解说:对局者就移动的棋子复原不能协调、在原来的位置上已有别的棋子存在、或者该处棋子已经不能在棋盘上存在(无气)等情况出现,在规则上不可能复归原位时,双方对此都有责任,故均判负。

第十四条(犯规负)

如果在双方确认胜负之前,一方违反了上述规则,犯规时即刻判负。

解说:在确认胜负前,无论任何情形,当犯规着手出现时即刻告负。确认胜负之后才发现犯规情形时,根据第十条第4项的规定,胜负不变。

注 释

【注①】这一点正是中国规则与日本的相异之处。日本规则规定，围棋的胜负是以各自所占得的"目数"多少来决定的，所以黑不在A位补棋即可多得一目棋，在半目胜负的情况下胜负逆转。中国规则是以棋盘上的活棋总子数（包括目数以及围住这些地盘的棋子数）来决定胜败，即便黑在A位补一手棋，也不会影响全体总数。终局后判定胜负，中国实行的是"数子法"，日本是"数目法"，在棋局形势特别细微时（如半目胜负），在中国可以通过"打劫收后"多占得一个（甚至数个）单官，直接影响胜负。而日本围棋的数目法，单官与目数并无直接关系，因此计算的结果就会产生差异，胜败可能逆转。

本文系作者根据日本棋院官方网站公布的1989年版《日本围棋规则》翻译，该规则一直沿用至今。

附文二

日本围棋大事纪简表

公历	日本纪年	人物	纪事	出典史籍	页码
107	景行三十七年	刘伯阳、孙春平	出使西域围棋传来	《皇国名医传》	2
572			倭国敬佛法，好棋博之戏	《隋书·倭国传》	3
704	大宝四年	李隆基、僧弁正	留学大唐对弈	《李朝高僧传》	3
712	和铜五年	"淤能碁吕嶋"句	最初使用"碁"字	《古事记》	4
717	灵龟三年	吉备真备、晁衡	入唐留学	《大日本史》《续日本纪》	4
848	承和十五年	高岳亲王、顾师言	镇神头、一子解双征	《杜阳杂编》	3
913	延喜十三年	醍醐天皇、宽莲	编纂《碁式》一部	《群书类从》	4
1253	建长五年	日莲上人、吉祥丸	最古对局棋谱	《古棋》	5
1530	享绿三年	林应龙、僧虚中	中日共同编纂	《适情录》《围棋年鉴》	5
1559	永绿二年	加纳與三郎·日海	初代本因坊算砂诞生于京都		18
1578	天正六年	织田信长、日海	授予"名人"称号	《寂光寺记录》	5
1593	文绿元年	日海	将军前展示棋艺、御城棋发端	《坐隐谈丛》	5
1594	文绿二年	日海	"本因坊"成棋家名号	《言经卿记》	6
1603	庆长八年	德川家康、日海	更名"本因坊算砂"，任命"名人棋所"		19
1608	庆长十三年	围棋四大家	御城棋赛正式开始	《围棋年鉴》【注①】	19,22
1685	贞享二年	涉川春海（二世算哲）	发布《贞享历》		19

1690	元禄三年	本因坊道策	制定段位制、半子制规则 《日本围棋大系》	57
1713	正德三年	井上道节因硕	出版《围棋发阳论》	21
1852	嘉永五年	本因坊秀和、秀策	首次贴目制对弈 《本因坊秀策全集》	196
1853	嘉永六年	井上幻庵因硕	计划偷渡大清交流棋艺	176
1864	元治元年	德川幕府	御城棋终止	22
1878	明治十一年	中川龟三郎、高桥杵三郎	报纸首次刊载棋局 《邮便报知》	
1879	明治十二年	村濑秀甫	创设方圆社、首发围棋杂志 《围棋新报》	230, 231
1881	明治十四年	奥斯卡·科尔	首次在欧洲介绍围棋	234
1904	明治三十七年	安藤如意	出版《坐隐谈丛》	
1915	大正四年	土屋秀元、宫坂寀二	21路围棋盘对局	
1922	大正十一年	裨圣会	实施"总互先、限时、贴目"赛制	233
1924	大正十三年	各门派棋士	成立日本棋院	251
1928	昭和三年	吴清源	东渡日本学弈	272
1930	昭和五年	木谷实、村岛义胜	秋季大手合赛双方判负	
1931	昭和六年	F·迪巴尔	首位欧美人职业初段	
1933	昭和八年	吴清源、秀哉名人	三三·星·天元棋局,翌年发表《新布局法》	277
1934	昭和九年	日本棋院、平凡社	《围棋年鉴》创刊	
1937	昭和十二年	福田正义	开启欧美普及围棋之旅	
1938	昭和十三年	秀哉名人、木谷实	首次采用"封手"制	291
1939	昭和十四年	每日新闻社	首个头衔战、本因坊战(一)诞生 【注②】	330
1945	昭和二十年	桥本昭宇、岩本薰	经历"原爆下的对局"	355
1949	昭和二十四年	藤泽库之助	首位大手合九段晋升者	
		日本棋院	制定《日本棋院围棋规则》	358

1950	昭和二十五年	桥本宇太郎	关西棋院发表独立宣言	335
		山部俊郎、星野纪	最长手数棋局411手	
1953	昭和二十八年	桥本宇太郎	首届王座战㈡冠军	
1960	昭和三十五年	濑越宪作、坂田荣男	日本围棋代表团首次访华、开启中日交流	
1962	昭和三十七年	藤泽秀行	首届名人战㈢冠军	
		日本放送协会	NHK杯争夺赛电视转播	
		桥本宇太郎	首届十段战㈣冠军	
1963	昭和三十八年	五十川正雄、桥本谊	四劫循环棋局	
1964	昭和三十九年	坂田荣男	创造年度胜率93.75%的记录（30胜2败）	
1973	昭和四十八年	中日友好协会	恢复中日围棋交流	
1976	昭和五十一年	中国围棋代表团	27胜24败5和，首次总成绩获胜	
		藤泽秀行	首届天元战㈤冠军	
		加藤正夫	首届碁圣战㈥冠军	
1977	昭和五十二年	藤泽秀行	首届棋圣战㈦冠军	
1979	昭和五十四年	聂卫平	首届世界业余围棋锦标赛冠军	
1982	昭和五十七年	孙道临、三国连太郎	中日合拍电影"一盘没有下完的棋"上映	
1983	昭和五十八年	日本棋院	实施棋士65岁退休制	
1984	昭和五十九年	新体育杂志、日本棋院	首届"NEC杯中日围棋擂台赛"	
1986	昭和六十一年	中国围棋协会、百家日企	中日友好围棋会馆建成投入使用	
1989	平成元年	日本棋院、关西棋院	重新审定《日本棋院围棋规则》	358
		日本棋院院生	实战弈出"长生劫"	
		日本邮政省	首次发行围棋邮票"源氏物语绘卷"	

【注①】列表"出典史籍"未注明之处，均出自日本棋院《围棋年鉴》。

【注②】（一）至（七）称为围棋"七大头衔战"，冠军获得者进入一流棋士行列。

附文三

日本近代纪年简表（安土桃山时代以后）

时代	年号	公历	时代	年号	公历
安土桃山	天正元年	1573	江户	宝历元年	1751
	文禄元年	1593		明和元年	1764
	庆长元年	1596		安永元年	1772
江户	宽永元年	1624		天明元年	1781
	正保元年	1645		文化元年	1804
	庆安元年	1648		文政元年	1818
	承应元年	1652		天保元年	1831
	宽文元年	1661		弘化元年	1845
	延宝元年	1673		嘉永元年	1848
	天和元年	1681		安政元年	1855
	元禄元年	1688		文久元年	1861
	宝永元年	1704		元治元年	1864
	正德元年	1711	明治	明治元年	1868
	享保元年	1716	大正	大正元年	1912
	元文元年	1736	昭和	昭和元年	1926
	宽保元年	1741	平成	平成元年	1989

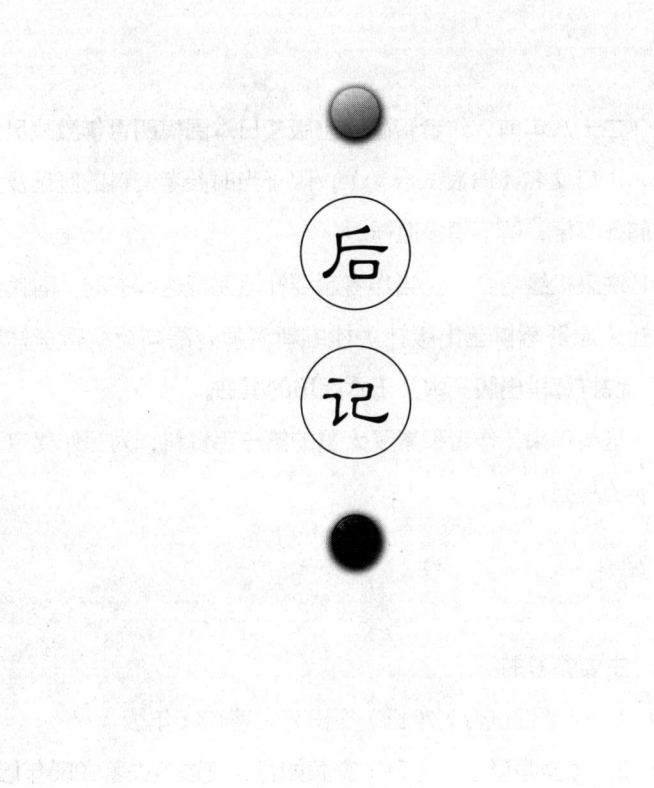

二十八年前，作者曾翻译出版《日本围棋四百年激战风云录》（日文名《遗恨试合》），限于当时参考资料的匮乏及知识储备不足，留下诸多遗憾。

说来机缘巧合，正当作者想要补遗完善这本书时，时代出版社（原蜀蓉棋艺出版社）杜维新老师介绍同社编辑李林老师，说打算再出版一本关于本因坊的棋书。

这些年来，作者积累了大量的第一手资料，为写作奠定了坚实的基础。

主要参考书目：

1. 《遗恨试合》（日）石田芳夫著1985年版
2. 《坐隐谈丛》（日）安藤如意、渡边英夫著1955年版
3. 《以文会友》吴清源著1983年版
4. 《围棋年鉴》日本棋院1993、97年版
5. 《围棋名胜负物语》（日）安永一著1976年版
6. 《日本围棋大系》吴清源解说1992年版
7. 《烂柯堂棋话》（日）林元美1978年版
8. 《名人》（日）川端康成1952年版

作者

2018年孟春吉日